Die Unternehmensbeleihung im europäischen Binnenmarkt

Studien zum europäischen

Privat- und Prozeßrecht

Herausgegeben von Manfred Wolf

Band 11

PETER LANG
Frankfurt am Main · Berlin · Bern · Bruxelles · New York · Oxford · Wien

Erik Hintz

Die Unternehmensbeleihung im europäischen Binnenmarkt

Die grenzüberschreitende Bestellung von Unternehmenshypotheken nach französischem, englischem und schwedischem Recht im Kontext der Kapitalverkehrsfreiheit

PETER LANG
Internationaler Verlag der Wissenschaften

Bibliografische Information der Deutschen Nationalbibliothek
Die Deutsche Nationalbibliothek verzeichnet diese Publikation in der Deutschen Nationalbibliografie; detaillierte bibliografische Daten sind im Internet über <http://www.d-nb.de> abrufbar.

Zugl.: Frankfurt (Main), Univ., Diss., 2006

D 30
ISSN 1434-2405
ISBN 978-3-631-55956-7

www.peterlang.de

Meinen Eltern

Vorwort

Die vorliegende Arbeit wurde vom Fachbereich Rechtswissenschaft der Johann Wolfgang Goethe-Universität in Frankfurt am Main im Jahr 2006 als Dissertation angenommen.

Herrn Professor Dr. Manfred Wolf bin ich für die Betreuung dieser Arbeit, deren Erstbegutachtung sowie deren Aufnahme in diese Schriftenreihe sehr zu Dank verpflichtet. Seine grundlegende Darstellung der Bedeutung des europäischen Binnenmarktes für das Kreditsicherungsrecht hat mich zur Untersuchung der Unternehmensbeleihung im europäischen Rahmen angeregt. Ich danke ferner Herrn Professor Dr. Helmut Kohl für das von ihm angefertigte Zweitgutachten.

Mein herzlichster Dank gilt schließlich meinen Eltern für die vielfältige Unterstützung, die sie mir in der Zeit der Abfassung dieser Arbeit zuteil werden ließen.

Frankfurt am Main, im Februar 2007 Erik Hintz

Inhaltsübersicht

Inhaltsverzeichnis 11

Abkürzungsverzeichnis 31

Einleitung 39

Erster Teil:
Das grundlegende Konzept der Unternehmensbeleihung 43

A. Wert des Unternehmens als lebender wirtschaftlicher Einheit 43

B. Grundsätzliche Eignung des Unternehmens als Sicherungsobjekt 47

C. Methoden zum Einsatz des Wertes des Unternehmens als lebender wirtschaftlicher Einheit zwecks Kreditsicherung 51

D. Gesetzliche Rahmenbedingungen für die Unternehmensbeleihung 58

Zweiter Teil:
Die Beleihbarkeit des Unternehmens in der deutschen Rechtsordnung 63

A. Die von den Grundfreiheiten unbeeinflusste innerstaatliche Rechtsordnung 63

B. Einwirkung der Grundfreiheiten des EG-Vertrages 87

Dritter Teil:
Die Unternehmensbeleihung in der französischen Rechtsordnung 113

A. Für die Bestellung eines nantissement du fonds qualifizierende Unternehmen 115

B. Vermögensrechtliche und tatsächliche Grundlage 117

C. Erhalt der vermögensrechtlichen und tatsächlichen Grundlage des beliehenen Unternehmens bis zum Eintritt des Sicherungsfalles 134

D. Durchsetzung des Sicherungsrechts 151

E. Rechtsposition des Sicherungsnehmers im Falle der Insolvenz des Sicherungsgebers 158

F. Bedeutung des nantissement du fonds in der Praxis 175

G. Bedeutung des nantissement du fonds für die grenzüberschreitende Unternehmensbeleihung 185

Vierter Teil:
Die Unternehmensbeleihung in der englischen Rechtsordnung ______ 186
A. Für die Bestellung einer floating charge qualifizierte Unternehmen ______ 188
B. Erhalt der vermögensrechtlichen und tatsächlichen Grundlage des beliehenen Unternehmens bis zum Eintritt des Sicherungsfalles ______ 196
C. Durchsetzung des Sicherungsrechts ______ 209
D. Schutz des Sicherungsnehmers bei Eröffnung eines Kollektivvollstreckugsverfahrens seitens Dritter ______ 255
E. Gesamtbewertung der Unternehmensbeleihung nach englischem Recht ______ 260
F. Auswirkung deutscher Rechtsnormen auf die grenzüberschreitende Unternehmensbeleihung mittels floating charge ______ 262

Fünfter Teil:
Die Unternehmensbeleihung in der schwedischen Rechtsordnung ______ 285
A. Für die Bestellung einer företagsinteckning qualifizierende Unternehmen ______ 287
B. Vermögensrechtliche und tatsächliche Grundlage ______ 289
C. Erhalt der vermögensrechtlichen und tatsächlichen Grundlagen des beliehenen Unternehmens bis zum Eintritt des Sicherungsfalles ______ 298
D. Durchsetzung der Unternehmenshypothek ______ 307
E. Rechtsposition des Unternehmenshypothekars bei Insolvenz des Sicherungsgebers ______ 311
F. Gesamtbetrachtung der Bedeutung der företagsinteckning für die Unternehmensbeleihung ______ 332

Sechster Teil:
Gesamtbewertung ______ 335

Literaturverzeichnis ______ 337

Inhaltsverzeichnis

Abkürzungsverzeichnis 31
Einleitung 39

Erster Teil:
Das grundlegende Konzept der Unternehmensbeleihung 43

A. Wert des Unternehmens als lebender wirtschaftlicher Einheit 43

I. Das Unternehmen als Grundlage für Gewinnchancen 43

II. Die die Gewinnchancen eines Unternehmens bestimmenden Faktoren 44
1. Vermögensrechtliche Faktoren 44
2. Nichtvermögensrechtliche Faktoren – tatsächliche Beziehungen 45
a. Tatsächliche Beziehungen der Unternehmensaktiva zueinander 45
b. Marktteilnahme 46
c. Persönlichkeit des Unternehmers 46

B. Grundsätzliche Eignung des Unternehmens als Sicherungsobjekt 47

I. Übermittlung der faktischen Beziehungen im Rahmen der Unternehmensübertragung 48

II. Zusammenhang des Risikos des Wertverlustes des Unternehmens als wirtschaftlicher Einheit mit dem Eintritt des Sicherungsfalles 49
1. Das jeder Kreditsicherung immanente Risiko des Wertverlustes 49
2. Mit Eintritt des Sicherungsfalles in Zusammenhang stehender Wertverlust des Sicherungsgutes 50

III. Ergebnis 51

C. Methoden zum Einsatz des Wertes des Unternehmens als lebender wirtschaftlicher Einheit zwecks Kreditsicherung 51

I. Verwendung von Gesellschaftsanteilen zur Kreditsicherung 52
1. Einsatz von Gewinnchancen zur Kapitalaufnahme 52
2. Mangel einer dinglichen Berechtigung des Sicherungsnehmers in Bezug auf die Unternehmensaktiva 52

II. Unternehmensbeleihung ausgehend von Verfügungen über die Unternehmensaktiva 53
1. Bezugsobjekt von Sicherungsrechten an Unternehmen 53
2. Überleitung von tatsächlichen Beziehungen durch den Sicherungsgeber 53
a. Übermittelbarkeit von tatsächlichen Beziehungen im Rahmen der Unternehmensübertragung in Erfüllung kaufvertraglicher Pflichten 54
b. Die Unternehmerpersönlichkeit als Grenze für die Übermittelbarkeit von tatsächlichen Beziehungen 55
3. Einschluss von werthaltigen Beziehungen zwischen Unternehmensaktiva in die Beleihung 55
4. Übermittelbarkeit von nicht verrechtlichten Beziehungen zu Dritten ohne Mitwirkung des Sicherungsgebers 56
a. Tatsächliche Beziehungen der Unternehmensaktiva zueinander 56
b. Nicht verrechtlichte Beziehungen des Unternehmensträgers zu anderen Personen 57

III. Ergebnis 57

D. Gesetzliche Rahmenbedingungen für die Unternehmensbeleihung 58

I. Die Einbeziehbarkeit der vermögensrechtlichen und tatsächlichen Grundlage des Unternehmens in die Beleihung 58
1. Gewährleistung der weiteren Verwendung des Sicherungsgutes durch den Sicherungsgeber 59
2. Erstreckung der Beleihung auf künftige Unternehmensaktiva 59
3. Schutz vor Entwertung des Sicherungsgutes durch das Verhalten des Sicherungsgebers 59
4. Schutz des Sicherungsnehmers vor Einzelzwangsvollstreckung Dritter 60

5. Bezeichnung des Sicherungsgutes und Bestellungsakte 60

II. Rechtsposition im Sicherungsfall 60
1. Verwertbarkeit des Unternehmens als wirtschaftlicher Einheit 60
2. Partizipation an dem für das Unternehmen als wirtschaftliche Einheit erzielten Verwertungserlös 61

III. Rechtsposition des Sicherungsnehmers im Insolvenzverfahren 61
1. Erhalt des Schuldnerunternehmens als wirtschaftlicher Einheit 61
2. Rechtsposition des Sicherungsnehmers in Bezug auf das Schuldner unternehmen 62

Zweiter Teil: Die Beleihbarkeit des Unternehmens in der deutschen Rechtsordnung 63

A. Die von den Grundfreiheiten unbeeinflusste innerstaatliche Rechtsordnung 63

I. Sachrecht 63
1. Die Einbeziehbarkeit der vermögensrechtlichen und tatsächlichen Grundlage des Unternehmens in die Beleihung 64
a. Gewährleistung der weiteren Verwendung des Sicherungsgutes durch den Sicherungsgeber 65
b. Erstreckung der Beleihung auf künftige Unternehmensaktiva 66
c. Schutz vor Entwertung des Sicherungsgutes durch das Verhalten des Sicherungsgebers 67
d. Schutz des Sicherungsnehmers vor Einzelzwangsvollstreckung Dritter 68
e. Bezeichnung des Sicherungsgutes und Bestellungsakte 69
aa. Spezialitätsgrundsatz in Bezug auf verschiedenartige Vermögensgegenstände 69
bb. Bestimmtheits- und Spezialitätsgrundsatz in Bezug auf gleichartige Vermögensgegenstände 70
cc. Verbot der Übersicherung 72
2. Rechtsposition im Sicherungsfall 72
a. Verwertbarkeit des Unternehmens als wirtschaftlicher Einheit 72

b. Partizipation an dem für das Unternehmen als wirtschaftliche Einheit erzielten Verwertungserlös 74
3. Rechtsposition im Insolvenzverfahren 75
a. Erhalt des Schuldnerunternehmens als wirtschaftlicher Einheit 75
aa. Fortsetzung der Geschäftsführung nach Eröffnung des Insolvenzverfahrens 75
bb. Vollstreckungsmoratorium 75
cc. Verwertbarkeit des Unternehmens als wirtschaftlicher Einheit im Insolvenzverfahren 76
(1) Regelverfahren 76
(2) Planverfahren 77
b. Rechtsposition des Sicherungsnehmers in Bezug auf das Schuldnerunternehmen 78
aa. Regelverfahren 78
bb. Planverfahren 79
(1) Mindestposition 80
(2) Verbesserung der Mindestposition 81
4. Ergebnis 81

II. Kollisionsrecht 82
1. Unabdingbare Anknüpfung an das Belegenheitsstatut 82
2. Unabdingbare Anknüpfung an das Forderungsstatut 83
3. Unabdingbare Anknüpfung an das Schutzstatut 84
4. Internationales Insolvenzrecht 84
a. Bedeutung des internationalen Insolvenzrechts für die Unternehmensbeleihung 84
b. Gemeinschaftsrechtliche Regelung des internationalen Insolvenzrechts 85
aa. Im Hauptverfahren zur Anwendung kommendes Recht 85
bb. Im Parallelverfahren zur Anwendung kommendes Recht 86

B. Einwirkung der Grundfreiheiten des EG-Vertrages 87

I. Grundfreiheitlicher Schutz der Unternehmensbeleihung 88
1. Bestellung von Sicherungsrechten als Kapitalverkehr 88
2. Grenzübertritt von Kapital 90
3. Ergebnis 91

II. Reichweite des Begriffs der Kapitalverkehrsbeschränkung und Umfang der möglichen Rechtfertigung 92
1. Prüfungsmaßstab für Beschränkungen des Kapitalverkehrs 92
2. Rechtfertigung von nicht-diskriminierenden Beschränkungen durch zwingende Erfordernisse des Allgemeininteresses 94
3. Frage einer Bereichsausnahme für nicht-diskriminierende Rahmenbedingungen 95
a. Vergleich mit Rechtsprechung zum Warenverkehr 95
aa. Effet utile 96
bb. Weitergehendes Beschränkungsverbot in Bezug auf die Freiheit des Kapitalverkehrs 96
cc. Unklarheit in Bezug auf Abgrenzungskriterium 97
dd. Mangelnde Eignung der Keck-Rechtsprechung zum angestrebten Zweck 97
b. Bereichsausnahme wegen Ermöglichungsfunktion des Privatrechts – insbesondere des Sachenrechts? 98

III. Sachnormen als verbotene Beschränkungen des Kapitalverkehrs 99
1. Kapitalverkehrsbeschränkung 99
2. Rechtfertigung durch zwingende Erfordernisse 100
a. Typenzwang und Typenfixierung 101
b. Verbot der freihändigen Verwertung bestimmter Vermögensgegenstände 102
c. Bestimmtheitsgrundsatz 103
d. Verbot der anfänglichen Übersicherung 103
e. Weitgehender Ausschluss des Sicherungsnehmers von der Partizipation an dem Fortführungswert 103
3. Ergebnis 105

IV. Kollisionsnormen als verbotene Kapitalverkehrs-beschränkungen 105
1. Kapitalverkehrbeschränkung 105
a. Kollisionsnormen mitgliedstaatlicher Grundlage 105
b. Bestimmungen der Europäischen Insolvenzverordnung 106
2. Rechtfertigung durch zwingende Erfordernisse 108
a. Unabdingbare Anknüpfung an das Belegenheitsstatut 108
b. Unabdingbare Anknüpfung an das Forderungsstatut 110

c. Unabdingbare Anknüpfung an das Schutzstatut 111
3. Ergebnis 111

V. Grundfreiheitsbeschränkende Auswirkung deutscher Normen in Bezug auf Rechtsinstitute anderer Mitgliedstaaten 111

Dritter Teil:
Die Unternehmensbeleihung in der französischen Rechtsordnung 113

A. Für die Bestellung eines nantissement du fonds qualifizierte Unternehmen 115

I. Der fonds de commerce kaufmännischer Unternehmen als Beleihungsobjekt 115

II. Der fonds artisanal als Beleihungsobjekt 116

III. Freiberufliche und landwirtschaftliche Unternehmen 116

IV. Ergebnis 117

B. Vermögensrechtliche und tatsächliche Grundlage 117

I. Vom nantissement du fonds umfassbare Vermögenswerte 118
1. Die zum fonds de commerce gehörenden Aktiva 118
a. Ausgeschlossene Unternehmensaktiva 118
aa. Immobiliarvermögen 119
bb. Forderungen 119
cc. Handelsbücher, Geschäftskorrespondenz 120
b. Verbleibende Unternehmensaktiva 121
c. Ausnahmefälle von zum fonds de commerce gehörenden Forderungen 122
aa. Mietverhältnis bezüglich Gewerberaum 122
bb. Lizenzen 122
cc. Forderungen gegen Arbeitnehmer – im Rahmen des Übergangs von Arbeitsverhältnissen mit dem fonds de commerce 123
dd. Forderungen aus Versicherungsverträgen 123
ee. Vertragliche Forderungen auf Unterlassen von Wettbewerb 123

ff. Forderungen aus Verlagsverträgen 124
d. Ergebnis 124
2. Mittels nantissement du fonds beleihbare Bestandteile des fonds de commerce 124
3. Auswirkungen des beschränkten Umfangs des nantissement du fonds 126
a. Einbeziehung des Wertes von Besitz und Nutzungsmöglichkeit an eigenen Betriebsgrundstücken in die Unternehmensbeleihung 126
b. Einbeziehung von dem gewerbetreibenden Grundeigentümer gehörendem Inventar in die Unternehmensbeleihung 127
4. Ergebnis 128

II. Vom nantissement du fonds umfasste tatsächliche Beziehungen 128
1. Beziehungen der Unternehmensaktiva zueinander 128
2. Nicht verrechtlichte Beziehungen zu Dritten 129
a. Kundenbeziehungen 129
aa. Förderung des Erhalts von Kundenbeziehungen infolge der Einbeziehung bestimmter Unternehmensaktiva in das Sicherungsgut 130
bb. Wettbewerbsverbot des Sicherungsgebers 131
b. Beziehungen zu Lieferanten 131
c. Beziehungen zu Arbeitnehmern 131
3. Ergebnis 132

III. Anforderung an die Bestellung eines nantissement du fonds 132
1. Bezeichnung des Sicherungsgutes 132
2. Bestellungsakte 133

C. Erhalt der vermögensrechtlichen und tatsächlichen Grundlage des beliehenen Unternehmens bis zum Eintritt des Sicherungsfalles 134

I. Gewährleistung der Verwendung des Sicherungsguts durch den Sicherungsgeber im Rahmen dessen wirtschaftlicher Betätigung 135
1. Verbleib von Besitz an körperlichen Bestandteilen des fonds de commerce beim Sicherungsgeber 135

2. Von der Unternehmensbeleihung unbeeinträchtigte Verfügungsbefugnis des Sicherungsgebers 136

II. Erstreckung der Beleihung auf künftige Unternehmensaktiva 137
1. Veränderung der Zusammensetzung der beliehenen Unternehmensaktiva 137
2. Antizipierte Beleihung von Vermögensgegenständen ohne Entsprechung im Zeitpunkt des dinglichen Bestellungsaktes 138

III. Schutz vor Entwertung des Sicherungsgutes durch beeinträchtigende Handlungen des Unternehmers und Dritter 139
1. Von Verfügungen des Unternehmers unbeeinträchtigte Rechtsposition des Sicherungsnehmers 139
a. Recht auf vorzugsweise Befriedigung (droit de préférence) 140
b. Folgerecht 141
aa. Folgerecht in Bezug auf den fonds de commerce 141
bb. Folgerecht in Bezug auf einzelne Bestandteile des fonds de commerce 142
2. Änderung des Gegenstandes des Gewerbes 143
3. Unternehmensverlegung 143
4. Vernachlässigung der Unternehmensführung 144
5. Einzelzwangsvollstreckung Dritter in das Sicherungsgut 144
6. Drohende Beendigung des Geschäftsraummietvertrages 145
a. Rechtsposition des Geschäftsraummieters 145
aa. Rechtsposition in Bezug auf Laufzeit 146
bb. Rechtsposition in Bezug auf den Mietzins 147
cc. Abtretbarkeit der Mieterrechte an den Erwerber des fonds de commerce bzw. fonds artisanal 148
dd. Recht auf Ausweitung und Veränderungen der Art der gewerblichen Nutzung 148
b. Rechtsposition des Inhabers eines nantissement du fonds 149

IV. Ergebnis 150

D. Durchsetzung des Sicherungsrechts 151

I. Eintritt des Sicherungsfalles bei Gefahr der Entwertung des Sicherungsgutes 151

II. Fortbestand der Unternehmenstätigkeit nach Eintritt des Sicherungsfalles 152

III. Einheitliches Verwertungsverfahren 153
1. Art der Verwertung 153
2. Regelungen bezüglich des zeitlichen Ablaufs des Verwertungsverfahrens 154
3. Einbeziehbarkeit von Grundstücken in die Verwertung 154
4. Besondere Bedeutung der Unternehmerpersönlichkeit 155
5. Ergebnis 155

IV. Gewährleistung eines dem Ertragswert entsprechenden Erlöszuflusses an den Sicherungsnehmer 156
1. Rangstelle des Sicherungsnehmers am Veräußerungserlös 156
2. Gegenstand der Versteigerung 157

V. Ergebnis 158

E. Rechtsposition des Sicherungsnehmer im Falle der Insolvenz des Sicherungsgebers 158

I. Erhalt des Unternehmens als wirtschaftlicher Einheit 160
1. Verfahren zur Vermeidung des Sanierungsinsolvenz- bzw. gerichtlichen Liquidatiosnverfahrens 160
a. Mandat ad hoc 160
b. Schlichtungsverfahren (procédure de conciliation) 161
c. Präventives Insolvenzverfahren (procédure de sauvegarde) 162
2. Sanierungsinsolvenzverfahren (redressement judiciaire) 162
a. Beobachtungsphase 162
b. Plandurchführungsphase 165
3. Gerichtliches Liquidationsverfahren (liquidation judiciaire) 167
a. Übertragung des Schuldnerunternehmens 168
b. Zerschlagung 169
4. Ergebnis 169

II. Rechtsposition des Inhabers eines nantissement du fonds bei Beendigung des Insolvenzverfahrens 170
1. Im Insolvenzverfahren entstehende Zinsen für die gesicherte Forderung 170

2. Rechtsposition bei erfolgreicher Weiterführung unter bisheriger Unternehmensträgerschaft 170
3. Rechtsposition bei Übertragung des Unternehmens 171
4. Rechtsposition des Sicherungsgebers im Fall der Liquidation 173

III. Ergebnis 174

F. Bedeutung des nantissement du fonds in der Praxis 175

I. Verbreitung des nantissement du fonds 176

II. Motivation für die Verwendung des nantissement du fonds 177
1. Gesetzliche Verpflichtung zur Bestellung von dinglicher Sicherheit 177
2. Blockierungsfunktion 177
3. Unterstützung bzw. Ergänzung einer Hypothek 178
4. Verbesserung des Sicherungsrechts des Verkäufers eines fonds de commerce 178
5. Einsatz der Rechte aus Geschäftsraummietvertrag als Sicherungsgut 180
6. Verwendung des fonds de commerce als eigenständiges Sicherungsrecht 182

III. Zusammenfassende Würdigung der Bedeutung des nantissement du fonds zur Unternehmensbeleihung 183

G. Bedeutung des nantissement du fonds für die grenzüberschreitende Unternehmensbeleihung 185

Vierter Teil: Die Unternehmensbeleihung in der englischen Rechtsordnung 186

A. Für die Bestellung einer floating charge qualifizierte Unternehmen 188

I. Von der floating charge umfassbare Vermögensgegenstände 189

II. Von der floating charge umfassbare tatsächliche Beziehungen 189

III. Anforderungen an die Bestellung einer floating charge 190

1. Bezeichnung des Sicherungsgutes 191
2. Bestellungsakte 191
a. Eintragung in das öffentliche Unternehmensbelastungsregister 192
b. Zusätzliche Registereintragungen in Bezug auf bestimmte Kategorien von Vermögensgegenständen 194
c. Registereintragung ohne dingliche Wirkung 195

IV. Formerfordernis bezüglich der Verpflichtung zur Bestellung einer floating charge 195

V. Ergebnis 196

B. Erhalt der vermögensrechtlichen und tatsächlichen Grundlage des beliehenen Unternehmens bis zum Eintritt des Sicherungsfalles 196

I. Gewährleistung der Verwendung des Sicherungsgutes durch den Sicherungsgeber im Rahmen dessen wirtschaftlicher Betätigung 196
1. Verbleib von Besitz beim Sicherungsgeber 196
2. Von der Sicherungsbestellung unbeeinträchtigte Verfügungsbefugnis des Sicherungsgebers 197

II. Erstreckung der Beleihung auf künftige Unternehmensaktiva 197
1. Umlaufvermögen 198
2. Anlagevermögen 200

III. Schutz vor Entwertung des Sicherungsgutes durch beeinträchtigendes Verhalten des Sicherungsgebers 202
1. Verfügungsbefugnis des Bestellers einer floating charge 202
2. Vertragliche Einschränkung der Verfügungsbefugnis des Sicherungsgebers 203
3. Trotz vertraglicher Beschränkungen zum Erfolg führende Rechtshandlungen 204
4. Ergebnis 205

IV. Schutz des Sicherungsnehmers vor Einzelzwangsvollstreckung Dritter 205
1. Rechtsposition bei abgeschlossener Zwangsvollstreckung und bei Bestellung eines Zwangssicherungsrechts 206

2. Rechtsposition vor Abschluss der Zwangsvollstreckung 207
3. Vertragliche Ausweitung des Schutzes 208
4. Ergebnis 209

C. Durchsetzung des Sicherungsrechts 209

I. Die verschiedenen Verfahren zur Durchsetzung der floating charge 209
1. Außergerichtliche Verfahren 211
a. Außergerichtliche Bestellung eines administrator 212
b. Administrative receivership 212
c. Sonstige Verfahren 213
2. Gerichtliche Verfahren 213
3. Ergebnis 214

II. Eintritt des Sicherungsfalles zum Schutz vor Entwertung des Sicherungsgutes 214
1. Außergerichtliche Durchsetzung der floating charge 215
2. Gerichtliche Durchsetzung 216
3. Auswirkungen des Moratoriums nach Insolvency Act 2000 216

III. Mit dem Sicherungsfall einhergehender Schutz der Grundlage des Unternehmens 217
1. Erhalt der vermögensrechtlichen Grundlage des Unternehmens 217
a. Eintritt der crystallisation 217
aa. Eintritt der crystallisation von Rechts wegen 217
bb. Vertragliche Vorverlegung des Zeitpunkts der crystallisation 218
b. Auswirkung auf Verfügungen des Sicherungsgebers 219
c. Auswirkung auf die Einzelzwangsvollstreckung Dritter 221
d. Vollstreckungsverbot bezüglich nicht von der Unternehmensbeleihung umfasster Vermögensgegenstände 221
e. Ergebnis 222
2. Erhalt der tatsächlichen Beziehungen des Unternehmens nach Eintritt des Sicherungsfalles 223
a. Administrative receivership 223
aa. Geschäftsführungsbefugnis 224
(1) Erfüllung von Verträgen zwecks Erhalts des Goodwill 224
(2) Beendigung von Vertragsverhältnissen 226

(3) Abschluss neuer Verträge 226
bb. Dauer des Verfahrens 227
cc. Finanzierung der einstweiligen Unternehmensweiterführung 227
dd. Ergebnis 228
b. Verfahren der administration 228
aa. Geschäftsführungsbefugnis 228
(1) Erfüllung von Verträgen zwecks Erhalts des Goodwill 229
(2) Beendigung von Vertragsverhältnissen 230
(3) Abschluss neuer Verträge 230
bb. Verfahrensdauer 230
cc. Finanzierung der einstweiligen Unternehmensweiterführung 232
dd. Ergebnis 232
c. Gerichtliche Bestellung eines receiver and manager 232
aa. Geschäftsführungsbefugnis 232
(1) Erfüllung von Verträgen zwecks Erhalts des Goodwill 233
(2) Beendigung von Vertragsverhältnissen 233
(3) Abschluss neuer Verträge 234
bb. Verfahrensdauer 234
cc. Finanzierung der Unternehmensfortführung 235
3. Ergebnis 235

IV. Einheitliches Verwertungsverfahren 235
1. Verfahren der administrative receivership 235
a. Für die Wahl der Verwertungsart maßgebliche Kriterien 236
b. Endgültige Weiterführung des Unternehmens in bisheriger Trägerschaft 237
c. Verwertung des Unternehmens als produktiver Wirtschaftseinheit 238
d. Verwertung des Unternehmens durch Zerschlagung 238
aa. Übersicherung 239
bb. Fehldarstellung der wirtschaftlichen Lage des Sicherungsgebers 240
cc. Den Fortführungswert überlagernde Altverbindlichkeiten 240
e. Ergebnis 240
2. Verfahren der administration 241
a. Vom administrator wahrzunehmende Interessen 241
b. Weiterführung des Unternehmens in bisheriger Trägerschaft 242

c. Veräußerung des Unternehmens als produktiver Wirtschaftseinheit 243
d. Verwertung des Unternehmens durch Zerschlagung 244
e. Einfluss der Gläubigerversammlung auf die Weiterführung des Unternehmens 245
f. Ergebnis 246
3. Verfahren der gerichtlichen Bestellung eines receiver and manager 246

V. Gewährleistung eines über den Zerschlagungswert hinausgehenden Erlöszuflusses an den Sicherungsnehmer 247
1. Durch die floating charge vermittelte Rangstelle am Verwertungserlös 247
a. Während der einstweiligen Weiterführung eingegangene Verbindlichkeiten 248
b. Vorrangige dingliche Belastungen 248
c. Kosten der vor Durchsetzung der floating charge begonnenen Liquidation 249
aa. Hintergrund 249
bb. Kreis der bevorrechtigten Forderungen 250
cc. Reservierung eines Erlösanteils für ungesicherte Gläubiger 250
(1) Anwendungsbereich 251
(2) Inhaltliche Ausgestaltung 251
2. Durch die fixed charge vermittelte Rangstelle am Verwertungserlös 252
3. Zuordnung des Verwertungserlöses zu floating bzw. fixed charge 253
4. Ergebnis 254

D. Schutz des Sicherungsnehmers bei Eröffnung eines Kollektivvollstreckungsverfahrens seitens Dritter 255

I. Einleitung des Verfahrens der administration seitens Dritter 255
1. Recht zur Bestellung eines administrative receiver 256
2. Recht zur außergerichtlichen Bestellung eines administrator 256

II. Zwangsliquidation 257
1. Recht zur Bestellung eines administrative receiver 258
2. Recht zur außergerichtlichen Bestellung eines administrator 259

III. Ergebnis ____ 259

E. Gesamtbewertung der Unternehmensbeleihung nach englischem Recht ____ 260

I. Gegenwärtige Bedeutung der Unternehmensbeleihung in der englischen Rechtsordnung ____ 260

II. Bedeutung der floating charge im Lichte neuer Kodifikationen ____ 261

F. Auswirkung deutscher Rechtsnormen auf die grenzüberschreitende Unternehmensbeleihung mittels floating charge ____ 262

I. Anwendungsbereich deutscher Normen und solcher des Sekundären Gemeinschaftsrechts ____ 262
1. Anwendungsbereich der Normen der Europäischen Insolvenzverordnung ____ 263
a. Insolvenzrechtliche Qualifikation des Verfahrens der administrative receivership ____ 263
b. Das Verfahren der administration ____ 264
2. Verbleibender Anwendungsbereich deutscher Normen ____ 265

II. Auswirkungen der Normen der Europäischen Insolvenzverordnung auf die grenzüberschreitende floating charge-Bestellung ____ 266
1. Bestimmungen über das Hauptverfahren ____ 266
2. Sonderanknüpfungen ____ 268
3. Bestimmungen über Parallelverfahren ____ 268
4. Ergebnis ____ 269

III. Auswirkungen deutscher Kollisions- und Sachnormen auf die Grenzüberschreitende floating charge-Bestellung ____ 270
1. Behandlung der administrative receivership in der deutschen Rechtsordnung ____ 270
a. Qualifikation der administrative receivership ____ 270
aa. Insolvenzrechtliche Qualifikation ____ 270
bb. Gesellschaftsrechtliche Qualifikation ____ 271
b. Inhalt des deutschen Gesellschaftskollisionsrechts ____ 272
c. Beschränkende Wirkung des deutschen Gesellschaftsrechts ____ 272

aa. Aktienrecht 273
bb. GmbH-Recht 274
(1) Zwingende Befugnisse der Gesellschaftsorgane 274
(2) Wirtschaftliches Äquivalent zur Bestellung eines administrative receiver 275
(3) Ergebnis 276
d. Rechtfertigung des deutschen Gesellschaftsrechts 276
aa. Aktienrecht 276
bb. GmbH-Recht 277
cc. Ergebnis 278
e. Anforderungen des englischen Rechts an die grenzüberschreitende Wirkung von floating charge und administrative receivership 278
2. Behandlung des Rechtsinstituts der floating charge in der deutschen Rechtsordnung 279
a. Beschränkende Wirkung des deutschen Rechts 279
b. Rechtfertigung der lex rei sitae 280
aa. Typenzwang 280
bb. Spezialitätsgrundsatz 281
cc. Bestimmtheitsgrundsatz und Verbot der Übersicherung 281
dd. Einheitliche wertende Betrachtung 282
ee. Rechtssicherheit und Rechtsklarheit auf internationaler Ebene 283

IV. Ergebnis 284

Fünfter Teil: Die Unternehmensbeleihung in der schwedischen Rechtsordnung 285

A. Für die Bestellung einer företagsinteckning qualifizierte Unternehmen 287

I. Rechtsform des Sicherungsgebers 287

II. Bedeutung der Eigenschaft des Sicherungsgebers als Gewerbetreibender 287

III. Sicherungsbestellung in Bezug auf erst geplante Gewerbebetriebe 288

IV. Bedeutung der Nationalität des Sicherungsgebers 288

B. Vermögensrechtliche und tatsächliche Grundlage 289

I. Von der företagsinteckning umfasste Vermögenswerte 289
1. Einschluss sämtlicher Unternehmen und Betriebe des Sicherungsgebers 289
2. Einschluss von dem Privatgebrauch dienenden Aktiva 290
3. Kategorien der beleihbaren Aktiva 290
a. Mit anderweitigem Registerpfandrecht bzw. Grundpfandrecht beleihbare Aktiva 291
aa. Umfang der Grundpfandhaftung 292
bb. Mit besonderen Registerpfandrechten beleihbare Vermögensgegenstände 293
b. Besonders leicht umlauffähige Vermögensgegenstände 294
c. Weder pfändbare noch in die Konkursmasse fallende Vermögensgegenstände 294
4. Belegenheit der Unternehmensaktiva 295
5. Ergebnis 295

II. Von der företagsinteckning umfasste tatsächliche Beziehungen 296

III. Anforderung an die Bestellung der företagsinteckning 296
1. Bezeichnung des Sicherungsgutes 296
2. Bestellungsakte 297
3. Ergebnis 297

C. Erhalt der vermögensrechtlichen und tatsächlichen Grundlagen des beliehenen Unternehmens bis zum Eintritt des Sicherungsfalles 298

I. Gewährleistung der Verwendung des Sicherungsgutes durch den Sicherungsgeber im Rahmen dessen wirtschaftlicher Betätigung 298
1. Verbleib von Besitz an Sicherungsgut beim Sicherungsgeber 298
2. Von der Unternehmensbeleihung unbeeinträchtigte Verfügungsbefugnis des Sicherungsgebers 298

II. Erstreckung der Beleihung auf künftige Unternehmensaktiva 299

III. Schutz des Unternehmenshypothekars vor beeinträchtigendem Verhalten des Sicherungsgebers 299

1. Veräußerung 300
a. Übertragung des gesamten Unternehmens 300
b. Übertragung einzelner Aktiva 301
2. Beleihung 301

a. Beleihung des gesamten Vermögens 301
b. Bestellung von Einzelsicherungsrechten 302
aa. Wirkung im Konkursverfahren 302
bb. Wirkung außerhalb des Konkursverfahrens 303
cc. Auswirkungen in Bezug auf die verschiedenen Kategorien von Unternehmensaktiva 303
c. Sicherungsübereignung und Eigentumsvorbehalt 304
3. Ergebnis 305

IV. Schutz des Unternehmenshypothekars vor Einzelzwangsvollstreckung Dritter 305
1. Möglichkeit der Abwendung der Einzelzwangsvollstreckung 306
2. Verteilung des Verwertungserlöses 306
3. Ergebnis 307

D. Durchsetzung der Unternehmenshypothek 307

I. Zur Verwertung berechtigende Umstände 307

II. Pfändung 308

III. Fortbestand der Unternehmenstätigkeit nach Eintritt des Sicherungsfalles 309

IV. Übertragbarkeit der vermögensrechtlichen und tatsächlichen Grundlagen des Unternehmens im Rahmen der Verwertung des Sicherungsgutes 309

V. Gewährleistung eines dem Ertragswert entsprechenden Erlöszuflusses an den Unternehmenshypothekar 310

VI. Ergebnis 310

E. Rechtsposition des Unternehmenshypothekars bei Insolvenz des Sicherungsgebers 311

I. Erhalt des Unternehmens als wirtschaftlicher Einheit 312
1. Konkursverfahren 312
a. Erhalt der vermögensrechtlichen Grundlage 313
b. Erhalt der tatsächlichen Beziehungen 314

c. Finanzierung der einstweiligen Unternehmensweiterführung 314
aa. Kosten der Unternehmensweiterführung als Masseschulden 315
bb. Insbesondere: Lohnforderungen 315
cc. Vergleichsschluss 316
2. Verfahren der Unternehmensrekonstruktion 316
a. Erhalt der vermögensrechtlichen Grundlage 316
b. Erhalt der tatsächlichen Beziehungen 317
c. Finanzierung der Unternehmensweiterführung 317
3. Ergebnis 318

II. Gewährleistung eines über den Zerschlagungswert hinausgehenden Erlöszuflusses an den Unternehmenshypothekar 318
1. Konkursverfahren 318
a. Rangstelle 319
aa. Vorrangige Forderungen 319
bb. Nachrangige Forderungen 320
b. Prozentuale Begrenzung des Erlöszuflusses 321
c. Auswirkung der einstweiligen Unternehmensweiterführung im Vergleich zur sofortigen Liquidation 321
d. Mögliche Beeinträchtigung der Berechtigung am Erlös infolge Vergleichschlusses 322
2. Weiterführung des Unternehmens im Rahmen der Unternehmensrekonstruktion 323
3. Vom Unternehmenshypothekar zu treffende Wahl zwischen Einleitung des Konkurs- oder Unternehmensrekonstruktionsverfahrens 325
4. Folgen der Verminderung der Bedeutung des Konkursverfahrens 327
a. Praktische Bedeutung der Unternehmenshypothek nach früherem Recht 327
b. Bedeutungsverlust der Unternehmenshypothek 328
c. Alternative Finanzierungsmöglichkeiten 330

d. Bedeutung der durch ein Unternehmen vermittelten Gewinnchancen im Rahmen von ungesicherten Darlehen 331

F. Gesamtbetrachtung der Bedeutung der företagsinteckning für die Unternehmensbeleihung 332

I. Interne Bedeutung 332
II. Grenzüberschreitende Bedeutung 333

Sechster Teil: Gesamtbewertung 335

Literaturverzeichnis 337

Abkürzungsverzeichnis

I. Deutsche Abkürzungen

a.A.	anderer Ansicht
a.E.	am Ende
ABl. EG C	Amtsblatt der Europäischen Gemeinschaften Teil C (Communication)
ABl. EG L	Amtsblatt der Europäischen Gemeinschaften Teil L (Législation)
Abs.	Absatz
AcP	Archiv für civilistische Praxis
a.F.	alter Fassung
AktG	Aktiengesetz
Alt.	Alternative
Anh.	Anhang
Aufl.	Auflage
Art., Artt.	Artikel
AT	Allgemeiner Teil
BayObLG	Bayerisches Oberstes Landesgericht
BBodSchG	Bundesbodenschutzgesetz
Bd.	Band
BezG	Bezirksgericht
BGB	Bürgerliches Gesetzbuch
BGBl.	Bundesgesetzblatt
BGH	Bundesgerichtshof
BGHZ	Entscheidungen des Bundesgerichtshofs in Zivilsachen
Begr.	Begründer
BT-Drucks.	Bundestagsdrucksache
ders.	derselbe
dies.	Dieselbe
EGBGB	Einführungsgesetz zum Bürgerlichen Gesetzbuch

EG	Europäische Gemeinschaft(en)
EGInsO	Einführungsgesetz zur Insolvenzordnung
EGKS	Europäische Gemeinschaft für Kohle und Stahl
EGV	Vertrag zur Gründung der Europäischen Wirtschaftsgemeinschaft
Einf.	Einführung
Einl.	Einleitung
EU	Europäische Union
EuInsVO	Verordnung (EG) Nr. 1346/2000 des Rates vom 29. 5. 2000, ABl. EG L 160, S. 1
EuGH	Gerichtshof der Europäischen Gemeinschaften
EUV	Vertrag über die Europäische Union
EVÜ	Europäisches Übereinkommen über das auf vertragliche Schuldverhältnisse anzuwendende Recht vom 19. 6. 1980, ABl. EG Nr. L 266/1
EWS	Europäisches Wirtschafts- und Steuerrecht
f.	folgende
ff.	fortfolgende
Fn.	Fußnote
FS	Festschrift
GebrMG	Gebrauchsmustergesetz
GeschmMG	Gesetz betreffend das Urheberrecht an Mustern und Modellen (Geschmacksmustergesetz)
GmbH	Gesellschaft mit beschränkter Haftung
GmbHG	Gesetz betreffend die Gesellschaften mit beschränkter Haftung
GmbHR	GmbH-Rundschau
HGB	Handelsgesetzbuch
h.M.	herrschende Meinung
Hrsg.	Herausgeber
i.d.F.v.	in der Fassung von
InsO	Insolvenzordnung
IntGesR	Internationales Handels- und Gesellschaftsrecht

IntImmGR	Internationales Immaterialgüterrecht
IntInsR	Internationales Insolvenzrecht
IntSR	Internationales Sachenrecht
i.V.m.	in Verbindung mit
IPR	Internationales Privatrecht
Kap.	Kapitel
KO	Konkursordnung
lit.	Buchstabe
LuftFzgG	Gesetzes über Rechte an Luftfahrzeugen vom 26. 2. 1959, BGBl. I, S. 57
MarkenG	Gesetz über den Schutz von Marken und sonstigen Kennzeichen
Mot.	Motive
MünchKomm	Münchener Kommentar
m.w.N.	mit weiteren Nachweisen
n.F.	neuer Fassung
NJW	Neue Juristische Wochenschrift
Nr.	Nummer
NZI	Neue Zeitschrift für das Recht der Insolvenz und Sanierung
OLG	Oberlandesgericht
PachtKredG	Pachtkreditgesetz
PatG	Patentgesetz
RabelsZ	Rabels Zeitschrift für ausländisches und internationales Privatrecht
Rdn.	Randnummer
RG	Reichsgericht
RGZ	Entscheidungen des Reichsgerichts in Zivilsachen
RL	Richtlinie
Rs.	Rechtssache
S.	Seite, Satz
SchiffsRG	Schiffsregistergesetz
Slg.	Sammlung der Rechtsprechung des Gerichtshofes der Europäischen Gemeinschaften

UrhG	Gesetz über Urheberrechte und verwandte Schutzrechte
Urt.	Urteil
v.	vom, von, vor
Var.	Variante
verb. Rs.	verbundene Rechtssachen
VerlG	Gesetz über das Verlagsrecht
vgl.	vergleiche
Vorbem.	Vorbemerkung
WM	Wertpapiermitteilungen, Zeitschrift für Wirtschafts- und Bankrecht
ZEuP	Zeitschrift für Europäisches Privatrecht
ZHR	Zeitschrift für das gesamte Handelsrecht und Konkursrecht
Ziff.	Ziffer
ZIP	Zeitschrift für Wirtschaftsrecht
ZPO	Zivilprozessordnung
ZVG	Gesetz über die Zwangsversteigerung und Zwangsverwaltung
ZZP	Zeitschrift für Zivilprozess

II. Französische Abkürzungen

Bull.civ.	Bulletin des arrêts des Chambres civiles de la Cour de Cassation
C.A.	Cour d'Appel
Cass.	Cour de Cassation
Cass.civ.	Cour de Cassation, Chambre civile, Section civile
Cass.com.	Cour de Cassation, Chambre civile, Section commerciale
C.civ.	Code civil
C.com.	Code de commerce
C.G.I.	Code général des impôts
C.pen.	Code pénal
C.prop.intell.	Code de la propriété intellectuelle
C.trav.	Code du travail
D.	Recueil Dalloz
D.H.	Dalloz, Recueil hebdomadaire de jurisprudence
D.P.	Dalloz, Recueil périodique et critique
D.S.	Dalloz Sirey
Gaz.Pal.	Gazette du Palais
J.C.P.	La semaine juridique (Juris-Classeur Périodique) – édition générale
J.O.	Journal Officiel de la République Française
Rev.trim.dr.com.	Revue trimestrielle de droit de commerce
Req.	Arrêts de la Cour de cassation, Chambre des requêtes
Som.	Sommaire (Gazette du Palais)

III. Englische Abkürzungen

A.C.	Law Reports, Appeal Cases, House of Lords (seit 1891)
App.Cas	Law Reports, Appeal Cases, House of Lords (1875–1890)
B.C.C.	British Company Cases
B.C.L.C.	Butterworths Company Law Cases
C.A.	Court of Appeal
Ch.	Law Reports, Chancery Division (seit 1890)
Ch.App.	Chancery Appeal Cases (1865–1875)
Ch.D.	Law Reports, Chancery Division (1875–1890)
C.L.J.	Cambridge Law Journal
ex p	ex parte
H.L.	House of Lords
H.L.Cas	House of Lords Cases (1847–1866)
J.	Justice
Lloyds Rep.	Lloyds Law Reports (seit 1951)
para., paras	paragraph, paragraphs (Absatz, Absätze)
s., ss.	section, sections (Paragraph, Paragraphen)
Sch.	schedule (Anhang)
UKHL	United Kingdom House of Lords Decisions (seit 1938)
v.	versus

IV. Schwedische Abkürzungen

Bet. LU 2002/03:17	Lagutskottets betänkande 2002/03:LU17 Nya förmånsrättsregler (Bericht des Gesetzgebungs-ausschusses des Reichstages zu dem Gesetzesentwurf „Neue Vorzugsrechtsregeln" vom 20. Mai 2003)
FHL	Lag om företagshypotek, SFS 1984:649 (aufgehobenes Gesetz über die Unternehmenshypothek)
FIL	Lag om företagsinteckning, SFS 2003:528 (Gesetz über die Unternehmenshypothek)
FRL	Förmånsrättslag, SFS 1970:979 (Vorzugsrechtsgesetz)
JB	Jordabalk, SFS 1970:994 (Grundstücksgesetzbuch)
Kap.	Kapitel
KL	Konkurslag, SFS 1987:672 (Konkursgesetz)
LFR	Lag om företagsrekonstruktion, SFS 1996:764 (Gesetz über die Unternehmensrekonstruktion)
NJA I	Nytt juristikt arkiv, avdelning I
Prop. 2002/03:49	Regeringens proposition 2002/03:49 Nya förmånsrättsregler (Regierungsentwurf „Neue Vorzugs-rechtsregeln" mit Motiven) vom 2. Februar 2003
SFS	Svensk författningssamling (Sammlung schwedischer Gesetze)
UB	Utsökningsbalk, SFS 1981:774 (Zwangsvollstreckungsgesetzbuch)

Einleitung

Die deutsche Rechtsordnung ermöglicht die Beleihung der verschiedenen Kategorien von Vermögenswerten und darüber hinaus von bestimmten Gesamtheiten. Ein Kreditsicherungsrecht an dem Unternehmen als produktiver Wirtschaftseinheit bietet die deutsche Rechtsordnung demgegenüber nur in besonderen Fällen.

So kann das Inventar eines landwirtschaftlichen Grundstücks, mithin eine der Gewinnerzielung dienende Sachgesamtheit mit wechselndem Bestand, nach dem Pachtkreditgesetz[1] einheitlich verpfändet werden.[2] Ebenso kann ein land- oder forstwirtschaftlich genutztes Grundstück mitsamt seinen Bestandteilen und Zubehör (§ 97 BGB) als wirtschaftliche Einheit nach §§ 1120 ff. BGB grundpfandrechtlich belastet[3] und verwertet werden.[4] Schon die Beleihung einer Funktionseinheit aus Betriebsgrundstück und Gerätschaften eines Bauunternehmers bzw. von Betriebsgrundstück und Kraftfahrzeugpark eines Transportunternehmers scheitert jedoch an der deutschen Rechtsordnung.[5]

Da der Wert des Unternehmens, der über dessen einzelne vermögensrechtliche Komponenten hinausgeht,[6] somit in Deutschland grundsätzlich nicht als Kreditunterlage zum Einsatz kommen kann, scheint das Beleihungspotential des Unternehmens als produktiver, Gewinnchancen vermittelnder Wirtschaftseinheit[7] nach deutschem Recht weitgehend brach zu liegen.[8]

In anderen Mitgliedstaaten der Europäischen Union bestehen demgegenüber einheitliche Globalsicherungsrechte in Bezug auf das Unternehmen allgemein, mittels welcher der in dieser produktiven Einheit liegende Wert für die Kredit-

---

[1] vom 5. 8. 1951, BGBl. I S. 494

[2] Staudinger(-Jickeli/Stieper), BGB, Vorbem. zu §§ 90–103, Rdn. 19

[3] v. Gierke, Das Handelsunternehmen, ZHR 111 (1948), 1 (9); Baur/Stürner, Sachenrecht, § 28, I.1, Rdn. 3

[4] §§ 866 ZPO, 1–161 ZVG

[5] BGHZ 62, 49; 85, 234

[6] Stief, Die Verpfändbarkeit des Unternehmens im deutschen, französischen und englischen Recht (1940), S. 1

[7] Stief, Die Verpfändbarkeit des Unternehmens im deutschen, französischen und englischen Recht, S. 15

[8] vgl.: Wolf, Privates Bankvertragsrecht im EG-Binnenmarkt : Auswirkungen der II. EG-Bankrechts-Richtlinie auf privatrechtliche Bankgeschäfte, WM 1990, 1941 (1945, 1950);

wirtschaft erschlossen sein könnte. Hierbei handelt es sich um das *nantissement du fonds* des französischen Rechts, die *floating charge* des englischen Rechts und die schwedische *företagsinteckning*; in den von diesen Rechtsordnungen beeinflussten Rechtskreisen finden sich entsprechende Figuren.[9] Diese – wenn auch grundlegend unterschiedlich ausgestalteten – Sicherungsrechte werden zusammenfassend als „Unternehmenshypotheken" bzw. „Unternehmenspfandrechte"[10] bezeichnet.

In dem Ausmaß, wie mittels solcher Rechtsinstitute das Unternehmen als gegenüber dem Substanzwert seiner Aktiva wertvolleres Sicherungsgut beleihbar ist, wird – im Vergleich zu Einzelsicherungsrechten – ein Anreiz zur Gewährung eines höheren Kredits bzw. Kredits zu günstigeren Konditionen, insbesondere zu niedrigeren Zinsen, geschaffen.[11] Gemäß der Empfehlung des Baseler Ausschusses für Bankenaufsicht zu den Eigenkapitalanforderungen an Kreditinstitute (Basel II) braucht eine Bank weniger Eigenkapital zur Absicherung von Krediten aufzuwenden, wenn ihr für die betreffenden Darlehensforderungen Kreditsicherheiten bestellt werden; Darlehensnehmer können somit in den Genuss umso niedrigerer Zinsen kommen, je höher der Wert des von ihnen gebotenen Sicherungsgutes ist.[12] Diese Empfehlung des Baseler Ausschusses für Bankenaufsicht betrifft u.a. die hier zu untersuchenden Rechtsordnungen von Deutschland, Frankreich, Großbritannien, und Schweden als in diesem Gremium vertretene Länder; auch weit über den Kreis der in ihm repräsentierten Rechtsordnungen hinaus kommt den Empfehlungen dieses Gremiums Bedeutung zu.[13]

Staudinger/Wiegand, BGB, § 1204, Rdn. 39; Hubmann, Das Recht am Unternehmen, ZHR 117 (1955), 41 (73)

[9] Nachweise bei: Wenckstern, Die englische Floating Charge im deutschen Internationalen Privatrecht, RabelsZ 56 (1992), 624 (627, Fn. 2) Kieninger, Mobiliarsicherheiten im Europäischen Binnenmarkt (1996), S. 25 f., 28; zum finnischen Recht: Wenckstern, Hypotheken auf Unternehmen : Neue Gesetze in Schweden und Finnland, RabelsZ 52 (1988), 663 (701 ff.); zum dänischen *virksomhedspant*: Trommer Volf/ Parlev, Floating company charges – New Possibilities in Denmark, Eurofenix – The Journal of INSOL Europe, Summer 2006, 8 f.

[10] vgl.: Wenckstern, RabelsZ 56 (1992), 624 (628); ders., RabelsZ 52 (1988), 663 (665 f.); Hofmann, Mortgage und Charge : Gestaltungsmöglichkeiten im englischen Kreditsicherungsrecht (2002), S. 58; Kieninger, Mobiliarsicherheiten im Europäischen Binnenmarkt, S. 25, 34

[11] Stief, Die Verpfändbarkeit des Unternehmens im deutschen, französischen und englischen Recht, S. 133; Wolf, WM 1990, 1941 (1941, 1950)

[12] Kümpel, Bank- und Kapitalmarktrecht, Rdn. 19.95; Jungmichel, Basel II und die möglichen Folgen, WM 2003, 1201 (1206)

[13] Jungmichel, WM 2003, 1201 (1201, Fn. 8)

Soweit der Einsatz des Unternehmens zur Kreditsicherung tatsächlich möglich ist, jedoch mit deutschen Rechtsinstituten nicht bewerkstelligt werden kann, weist die deutsche Rechtsordnung eine Beleihungslücke auf.[14] Diese Lücke könnte durch die Änderung von deutschen Sachrechtsnormen oder auch mittels Bestellung von Unternehmenshypotheken anderer Rechtsordnungen[15] geschlossen werden.

Im Rahmen des europäischen Binnenmarktes könnte die Unternehmensbeleihung infolge der unmittelbaren Geltung der Grundfreiheiten des EG-Vertrages auch ohne gesetzgeberische Aktivität grenzüberschreitende Verbreitung erfahren. Außer durch Rechtsangleichungsmaßnahmen seitens der Gemeinschaft zur Herstellung des Binnenmarktes nach Artt. 3 lit. c, h, 14, 94 f. EGV wird dieser nämlich auch durch die Grundfreiheiten verwirklicht. Wie sich aus Art. 14 Abs. 2 EGV ergibt, umfasst der Binnenmarkt als Mindestanforderung den von Beschränkungen der Mitgliedstaaten freien Verkehr von Waren, Personen, Dienstleistungen und Kapital im Sinne von Artt. 23 ff. EGV.[16] Nach ständiger Rechtsprechung des EuGH sind danach nicht nur solche mitgliedstaatlichen Normen verboten, welche die Ausübung der Grundfreiheiten unmittelbar und tatsächlich beschränken, sondern auch bloß potentiell und mittelbar beschränkend wirkende Regelungen,[17] sofern diese nicht durch zwingende Erfordernisse des Allgemeininteresses gerechtfertigt sind.[18] Insofern ist von einer „neuen Strategie“ in Ergänzung zur Harmonisierung durch Rechtssetzungsakte der Gemeinschaft die Rede.[19]

Auch mitgliedstaatliche Zivilrechtsvorschriften[20] – unter Einschluss des Kollisionsrechts[21] – können somit auf den gemeinschaftsrechtlichen Prüfstand gelan-

---

[14] vgl.: Wenckstern, RabelsZ 52 (1988), 663 (665 f.)

[15] Wolf, WM 1990, 1941 (1950)

[16] Kieninger, Wettbewerb der Privatrechtsordnungen im Europäischen Binnenmarkt (2002), S. 335–349

[17] EuGH, 11. 7. 1974, Rs. 8/74, *Dassonville*, Slg. 1974, 837, Rdn. 5

[18] EuGH, 20. 2. 1979, Rs. 120/78, *Rewe / Bundesmonopolverwaltung für Branntwein (Cassis de Dijon)*, Slg. 1979, 649, Rdn. 8, 14

[19] „Vollendung des Binnenmarktes“ – Weißbuch der Kommission an den Europäischen Rat (Mailand, 28./29. 6. 1985), EG-Dokument KOM (85) 310, Rdn. 57 ff.; Basedow, Der kollisionsrechtliche Gehalt der Produktfreiheiten im europäischen Binnenmarkt, RabelsZ 59 (1995), 1 (3 ff.); Kieninger, Wettbewerb der Privatrechtsordnungen im Europäischen Binnenmarkt, S. 355

[20] EuGH, 16. 3. 1999, Rs. C-222/97, *Trummer und Mayer*, Slg. 1999, I-1661; Kieninger, Mobiliarsicherheiten im Europäischen Binnenmarkt, S. 124 m.w.N.

[21] Wolf, WM 1990, 1941 (1942, 1952); Basedow, RabelsZ 59 (1995), 1 (13 ff.); v. Wilmowsky, Europäisches Kreditsicherungsrecht (1996), S. 43–48, 149–152, 409; Opper-

gen. Das hat auch für deutsche Rechtsnormen zu gelten, welche der grenzüberschreitenden Unternehmensbeleihung entgegenstehen.

Ein Rechtssetzungsakt auf Gemeinschaftsebene in Bezug auf die Unternehmensbeleihung[22] – insofern die Verwirklichung des Binnenmarktes nach „alter Strategie" – ist demgegenüber kaum zu erwarten. Die legislative Tätigkeit der Gemeinschaftsorgane im Bereich des grenzüberschreitenden Kreditsicherungsrechts betrifft u.a. die Vereinheitlichung der Beleihung von Wertpapieren und vergleichbaren Schuldtiteln, mit der Folge, dass diesbezüglich nicht mehr die Grundsätze des jeweiligen Depotstatuts zu beachten sind.[23] Für die grenzüberschreitende Bestellung von Sicherheiten hat ferner die EG-Verordnung des Rates über Insolvenzverfahren (Europäische Insolvenzverordnung; EuInsVO)[24] Bedeutung. Eine gemeinschaftsweite Vereinheitlichung der im europäischen Binnenmarkt existierenden Rechtsinstitute zur Unternehmensbeleihung ist jedoch ebenso wenig in Sicht, wie das in Bezug auf das allgemeine Kreditsicherungs-[25] und internationale Sachenrecht der Fall ist.[26]

Die praktische Bedeutung des Binnenmarktes für die Verwendbarkeit deutschem Recht unterliegender Unternehmen als Kreditunterlage besteht somit darin, dass deutsche Rechtsnormen, welche der von den Marktbürgern beabsichtigten grenzüberschreitenden Unternehmensbeleihung entgegenstehen, nur dann Bestand haben können, wenn sie von einer gemeinschaftsrechtlichen Maßstäben genügenden Rechtfertigung getragen sind.

---

mann/v. Wilmowsky (-v. Wilmowsky), Integration im Europäischen Zivil- und Wirtschaftsrecht (1999), S. 33 ff.; Kieninger, Mobiliarsicherheiten im Europäischen Binnenmarkt, S. 124–126; dies., Wettbewerb der Privatrechtsordnungen im Europäischen Binnenmarkt, S. 354–356; Drasch, Das Herkunftslandprinzip im internationalen Privatrecht (1997), S. 244 ff.

[22] vgl.: Staudinger/Stoll, BGB, IntSR, Rdn. 295

[23] Richtlinie 2002/47/EG des Europäischen Parlaments und des Rates über Finanzsicherheiten, ABl. EG L 168 vom 27. 6. 2002, S. 43; dazu: Kümpel, Bank- und Kapitalmarktrecht, Rdn. 6.2–6.4

[24] Verordnung (EG) Nr. 1346/2000 des Rates vom 29. 5. 2000, ABl. EG L 160, S. 1

[25] vgl.: v. Wilmowsky, Europäisches Kreditsicherungsrecht, S. 1

[26] vgl.: Looschelders, IPR, Art. 43, Rdn. 3; Staudinger/Stoll, BGB, IntSR, Rdn. 112 f.

Erster Teil:

Das grundlegende Konzept der Unternehmensbeleihung

A. Wert des Unternehmens als lebender wirtschaftlicher Einheit

Als einheitliches Verfügungsobjekt besteht das Unternehmen in der deutschen Rechtsordnung nicht.[27] Es ist insbesondere – bis auf spezielle Ausnahmen, auf die eingangs hingewiesen wurde, – nicht als einheitlicher Beleihungsgegenstand vorgesehen. Für die Untersuchung der Verwendbarkeit des Unternehmens zur Kreditsicherung ist somit zunächst der insoweit weder von der Gesetzgebung noch von der Rechtsprechung vorgegebene Begriff des Unternehmens zu konkretisieren.

I. Das Unternehmen als Grundlage für Gewinnchancen

Wenn auch dem Begriff des Unternehmens in Bezug auf unterschiedliche Lebensbereiche verschiedenartige Bedeutungen zukommen,[28] so kann seine Funktion als Beleihungsobjekt allein in der Realisierbarkeit seines wirtschaftlichen Wertes im Sicherungsfall bestehen. Der wirtschaftliche Wert des Unternehmens als Gegenstand des Rechtsverkehrs liegt in dessen Erfolg am Markt,[29] und letztlich in den hierdurch vermittelten Erwerbs- und Gewinnchancen.[30] Die Beleihung des Unternehmens impliziert somit, dass nach Eintritt des Sicherungsfalles im Rahmen dessen Verwertung einem Erwerber dessen Gewinnchancen vermittelt werden können, so dass dieser einen entsprechenden Preis bietet, welcher dem Sicherungsnehmer zwecks Befriedigung der gesicherten Forderung als Erlös zufließen kann. Ob die in einem Unternehmen liegenden Gewinnchancen von dem Unternehmensträger auf eine andere Person übergehen können, hängt von verschiedenen Faktoren ab, die diese Gewinnchancen

[27] BGH, NJW 1968, 392 f.; K. Schmidt, Handelsrecht, § 6, I.2; Baur/Stürner, Sachenrecht, § 28 II.2, Rdn. 8; Staudinger(-Jickeli/Stieper), BGB, Vorbem. zu §§ 90–103, Rdn. 33; Staudinger/Stoll, BGB, IntSR, Rdn. 195

[28] Baur/Stürner, Sachenrecht, § 28, I.1, Rdn. 1–3; Koch, Der Fonds de commerce (1996), S. 117–122

[29] MünchKomm/Lieb, HGB, Anh. § 25, Rdn. 3 f.

[30] vgl.: Koch, Der Fonds de commerce, S. 116

bestimmen. Diese Faktoren sind somit zu identifizieren, bevor sie auf Übertragbarkeit und schließlich auf Beleihbarkeit überprüft werden sollen.

II. Die die Gewinnchancen eines Unternehmens bestimmenden Faktoren

Der wirtschaftliche Wert, den ein Unternehmen für dessen Träger[31] darstellt, schließt das Unternehmensvermögen, mithin Sachen und Rechte, ein, wird jedoch auch durch andere Komponenten bestimmt.[32]

1. Vermögensrechtliche Faktoren

Eine für den wirtschaftlichen Wert des Unternehmens, der dem Unternehmensträger zugute kommt, bedeutsame Komponente besteht zunächst in den im Unternehmen eingesetzten Sachen und Rechten.[33] Hierbei kann es sich um erga omnes wirkende Rechte, insbesondere Sachenrechte und Immaterialgüterrechte[34] (Patente, Rechte an Mustern und Modellen, Marken, die Firma, Urheberrechte), aber auch öffentlich-rechtliche, nicht an die Person des Unternehmensträgers gebundene Rechtspositionen handeln. Auch Handelsbücher sind zu den zum Unternehmen gehörenden Sachen zu zählen.[35]

Die Beziehungen des Unternehmensträgers zu anderen Personen sind teilweise verrechtlicht und können als Beziehungen nach innen, also zu Mitarbeitern, und zu Außenstehenden, insbesondere Lieferanten und Abnehmern, eingeteilt werden. So gehören Forderungen auf Belieferung und Forderungen auf Zahlung für

---

[31] zum Begriff des Unternehmensträgers: Baumbach/Hopt, HGB, Einl. v. § 1, II.1.D, Rdn. 41; K. Schmidt, Handelsrecht, § 5, I

[32] RGZ 170, 292 (298); MünchKomm/Lieb, HGB, Anh. § 25, Rdn. 3; v. Gierke, ZHR 111 (1948), 1 (7 ff.); Isay, Das Recht am Unternehmen (1910), S. 41; Wieland, Handelsrecht (1921), S. 240; Koch, Der Fonds de commerce, S. 116; Stief, Die Verpfändbarkeit des Unternehmens im deutschen, französischen und englischen Recht, S. 7 f., 127

[33] MünchKomm/Lieb, HGB, Anh. § 25, Rdn. 3; MünchKomm/Roth, BGB, § 413, Rdn. 2; Baur/Stürner, Sachenrecht, § 28, II.2, Rdn. 8; K. Schmidt, Handelsrecht, § 6, I.2; Koch, Der Fonds de commerce, S. 116; Hommelhoff, Der Unternehmenskauf als Gegenstand der Rechtsgestaltung, ZHR 150 (1986), 254 (259); v. Gierke, ZHR 111 (1948), 1 (8); Isay, Das Recht am Unternehmen, S. 41; Wieland, Handelsrecht, S. 240; Brecher, Das Unternehmen als Rechtsgegenstand (1953), S. 138; Hubmann, ZHR 117 (1955), 41 (50); a.A.: Pisko, Das Unternehmen als Gegenstand des Rechtsverkehrs (1907), S. 200

[34] Demgegenüber werden Patente und Urheberrechte zum Teil bei den nicht vollends verrechtlichten Immaterialgüterpositionen verortet (MünchKomm/Lieb, HGB, Anh. § 25, Rdn. 3).

[35] Pisko, Das Unternehmen als Gegenstand des Rechtsverkehrs, S. 222

im Rahmen der produktiven Tätigkeit des Unternehmens erbrachte Leistungen oder veräußerte Waren zu dem Unternehmensvermögen. Aufgrund der vertraglichen Grundlage von Beziehungen nach innen gehören vor allem Forderungen gegen Mitarbeiter auf Arbeitsleistung aber auch auf Verschwiegenheit, Unterlassen von Wettbewerb etc. zu dem Vermögen des Unternehmensträgers. Insofern stellen sich die „personalen Mittel"[36] eines Unternehmens als vermögensrechtliche Komponente dar.

2. Nichtvermögensrechtliche Faktoren – tatsächliche Beziehungen

Auch in dem Ausmaß, wie Beziehungen des Unternehmensträgers nach innen und nach außen bzw. Beziehungen von Unternehmensaktiva zueinander keine rechtliche, sondern eine bloß tatsächliche Grundlage haben, kommt ihnen ein wirtschaftlicher Wert zu.[37] Die Gewinnchancen eines Unternehmens werden durch dessen vermögensrechtliche Grundlage folglich nicht ausgeschöpft.[38]

a. Tatsächliche Beziehungen der Unternehmensaktiva zueinander

Als den Wert eines Unternehmens bestimmende tatsächliche Umstände sind zunächst dessen Organisation[39] im Sinne dessen Beziehungen nach innen als Betrieb zu nennen.[40] Wie bei anderen wirtschaftlichen Einheiten besteht ein über die einzelnen Unternehmensaktiva hinausgehender Wert darin, dass diese in organisierter wirtschaftlicher Beziehung zueinander stehen.[41]

---

[36] RGZ 170, 292 (298); v. Gierke, ZHR 111 (1948), 1 (7 ff.); Isay, Das Recht am Unternehmen, S. 41; Wieland, Handelsrecht, S. 240; Oppikofer, Das Unternehmen in geschichtlicher, vergleichender und rechtspolitischer Betrachtung (1927), S. 20

[37] Beisel/Klumpp(-Beisel), Der Unternehmenskauf, Kap. 1, II.1, Rdn. 15; MünchKomm/Lieb, HGB, Anh. § 25, Rdn. 3; Hommelhoff, ZHR 150 (1986), 254 (259); Stief, Die Verpfändbarkeit des Unternehmens im deutschen, französischen und englischen Recht, S. 1; ter Meulen, Die Floating Charge (1969), S. 16 f.; Baur/Stürner, Sachenrecht, § 28, I.2, Rdn. 5, S. 325

[38] MünchKomm/Lieb, HGB, Anh. § 25, Rdn. 3, 7; Wieland, Handelsrecht, S. 252 ff.; Brecher, Das Unternehmen als Rechtsgegenstand, S. 138

[39] RGZ 170, 292 (298); v. Gierke, ZHR 111 (1948), 1 (7 ff.); Isay, Das Recht am Unternehmen, S. 41; Wieland, Handelsrecht, S. 240

[40] Beisel/Klumpp(-Beisel), Der Unternehmenskauf, Kap. 1, II.1., Rdn. 15; vgl. auch: Stief, Die Verpfändbarkeit des Unternehmens im deutschen, französischen und englischen Recht, S. 7

b. Marktteilnahme

Im Unterschied zu anderen wirtschaftlichen Einheiten umfasst der Wert eines Unternehmens über den zuvor beschriebenen Wert von Vermögensgegenständen zueinander hinaus auch die Beziehungen, die sich aus der Marktteilnahme des Unternehmens ergeben.[42] So besteht in Anbetracht gegenwärtiger Forderungen des Unternehmensträgers gegen Lieferanten,[43] Abnehmer,[44] Mitarbeiter[45] und Kreditgeber[46] die, wenn auch vermögensrechtlich irrelevante, so doch keineswegs unbegründete Hoffnung, dass künftig entsprechende oder darauf aufbauende Verträge geschlossen bzw. dass bestehende Verträge nicht gekündigt werden werden. Ähnliches kann für Beziehungen zu Behörden gelten.[47] Insoweit wirkt sich ein bei gegenwärtigen und potentiellen Vertragspartnern etabliertes vorteilhaftes Image bzw. ein Goodwill aus.[48]

c. Persönlichkeit des Unternehmers

Von entscheidender Bedeutung für die Gewinnchancen eines Unternehmens ist des Weiteren die Persönlichkeit des Unternehmers,[49] insbesondere dessen un-

---

[41] Stief, Die Verpfändbarkeit des Unternehmens im deutschen, französischen und englischen Recht, S. 10; Oppikofer, Das Unternehmen in geschichtlicher, vergleichender und rechtspolitischer Betrachtung, S. 15 f.

[42] Beisel/Klumpp(-Beisel), Der Unternehmenskauf, Kap. 1, II.1, Rdn. 15; Baumbach/Hopt, HGB, Einl. v. § 1, II.1.C, Rdn. 48; Staudinger/Wiegand, BGB, § 1204, Rdn. 39

[43] MünchKomm/Lieb, HGB, Anh. § 25, Rdn. 3, 24; Hommelhoff, ZHR 150 (1986), 254 (259); K. Schmidt, Handelsrecht, § 6, I.2; Baumbach/Hopt, HGB, Einl. v. § 1, II.2.A.a, Rdn. 42; Baur/Stürner, Sachenrecht, § 28, II.2.b, Rdn. 10; Stief, Die Verpfändbarkeit des Unternehmens im deutschen, französischen und englischen Recht, S. 1; Gierke, ZHR 111 (1948), 1 (12 ff.)

[44] MünchKomm/Lieb, HGB, Anh. § 25, Rdn. 3, 24; Hommelhoff, ZHR 150 (1986), 254 (259); K. Schmidt, Handelsrecht, § 6, I.2; Baumbach/Hopt, HGB, Einl. v. § 1, II.2.A.a, Rdn. 42; Baur/Stürner, Sachenrecht, § 28, II.2.b, Rdn. 10; Stief, Die Verpfändbarkeit des Unternehmens im deutschen, französischen und englischen Recht, S. 1; Mestre/Pancrazi, Droit commercial (1997), Nr. 552; Gierke, ZHR 111 (1948), 1 (12 ff.)

[45] RGZ 170, 292 (298); Baumbach/Hopt, HGB, Einl. v. § 1, II.2.A.a, Rdn. 42; MünchKomm/Lieb, HGB, Anh. § 25, Rdn. 3

[46] MünchKomm/Lieb, HGB, Anh. § 25, Rdn. 24

[47] vgl.: Baumbach/Hopt, HGB, Einl. v. § 1, II.2.A.a, Rdn. 42

[48] Hommelhoff, ZHR 150 (1986), 254 (259); K. Schmidt, Handelsrecht, § 6, II.2.a; Baumbach/Hopt, HGB, Einl. v. § 1, II.2.A.a, Rdn. 42

[49] RGZ 170, 292 (298); MünchKomm/Lieb, HGB, Anh. § 25, Rdn. 3; K. Schmidt, Handelsrecht, § 6, II.2.a, S. 144 f.; Beisel/Klumpp(-Theysohn-Wadle), Der Unternehmenskauf, Kap. 3, III, Rdn. 25; Wieland, Handelsrecht, S. 252 ff.; Brecher, Das Unternehmen als Rechtsgegenstand, S. 138

ternehmerisches Geschick, dessen Fähigkeiten, Kenntnisse[50] und Geschäftserfahrungen.[51] Dies wird bereits dadurch deutlich, dass die zuvor thematisierte Organisation eines Unternehmens nach innen und nach außen – und somit dessen bisheriger Erfolg – auf die Unternehmerpersönlichkeit zurückgeht.[52] Die für den Unternehmenserfolg entscheidenden Kenntnisse umfassen Geschäfts- bzw. Betriebsgeheimnisse[53] und das Wissen um Bezugsquellen,[54] Absatzgelegenheiten[55] und Unternehmensorganisation.[56] Neben dem betriebsinternen Wissen der Mitarbeiter ist somit auch Know-how des Unternehmers selbst – im Sinne von dessen technischen und kaufmännischen Kenntnissen[57] – ein den Wert des Unternehmens ausmachender Faktor.

B. Grundsätzliche Eignung des Unternehmens als Sicherungsobjekt

Anders als die vermögensrechtlichen Bestandteile des Unternehmens können dessen tatsächliche Beziehungen nicht Gegenstand von Verfügungsgeschäften sein.[58] Selbst wenn man diese den sog. Unternehmenskern bildenden unkörperlichen Geschäftswerte als nach §§ 413, 398 ff. BGB übertragbare Rechtspositionen ansieht, können diese ebenso wenig ein dingliches Recht zugunsten des aus einer solchen Übertragung Berechtigten vermitteln, wie sie dies zugunsten

---

[50] RGZ 170, 292 (298)

[51] Stief, Die Verpfändbarkeit des Unternehmens im deutschen, französischen und englischen Recht, S. 1

[52] Baur/Stürner, Sachenrecht, § 28, II.2.b, Rdn. 10; Stief, Die Verpfändbarkeit des Unternehmens im deutschen, französischen und englischen Recht, S. 6; Hubmann, ZHR 117 (1955), 41 (50)

[53] K. Schmidt, Handelsrecht, § 6, I.2; MünchKomm/Lieb, HGB, Anh. § 25, Rdn. 3; Baur/Stürner, Sachenrecht, § 28, II.2.b, Rdn. 10; Baumbach/Hopt, HGB, Einl. v. § 1, II.2.A.a, Rdn. 42

[54] K. Schmidt, Handelsrecht, § 6, I.2; II.2.a; Hommelhoff, ZHR 150 (1986), 254 (259); MünchKomm/Lieb, HGB, Anh. § 25, Rdn. 24; Stief, Die Verpfändbarkeit des Unternehmens im deutschen, französischen und englischen Recht, S. 7

[55] K. Schmidt, Handelsrecht, § 6, I.2; Hommelhoff, ZHR 150 (1986), 254 (259); Baumbach/ Hopt, HGB, Einl. v. § 1, II.2.A.a, Rdn. 42; Baur/Stürner, Sachenrecht, § 28, II.2.b, Rdn. 10; MünchKomm/Lieb, HGB, Anh. § 25, Rdn. 24

[56] K. Schmidt, Handelsrecht, § 6, I.2; MünchKomm/Lieb, HGB, Anh. § 25, Rdn. 24

[57] Hommelhoff, ZHR 150 (1986), 254 (259); MünchKomm/Lieb, HGB, Anh. § 25, Rdn. 24; vgl. auch: Guyon, Droit des Affaires, Tome 1 : Droit commercial général et Sociétés (2003), Rdn. 643

[58] Staudinger(-Jickeli/Stieper), BGB, Vorbem. zu §§ 90–103, Rdn. 32 f.; K. Schmidt, Handelsrecht, § 6, I.2, S. 141

des Übertragenden taten, da solche Geschäftswerte keinem Rechtsträger ausschließlich zugeordnet sind.[59] Ganz davon abgesehen wird die Eignung der Gewinnaussichten eines Unternehmens als Beleihungsobjekt jedoch durch deren im Laufe der Zeit stetig abnehmende Gewissheit in Frage gestellt: Das Risiko des Entfallens der tatsächlichen Beziehungen im Zeitraum nach der Beleihung des Unternehmens bis zu dessen Veräußerung läuft dem Anreiz zuwider, einen über den Wert dessen vermögensrechtlicher Komponente hinausgehenden Kreditbetrag zu gewähren.

I. Übermittlung der faktischen Beziehungen im Rahmen der Unternehmensübertragung

Über faktische Beziehungen eines Unternehmens kann im Wege der Übertragung ebenso wenig wie im Wege der Beleihung verfügt werden. Nicht verrechtlichte Beziehungen können jedoch im Rahmen der Unternehmensveräußerung dem Erwerber anderweitig vermittelt werden. Insbesondere treffen den Unternehmensveräußerer Überleitungspflichten.[60] Eine derartige Überleitung kommt auch im Rahmen der Verwertung eines zur Kreditsicherung eingesetzten Unternehmens in Betracht. Im Vergleich zur Unternehmensbeleihung ist im Fall der Unternehmensveräußerung das Risiko des Verlustes der tatsächlichen Beziehungen des Unternehmens jedoch deutlich geringer. Aufgrund der besonderen Dynamik des Unternehmens und des Marktes, an dem sich dieses zu behaupten hat, unterliegt dessen Wert erheblichen Schwankungen im Laufe der Zeit.[61] Der Zeitraum zwischen Abschluss eines Unternehmenskaufvertrages und Übertragung der Unternehmensaktiva sowie Überleitung von tatsächlichen Beziehungen ist vergleichsweise kurz, so dass sich die durch das Unternehmen vermittelten Gewinnchancen währenddessen im Regelfall nicht grundlegend verschlechtern werden. Demgegenüber impliziert die Beleihung des Unternehmens die Erwartung, dass dessen Gewinnchancen ab dem Zeitpunkt der Bestellung des Sicherungsrechts über den Eintritt des Sicherungsfalles hinaus bis zum Zeitpunkt der Verwertung vorhanden sein werden. Das Risiko, dass ein Unternehmen in diesem ggf. jahrelangen Zeitraum unprofitabel wird, ist somit ungleich größer.

---

[59] vgl.: Staudinger(-Jickeli/Stieper), BGB, Vorbem. zu §§ 90–103, Rdn. 33; Baur/Stürner, Sachenrecht, § 28, II.2.b, Rdn. 10

[60] K. Schmidt, Handelsrecht, § 6, I.2, S. 141, § 6, II.2.d, S. 148

Der Einsatz eines florierenden Unternehmens zur Kreditsicherung geht somit mit dem besonderen – um den zeitlichen Aspekt erweiterten – Risiko für den Sicherungsnehmer einher, dass im Sicherungsfall lediglich der Zerschlagungswert der Unternehmensaktiva zu realisieren sein wird.[62]

II. Zusammenhang des Risikos des Wertverlustes des Unternehmens als wirtschaftlicher Einheit mit dem Eintritt des Sicherungsfalles

Der vorerwähnte Zweck der Bestellung eines Kreditsicherungsrechts ist die Vermeidung des Risikos, welches mit der Gewährung von Kredit verbunden ist.[63] Zuvor wurde allerdings darauf hingewiesen, dass das Risiko des Verlustes der Gewinnchancen allgegenwärtig ist. Wenn auch das Unternehmen mitsamt seinen Gewinnchancen in der Praxis übertragbar ist, so könnte es sich somit dennoch als Beleihungsobjekt als ungeeignet erweisen.

1. Das jeder Kreditsicherung immanente Risiko des Wertverlustes

Auf der anderen Seite kann jedoch die Gefahr des Wertverlustes bei keinerlei Art von Sicherungsgut ausgeschlossen werden; selbst der Marktwert von Grundstücken kann im Zeitraum nach der Bestellung von Grundpfandrechten daran erheblich sinken.[64] Ein gewisses Risiko ist somit jeder Bestellung von Kreditsicherungsrechten immanent. Diesem kann ein gewerblicher Kreditgeber jedoch durch die Vereinbarung von Risikozinsen[65] und Diversifikation[66] vorbeugen. Ferner kann der Kreditgeber den Wertverlust des Unternehmens durch dessen intensive Beobachtung frühzeitig in Erfahrung bringen und Maßnahmen treffen, um diesen in Grenzen zu halten. Gegen das Konzept der Unternehmensbeleihung spricht somit der Einwand der möglichen Entwertung des Un-

---

[61] MünchKomm/Lieb, HGB, Anh. § 25, Rdn. 5
[62] vgl.: ter Meulen, Die Floating Charge, S. 16 f.
[63] Dorndorf, Kreditsicherungsrecht und Wirtschaftsordnung (1986), S. 28–32; Kümpel, Bank- und Kapitalmarktrecht, Rdn. 6.1; v. Wilmowsky, Europäisches Kreditsicherungsrecht, S. 147 f.
[64] Baur/Stürner, Sachenrecht, § 36, I.1.d.aa, Rdn. 8; Kunzler, Das Nantissement du Fonds de Commerce (1960), S. 116
[65] vgl.: Wolf, WM 1990, 1941 (1950); Kümpel, Bank- und Kapitalmarktrecht, Rdn. 19.95, Jungmichel, WM 2003, 1201 (1206)
[66] Kümpel, Bank- und Kapitalmarktrecht, Rdn. 19.93

ternehmens als wirtschaftlicher Einheit im Verlaufe eines Kreditverhältnisses nicht grundsätzlich.

2. Mit Eintritt des Sicherungsfalles in Zusammenhang stehender Wertverlust des Sicherungsgutes

Maßnahmen zur Minderung der aus dem möglichen Wertverlust des Sicherungsgutes drohenden Folgen werden allerdings dann nicht hilfreich sein, wenn das Risiko des Eintritts des Sicherungsfalles und das Risiko des Wertverlustes des Sicherungsgutes auf dieselben Ursachen zurückgehen und sich folglich stets gemeinsam materialisieren: Geht im Sicherungsfall zwangsläufig der Wert des Sicherungsgutes verloren, dann kann Letzteres nicht den Zweck erfüllen, das Risiko der Nichterfüllung der Pflichten des Darlehensnehmers abzusichern.[67]

Tatsächlich haben die Nichterfüllung der aus Darlehen geschuldeten Pflichten des Unternehmensträgers und der Wertverlust seines Unternehmens häufig dieselbe Ursache, nämlich die Unmöglichkeit, mittels des Unternehmens in der Zusammensetzung seiner rechtlichen und tatsächlichen Bestandteile Werte zu schöpfen und Gewinn zu erzielen.[68] In einem solchen Fall der strategischen Krise wird der Unternehmensträger letztlich zur Erfüllung seiner Verbindlichkeiten gegenüber Kreditgebern nicht mehr in der Lage sein.

Jedoch keineswegs zwangsläufig hat die Einstellung von Zins- bzw. Tilgungsleistungen – welche ja den typischen Sicherungsfall darstellt – ihre Ursache in der strategischen Krise eines darlehensnehmenden Unternehmens, mithin in mangelnder Wettbewerbsfähigkeit bzw. dem Scheitern des Unternehmens am Markt; es kommt vielmehr auch die bloße Liquiditätskrise infolge finanzwirtschaftlicher Fehldisposition von strategisch erfolgreichen Unternehmen, welche in ihrer gegenwärtigen Zusammensetzung durchaus in der Lage wären, Gewinne zu generieren – sofern sie nur nicht mit dem Schuldendienst belastet wären –, als Ursache des Sicherungsfalles in Betracht.[69] So mag ein Unternehmen nicht die aufgenommenen Schulden begleichen können, jedoch bei einem teilweisen oder vollständigen Schuldenerlass bzw. einer Stundung in der Zu-

---

67 vgl.: ter Meulen, Die Floating Charge, S. 17; Koch, Der Fonds de commerce, S. 190 f.

68 Buth/Hermanns(-Kraus/Gless), Restrukturierung, Sanierung, Insolvenz, § 4, I.2, Rdn. 8; Gottwald/Maus, Insolvenzrechtshandbuch (1990), § 2, III, Rdn. 16; Baird/Jackson/Adler, Bankruptcy (2001), S. 25 f.

69 Buth/Hermanns(-Kraus/Gless), Restrukturierung, Sanierung, Insolvenz, § 4, I.2, Rdn. 8; Gottwald/Maus, Insolvenzrechtshandbuch, § 2, III, Rdn. 16

kunft profitabel werden.[70] Sind die wirtschaftlichen Schwierigkeiten eines Unternehmens allein auf dessen Liquiditätskrise zurückzuführen, ohne dass es gleichzeitig seine Wettbewerbsfähigkeit eingebüßt hat, dann verkörpern die das Unternehmen ausmachenden Vermögensgegenstände und tatsächlichen Beziehungen somit auch noch im Sicherungsfall einen Wert, der dessen Gewinnchancen einschließt.

III. Ergebnis

Da die mangelnde Fähigkeit eines Unternehmens, seine Darlehensverbindlichkeiten zu erfüllen, keineswegs notwendigerweise ihre Ursache in dem Entfallen dessen Gewinnchancen hat, ist die Unternehmensbeleihung auch kein von vornherein zur Kreditsicherung ungeeignetes Instrument. Mittels Risikozinsen und Diversifikation kann ein gewerblicher Kreditgeber, der auf die Unternehmensbeleihung zurückgreift, vielmehr für diese Gefahr Vorsorge treffen.

Zu beachten ist ferner, dass die Risiken von Sicherungsfall und Misserfolg des Unternehmens am Markt in solchen Fällen voneinander gekoppelt sind, in denen das Unternehmen zur Sicherung einer Forderung gegen einen Dritten verwendet wird.[71]

C. Methoden zum Einsatz des Wertes des Unternehmens als lebender wirtschaftlicher Einheit zwecks Kreditsicherung

Nachdem gezeigt worden ist, dass das Unternehmen als Sicherungsgut grundsätzlich in Frage kommt, bedarf der Untersuchung, wie die durch dieses verkörperten Gewinnchancen einem anderen Rechtsträger im Rahmen der Kreditsicherung vermittelt werden können.

---

[70] Baird/Jackson/Adler, Bankruptcy, S. 25–28

[71] Die englische *floating charge* kann aber grundsätzlich gerade nicht zur Sicherung der Schuld eines Dritten bestellt werden (Wenckstern, RabelsZ 56 (1992), 624 (632)).

I. Verwendung von Gesellschaftsanteilen zur Kreditsicherung

Während die Ausgabe von Gesellschaftsanteilen eine Möglichkeit zur Kapitalaufnahme für ein Unternehmen darstellt, wird die Beleihung von Anteilen an einer Gesellschaft zur Absicherung eines an diese gewährten Kredites kaum jemals zur Anwendung kommen.

1. Einsatz von Gewinnchancen zur Kapitalaufnahme

Über die Ausgabe von oder Verfügungen über Gesellschaftsanteile kann durchaus der in den Gewinnchancen liegende Wert eines Unternehmens vermittelt werden, denn in dem Ausmaß, in dem sich eine solche Kapitalanlage in Gesellschaftsanteilen als wirtschaftlicher Erfolg darstellt, partizipieren die Gesellschafter an der Wertsteigerung des Unternehmens.

2. Mangel einer dinglichen Berechtigung des Sicherungsnehmers in Bezug auf die Unternehmensaktiva

Über die Gewinnchancen hinaus wird dem Sicherungsnehmer durch die Beleihung von Gesellschaftsanteilen jedoch keine Rechtsposition an den Unternehmensaktiva vermittelt. Gerät ein Unternehmen infolge seines Scheiterns am Markt in die Krise, dann bestehen keinerlei Aussichten mehr auf Gewinn, die durch Gesellschaftsanteile vermittelt werden könnten. Dann wird aber nicht einmal der Zerschlagungswert des Unternehmens durch die Gesellschaftsanteile repräsentiert, denn im Fall der Liquidation einer Gesellschaft sind sämtliche Gesellschaftsgläubiger gegenüber den Gesellschaftern vorrangig mit dem Verwertungserlös zu befriedigen.[72]

Für den Eintritt des Sicherungsfalles hat ein Kreditgeber, welcher sich Gesellschaftsanteile eines Unternehmens für einen Kredit an dieses beleihen lässt, somit durchaus mit dem Totalausfall seiner Investition zu rechnen. Eine besondere Steigerung der Gewinnchancen des Unternehmens und damit des Wertes der beliehenen Gesellschaftsanteile kommt ihm demgegenüber nicht zugute, da ein Sicherungsnehmer lediglich zur Befriedigung der gesicherten Forderung, jedoch grundsätzlich an keinem darüber hinausgehenden Verwertungserlös berechtigt ist.

---

[72] vgl. für das deutsche Recht: § 155 Abs. 1 HGB, §§ 70 S. 1 Halbsatz 1, 72 GmbHG; §§ 268 Abs. 1, 271 Abs. 1 AktG

II. Unternehmensbeleihung ausgehend von Verfügungen über die Unternehmensaktiva

Da der Wert eines in Form einer Gesellschaft geführten Unternehmens somit nicht über die Beleihung von Anteilen hieran zur Kreditsicherung eingesetzt werden kann, kommt zwecks Beleihung des Unternehmens als produktiver Wirtschaftseinheit allein der Weg der Belastung dessen Aktiva in Betracht.

1. Bezugsobjekt von Sicherungsrechten an Unternehmen

Gleich ob eine Rechtsordnung ein Globalsicherungsrecht in Bezug auf ein Unternehmen vorsieht oder lediglich Einzelsicherungsrechte an den verschiedenen Kategorien von Vermögensgegenständen kennt, können nur die Unternehmensaktiva Gegenstand erga omnes wirkender Sicherungsrechte sein; an den den Wert des Unternehmens mitbestimmenden nicht verrechtlichten, mithin bloß tatsächlichen Beziehungen kann keine Rechtsposition mit Wirkung gegenüber Dritten begründet werden.

Allerdings kann eine Rechtsordnung durch die Ausgestaltung des Kreditsicherungsrechts, etwa der Schöpfung einer Globalsicherheit am Unternehmen, den Erhalt tatsächlicher Rechtspositionen begünstigen: So kann durch einheitliche sachenrechtliche Behandlung der Unternehmensaktiva der Erhalt deren faktischer Beziehungen zueinander und nach außen gefördert werden, wie dies auch im Fall der Beziehung zwischen Grundstück und Zubehör bei Beleihung mittels Hypothek oder Grundschuld nach deutschem Recht gemäß §§ 1120 ff. BGB möglich ist.[73]

2. Überleitung von tatsächlichen Beziehungen durch den Sicherungsgeber

Dafür, dass solche tatsächlichen Beziehungen einer Übertragung zugänglich sind, spricht, dass das Unternehmen in der Praxis Gegenstand des Rechtsverkehrs ist, insbesondere als einheitliches Kauf-, Pacht- und Nießbrauchsobjekt[74] verwendet wird. Das gilt auch für die deutsche Rechtsordnung, ungeachtet des Umstandes, dass das Unternehmen dort nicht nur als einheitliches Beleihungs-

---

[73] Wolf, WM 1990, 1941 (1950)

[74] vgl. für das deutsche Recht: § 22 HGB; K. Schmidt, Handelsrecht, § 6; Staudinger (-Jickeli/Stieper), BGB, Vorbem. zu §§ 90–103, Rdn. 32

objekt, sondern allgemein als Verfügungsobjekt fehlt.[75] Für die Frage der Verwendbarkeit des Unternehmens zur Kreditsicherung kann v.a. der Unternehmenskauf Aufschluss geben, weil die entgeltliche Übertragung des Unternehmens auch im Rahmen einer Beleihung in Betracht gezogen werden muss – nämlich in Hinblick auf die Verwertung des Sicherungsgutes nach Eintritt des Sicherungsfalles.

a. Übermittelbarkeit von tatsächlichen Beziehungen im Rahmen der Unternehmensübertragung in Erfüllung kaufvertraglicher Pflichten

Der Verkauf eines Unternehmens hat dieses als Wirkungseinheit zum Gegenstand[76] und impliziert die Übermittlung dessen Gewinnchancen an den Käufer, denn dessen Fortführungswert soll auch nach Übertragung des Kaufgegenstandes erhalten bleiben.[77] Die die Gewinnchancen ausmachenden tatsächlichen Beziehungen sind somit auf den Unternehmenskäufer zu übertragen. So trifft den Unternehmensverkäufer die Pflicht zur Überleitung der unkörperlichen Geschäftswerte auf den Käufer, so dass letzterer zur Fortsetzung der unternehmerischen Tätigkeit imstande ist.[78] Diese Verpflichtung umfasst die Offenbarung der Vertragspartner des bisherigen Unternehmensträgers, ebenso wie die Mitteilung von Erfahrungen und Geschäftsgeheimnissen.[79] Hierzu kann es erforderlich sein, den Käufer bei bisherigen Lieferanten und Abnehmern vorzustellen, um die Aufnahme persönlichen Kontakts – und insbesondere den Abschluss von Überleitungsverträgen – zu fördern.[80] Der Übergang der für die Gewinnchancen des Unternehmens bedeutsamen nicht verrechtlichten Beziehungen, insbesondere der Kundenbeziehungen, kann ferner durch das den Unternehmensverkäufer treffende Wettbewerbsverbot gefördert werden.[81]

---

[75] Baur/Stürner, Sachenrecht, § 28, I.2, II, Rdn. 4–6; Staudinger(-Jickeli/Stieper), BGB, Vorbem. zu §§ 90–103, Rdn. 32 f.
[76] K. Schmidt, Handelsrecht, § 6, II.2.d
[77] MünchKomm/Lieb, HGB, Anh. § 25, Rdn. 5
[78] K. Schmidt, Handelsrecht, § 6, II.1.c, d; Hommelhoff, ZHR 150 (1986), 254 (259)
[79] Hommelhoff, ZHR 150 (1986), 254 (259); Wieland, Handelsrecht, S. 255; Beisel/Klumpp (-Klumpp), Der Unternehmenskauf, Kap. 4, III.5, Rdn. 31; Kap. 9, IV, Rdn. 20
[80] Hommelhoff, ZHR 150 (1986), 254 (259)
[81] MünchKomm/Lieb, HGB, Anh. § 25, Rdn. 25, 27; K. Schmidt, Handelsrecht, § 6, II.1.d; Isay, Das Recht am Unternehmen, 255 ff.

b. Die Unternehmerpersönlichkeit als Grenze für die Übermittelbarkeit von tatsächlichen Beziehungen

Allerdings kann die Unternehmerpersönlichkeit nicht Gegenstand einer Überleitung sein. Während das zuvor erwähnte Wettbewerbsverbot lediglich darauf abzielt, die Bindung von tatsächlichen Beziehungen an den Veräußerer zu trennen und Überleitungspflichten den Aufbau entsprechender Beziehungen zu dem Erwerber erleichtern, kann durch diese Maßnahmen keineswegs die Unternehmerpersönlichkeit ganz oder teilweise auf den Erwerber übertragen werden. Die im Zuge der Überleitung erfolgende Vermittlung von tatsächlichen Beziehungen als Ausfluss der bisherigen Unternehmensleitung[82] und selbst die Offenbarung von kaufmännischem und technischem Know-how des Unternehmers können das in dessen Persönlichkeit liegende Potential keinesfalls ausschöpfen.[83] Insofern können die Gewinnchancen eines Unternehmens im Rahmen dessen Übertragung nur unvollständig, ggf. gar nicht, übergehen, es sei denn der Unternehmer übernimmt eine Leitungsfunktion an dem übertragenen Unternehmen.

3. Einschluss von werthaltigen Beziehungen zwischen Unternehmensaktiva in die Beleihung

Ebenso wie im Falle der Unternehmensveräußerung kommen grundsätzlich auch im Rahmen der Unternehmensbeleihung Überleitungspflichten zur Förderung des Übergangs der durch das Unternehmen vermittelten Gewinnchancen in Betracht. Solche Pflichten müssten sich auf die Überleitung auf den Erwerber des beliehenen Unternehmens im Rahmen dessen Verwertung richten.

Während ein Wettbewerbsverbot, welches im Rahmen der Unternehmensbeleihung vereinbart wurde, in der Praxis ebenso durchsetzbar erscheint, wie im Zusammenhang mit einem Unternehmenskauf,[84] werfen die auf positives Tun gerichteten Überleitungspflichten im Kontext der Unternehmensbeleihung jedoch zusätzliche Probleme auf. Anders als der Unternehmensverkäufer, der einen Anreiz zur vollumfänglichen Erfüllung seiner Überleitungspflichten hat, um in den Genuss der Erfüllung der Käuferpflichten zu gelangen, fehlt dem Unternehmer im Falle der Verwertung des Unternehmens durch den Sicherungs-

[82] Hubmann, ZHR 117 (1955), 41 (49 ff.)
[83] vgl.: Baur/Stürner, Sachenrecht, § 28, III.2.b, Rdn. 10

nehmer ein diesbezüglicher Anreiz zur gewissenhaften Vertragserfüllung, denn der Sicherungsnehmer ist bei Eintritt des Sicherungsfalles mit der Gewährung der Darlehensvaluta – gemäß der Natur des Kreditgeschäfts – notwendigerweise in Vorlage getreten.

4. Übermittelbarkeit von nicht verrechtlichten Beziehungen zu Dritten ohne Mitwirkung des Sicherungsgebers

Allerdings könnten tatsächliche Beziehungen auch ohne Zutun des Sicherungsgebers erhalten bleiben: Gelingt die Beleihung sämtlicher oder der entscheidenden Unternehmensaktiva zugunsten desselben Kreditgebers, dann können auch die den Wert des Unternehmens mitbestimmenden tatsächlichen Beziehungen an das Sicherungsgut gebunden sein.[85]

a. Tatsächliche Beziehungen der Unternehmensaktiva zueinander

Das gilt zunächst für die Beziehungen der Unternehmensaktiva zueinander. Durch die Übertragung sämtlicher Unternehmensaktiva auf denselben Erwerber zu demselben Zeitpunkt wird der Erhalt der Organisation, in der sich diese Aktiva zueinander befinden, ermöglicht. In dem Ausmaß, in dem Unternehmensaktiva auf einen neuen Unternehmensträger übertragen werden, gehen auch die tatsächlichen Beziehungen dieser Aktiva zueinander ohne Weiteres auf den Erwerber über.[86]

Dies zeigt sich am Beispiel der von der Hypothekenhaftung nach §§ 1120 ff. BGB umfassten Vermögenswerte. Kommt es im Sicherungsfall zur Verwertung von mittels Hypothek bzw. Grundschuld belasteten Grundstücken, dann geht der Wert der wirtschaftlichen Einheit aus Grundstück und dessen Bestandteilen, Zubehör, Miet-, Pachtzins- und Versicherungsforderungen auf den Ersteigerer über, ohne dass hierzu Überleitungsakte des Sicherungsgebers erforderlich wären.

---

[84] zweifelnd wegen möglicher Verletzung des Persönlichkeitsrechts: Hubmann, ZHR 117 (1955), 41 (72)

[85] Hubmann, ZHR 117 (1955), 41 (73)

[86] Isay, Das Recht am Unternehmen, S. 189 ff.; Oppikofer, Das Unternehmen in geschichtlicher, vergleichender und rechtspolitischer Betrachtung, S. 136; Lightman/Moss, The Law of Receivers and Administrators of Companies (2000), Rdn. 9-003, S. 184

b. Nicht verrechtlichte Beziehungen des Unternehmensträgers zu anderen Personen

Auch tatsächliche Beziehungen nach außen können bei der Beleihung der Unternehmensaktiva infolge des Zusammenhalts der Unternehmensaktiva bestehen bleiben, ohne dass es Überleitungsakten des Unternehmers bedürfte.

Soweit Forderungen des Unternehmensträgers aus Dauerschuldverhältnissen beliehen werden, hat der Sicherungsnehmer Kenntnis von den betreffenden Vertragspartnern, so dass er im Sicherungsfall die Überleitung solcher Vertragsbeziehungen – und damit auch von nicht verrechtlichten Beziehungen zu diesen – ggf. auch ohne Mitwirkung des Sicherungsgebers bewerkstelligen kann. Solche vertraglichen Beziehungen kann der Sicherungsnehmer auch über die Einsichtnahme in beliehene Geschäftsunterlagen in Erfahrung bringen.

Die werthaltigen, aber nicht verrechtlichten Beziehungen zu Mitarbeitern – insbesondere deren Know-how[87] – können im Rahmen der Verwertung eines Unternehmens als wirtschaftlicher Einheit schon deshalb auf dessen Erwerber übergehen, weil Arbeitsverhältnisse aufgrund Gemeinschaftsrechts bei Wechsel des Unternehmensträgers mit diesem fortgesetzt werden,[88] wenn auch der jeweilige Arbeitnehmer durch seinen Widerspruch den Übergang seines Arbeitsverhältnisses verhindern kann.[89] Obgleich die EG-Richtlinie, die der betreffenden Regelung zugrunde liegt, andere Zwecke verfolgt als den Erhalt von Unternehmen als produktive Wirtschaftseinheiten,[90] kann sie sich somit für ebendiesen förderlich auswirken.

III. Ergebnis

Ebenso wie die Übertragung eines Unternehmens als wirtschaftlicher Einheit in Erfüllung eines Unternehmenskaufvertrages ist auch die Beleihung des Unternehmens ausgehend von der Belastung dessen Vermögenswerte grundsätzlich möglich.

[87] vgl.: Schulte/Kühnen, PatG, § 15, Rdn. 3
[88] § 613a BGB; RL 2001/23/EG, ABl. EG L 82/16 vom 22. 3. 2002; konsolidierte Fassung der RL 77/187/EWG, ABl. EG L 61/26 vom 5. 3. 1977, geändert durch RL 98/50 vom 29. 6. 1998, ABl. EG L 201/88 vom 17. 7. 1998
[89] § 613a Abs. 6 BGB
[90] vgl.: MünchKomm/Müller-Glöge, BGB, § 613a BGB, Rdn. 6 ff.

Die tatsächlichen Beziehungen der Unternehmensaktiva zueinander, die sich aus deren Organisation zwecks Gewinnerzielung ergeben, können bereits dadurch faktisch zum Gegenstand der Beleihung werden, dass die Unternehmensaktiva im Wege einer Zusammenfassung von Transaktionen und somit als organisierte Einheit bei Eintritt des Sicherungsfalles an einen Erwerber veräußert werden.

Ebenso wie tatsächliche Beziehungen von Unternehmensaktiva zueinander können auch nicht verrechtlichte werthaltige Beziehungen des Unternehmensträgers zu Dritten (insbesondere Abnehmern, Lieferanten, Mitarbeitern) im Sicherungsfall im Wege der Verwertung auf den Unternehmenserwerber übertragen werden, sei es mittels Verpflichtungen des Sicherungsgebers, mittels Handlungen des Sicherungsnehmers oder mittels gesetzlichen Übergangs von Schuldverhältnissen. Insofern können Kundschaft, Absatzgelegenheiten und letztlich auch die Gewinnchancen in erheblichem Umfang erhalten bleiben.[91]

D. Gesetzliche Rahmenbedingungen für die Unternehmensbeleihung

Aus der Natur des Unternehmens als lebender, am Markt tätiger wirtschaftlicher Einheit und aus dem Konzept der Kreditsicherung als Risikovorsorgemaßnahme ergibt sich somit nichts Grundsätzliches gegen die Verwendung des Unternehmens als Sicherungsgut im Wege der Beleihung der Vermögensgegenstände, die in diesem organisatorisch zusammengefasst sind. Für eine solche Unternehmensbeleihung müssen allerdings gewisse rechtliche Rahmenbedingungen erfüllt sein.

I. Die Einbeziehbarkeit der vermögensrechtlichen und tatsächlichen Grundlage des Unternehmens in die Beleihung

So müssen die in einem Unternehmen zusammengestellten Unternehmensaktiva – zumindest die für dessen Gewinnchancen unabdingbaren – überhaupt Gegenstand von Verfügungen sein können.

[91] v. Gierke, ZHR 111 (1948), 1 (7 ff.); zusammenfassend: Koch, Der Fonds de commerce, S. 121 f.

1. Gewährleistung der weiteren Verwendung des Sicherungsgutes durch den Sicherungsgeber

Zwecks Erhalts der vermögensrechtlichen und tatsächlichen Grundlage des Sicherungsgutes, welche den beleihbaren Wert des Unternehmens ausmacht, muss ferner die von der Beleihung unbeeinträchtigte Verwendung des Sicherungsgutes für die unternehmerische Tätigkeit des Sicherungsgebers gewährleistet sein, denn aus der Wertschöpfung, die Gegenstand eines Unternehmens ist, und den daraus folgenden Gewinnen muss die Aufbringung der Kreditzinsen möglich sein.[92]

2. Erstreckung der Beleihung auf künftige Unternehmensaktiva

Die Beleihung von Unternehmensaktiva bringt die Problematik deren durch die unternehmerische Tätigkeit bedingten Veränderung in deren Zusammensetzung mit sich, insbesondere infolge des Ausscheidens von Unternehmensaktiva aus dem Haftungsverband wegen der vorerwähnten Verfügungsbefugnis des Sicherungsgebers. Für den Werterhalt des Sicherungsgutes entscheidend kann somit die Einbeziehung von solchen Aktiva in den Beleihungsverband sein, die vom Unternehmensträger erst nach Bestellung des Sicherungsrechts erworben wurden.[93]

3. Schutz vor Entwertung des Sicherungsgutes durch das Verhalten des Sicherungsgebers

Neben anderem Verhalten des Sicherungsgebers birgt insbesondere dessen – im Rahmen einer Unternehmensbeleihung notwendige – Verfügungsbefugnis über Sicherungsgut die Gefahr dessen Entwertung. Ähnliche Gefahren drohen aus der, ebenfalls für den Erhalt des Unternehmens als produktiver Wirtschaftseinheit essentiellen, Geschäftsführungsbefugnis des Sicherungsgebers.[94] Solchen Risiken kann durch die Einschränkung der Wirksamkeit solcher Verfügungen, die sich außerhalb des ordnungsgemäßen oder gewöhnlichen Geschäftsgangs

---

[92] Stief, Die Verpfändbarkeit des Unternehmens im deutschen, französischen und englischen Recht, S. 12, 128, 132; ter Meulen, Die Floating Charge, S. 15

[93] Kunzler, Das Nantissement du Fonds de Commerce, S. 46, 49; Stief, Die Verpfändbarkeit des Unternehmens im deutschen, französischen und englischen Recht, S. 14 f.; Oppikofer, Das Unternehmen in geschichtlicher, vergleichender und rechtspolitischer Betrachtung, S. 21

[94] Stief, Die Verpfändbarkeit des Unternehmens im deutschen, französischen und englischen Recht, S. 132

bewegen, begegnet werden oder auch durch die Herbeiführung des Sicherungsfalles.

4. Schutz des Sicherungsnehmers vor Einzelzwangsvollstreckung Dritter

Ferner kann die Unternehmensbeleihung nur gelingen, wenn die vermögensrechtliche und tatsächliche Grundlage des Unternehmens vor dem Zugriff Dritter geschützt ist oder zumindest dem Zugriff Dritter nicht schrankenlos ausgesetzt ist.[95]

5. Bezeichnung des Sicherungsgutes und Bestellungsakte

Eine Voraussetzung für das Gelingen der Beleihung der gesamten – oder zumindest für die Gewinnchancen eines Unternehmens entscheidenden – Aktiva ist auch, dass mit deren Bezeichnung und der Bestellung von Sicherungsrechten daran kein unpraktikabel hoher Aufwand verbunden ist.

II. Rechtsposition im Sicherungsfall

Darüber hinaus setzt das Konzept der Unternehmensbeleihung voraus, dass der Sicherungsnehmer dieses im Sicherungsfall als wirtschaftliche Einheit verwerten und sich aus dem hierfür erzielten Erlös befriedigen kann.

1. Verwertbarkeit des Unternehmens als wirtschaftlicher Einheit

Um einen Betriebsstillstand und damit den unwiederbringlichen Verlust der vorteilhaften Beziehungen, die für das Unternehmen aufgebaut worden sind, zu verhindern, muss dessen Weiterführung ab dem Eintritt des Sicherungsfalles bis zum Abschluss dessen Verwertung möglich sein.[96]

---

[95] Stief, Die Verpfändbarkeit des Unternehmens im deutschen, französischen und englischen Recht, S. 130 f.

[96] Stief, Die Verpfändbarkeit des Unternehmens im deutschen, französischen und englischen Recht, S. 15; Lightman/Moss, The Law of Receivers and Administrators of Companies, Rdn. 8-0011, S. 178; Rdn. 9-005, S. 185

Auf den Erhalt des Unternehmens als produktiver Wirtschaftseinheit muss auch dessen Verwertung ausgerichtet sein.[97] Dessen verschiedenartige zur Wertschöpfung zusammengestellte Aktiva müssen somit auf denselben Erwerber in demselben Zeitpunkt übertragen werden können, um dessen Zerschlagung zu vermeiden.

2. Partizipation an dem für das Unternehmen als wirtschaftlicher Einheit erzielten Verwertungserlös

Das Konzept der Unternehmensbeleihung setzt schließlich voraus, dass dem Sicherungsnehmer aus dem Verwertungserlös, welcher für das Unternehmen als wirtschaftliche Einheit erzielt wurde, ein über dessen Zerschlagungswert hinausgehender Betrag zukommt.[98]

III. Rechtsposition des Sicherungsnehmers im Insolvenzverfahren

Schließlich hat sich ein Sicherungsrecht im Insolvenzverfahren zu bewähren.[99] Schon ein Kreditgeber, dessen Forderung lediglich an einem einzelnen Vermögensgegenstand des Kreditnehmers gesichert ist, muss damit rechnen, dass mit dem Sicherungsfall die Insolvenz des Kreditnehmers einhergeht.[100] Dies gilt umso mehr für den Inhaber einer Kreditsicherheit an dem gesamten Unternehmen.

1. Erhalt des Schuldnerunternehmens als wirtschaftlicher Einheit

Der Anreiz zur Kreditgewährung in über den Zerschlagungswert hinausgehender Höhe oder zu gegenüber der Einzelbeleihung günstigeren Konditionen infolge der Beleihung des Unternehmens ist dadurch bedingt, dass das Unternehmen als lebende wirtschaftliche Einheit auch im Insolvenzverfahren erhalten bleiben kann. Das zur Anwendung kommende Insolvenzrecht muss somit den Erhalt von überlebensfähigen Unternehmen ermöglichen.

---

[97] Stief, Die Verpfändbarkeit des Unternehmens im deutschen, französischen und englischen Recht, S. 124

[98] Stief, Die Verpfändbarkeit des Unternehmens im deutschen, französischen und englischen Recht, S. 133

[99] Derleder/Knops/Bamberger (-v. Wilmowsky), Handbuch zum deutschen und europäischen Bankrecht, § 62, Rdn. 19

2. Rechtsposition des Sicherungsnehmers in Bezug auf das Schuldnerunternehmen

Auch im Rahmen des Insolvenzverfahrens gilt, dass Veranlassung, im Hinblick auf die Unternehmensbeleihung Darlehen zu günstigeren Bedingungen zu gewähren, nur besteht, wenn der Sicherungsnehmer davon ausgehen kann, an einem über den Substanzwert der Unternehmensaktiva hinausgehenden Erlös zu partizipieren. Insofern sind auch die zwingenden insolvenzrechtlichen Regelungen über die Erlösverteilung für die Beleihbarkeit des Unternehmens entscheidend.

[100] v. Wilmowsky, Europäisches Kreditsicherungsrecht, S. 199, 224 f.

Zweiter Teil:

Die Beleihbarkeit des Unternehmens in der deutschen Rechtsordnung

Es stellt sich die Frage, ob die deutsche Rechtsordnung die zuvor aufgezeigten Rahmenbedingungen für eine Unternehmensbeleihung erfüllt. Dabei ist zunächst auf die innerstaatliche Rechtsordnung einzugehen, wie sie sich von den Grundfreiheiten des EG-Vertrages unbeeinflusst darstellt; danach sind die Einwirkungen des betreffenden primären Gemeinschaftsrechts auf die Beleihbarkeit des Unternehmens zu behandeln.

A. Die von den Grundfreiheiten unbeeinflusste innerstaatliche Rechtsordnung

Zur Beleihung von in Deutschland tätigen Unternehmen kommt neben der Verwendung von deutschen Rechtsinstituten auch die Rechtswahl zugunsten fremder Sicherungsrechte in Betracht. Es ist daher auf das relevante Sach- und Kollisionsrecht einzugehen.

I. Sachrecht

Der Einsatz des Unternehmens als Kreditunterlage setzt die Wirkung der Rechtsposition des Sicherungsnehmers erga omnes voraus. Für die dingliche Wirkung einer Vereinbarung in Bezug auf Vermögensgegenstände sind die Parteien eines Vertrages allerdings – gemäß dem Prinzip des sachenrechtlichen Typenzwangs (numerus clausus der Sachenrechte) und der Typenfixierung – auf diejenigen Rechtsinstitute beschränkt, denen der Gesetzgeber dingliche Wirkung verliehen hat[101] bzw. die im Wege richterlicher Rechtsfortbildung entwickelt wurden.[102] Die Vereinbarung der Bestellung einer Unternehmenshypothek als eines dem deutschen Recht fremden Sachenrechtstyps hat nach

[101] Wolf, Sachenecht, § 2, I, Rdn. 22–24; Baur/Stürner, Sachenrecht, § 1, II.2, Rdn. 6 f.
[102] Wolf, Sachenrecht, § 2, I, Rdn. 22–24

diesen Prinzipien somit keine Wirkung gegenüber Dritten. Die Beleihung des Unternehmens nach deutschem Sachrecht kommt demnach lediglich im Wege einer Kombination von Sicherungsrechten an den verschiedenen Unternehmensaktiva in Betracht.

1. Die Einbeziehbarkeit der vermögensrechtlichen und tatsächlichen Grundlage des Unternehmens in die Beleihung

Nahezu sämtliche Kategorien von Vermögensgegenständen sind in der deutschen Rechtsordnung beleihbar.

Bewegliche Sachen können nach §§ 1204 BGB verpfändet oder, ebenso wie das Anwartschaftsrecht,[103] Gegenstand der Sicherungsübertragung nach §§ 929 S. 1, 930 BGB sein. Für Forderungen kommt neben der Verpfändung nach §§ 1279 ff. BGB auch die Sicherungsabtretung nach § 398 BGB in Betracht, durch welche auf einfachere Weise Forderungen Verwendung als Kreditunterlage finden können.[104] Für die Beleihung von Grundstücken sieht die deutsche Rechtsordnung die Hypothek und die Grundschuld nach §§ 1113 ff., 1191 ff. BGB vor. An Schiffen, Schiffsbauwerken und Luftfahrzeugen können Registerpfandrechte bestellt werden.[105] Die Verpfändung von Patenten (d.h. des Rechts auf das Patent, des Anspruchs auf Erteilung des Patents und des Rechts aus dem Patent) sowie Geschmacksmuster- und Gebrauchsmusterrechten kann gemäß § 1274 BGB i.V.m. § 15 Abs. 1 S. 2 PatG, § 3 GeschmMG bzw. § 22 GebrMG, diejenige von Marken nach §§ 1274 BGB, 29 Abs. 1 Nr. 1 MarkenG und diejenige von Verlagsrechten gemäß §§ 1274 BGB, 28 Abs. 1 VerlG jeweils formlos erfolgen.[106]

Zwar sind Urheberrechte an Werken der Literatur, Wissenschaft und Kunst nach § 29 Abs. 2 UrhG nicht übertragbar und daher auch nicht verpfändbar.[107] Allerdings können Nutzungsrechte in Bezug auf das Urheberrecht nach §§ 31 ff. UrhG eingeräumt und nach § 1274 BGB verpfändet werden.[108] Das Urheberrecht könnte somit etwa dadurch als Kreditunterlage eingesetzt werden,

---

[103] MünchKomm/Oechsler, BGB, Anh. §§ 929–936, Rdn. 11; Palandt/Bassenge, BGB, § 929, Rdn. 45, § 930, Rdn. 22
[104] Staudinger/Busche, BGB, Einl. zu §§ 398 ff., Rdn. 66
[105] §§ 8 SchiffsRG, 5 LuftFzgG
[106] Soergel/Habersack, BGB, § 1274, Rdn. 25; MünchKomm/Damrau, BGB, § 1274, Rdn. 86; Althammer/Stöbele/Klaka(-Klaka), MarkenG, § 29, Rdn. 5
[107] Soergel/Habersack, BGB, § 1274, Rdn. 26; MünchKomm/Damrau, BGB, § 1274, Rdn. 87

dass dessen Inhaber sich selbst Nutzungsrechte daran einräumt, welche er anschließend an einen Kreditgeber verpfändet.

Auch die Verpfändung diverser anderer Rechte wird in der deutschen Rechtsordnung eröffnet.[109] Die Beleihbarkeit von Unternehmenskennzeichen und Werktiteln, mithin geschäftlichen Bezeichnungen nach § 3 MarkenG, ist demgegenüber umstritten.[110] Als Alternative zur Verpfändung kann in der deutschen Rechtsordnung in weitgehendem Ausmaß auch die Sicherungsübertragung von Rechten erfolgen.[111]

Die Beleihung von beweglichen Sachen ist selbst in Bezug auf Geschäftsbücher, Kundenlisten und andere nach § 811 Nr. 11 ZPO unpfändbare Gegenstände möglich,[112] auch wenn die Sicherungsübereignung von Geschäftsbüchern von beschränktem Nutzen ist, da diese nach § 36 Abs. 2 Nr. 1 InsO im Falle der Eröffnung des Insolvenzverfahrens über das Vermögen des Sicherungsgebers an den Insolvenzverwalter herauszugeben sind.[113]

Der Einsatz der Firma zur Kreditsicherung stellt sich insbesondere deshalb als problematisch dar, weil sie nach § 23 HGB nicht ohne das Handelsgeschäft des Firmeninhabers veräußert werden kann. Allerdings besteht die Möglichkeit, sie in die Beleihung der wesentlichen vermögensrechtlichen Bestandteile des Handelsgeschäfts einzubeziehen. So kann der Inhaber einer Firma deren Fortführung durch den Ersteigerer der beliehenen Unternehmensaktiva nach § 22 HGB zustimmen.[114]

a. Gewährleistung der weiteren Verwendung des Sicherungsgutes durch den Sicherungsgeber

Die deutsche Rechtsordnung eröffnet die Beleihung von Unternehmensaktiva in der Weise, dass dem Sicherungsgeber die Möglichkeit verbleibt, diese weiterhin in seinem Betrieb zu verwenden.

---

[108] Soergel/Habersack, BGB, § 1274, Rdn. 26, 29

[109] vgl.: Soergel/Habersack, BGB, § 1274, Rdn. 19 ff.; MünchKomm/Damrau, BGB, § 1273, Rdn. 3

[110] MünchKomm/Damrau, BGB, § 1274, Rdn. 83

[111] MünchKomm/Oechsler, BGB, Anh. zu §§ 929–936, Rdn. 11; Obermüller, Insolvenzrecht in der Bankpraxis, Rdn. 6.345 f.; Althammer/Stöbele/Klaka(-Klaka), MarkenG, § 29, Rdn. 5

[112] Palandt/Bassenge, BGB, § 930, Rdn. 22; MünchKomm/Oechsler, BGB, Anh. zu §§ 929–936, Rdn. 12

[113] MünchKomm/Peters, InsO, § 36, Rdn. 65

[114] Soergel/Habersack, BGB, § 1274, Rdn. 28; Hubmann, ZHR 117 (1955), 41 (71)

In Bezug auf das Immobiliarvermögen wird dies durch die besitzlosen Grundpfandrechte Hypothek und Grundschuld erreicht. Bewegliche Sachen können Gegenstand der Sicherungsübereignung durch Einigung und Vereinbarung eines Besitzkonstituts nach §§ 929 S. 1, 930 BGB sein, die als den unmittelbaren Besitz des Sicherungsnehmers nicht erfordernde Alternative zum Faustpfandrecht anerkannt ist.[115] Auch das praktische Erfordernis der Verfügungsbefugnis des Sicherungsgebers über das beliehene Umlaufvermögen kann im Rahmen von Sicherungsübereignung und Sicherungszession erfüllt werden. So kann der Sicherungsgeber gemäß § 185 BGB zur Veräußerung oder Verarbeitung der sicherungsübereigneten Waren ermächtigt werden.[116] Im Rahmen einer stillen Zession von laufenden Kundenforderungen kann er ferner zu deren Einziehung an sich selbst ermächtigt werden, um seinen laufenden Geschäftsbetrieb zu finanzieren.[117]

b. Erstreckung der Beleihung auf künftige Unternehmensaktiva

Auch dem für die Beleihung des Unternehmens als produktiver Wirtschaftseinheit notwendigen Erfordernis der Beleihung künftiger Unternehmensaktiva trägt die deutsche Rechtsordnung Rechnung.

So können Sach- und Forderungsgesamtheiten mit wechselndem Bestand Gegenstand von Sicherungsübereignung bzw. Sicherungsabtretung sein; das gilt insbesondere für die im Rahmen der Unternehmensbeleihung höchst bedeutsamen Warenlager und laufenden Kundenforderungen.[118] Die Anforderungen an die Bestimmbarkeit des Gegenstandes der Forderungsabtretung werden schon dann erfüllt, wenn die Entstehung des Rechtsverhältnisses, aus dem eine abzutretende Forderung erwachsen soll, möglich erscheint, denn unter dieser Voraussetzung ist der Rechtsgrund für die künftige Forderung im Zeitpunkt der Vorausverfügung bereits gelegt.[119]

---

115 Staudinger/Wiegand, BGB, Anh. zu §§ 929 ff., Rdn. 7

116 Häsemeyer, Insolvenzrecht, Rdn. 18.27b; Staudinger/Wiegand, BGB, Anh. zu §§ 929 ff., Rdn. 123–128

117 BGHZ 120, 387; BGH, ZIP 1999, 927; MünchKomm/Roth, BGB, § 398, Rdn. 46, 107; Staudinger/Busche, BGB, Einl. zu §§ 398 ff., Rdn. 28, 92

118 RGZ 13, 200 (201); Staudinger/Wiegand, BGB, Anh. zu §§ 929 ff., Rdn. 53; Staudinger/ Busche, BGB, § 398, Rdn. 66

119 RGZ, 55, 334 f.; BGH, NJW 1965, 2197; Staudinger/Busche, BGB, § 398, Rdn. 62

c. Schutz vor Entwertung des Sicherungsgutes durch das Verhalten des Sicherungsgebers

In der deutschen Rechtsordnung existieren ferner Regelungen, welche Verfügungen des Sicherungsgebers entgegenwirken, die zur Ausdünnung des Sicherungsgutes führen würden.

So bleiben Grundpfandrechte, Schiffshypotheken und Registerpfandrechte an Luftfahrzeugen von nach ihrer Bestellung erfolgenden Verfügungen des Eigentümers, insbesondere Veräußerungen und weiteren Belastungen, unberührt.[120]

Immaterialgüterrechte, über welche deren Inhaber wirksam zugunsten eines Kreditgebers verfügt hat, können nicht Gegenstand eines nachfolgenden gutgläubigen (lastenfreien) Erwerbs sein. Das Rechtsinstitut des Gutglaubenserwerbs existiert nämlich im Urheberrecht nicht.[121] Vor gutgläubigem (lastenfreien) Erwerb infolge nachträglicher Verfügungen des Sicherungsgebers ist auch der Inhaber eines Sicherungsrechts an einem Patent geschützt, und zwar selbst dann, wenn dessen Eintragung in das Register beim Patent- und Markenamt unterblieben oder fehlerhaft ist.[122]

Keineswegs lückenlos ist demgegenüber der Schutz, der dem Sicherungseigentümer vor späterem nachteiligen Verhalten des Sicherungsgebers zukommt. Zum eine kann eine mittels Einigung und Besitzkonstitut nach §§ 929, S. 1, 930 BGB erfolgte Sicherungsübereignung einen gutgläubigen Erwerb eines Dritten, der den unmittelbaren Besitz am Sicherungsgut erlangt, nach § 933 BGB nicht ausschließen. Zum anderen besteht hinsichtlich der antizipierten Übereignung, welche insbesondere für Warenlager bedeutsam ist, das Erfordernis, dass der Wille des Sicherungsgebers zur Eigentumsübertragung und Besitzmittlung bis zum Zeitpunkt seiner Erlangung des unmittelbaren Besitzes fortbesteht. Die darauf gerichtete Erklärung kann der Sicherungsgeber mithin zuvor ausdrücklich oder konkludent widerrufen, etwa durch eine mit einem solchen Willen unvereinbare Verfügung.[123]

Auch der Sicherungszessionar kann unbefugte Verfügungen des Zedenten nicht ausschließen, wenn er diesem die Verfügungsmacht zur Forderungseinziehung im ordnungsgemäßen Geschäftsgang erteilt hat. So erlischt eine Einziehungsermächtigung nicht automatisch, wenn der Zedent in die finanzielle Krise ge-

[120] vgl.: §§ 879 BGB, 25 SchiffsRG, 25 LuftFzgG
[121] Stricker, Urheberrecht, vor §§ 28 ff., Rdn. 63 m.w.N.; §§ 31 f., Rdn. 2
[122] Schulte, PatG, § 30, Rdn. 18

rät.[124] Allerdings kann sie nach Maßgabe der Vereinbarung in der Sicherungsabrede widerrufen werden[125] oder im Sicherungsfall auf den Zessionar übergehen.[126] So ist in der Sicherungsabrede typischerweise die Regelung enthalten, dass der Sicherungsnehmer im Sicherungsfall berechtigt ist, aus der Zession vorzugehen und sie in diesem Rahmen dem Drittschuldner anzuzeigen,[127] so dass Letzterer nach § 407 Abs. 1 BGB mit befreiender Wirkung nur noch an den Sicherungsnehmer leisten kann.

Der Sicherungsnehmer kann somit – in Bezug auf der Immobiliarzwangsvollstreckung unterliegende Vermögensgegenstände sowie Immaterialgüterrechte – auf effektive Weise vor verbotswidrigen Verfügungen des Sicherungsgebers geschützt werden, während der Schutz vor ihn beeinträchtigenden Verfügungen über Fahrnis und Forderungen keineswegs lückenlos ist; diese Gefahr ist nicht auf das Umlaufvermögen beschränkt, sondern besteht auch in Bezug auf nach §§ 929, S. 1, 930 BGB übereignete Bestandteile des Anlagevermögens. Insgesamt wird die mit den Instituten des deutschen Sachrechts ermöglichte Beleihung der in einem Unternehmen eingesetzten Vermögensgegenstände jedoch keineswegs durch die Gefahr nachträglicher Verfügungen des Sicherungsgebers über das Sicherungsgut entwertet.

d. Schutz des Sicherungsnehmers vor Einzelzwangsvollstreckung Dritter

Die Sicherungsübertragung kann einem Kreditgeber besonders starken Schutz vor der Einzelzwangsvollstreckung durch Gläubiger des Sicherungsgebers gewähren, denn deren Zugriff auf das Sicherungsgut ist infolge der Vollrechtsübertragung ausgeschlossen. Durch einen Widerspruch gegen die Zwangsvollstreckung gemäß § 771 ZPO kann der Sicherungsnehmer verhindern, dass Sicherungsgut von Dritten aus der Organisation eines beliehenen Unternehmens herausgelöst wird. Das gilt insbesondere für sicherungsübertragene bewegliche Sachen[128] und Forderungen.[129] Auch diverse andere Vermögensgegenstände

[123] Staudinger/Wiegand, BGB, Anh. zu §§ 929 ff., Rdn. 279 f.
[124] BGH, NJW 2000, 1950 (1951 ff.); Staudinger/Busche, BGB, Einl. zu §§ 398 ff., Rdn. 92
[125] MünchKomm/Roth, BGB, § 398, Rdn. 54
[126] Staudinger/Busche, BGB, Einl. zu §§ 398 ff., Rdn. 90
[127] Staudinger/Busche, BGB, Einl. zu §§ 398 ff., Rdn. 28
[128] BGHZ 20, 88; 72, 144 (146); Staudinger/Wiegand, BGB, Anh. zu §§ 929 ff., Rdn. 252 m.w.N. (h.M.)
[129] RGZ 124, 73; Staudinger/Busche, BGB, Einl. zu §§ 398 ff., Rdn. 96

können, als Alternative zu ihrer Verpfändung, Gegenstand einer Sicherungsübertragung sein.[130]

Ein solcher Schutz wird demgegenüber durch beschränkt dingliche Rechte nicht vermittelt; der Sicherungsnehmer wird hierdurch jedoch immerhin insoweit geschützt, als ihm an dem Verwertungserlös für den Gegenstand der Einzelzwangsvollstreckung der Vorrang vor dem Pfändungspfandgläubiger zukommt. So hat die Sicherungshypothek bzw. das Pfändungspfandrecht des Vollstreckungsgläubigers Nachrang gegenüber einem bereits bestellten beschränkt dinglichen Sicherungsrecht.[131]

e. Bezeichnung des Sicherungsgutes und Bestellungsakte

In Bezug auf Grundstücke, Schiffe und Luftfahrzeuge ist der Aufwand der Erfüllung von Formerfordernissen im Vergleich zu dem Nutzen, der dem Sicherungsnehmer durch solche Vermögensgegenstände von typischerweise beträchtlichem Wert vermittelt wird, gering. Die Bestellung von Sicherungsrechten an Fahrnis, Forderungen und Immaterialgüterrechten kann nach deutschem Recht durch formlose Vereinbarung geschehen und erfordert insofern nur minimalen Aufwand. Allerdings ergeben sich aus verschiedenen deutschen Sachenrechtsprinzipien Anforderungen an die zur Beleihung von Unternehmensaktiva notwendigen Rechtshandlungen.

aa. Spezialitätsgrundsatz in Bezug auf verschiedenartige Vermögensgegenstände

In Bezug auf den mit der Beleihung des Unternehmens einhergehenden Aufwand besteht in der deutschen Rechtsordnung bereits aufgrund des Typenzwangs und der Typenfixierung eine Erschwernis. Da die deutsche Rechtsordnung nämlich – in gewisser Weise bis auf das land- oder forstwirtschaftlich genutzte Grundstück[132] bzw. das diesbezügliche Inventar des Pächters[133] – kein einheitliches Sicherungsrecht vorsieht, welches die in einem

[130] MünchKomm/Oechsler, BGB, Anh. zu §§ 929–936, Rdn. 11; Obermüller, Insolvenzrecht in der Bankpraxis, Rdn. 6.345 f.; Althammer/Stöbele/Klaka(-Klaka), MarkenG, § 29, Rdn. 5

[131] vgl.: §§ 867 Abs. 1 ZPO, 879, 1115, 1184 BGB; §§ 870a, 867 Abs. 1 ZPO, 8, 25 SchiffsRG; §§ 5, 25, 99 Abs. 1 LuftFzgG; § 804 Abs. 2 ZPO

[132] Baur/Stürner, Sachenrecht, § 28, II.2.a, Rdn. 9

[133] §§ 1–3 PachtKredG

Unternehmen eingesetzten Vermögensgegenstände erfasst, und ein Kreditsicherungsrecht mit diesem Umfang auch von den Parteien nicht geschaffen werden kann,[134] ist eine Beleihung sämtlicher Unternehmensaktiva durch einen allumfassenden Bestellungsakt (uno actu) nicht möglich. Vielmehr haben die Parteien zwecks Beleihung der verschiedenen Kategorien von Vermögensgegenständen – Grundstücke, Fahrnis, Forderungen etc. – die jeweiligen Voraussetzungen der hierfür festgelegten und vertraglich in ihrer Zahl nicht erweiterbaren Rechtstypen zu erfüllen. Der insofern existierende Spezialitätsgrundsatz[135] ist somit Ausfluss des Typenzwangs.[136] Bereits aufgrund der sachenrechtlichen Prinzipien des Typenzwangs und der Typenfixierung ergibt sich somit das Erfordernis gesonderter Verfügungen über die verschiedenartigen in einem Unternehmen organisatorisch zusammengefassten Vermögensgegenstände.

bb. Bestimmtheits- und Spezialitätsgrundsatz in Bezug auf gleichartige Vermögensgegenstände

Verfügungen in Bezug auf Gesamtheiten von Vermögensgegenständen müssen sich gemäß dem Spezialitätsgrundsatz auf jeden einzelnen Gegenstand der Gesamtheit gesondert beziehen.[137] Innerhalb einer einheitlichen Kategorie von Vermögensgegenständen kann ferner der Bestimmtheitsgrundsatz zu einem erhöhten Beleihungsaufwand führen.[138] Nach dem letztgenannten Rechtsprinzip muss der Gegenstand einer Verfügung von hieran Unbeteiligten ermittelbar sein; diese Regelung existiert im Interesse Außenstehender, gegenüber denen die Verfügung ja in gleicher Weise wie gegenüber den Vertragsparteien Wirkung entfaltet.[139]

Immerhin stehen der Spezialitäts- und der Bestimmtheitsgrundsatz aber Verfügungen über Gesamtheiten unter Verwendung von zusammenfassenden Sammelbezeichnungen nicht entgegen.[140] So lässt sich diesen Sachenrechtsprinzipien in verschiedenen, für die Unternehmensbeleihung relevanten Konstella-

[134] Wolf, Sachenrecht, § 2, I, Rdn. 24
[135] K. Schmidt, Handelsrecht, § 6, I.1, 2; Baur/Stürner, Sachenrecht, § 4, IV.2, Rdn. 29
[136] Baur/Stürner, Sachenrecht, § 28, II.2, Rdn. 8
[137] Staudinger(-Jickeli/Stieper), BGB, Vorbem. zu §§ 90–103, Rdn. 19; Wolf, Sachenrecht, § 2, IV, Rdn. 29
[138] Wolf, WM 1990, 1941 (1950); ders., Sachenrecht, § 2, IV, Rdn. 29
[139] Wolf, Sachenrecht, § 2, III, Rdn. 26
[140] Staudinger(-Jickeli/Stieper), BGB, Vorbem. zu §§ 90–103, Rdn. 19; Baur/Stürner, Sachenrecht, § 4, III, Rdn. 17–19

tionen auf praktikable Weise Rechnung tragen: Forderungsgesamtheiten können Gegenstand einer Globalzession und Gesamtheiten von beweglichen Sachen wie Warenlager einer Sicherungsübereignung mittels Besitzkonstituts nach §§ 929, S. 1, 930 BGB sein.[141] Dem Erfordernis eines *bestimmten* Besitzkonstituts kann auch in Hinblick auf künftige Waren Genüge getan werden, nämlich durch die Vereinbarung der Übereignung bestimmter Sachen sowie der Abreden der diesbezüglichen Verwertungsbefugnis des Sicherungsnehmers und der Nutzungsbefugnis des Sicherungsgebers.[142] Ferner wird von Spezialitäts- und Bestimmtheitsgrundsatz nicht verhindert, dass eine mehrere Verfügungen beinhaltende Rechtshandlung Vermögensgegenstände verschiedener Kategorien einschließt. Von einem zusammenfassenden Übertragungsakt können somit im Eigentum des Sicherungsgebers stehende bewegliche Sachen und diesem zustehende Anwartschaftsrechte umfasst werden.[143]

Ohne Wirkung ist demgegenüber eine Verfügung, wenn deren Bezugsobjekte nicht nach tatsächlichen Kriterien, sondern in Hinblick auf deren normative Beziehung zum Verfügenden bezeichnet werden. So führt eine Verfügung unter Bezeichnung ihres Gegenstandes als „alle in einem Lager befindlichen Waren, welche im Eigentum des Verfügenden stehen“, mangels Bestimmtheit nicht zum Erfolg.[144] Das Erfordernis einer empirisch-realen – im Gegensatz zu einer normativen – Bezeichnung des Sicherungsgutes ergibt sich aus dem Schutzzweck des Bestimmtheitsgrundsatzes, denn die Wirkung eines Rechtsgeschäfts gegenüber Dritten lässt sich nur dann rechtfertigen, wenn anhand der auf die Verfügung gerichteten Rechtshandlung dessen Gegenstand ermittelt werden kann, ohne dass Nachforschungen über die diesbezüglichen Rechtsverhältnisse erforderlich wären.[145] Es folgt, dass eine Person nicht über sämtliche ihre beweglichen Sachen oder sämtliche ihre Forderungen verfügen kann, ohne diese weitergehend zu umschreiben. Die Eigentümerschaft bzw. Rechtsinhaberschaft des Verfügenden – mithin ein normatives und nicht empirisch-reales Kriterium

[141] Obermüller, Insolvenzrecht in der Bankpraxis, Rdn. 6.166
[142] Häsemeyer, Insolvenzrecht, Rdn. 18.27a – 18.27c
[143] Baur/Stürner, Sachenrecht, § 57, B.II.2.b.bb(2), Rdn. 13; Staudinger/Wiegand, BGB, Anh. zu §§ 929 ff., Rdn. 118, 120 ff.
[144] MünchKomm/Quack, BGB, § 929, Rdn. 85
[145] a.A.: Wenckstern, RabelsZ 56 (1992), 624 (663)

– wäre nämlich das einzige Abgrenzungsmerkmal zu von der Verfügung nicht umfassten Vermögensgegenständen.[146]

cc. Verbot der Übersicherung

Allumfassende Verfügungen über Unternehmensaktiva der vorgenannten Art sind meist auch wegen anfänglicher Übersicherung nach § 138 BGB nichtig. Das gilt insbesondere, wenn nicht nur die gesamten Forderungen, sondern auch sämtliche anderen wirtschaftlich bedeutsamen Unternehmensaktiva, etwa Fabrikeinrichtungen, Rohstoffe und Fertigprodukte, zugunsten eines einzigen Gläubigers beliehen werden, während gegenüber Drittgläubigern der Schein der Kreditwürdigkeit des Sicherungsgebers gewahrt wird.[147] Der zukünftige Wert und Umfang solcher Vermögensgesamtheiten ist im Zeitpunkt der Sicherungsvereinbarung noch nicht definitiv überschaubar; stattdessen kommt es typischerweise zu einem überproportionalen Anwachsen des Sicherungsgutes im Laufe der Zeit.[148] Es ergibt sich somit die naheliegende Gefahr der Täuschung von Gläubigern.[149] Im Interesse des Schutzes ungesicherter Gläubiger sind somit allumfassende Verfügungen über die verschiedenen Kategorien von Unternehmensaktiva aufgrund des Verbots der anfänglichen Übersicherung nach § 138 BGB nichtig,[150] und zwar unabhängig von der Erfüllung der Erfordernisse des Bestimmtheitsgrundsatzes.

2. Rechtsposition im Sicherungsfall

a. Verwertbarkeit des Unternehmens als wirtschaftlicher Einheit

Einzelkaufleute und die Vertretungsorgane von Gesellschaften sind nach deutschem Recht durch den Eintritt des Sicherungsfalles – auch wenn dieser sämtliche Unternehmensaktiva betreffen sollte – nicht an der weiteren Unternehmensführung gehindert. Ein Verfahren zur Weiterführung des Unternehmens durch eine externe Person zugunsten eines Sicherungsnehmers, mithin zur Zwangs-

[146] vgl.: Drobnig, Die Sicherungsrechte im deutschen Konkursverfahren, RabelsZ 44 (1980), 784 (787); Staudinger/Busche, BGB, § 398, Rdn. 65
[147] BGH, NJW 1991, 353 (355); 1998, 2047; Staudinger/Busche, BGB, Einl. zu §§ 398 ff., Rdn. 53, 75; Staudinger/Wiegand, BGB, Anh. zu §§ 929 ff., Rdn. 159
[148] MünchKomm/Roth, BGB, § 398, Rdn. 122
[149] Staudinger/Wiegand, BGB, Anh. zu §§ 929 ff., Rdn. 159
[150] Staudinger/Wiegand, BGB, Anh. zu §§ 929 ff., Rdn. 159

verwaltung eines Unternehmens, besteht in der deutschen Rechtsordnung nicht.[151]

Darüber hinaus stößt eine Unternehmensbeleihung mittels einer Kombination von deutschen Sicherungsrechten jedoch deshalb auf Schwierigkeiten, weil es den Parteien der Sicherungsabrede im Regelfall nicht möglich ist, die verschiedenartigen Kategorien von Unternehmensaktiva einem einheitlichen Verwertungsverfahren zu unterwerfen und somit deren Übertragung auf denselben Erwerber zu demselben Zeitpunkt zu gewährleisten.

Zwar ist der Sicherungseigentümer zur Verwertung nach Maßgabe der Vereinbarungen im Sicherungsvertrag berechtigt.[152] In Bezug auf sicherungsübereignete Unternehmensaktiva ist ihm somit die freihändige Verwertung eröffnet,[153] so dass er losgelöst von gesetzlichen Zwängen Sachgesamtheiten in einem einheitlichen Verfahren, mithin auch als wirtschaftliche Einheiten verwerten kann. Entsprechend ist der Sicherungszessionar berechtigt, die auf ihn übertragenen Forderungen gerichtlich oder auch außergerichtlich einzuziehen und sich aus diesen zu befriedigen.[154]

Demgegenüber ist das gerichtliche Verfahren zur Durchsetzung einer Hypothek bzw. Grundschuld nach §§ 1147, 1192 Abs. 1 BGB gemäß § 1149 BGB zwingend und kann vor deren Fälligkeit nicht durch die freihändige Verwertung ersetzt werden.[155] So ist eine auf § 185 Abs. 1 BGB gestützte Ermächtigung des Sicherungsnehmers zur Grundstücksverwertung unwirksam.[156] Nach § 47 SchiffsRG i.V.m. §§ 870a ZPO, 162 ff. ZVG handelt es sich auch bei der Durchsetzung von Schiffshypotheken im Wege der gerichtlichen Verwertung von eingetragenen Schiffen bzw. Schiffsbauwerken um zwingendes Recht. Insbesondere der freihändige Pfandverkauf ist ausgeschlossen.[157] Entsprechendes gilt für die Verwertung von Luftfahrzeugen: Für in die Luftfahrzeugrolle eingetragene Luftfahrzeuge ist nach §§ 1, 5 f., 9 Abs. 1 LuftFzgG allein die Beleihung mittels des Registerpfandrechts möglich, für dessen Durchsetzung ein

[151] Hubmann, ZHR 117 (1955), 41 (71)
[152] BGH, NJW 1980, 226; Palandt/Bassenge, BGB, § 930, Rdn. 17
[153] Staudinger/Wiegand, BGB, Anh. zu §§ 929 ff., Rdn. 233
[154] Staudinger/Busche, BGB, Einl. zu §§ 398 ff., Rdn. 91
[155] Baur/Stürner, Sachenrecht, § 40, IV.3.a, Rdn. 24; Derleder/Knops/Bamberger(-Müller), Handbuch zum deutschen und europäischen Bankrecht, § 16, Rdn. 109
[156] Derleder/Knops/Bamberger(-Müller), Handbuch zum deutschen und europäischen Bankrecht, § 16, Rdn. 109
[157] Staudinger/Nöll, BGB, § 47 SchiffsRG, Rdn. 3

gerichtliches Verfahren nach §§ 47, 99 Abs. 1 LuftFzgG, 171a ff. ZVG unumgänglich ist.[158]

Jedoch kann die Beleihung von Grundstücken, wenn dies auch unüblich ist, nach herrschender Meinung auch im Wege der Sicherungsübereignung erfolgen,[159] wodurch die zuvor dargestellte Problematik entfiele. Im Vergleich zur Sicherungsübereignung von Grundstücken ist die Bestellung von Grundpfandrechten allerdings einfacher, kostengünstiger und steuerlich vorteilhaft.[160] Ferner besteht für den Eigentümer eines Grundstücks das Risiko öffentlichrechtlicher Inanspruchnahme, etwa auf dessen Sanierung.[161] Auch Luftfahrzeuge können sicherungsübereignet werden, und zwar ohne dass eine Eintragung in die Luftfahrzeugrolle Voraussetzung hierfür wäre.[162] Im Rahmen des Sicherungsvertrages könnten dann wirksame Vereinbarungen über die gemeinsame Verwertung mit den anderen Unternehmensaktiva getroffen werden.[163] Jedoch weist auch die Sicherungsübereignung von Luftfahrzeugen im Vergleich zu einem Registerpfandrecht Nachteile auf. Dazu gehört insbesondere der geringe Schutz vor gegenüber Dritten wirksamen Verfügungen des Sicherungsgebers.[164] Die Nachteile, welche die Sicherungsübertragung von der Immobiliarzwangsvollstreckung unterliegenden Vermögensgegenständen mit sich bringt, werden somit regelmäßig den damit einhergehenden Vorzug deutlich überwiegen, die freihändige Veräußerung – und infolgedessen einheitliche Verwertung zusammen mit anderen Unternehmensaktiva – zu ermöglichen.

b. Partizipation des Sicherungsnehmers an dem für das Unternehmen als wirtschaftliche Einheit erzielten Verwertungserlös

Da das deutsche Sachrecht der einheitlichen Verwertung der in einem Unternehmen eingesetzten verschiedenartigen Vermögensgegenstände im Regelfall entgegensteht, kann unter dessen Geltung somit auch grundsätzlich nicht ge-

---

[158] Palandt/Bassenge, BGB, Einf. v. § 1204, Rdn. 7

[159] BezG Dresden, ZIP 1994, 1634 (1635); Palandt/Bassenge, § 930, Rdn. 16; MünchKomm/Oechsler, BGB, Anh. zu §§ 929–936, Rdn. 11

[160] MünchKomm/Oechsler, BGB, Anh. zu §§ 929–936, Rdn. 11; Serrick, Eigentumsvorbehalt und Sicherungsübereignung : Neue Rechtsentwicklungen, § 1, I.2.a, S. 24 f.

[161] vgl.: § 4 Abs. 3 BBodSchG

[162] Palandt/Bassenge, BGB, § 930, Rdn. 22; Schölermann/Schmid-Burgk, Flugzeuge als Kreditsicherheit, WM 1990, 1137 (1146)

[163] BGH, NJW 1980, 226; Baur/Stürner, Sachenrecht, § 57, B.VI.1, Rdn. 41; vgl. auch: Schölermann/Schmid-Burgk, WM 1990, 1137 (1148)

[164] Schölermann/Schmid-Burgk, WM 1990, 1137 (1146)

währleistet werden, dass dem Inhaber der jeweiligen Sicherungsrechte an den Unternehmensaktiva ein Verwertungserlös zufließt, der dem Wert des Unternehmens als produktiver Wirtschaftseinheit entspricht.

3. Rechtsposition im Insolvenzverfahren

Allerdings geht der Sicherungsfall regelmäßig mit der Eröffnung des Insolvenzverfahrens über das Vermögen des Sicherungsgebers einher, was verstärkt für den Fall der Beleihung des gesamten Unternehmensvermögens zu gelten hat. Der Rechtsposition des Sicherungsnehmers im Insolvenzverfahren kommt für die Frage der Beleihbarkeit des Unternehmens somit besondere Bedeutung zu.[165]

a. Erhalt des Schuldnerunternehmens als wirtschaftlicher Einheit

Das Hauptziel des Insolvenzverfahren ist es, im Vergleich zur Zerschlagung des Schuldnerunternehmens im Interesse der optimalen Gläubigerbefriedigung bessere Verwertungsergebnisse zu ermöglichen.[166]

aa. Fortsetzung der Geschäftsführung nach Eröffnung des Insolvenzverfahrens

Nach der Eröffnung des Insolvenzverfahrens kann das Schuldnerunternehmen als wirtschaftliche Einheit mittels externer Geschäftsführung fortgesetzt werden: Gemäß §§ 80 f. InsO gehen mit Verfahrensbeginn Verwaltungs- und Verfügungsbefugnis über das zur Insolvenzmasse gehörende Schuldnervermögen auf den Insolvenzverwalter über.

bb. Vollstreckungsmoratorium

Die Einzelzwangsvollstreckung in das Schuldnervermögen ist gemäß § 89 InsO mit Beginn des Insolvenzverfahrens ausgeschlossen. Mit dieser Regelung verfolgt der Gesetzgeber das Ziel, das Schuldnerunternehmen als technisch-

---

[165] Derleder/Knops/Bamberger (-v. Wilmowsky), Handbuch zum deutschen und europäischen Bankrecht, § 62, Rdn. 19

[166] BT-Drucks. 12/2443, S. 77, 108; Frankfurter Kommentar/Schmerbach, InsO, vor §§ 1 ff., Rdn. 27; § 1, Rdn. 12; Heidelberger Kommentar/Kirchhof, InsO, § 1, Rdn. 4

organisatorischen Verbund zu erhalten[167] und dadurch die bestmögliche gemeinschaftliche Gläubigerbefriedigung zu fördern.[168]

Auch die Individualvollstreckung durch bestimmte absonderungsberechtigte Gläubiger kann der Insolvenzverwalter nach §§ 165 f. InsO verhindern und stattdessen selbst zur Verwertung schreiten. Bei den betreffenden Absonderungsberechtigten handelt es sich gemäß §§ 50 f. InsO insbesondere um Inhaber von Grundpfandrechten, Sicherungseigentümer, Sicherungszessionare und Inhaber von gesetzlichen Pfandrechten und Zurückbehaltungsrechten. Unter Geltung der Konkursordnung hatte die Verwertung von auf diese Weise belasteten Unternehmensaktiva durch absonderungsberechtigte Gläubiger regelmäßig zur Zerschlagung des Schuldnerunternehmens geführt, so dass §§ 165 f. InsO als die elementare Neuerung für das mit der Insolvenzordnung verfolgte Ziel des Erhalts überlebensfähiger Schuldnerunternehmen im Interesse der Gläubiger insgesamt angesehen wird.[169]

cc. Verwertbarkeit des Unternehmens als wirtschaftlicher Einheit im Insolvenzverfahren

Die dem Inhaber von Sicherungsrechten an den verschiedenen Unternehmensaktiva in der deutschen Rechtsordnung nicht gewährleistete Möglichkeit, das in die Krise geratene aber überlebensfähige Unternehmen des Sicherungsgebers als wirtschaftliche Einheit zu verwerten, wird durch das deutsche Insolvenzverfahren geboten.

(1) Regelverfahren

Der Insolvenzverwalter kann das Schuldnerunternehmen als wirtschaftlich-organisatorische Gesamtheit gemäß § 160 Abs. 2 Nr. 1 InsO mit Zustimmung des Gläubigerausschusses bzw. der Gläubigerversammlung veräußern.[170]

Von einer solchen einheitlichen Verwertung umfasst können – wie zuvor erwähnt – auch zugunsten eines Kreditgebers beliehene Aktiva des Schuldnerunternehmens sein. Insbesondere grundpfandrechtlich belastetes Immobiliar-

---

[167] Frankfurter Kommentar/Schmerbach, InsO, vor §§ 1 ff., Rdn. 28
[168] BT-Drucks. 12/2443, S. 79
[169] Braun/Gerbers, InsO, § 166, Rdn. 3
[170] vgl.: Braun/Gerbers, InsO, § 160, Rdn. 6; MünchKomm/Görg, InsO, § 160, Rdn. 13

vermögen,[171] sicherungsübereignete Fahrnis und sicherungsabgetretene Forderungen können trotz des Absonderungsrechts des betreffenden Sicherungsnehmers nach §§ 50 f., 165 f. InsO durch den Insolvenzverwalter verwertet werden, ggf. auch im Wege freihändiger Veräußerung.[172] Aufgrund seiner Freiheit in Bezug auf die Art und Weise der Verwertung kann der Insolvenzverwalter somit den Wert wirtschaftlicher Einheiten erhalten.[173]

Ob zur Verwertung von dinglich belasteten Immaterialgüterrechten – aber auch Gesellschaftsanteilen etc. – analog § 166 Abs. 2 InsO der Insolvenzverwalter[174] oder der Sicherungsnehmer[175] befugt ist, ist demgegenüber umstritten. In jedem Fall stünde es dem betreffenden Sicherungsnehmer, sofern er sich aus der einheitlichen Verwertung solcher Rechte zusammen mit den übrigen Unternehmensaktiva einen Vorteil verspricht, jedoch frei, dem Insolvenzverwalter eine solche Verwertung zu gestatten.[176]

Durch die Regelung der §§ 51 Nr. 1, 166 Abs. 2 InsO wird der Erhalt des Schuldnerunternehmens als wirtschaftlicher Einheit auch insoweit gefördert, als die Befugnis des Insolvenzverwalters, zur Sicherung abgetretene Forderungen einzuziehen, die Selbstfinanzierung der weiteren Unternehmenstätigkeit ermöglicht.[177]

(2) Planverfahren

Das den Gläubigern zu ihrer möglichst weitgehenden Befriedigung völlig zur Disposition stehende Insolvenzplanverfahren ermöglicht eine vom gesetzlichen Regelverfahren abweichende Verwertung des Schuldnerunternehmens;[178] hinsichtlich des Inhalts eines Insolvenzplans unterliegen die Gläubiger keinen Beschränkungen und können somit die Sanierung des Schuldnerunternehmens

[171] Heidelberger Kommentar/Landfermann, InsO, § 165, Rdn. 5; Obermüller, Insolvenzrecht in der Bankpraxis, Rdn. 6.364; Braun/Gerbers, InsO, § 165, Rdn. 1
[172] Haarmeyer/Wutzke/Förster, Handbuch zur Insolvenzordnung, Kap. 5, Rdn. 284; Frankfurter Kommentar/Wegener, InsO, § 165, Rdn. 1
[173] Haarmeyer/Wutzke/Förster, Handbuch zur Insolvenzordnung, Kap. 5, Rdn. 302
[174] Marotzke, Die dinglichen Sicherheiten im neuen Insolvenzrecht, ZZP 109 (1996), 429 (449 f.)
[175] Obermüller, Insolvenzrecht in der Bankpraxis, Rdn. 6.347; Heidelberger Kommentar/Landfermann, InsO, § 166, Rdn. 19
[176] vgl. zur Interessenlage: Obermüller, Insolvenzrecht in der Bankpraxis, Rdn. 6.349
[177] Braun/Gerbers, InsO, § 166, Rdn. 11
[178] Häsemeyer, Insolvenzrecht, Rdn. 28.03; Haarmeyer/Wutzke/Förster, Handbuch zur Insolvenzordnung, Kap. 5, Rdn. 361, 368

unter bisheriger Trägerschaft, dessen Übertragung oder auch dessen Liquidation, ggf. unter Veräußerung einzelner Funktionseinheiten, vereinbaren.[179] Die Finanzierung eines im Rahmen des Insolvenzplanverfahrens übertragenen Unternehmens kann durch Fortführungskredite nach §§ 264–266 InsO erleichtert werden.[180]

b. Rechtsposition des Sicherungsnehmers in Bezug auf das Schuldnerunternehmen

Allerdings kommt dem Sicherungsnehmer – auch wenn zu seinen Gunsten sämtliche Unternehmensaktiva beliehen worden sind – meist nur der Zerschlagungswert des Schuldnerunternehmens zugute. An einem im Insolvenzverfahren erzielten darüber hinausgehenden Erlös, welcher die Gewinnchancen des Schuldnerunternehmens repräsentiert, wird ein Sicherungsnehmer selten und lediglich in begrenztem Ausmaß teilhaben können.

aa. Regelverfahren

Die Insolvenzordnung enthält keine spezielle Regelung über die Teilhabe von absonderungsberechtigten Sicherungsnehmern am Fortführungswert, der außerhalb des Planverfahrens im Wege der Verwertung von Sicherungsgut als Teil des gesamten Schuldnerunternehmens erzielt wird.

Zwar kann davon ausgegangen werden, dass sich im Falle der Veräußerung des Schuldnerunternehmens als operativer Wirtschaftseinheit dessen Fortführungserlös in gewisser Weise auch auf die Teilerlösbeträge für einzelne beliehene Aktiva niederschlägt. Das betrifft insbesondere solche Unternehmensaktiva, die ausschließlich im Rahmen der spezifischen Organisation des Schuldnerunternehmens wirtschaftliche Verwendung finden können. Im Wesentlichen wird der Mehrwert des Unternehmens als wirtschaftlicher Einheit jedoch Sicherungsnehmern nicht zukommen können. Schon bei der Einzelverwertung von grundpfandrechtlich beliehenen Immobilien des Schuldners kann der Insolvenzverwalter nämlich regelmäßig durchsetzen, dass der Sicherungsnehmer auf einen Teil des hierfür erzielten Erlöses zugunsten der Insolvenzmasse in Hinblick

---

179 Haarmeyer/Wutzke/Förster, Handbuch zur Insolvenzordnung, Kap. 5, Rdn. 361, 368; Frankfurter Kommentar/Wegener, InsO, § 156, Rdn. 5

180 Häsemeyer, Insolvenzrecht, Rdn. 28.06; Heidelberger Kommentar/Flessner, InsO, § 260, Rdn. 1

darauf verzichtet, dass der Insolvenzverwalter von der Möglichkeit der freihändigen Verwertung Gebrauch macht.[181] Der Einsatz dieser zeitsparenden Verwertungsmethode, durch die zudem gegenüber der Zwangsversteigerung meist ein höherer Erlös erzielt wird,[182] ist dem Inhaber eines Grundpfandrechts nämlich verschlossen,[183] so dass er diesbezüglich auf die Tätigkeit des Insolvenzverwalters angewiesen ist.

Ebenso vorteilhaft wie in Bezug auf das Immobiliarvermögen gestalten sich die Befugnisse des Insolvenzverwalters in Bezug auf das Schuldnerunternehmen als wirtschaftliche Einheit. So kann er dessen Veräußerung bereits im Eröffnungsverfahren endverhandeln und die hierfür nach § 160 Abs. 2 Nr. 1 InsO erforderliche Zustimmung im Berichtstermin einholen.[184] Auch im Rahmen der allein dem Insolvenzverwalter, nicht aber dem Inhaber von Sicherungsrechten an den entscheidenden Unternehmensaktiva, offen stehenden Verwertung des Unternehmens als wirtschaftlicher Einheit hat der Insolvenzverwalter somit eine Möglichkeit, den Sicherungsnehmer zu einem Verzicht auf einen Teil des auf das Sicherungsgut entfallenden Substanzwertes zu veranlassen, anstatt ihm einen Teil des für das Schuldnerunternehmen als wirtschaftliche Einheit erzielten Mehrwertes zuzuweisen.

bb. Planverfahren

Im Insolvenzplanverfahren kann ein Sicherungsnehmer seine Rechtsposition im Vergleich zum Regelverfahren grundsätzlich nicht verbessern,[185] auch wenn dessen Teilhabe an dem für das Schuldnerunternehmen erzielten, über dessen Zerschlagungswert hinausgehenden Fortführungswert unter besonderen Umständen für möglich gehalten wird.[186]

Das Insolvenzplanverfahren ermöglicht es, Gläubigern weitgehende Opfer abzuverlangen, wozu auch Eingriffe in Sicherungsrechte gehören.[187] Ohne die Zustimmung jeder der in einem solchen Verfahren gebildeten Gläubigergruppen

[181] Beck/Depré(-Ringstmeier), Praxis der Insolvenzordnung, § 9B, Rdn. 93
[182] Beck/Depré(-Ringstmeier), Praxis der Insolvenzordnung, § 9B, Rdn. 93
[183] vgl. oben: 2.a
[184] Depré/Beck(-Beck), Handbuch der Insolvenzverordnung, § 10, Rdn. 180 f.
[185] vgl.: Obermüller, Insolvenzrecht in der Bankpraxis, Rdn. 6.467
[186] Haarmeyer/Wutzke/Förster, Handbuch zur Insolvenzordnung, Kap. 5, Rdn. 375
[187] Obermüller, Insolvenzrecht in der Bankpraxis, Rdn. 1.513, 6.450–6.453

gemäß § 244 Abs. 1 InsO kann nach § 245 InsO jedoch eine wirtschaftliche Mindestposition der jeweiligen Gläubiger nicht angetastet werden.

Ein absonderungsberechtigter Sicherungsnehmer, dessen Sicherungsgut (im Wesentlichen) die gesamten Aktiva des Schuldnerunternehmens ausmacht, hat nicht zu befürchten, dass er in dieser Mindestposition durch das Stimmverhalten opferbereiter Mitglieder seiner Gruppe beeinträchtigt wird. Nach § 222 Abs. 1 S. 2 Nr. 1 InsO können nämlich lediglich andere absonderungsberechtigte Gläubiger mit ihm in einer Abstimmungsgruppe zusammengeschlossen werden.[188] Die Zustimmung zu einem Insolvenzplan hat innerhalb der Gruppen nach § 244 Abs. 1 InsO außer mit Kopfmehrheit auch mit der Mehrheit des repräsentierten Forderungsbetrages zu erfolgen, so dass ein weitgehend am gesamten Schuldnerunternehmen gesicherter Gläubiger innerhalb seiner Gruppe nicht überstimmt werden kann.

(1) Mindestposition

Bei der Mindestposition, welche in einem Insolvenzplan den Mitgliedern einer Gläubigergruppe zugestanden werden muss, damit ihre Zustimmung hierzu entbehrlich wird, handelt es sich nach § 245 Abs. 1 Nr. 1 InsO um diejenige Position, die ihnen ohne den Plan zukäme. Vergleichsmaßstab ist somit die hypothetische wirtschaftliche Lage der betreffenden Gläubiger im Regelverfahren. Zuvor ist dargestellt worden, dass ein Sicherungsnehmer an einem im Regelverfahren erzielten Verwertungserlös, der den Substanzwert bzw. Liquidationswert seines Sicherungsgutes übersteigt, kaum partizipieren kann.[189] Die Problematik, ob die nach § 245 Abs. 1 Nr. 1 InsO zu wahrende Mindestposition der Gläubiger einer den Plan ablehnenden Gruppe stets deren wirtschaftliche Lage im Fall der Liquidation des Schuldnerunternehmens ist oder sich an einem im Regelverfahren erzielbaren Mehrwert zu richten hat,[190] ist in Bezug auf gesicherte Gläubiger somit unbedeutend.

Daran ändert auch die Bestimmung des § 245 Abs. 1 Nr. 2 InsO nichts, wonach darüber hinaus die Zustimmung einer Gläubigergruppe nur dann entbehrlich ist, wenn der Insolvenzplan deren angemessene Beteiligung an dem durch seine Umsetzung erzielten Erfolg vorsieht. Eine solche angemessene Beteiligung ist

---

[188] Es können auch mehrere Gruppen von absonderungsberechtigten Gläubigern gebildet werden (Obermüller, Insolvenzrecht in der Bankpraxis, Rdn. 6.457).

[189] vgl. oben: a

nämlich gemäß § 245 Abs. 2 InsO in Bezug auf gesicherte Gläubiger bereits dann gegeben, wenn die Rangstelle, welche diesen am Verwertungserlös im Regelverfahren zukäme, durch den Plan nicht angetastet wird.[191]

(2) Verbesserung der Mindestposition

Die zuvor dargestellte Mindestposition des Sicherungsnehmers in seiner Eigenschaft als absonderungsberechtigter Gläubiger wird in aller Regel auch nicht mittels eines Insolvenzplans verbessert werden können, da die Zustimmung der anderen Gläubigergruppen nach §§ 222, 244 Abs. 1 InsO zu einem Plan mit diesem Inhalt nicht erwartet werden kann.[192]

Für eine Zustimmung zur Verbesserung der Rechtsposition der absonderungsberechtigten Gläubiger fehlt den anderen Gläubigern eine Veranlassung, da sie – wie zuvor dargestellt – die gerichtliche Annahme eines Planes ohne die Mitwirkung der absonderungsberechtigten Gläubiger durchsetzen können, in welchem der auf Letztere entfallende Erlösanteil auf den Substanzwert deren Sicherungsgutes festsetzt wird.

4. Ergebnis

Das deutsche Sachrecht eröffnet somit im Allgemeinen nicht die Beleihung des Unternehmens als produktiver Wirtschaftseinheit. Insbesondere stehen die Rechtsprinzipien des Typenzwangs und der Typenfixierung der Drittwirkung einer privatautonom zwecks Unternehmensbeleihung geschaffenen Rechtsfigur entgegen. Innerhalb des deutschen Sachrechts sind die Parteien eines Sicherungsvertrages somit auf eine Kombination bestehender Rechtstypen angewiesen, um Wirkung erga omnes zu erzielen. Hierbei wirken sich jedoch der Bestimmtheitsgrundsatz und das Verbot der anfänglichen Übersicherung für die Unternehmensbeleihung hinderlich aus. Ferner scheitert eine einheitliche Verwertung der beliehenen verschiedenartigen Unternehmensaktiva seitens des Sicherungsnehmers am zwingenden Recht der Immobiliarverwertung. Eine einheitliche Verwertung des Unternehmens als produktiver Wirtschaftseinheit wird demgegenüber vom Insolvenzverfahren eröffnet; jedoch kann der Inhaber von

---

[190] MünchKomm/Drukarczyk, InsO, § 245, Rdn. 50
[191] vgl.: MünchKomm/Drukarczyk, InsO, § 245, Rdn. 12, 15, 50
[192] vgl.: Obermüller, Insolvenzrecht in der Bankpraxis, Rdn. 6.467

Sicherungsrechten an den Aktiva des Schuldnerunternehmens nicht davon ausgehen, an dem hierfür erzielten Fortführungserlös teilzuhaben.

II. Kollisionsrecht

Auch Bestimmungen des deutschen internationalen Privatrechts können sich für die Unternehmensbeleihung als hinderlich erweisen. Soweit Kollisionsnormen nämlich zwingende – der parteiautonomen Rechtswahl nicht zugängliche – Anknüpfungen darstellen, stehen sie der Bestellung einer Unternehmenshypothek nach fremdem Recht entgegen.

1. Unabdingbare Anknüpfung an das Belegenheitsstatut

Einer Unternehmensbeleihung im Wege der Wahl des Sachenrechts einer fremden Rechtsordnung, welche eine Unternehmenshypothek kennt, steht die in Art. 43 Abs. 1 EGBGB kodifizierte lex rei sitae (Situs-Regel)[193] entgegen. Danach bemisst sich die dingliche Rechtslage an Sachen zwingend nach dem an deren Belegenheitsort geltenden Recht; dies impliziert die Unwirksamkeit einer Rechtswahl auf dem Gebiet des Sachenrechts.[194]

Während sich nach herrschender Auffassung die dingliche Rechtslage auch in Bezug auf Fahrnis, die Gegenstand eines internationalen Verkehrsgeschäfts ist, unabdingbar nach ihrem Lageort richtet,[195] wird hinsichtlich solcher Geschäfte, insbesondere hinsichtlich des grenzüberschreitenden Versendungskaufs, für eine parteiautonome Rechtswahl plädiert.[196] Diese Auffassung hat allerdings bei der Kodifikation des internationalen Sachenrechts in Artt. 43 ff. EGBGB keinen Niederschlag gefunden. Insbesondere erscheint eine Rechtswahl wenig geeignet, eine wesentlich engere Verbindung zu einer Sache, als diese zu ihrem

---

[193] Looschelders, IPR, Art. 43, Rdn. 7 f.

[194] Derleder/Knops/Bamberger (-v. Wilmowsky), Handbuch zum deutschen und europäischen Bankrecht, § 62, Rdn. 11; v. Wilmowsky, Europäisches Kreditsicherungsrecht, S. 104 f.; vgl. auch: BGH, NJW 1997, 461 (462)

[195] Nachweise bei: Staudinger/Stoll, BGB, IntSR, Rdn. 262

[196] Staudinger/Stoll, BGB, IntSR, Rdn. 282 f., 337; Drobnig, Eigentumsvorbehalte bei Importlieferungen nach Deutschland, RabelsZ 32 (1968), 450–472

Lageort hat, zu begründen; daher kann die gewählte Rechtsordnung nicht über Art. 46 EGBGB zur Anwendung kommen.[197]

Für die Frage, ob in Deutschland befindliche Unternehmen mit Unternehmenshypotheken fremden Rechts beliehen werden können, spielen internationale Verkehrsgeschäfte jedoch nicht die zentrale Rolle; vielmehr stehen hier Verfügungen über Grundstücke[198] und über im Inland verbleibende Fahrnis im Vordergrund. Diesbezüglich wird jedoch – außerhalb der Thematik der Einwirkungen der Grundfreiheiten des EG-Vertrages – kein Bedürfnis nach einer Überwindung des Lageortrechts durch parteiautonome Rechtswahl gesehen, welches das mit der Situs-Regel verfolgte Verkehrsinteresse überwiegen könnte.[199]

2. Unabdingbare Anknüpfung an das Forderungsstatut

Das deutsche Kollisionsrecht kann ferner der Einbeziehung von Forderungen in die Unternehmensbeleihung entgegenstehen, denn auch die Übertragung und Beleihung von Forderungen können die Parteien der betreffenden Verfügung nach herrschender Auffassung nicht der Rechtsordnung ihrer Wahl unterstellen. Eine Rechtswahl ist nach dem auf Art. 12 EVÜ zurückgehenden Art. 33 Abs. 1 EGBGB nach herrschender Auffassung nur in Bezug auf das Verpflichtungsgeschäft, das einer Forderungsabtretung zugrunde liegt, eröffnet, wohingegen nach Art. 33 Abs. 2 EGBGB die Abtretung selbst der Rechtswahl entzogen sein und sich stattdessen nach demjenigen Recht richten soll, dem die abzutretende Forderung unterliegt.[200] Nach der Rechtsordnung, die für die Abtretung einer Forderung zur Anwendung kommt, bemessen sich auch Verpfändungen und sonstige Verfügungen darüber.[201]

Die Außenstände von in Deutschland tätigen Unternehmen entstammen typischerweise deutschem Recht unterliegenden Verträgen und können insofern

[197] Gesetzesentwurf der Bundesregierung, BT-Drucks. 14/343, S. 19; Looschelders, IPR, Art. 46 EGBGB, Rdn. 8

[198] Staudinger/Stoll, BGB, IntSR, Rdn. 124

[199] BGH, NJW 1987, 2367 (2368); Staudinger/Stoll, BGB, IntSR, Rdn. 286; Drobnig, RabelsZ 32 (1968), 450 (461)

[200] BGHZ 111, 376 (380–382); Reithmann/Martiny(-Martiny), Internationales Vertragsrecht, Rdn. 300, 309 ff.; v. Bar, IPR, Bd. 2, Rdn. 565–567; MünchKomm/Martiny, BGB, Art. 33 EGBGB, Rdn. 14 m.w.N.

[201] v. Wilmowsky, Europäisches Kreditsicherungsrecht, S. 395; Derleder/Knops/Bamberger (v. Wilmowsky), Handbuch zum deutschen und europäischen Bankrecht, § 62, Rdn. 13

nach herrschender Auffassung nicht Gegenstand einer Unternehmenshypothek einer fremden Rechtsordnung sein. Darüber hinaus steht das deutsche Forderungskollisionsrecht in seiner herrschenden Auslegung jeglicher einheitlichen Beleihung von verschiedenen Rechtsordnungen unterliegenden Forderungen entgegen.[202]

3. Unabdingbare Anknüpfung an das Schutzstatut

Streitig ist, nach welchem Recht Verfügungen über Immaterialgüterrechte zu bemessen sind. Der das Immaterialgüterrecht beherrschende Grundsatz ist die Maßgeblichkeit derjenigen Rechtsordnung, nach der dem jeweiligen Immaterialgüterrecht Schutz zukommt (lex loci protectionis).[203] Während nach einer Auffassung das Schutzstatut auch für Verfügungsgeschäfte über Immaterialgüter zur Anwendung kommen soll,[204] bemessen sich nach der sog. Einheitstheorie Verfügungen über Immaterialgüterrechte nach dem Vertragsstatut.[205]

Nach der letztgenannten Auffassung wäre über Art. 27 EGBGB eine Rechtswahl zugunsten einer Rechtsordnung eröffnet, welche eine Unternehmenshypothek enthält. Bei Anwendung der lex loci protectionis auf Verfügungsgeschäfte könnten demgegenüber in Deutschland geschützte Immaterialgüter nur mittels deutschen Rechtsinstituten belastet werden. Auch sofern Immaterialgüterrechte zu den Aktiva eines Unternehmens gehören, kann sich somit das deutsche Kollisionsrecht auf dessen einheitliche Beleihung hinderlich auswirken.

4. Internationales Insolvenzrecht

a. Bedeutung des internationalen Insolvenzrechts für die Unternehmensbeleihung

Wie oben dargestellt, ist die Verwendbarkeit des Unternehmens als Kreditunterlage entscheidend von der Rechtsposition abhängig, die dem Sicherungsnehmer

---

202 Staudinger/Hausmann, BGB, Art. 33 EGBGB, Rdn. 28; v. Wilmowsky, Europäisches Kreditsicherungsrecht, S. 397–400; Kieninger, Das Statut der Forderungsabtretung im Verhältnis zu Dritten, RabelsZ 62 (1998), 678 (693, 698 f.)

203 MünchKomm/Martiny, BGB, IPR, Art. 28 EGBGB, Rdn. 386

204 MünchKomm/Martiny, BGB, IPR, Art. 28 EGBGB, Rdn. 386; Wenckstern, RabelsZ 56 (1992), 624 (660)

205 MünchKomm/Drexl, BGB, Internationales Wirtschaftsrecht, IntImmGR, Rdn. 133 m.w.N.

in der Insolvenz des Sicherungsgebers zukommt,[206] wobei sich das deutsche Insolvenzsachrecht in dieser Hinsicht hinderlich auswirkt.[207] Auch in Bezug auf das in der Insolvenz eines in Deutschland tätigen Unternehmens anwendbare Recht eröffnet die deutsche Rechtsordnung jedoch keine Parteiautonomie. Vielmehr kommen in einem Insolvenzverfahren grundsätzlich die Regelungen desjenigen Staates zur Anwendung, in dem das Insolvenzverfahren eröffnet wurde. Indem das deutsche Insolvenzkollisionsrecht für den Fall der Eröffnung eines Insolvenzverfahrens in Deutschland nach §§ 335, 3 Nr. 1 InsO auf das deutsche Insolvenzsachrecht verweist,[208] kommt somit auch ihm das Potential zu, den Einsatz des Unternehmens als Beleihungsobjekt zu behindern.

b. Gemeinschaftsrechtliche Regelung des internationalen Insolvenzrechts

Allerdings ist eine Regelung des internationalen Insolvenzrechts für die Mitgliedstaaten der Europäischen Union in der EG-Verordnung des Rates über Insolvenzverfahren (Europäische Insolvenzverordnung; EuInsVO)[209] erfolgt.[210] Die Frage des im Verhältnis zu anderen Mitgliedstaaten anwendbaren Insolvenzsachrechts richtet sich somit – bis auf die in Art. 1 Abs. 2 EuInsVO vom Geltungsbereich dieser Verordnung ausgenommenen Arten von Unternehmen – nicht nach mitgliedstaatlichem Insolvenzkollisionsrecht.

aa. Im Hauptverfahren zur Anwendung kommendes Recht

Nach Art. 4 EuInsVO kommt in Bezug auf diverse insolvenzrechtliche Fragestellungen das Recht des Staates der Eröffnung eines Insolvenzverfahrens zur Anwendung. Für die Eröffnung des Hauptinsolvenzverfahrens zuständig ist nach Art. 3 Abs. 1 S. 1 EuInsVO der Staat, in dessen Gebiet der Schuldner den Mittelpunkt seiner hauptsächlichen Interessen hat. Dabei handelt es sich um denjenigen Staat, in welchem – für Dritte erkennbar – die Verwaltungstätigkeit eines Unternehmens hauptsächlich ausgeübt wird.[211] Nach Art. 3 Abs. 1 S. 2

---

[206] v. Wilmowsky, Europäisches Kreditsicherungsrecht, S. 395; Derleder/Knops/Bamberger (v. Wilmowsky), Handbuch zum deutschen und europäischen Bankrecht, § 62, Rdn. 19
[207] vgl. oben: I.3.b
[208] Heidelberger Kommentar/Kirchhof, InsO, Art. 102 EGInsO, Rdn. 6
[209] Verordnung (EG) Nr. 1346/2000 des Rates vom 29. 5. 2000, ABl. EG L 160, S. 1
[210] Die EuInsVO gilt gemäß ihrem Erwägungsgrund 33 nicht für Dänemark.
[211] MünchKomm/Reinhart, InsO, Art. 102 EGInsO, Anh. I, Art. 3 EuInsVO, Rdn. 2

EuInsVO gilt die widerlegbare Vermutung, dass dies bei Gesellschaften und juristischen Personen der Ort deren satzungsmäßigen Sitzes ist.

Für Unternehmen, deren hauptsächliche Verwaltungstätigkeit in einem anderen Mitgliedstaat ausgeübt wird, kann somit auch in Bezug auf deutschem Recht unterliegende Unternhemensaktiva ein Insolvenzverfahren fremden Rechts eröffnet werden. Für hauptsächlich in Deutschland verwaltete Unternehmen – mithin für die Mehrzahl der hier tätigen Unternehmen – sind demgegenüber deutsche Insolvenzgerichte für das Hauptinsolvenzverfahren zuständig, so dass in Bezug auf diese grundsätzlich auch das deutsche Insolvenzsachrecht zur Anwendung kommt.

Der Inhaber eines Unternehmens, dessen Mittelpunkt seiner hauptsächlichen Interessen sich in Deutschland befindet, könnte folglich selbst in dem Fall, dass das deutsche Kollisionsrecht jegliche Rechtswahl zuließe und somit die Beleihung seines Unternehmens mit einer Unternehmenshypothek nach dem Recht eines anderen Mitgliedstaates ermöglichte, nicht verhindern, dass über sein Vermögen nach Artt. 3 Abs. 1, 4 EuInsVO ein Insolvenzverfahren nach deutschem Recht eröffnet wird.

Die Eröffnung eines Hauptinsolvenzverfahrens über ein in Deutschland tätiges Unternehmen kann dessen Inhaber allerdings durch die Verlagerung dessen Hauptverwaltung ins Ausland vermeiden. Auf diese Weise könnte im Hauptinsolvenzverfahren das Recht des Staates zur Anwendung kommen, zu dessen Gunsten der betreffende Unternehmensträger auch eine Rechtswahl zwecks Bestellung einer Unternehmenshypothek ausüben will.

bb. Im Parallelverfahren zur Anwendung kommendes Recht

Selbst in diesem Fall wären die deutschem Recht unterliegenden Unternehmensaktiva jedoch keineswegs vor der Anwendung deutschen Insolvenzsachrechts sicher. Befindet sich nämlich im Ausland lediglich die Hauptverwaltung eines Unternehmens, wohingegen dessen sonstige Tätigkeit in Deutschland stattfindet, dann kann nach Art. 3 Abs. 4 EuInsVO in Deutschland ein örtlich begrenztes unabhängiges Partikularinsolvenzverfahren bzw. nach Art. 3 Abs. 3 EuInsVO ein Sekundärinsolvenzverfahren eröffnet werden.

Aufgrund der in Deutschland verbleibenden Aktivitäten eines solchen Unternehmens wird nämlich eine Niederlassung nach Art. 2 lit. h EuInsVO im Sinnes eines „Tätigkeitsort[es], an dem der Schuldner einer wirtschaftlichen Aktivität von nicht vorübergehender Art nachgeht, die den Einsatz von Personal und Vermögenswerten voraussetzt“ gemäß dem hierfür maßgeblichen Eindruck der Gläubiger vorliegen.[212]

Auch für ein Sekundär- bzw. Partikularinsolvenzverfahren gilt gemäß Artt. 28, 4 EuInsVO der Grundsatz der Maßgeblichkeit des Sachrechts des Staates der Verfahrenseröffnung.[213] Deutsches Recht hätte das Insolvenzgericht in einem hier eröffneten Partikularinsolvenzverfahren nach Artt. 4 Abs. 2 lit. i, 28 EuInsVO auch auf die Frage der Wirkung von Sicherungsrechten anzuwenden.[214] Die nach Artt. 5, 7 EuInsVO hiervon unberührten Sicherungsrechte betreffen lediglich in anderen Staaten befindliches Sicherungsgut, nicht aber die in Deutschland eingesetzten Unternehmensaktiva. In Deutschland eingesetzte Unternehmensaktiva stehen aber gerade im Zentrum dieser Untersuchung.

Auch sekundärem Gemeinschaftsrecht kommt somit das Potential zu, die Beleihung eines in Deutschland tätigen Unternehmens mittels einer Unternehmenshypothek zu behindern.[215]

B. Einwirkung der Grundfreiheiten des EG-Vertrages

Die jeweiligen einer Unternehmensbeleihung entgegenstehenden Sach- bzw. Kollisionsnormen könnten nach Artt. 23–60 EGV grundfreiheitlich geschützte wirtschaftliche Betätigung beschränken; dies hätte zur Folge, dass – in Ermangelung einer Rechtfertigung der betreffenden Normen – ihre Anwendung kraft unmittelbar geltenden Gemeinschaftsrechts verboten wäre. Solche Verletzungen ihrer grundfreiheitlich geschützten Tätigkeit könnten die an der jeweiligen Transaktion beteiligten Marktteilnehmer geltend machen.[216]

---

[212] MünchKomm/Reinhart, InsO, Art. 102 EGInsO, Anh. I, Art. 3 EuInsVO, Rdn. 5

[213] MünchKomm/Reinhart, InsO, Art. 102 EGInsO, Anh. I, Art. 3 EuInsVO, Rdn. 7; Art. 28, Rdn. 2; Paulus, EuInsVO, Art. 28, Rdn. 2; MünchKomm/Kindler, BGB, Internationales Wirtschaftsrecht, IntInsR, Rdn. 661, 673; Veder, Cross-Border Insolvency Proceedings and Security Rights (2004), S. 185

[214] vgl.: MünchKomm/Reinhart, InsO, Art. 102 EGInsO, Anh. I, Art. 28 EuInsVO, Rdn. 1; Veder, Cross-Border Insolvency Proceedings and Security Rights, S. 330

[215] vgl. allgemein: v. Wilmowsky, Europäisches Kreditsicherungsrecht, S. 300

[216] v. der Groeben/Schwarze(-Müller-Graff), EUV/EGV, Vorbem. zu Artt. 28–31, Rdn. 12; v. der Groeben/Schwarze(-Kiemel), EUV/EGV, Art. 56, Rdn. 35 f.

Dabei wirkte sich die Überwindung von Sachnormen und diejenige von Kollisionsnormen unterschiedlich auf das Ausmaß der in Deutschland eröffneten Unternehmensbeleihung aus. Während im Rahmen der Rechtswahl eine Unternehmensbeleihung nur unter der Voraussetzung ermöglicht wird, dass sie in einer anderen Rechtsordnung zur Verfügung steht, könnte sie durch Nichtanwendung der ihr entgegenstehenden deutschen Sachnormen ohne Rücksicht darauf bewerkstelligt werden, ob und in welchem Ausmaß in anderen Rechtsordnungen Rechtsinstitute zur Unternehmensbeleihung existieren.[217] Könnte die Unternehmensbeleihung demgegenüber nicht durch die bloße Negation von deutschen Sachnormen erreicht werden, dann bliebe den Parteien, die ein deutschem Recht unterliegendes Unternehmen zur Kreditsicherung einsetzen wollen, nur der Rekurs auf die Rechtswahl, um so in den Genuss von andernorts geschaffenen Rechtsinstituten zu gelangen.[218]

Es ist somit die Problematik eröffnet, in welchem Rahmen die Unternehmensbeleihung dem Schutzbereich der Grundfreiheiten des EG-Vertrages unterfällt. Danach ist darauf einzugehen, ob sich die Anwendung der Sach- bzw. Kollisionsnormen, die einer Unternehmensbeleihung entgegenstehen, als ungerechtfertigte Grundfreiheitsbeschränkung darstellt.

I. Grundfreiheitlicher Schutz der Unternehmensbeleihung

Dem Schutz von Art. 56 EGV unterfällt die Bestellung von Unternehmenshypotheken unter der Voraussetzung, dass es sich hierbei um Kapitalverkehr handelt und dieser zwischen den Mitgliedstaaten bzw. zwischen den Mitgliedstaaten und dritten Ländern stattfindet.

1. Bestellung von Sicherungsrechten als Kapitalverkehr

Die Bestellung von Sicherungsrechten im grenzüberschreitenden Wirtschaftsverkehr ist durch die Grundfreiheiten des EG-Vertrages geschützt.[219]

---

217 vgl.: v. Wilmowsky, Europäisches Kreditsicherungsrecht, S. 53 ff.

218 v. Wilmowsky, Europäisches Kreditsicherungsrecht, S. 39–41

219 EuGH, 16. 3. 1999, Rs. C-222/97, *Trummer und Mayer*, Slg. 1999, I-1661, Rdn. 20–22; Derleder/Knops/Bamberger (-v. Wilmowsky), Handbuch zum deutschen und europäischen Bankrecht, § 62, Rdn. 3; v. Wilmowsky, Europäisches Kreditsicherungsrecht, S. 77–93, 397 ff.; Kieninger, Mobiliarsicherheiten im Europäischen Binnenmarkt, S. 122 ff.; Wolf, WM 1990, 1941 (1952)

Während die dingliche Sicherung des Warenkreditgebers, insbesondere die Bestellung von Eigentumsvorbehalten, im Rahmen des grenzüberschreitenden Warenverkehrs dem Schutz der Artt. 28 f. EGV unterfällt,[220] steht bezüglich der Verwendung des Unternehmens als Kreditunterlage nicht die Sicherung der Ansprüche eines Waren- sondern eines Geldkreditgebers im Zentrum des Interesses. Bei einem Einsatz von Sachenrechtsinstituten zur Sicherung eines Darlehens kann grenzüberschreitender, nach Artt. 56–60 EGV geschützter Kapitalverkehr in zweifacher Weise vorliegen, nämlich in Gestalt der Darlehensgewährung, mithin als Geldkapital, und als Sachkapital in Gestalt der Sicherheitsbestellung.[221]

Kapitalverkehr im Sinne des Art. 56 EGV ist – in Abgrenzung zum Waren- und Dienstleistungsverkehr – die einseitige grenzüberschreitende Wertübertragung, die regelmäßig eine Vermögensanlage darstellt.[222] Hiervon umfasst ist sowohl der grenzüberschreitende Transfer von Geld- als auch Sachkapital.[223] Sachkapitalverkehr kann neben der Übertragung der Vollrechtsposition an einem Vermögenswert auch in Form der Bestellung eines beschränkt dinglichen Rechts daran erfolgen.[224] Dies wird auch aus Art. 1 der unmittelbar anwendbaren[225] Kapitalverkehrsrichtlinie 88/361/EWG[226] i.V.m. deren Anhang I, Nr. IX deutlich, wonach Beschränkungen der Bestellung von „Bürgschaften, anderen Garantien und Pfandrechten“ zwischen den in den Mitgliedstaaten Gebietsansässigen bereits bis zur vollständigen Liberalisierung des Kapitalverkehrs zu beseitigen waren.[227] Auch nachdem die Liberalisierung des Kapitalverkehrs abgeschlossen ist, muss – schon zwecks Wahrung des gemeinschaftsrechtlichen Entwicklungsstandes (*acquis communautaire*)[228] – die Bestellung von Siche-

---

220 Kieninger, S. 37 f., 122 ff.; v. Wilmowsky, Europäisches Kreditsicherungsrecht, S. 78, Derleder/Knops/Bamberger (-v. Wilmowsky), Handbuch zum deutschen und europäischen Bankrecht, § 62, Rdn. 3

221 EuGH, 16. 3. 1999, Rs. C-222/97, *Trummer und Mayer*, Slg. 1999, I-1661, Rdn. 24; Derleder/Knops/Bamberger (-v. Wilmowsky), Handbuch zum deutschen und europäischen Bankrecht, § 62, Rdn. 3; v. Wilmowsky, Europäisches Kreditsicherungsrecht, S. 78–85

222 v. der Groeben/Schwarze(-Kiemel), EUV/EGV, Art. 56, Rdn. 1

223 Grabitz/Hilf(-Ress/Ukrow), EUV/EGV, Art. 56, Rdn. 32; v. der Groeben/Schwarze (-Kiemel), EUV/EGV, Art. 56, Rdn. 1

224 v. Wilmowsky, Europäisches Kreditsicherungsrecht, S. 83

225 EuGH, 23. 2. 1995, verb. Rs. C-358/93 und C-416/93, *Bordessa*, Slg. 1995, I-361, Rdn. 27 f.

226 vom 24. 6. 1988, ABl. EG L 178, S. 5

227 v. Wilmowsky, Europäisches Kreditsicherungsrecht, S. 83

228 EuGH, 16. 3. 1999, Rs. C-222/97, *Trummer und Mayer*, Slg. 1999, I-1661, Rdn. 21; v. der Groeben/Schwarze(-Kiemel), EUV/EGV, Art. 56, Rdn. 41

rungsrechten vom Schutzbereich der Kapitalverkehrsfreiheit umfasst sein.[229] Auch der Geldkapitalverkehr in Form des Darlehens findet in der vorgenannten Richtlinie als „Ausleihungen wie Handelsfinanzierungen" Erwähnung.

Nachdem die Kapitalverkehrsfreiheit gemäß Art. 56 EGV ein umfassendes Beschränkungsverbot beinhaltet, erscheint auch ein paralleler Schutz durch die Dienstleistungsfreiheit nicht bedeutsam, welcher im Bereich des Bankrechts aufgrund Art. 51 Abs. 1 EGV zur Anwendung kommen könnte.[230]

Die Bestellung von Unternehmenshypotheken zur Kreditsicherung – unter Einschluss der Unternehmensbeleihung – unterfällt somit dem Schutz des Kapitalverkehrs gemäß Art. 56 EGV in Form des Sach- und Geldkapitalverkehrs, sofern der jeweilige Kapitaltransfer das Erfordernis des Grenzübertritts erfüllt.

2. Grenzübertritt von Kapital

Kapitalverkehr „zwischen den Mitgliedstaaten bzw. zwischen den Mitgliedstaaten und dritten Ländern" im Sinne von Art. 56 EGV liegt im Falle des Transfers von Geld- oder Sachwerten zwischen Personen verschiedener Gebietsansässigkeit vor; auf deren Staatsangehörigkeit kommt es demgegenüber nicht an.[231] Das Erfordernis des Grenzübertritts ist jedoch auch im Falle gleicher Gebietsansässigkeit der am Kapitalverkehr Beteiligten erfüllt, wenn sich der Anlageort des Kapitals in einem anderen Staat befindet.[232] Auch der Transfer von Kapital von einem Mitgliedstaat in einen Drittstaat bzw. vom EU-Ausland in einen Mitgliedstaat ist nach Art. 56 EGV geschützt.[233]

---

[229] vgl.: EuGH, 16. 3. 1999, Rs. C-222/97, *Trummer und Mayer*, Slg. 1999, I-1661; für die fortwirkende Bedeutung dieser Richtlinie: Ohler, Die Kapitalverkehrsfreiheit und ihre Schranken, WM 1996, 1801 (1801); Streinz/Sedlaczek, EUV/EGV, Art. 56, Rdn. 5; Lenz/Borchardt(-Weber), EUV/EGV, Art. 56, Rdn. 5 mit umfassenden Rechtsprechungsnachweisen

[230] Grabitz/Hilf(-Ress/Ukrow), EUV/EGV, Art. 56, Rdn. 23 ff.; für eine Anwendung der Dienstleistungsfreiheit in bankrechtlichen Dreipersonenverhältnissen: Freitag, Mitgliedstaatliche Beschränkungen des Kapitalverkehrs und Europäisches Gemeinschaftsrecht, EWS 1997, 186 (191 ff.); für Dienstleistungsfreiheit als die die Bestellung von Sicherungsrechten zugunsten von Banken schützende Grundfreiheit auch: Wolf, WM 1990, 1941; Kieninger, Mobiliarsicherheiten im Europäischen Binnenmarkt, S. 36 f.

[231] v. der Groeben/Schwarze(-Kiemel), EUV/EGV, Art. 56, Rdn. 23 f.; Grabitz/Hilf(-Ress/Ukrow), EUV/EGV, Art. 56, Rdn. 70; Lenz/Borchardt(-Weber), EUV/EGV, Art. 56, Rdn. 24

[232] v. der Groeben/Schwarze(-Kiemel), EUV/EGV, Art. 56, Rdn. 24

[233] Lenz/Borchardt(-Weber), Art. 56, Rdn. 25; v. der Groeben/Schwarze(-Kiemel), EUV/EGV, Art. 56, Rdn. 26

In Form der Bestellung von Sicherungsrechten ist Sachkapitalverkehr mithin dann grenzüberschreitend, wenn Sicherungsgeber und Sicherungsnehmer in verschiedenen Staaten ansässig sind,[234] wobei es sich bei einem um einen Mitgliedstaat handeln muss, oder wenn sich das Sicherungsgut in einem anderen Staat als dem gemeinsamen Sitz von Sicherungsgeber und Sicherungsnehmer befindet,[235] wobei ebenfalls mindestens einer dieser Staaten ein Mitgliedstaat der EU sein muss.

Der – durch die Bestellung eines Kreditsicherungsrechts ermöglichte – Geldkapitalverkehr ist grenzüberschreitend, wenn das vorgenannte Kriterium der Verschiedenheit der Gebietsansässigkeit in Bezug auf Kreditgeber und Kreditnehmer vorliegt.[236] Aber auch dann, wenn sich lediglich die zur Sicherung der Darlehensverbindlichkeiten beliehenen Vermögensgegenstände in einem anderen Mitgliedstaat befinden, wird befürwortet, den gesicherten Geldkapitaltransfer dem Schutz des Art. 56 EGV zu unterstellen.[237]

3. Ergebnis

Die Beleihung der deutschem Recht unterliegenden Vermögensgegenstände eines Unternehmens stellt somit Kapitalverkehr in der Form des Sachkapitalverkehrs dar, wenn diese Transaktion zugunsten eines in einem anderen Staat ansässigen Darlehensgebers erfolgt. Grenzüberschreitend ist der mit der Beleihung einhergehende Sachkapitaltransfer jedoch auch dann, wenn sich der sicherungsgebende Unternehmensträger, in demselben ausländischen Staat befindet wie der Sicherungsnehmer, während allein die zu beleihenden Unternehmensaktiva deutschem Recht unterliegen. Auch die Beleihung eines in Deutschland belegenen, in Form einer im Ausland inkorporierten Gesellschaft geführten Unternehmens, die ihren Sitz in demselben Staat wie der Sicherungsnehmer hat, unterfällt somit dem grenzüberschreitenden Sachkapitalverkehr.

Die gesicherte Darlehensgewährung ist als Geldkapitalverkehr jedenfalls dann grenzüberschreitend und somit von der Kapitalverkehrsfreiheit nach Art. 56 EGV umfasst, wenn sich der Sitz des Darlehensgebers und derjenige des darle-

---

[234] EuGH, 16. 3. 1999, Rs. C-222/97, *Trummer und Mayer*, Slg. 1999, I-1661, Rdn. 20–22; v. Wilmowsky, Europäisches Kreditsicherungsrecht, S. 83

[235] Derleder/Knops/Bamberger (-v. Wilmowsky), Handbuch zum deutschen und europäischen Bankrecht, § 62, Rdn. 3; v. Wilmowsky, Europäisches Kreditsicherungsrecht, S. 83–85

[236] v. Wilmowsky, Europäisches Kreditsicherungsrecht, S. 79

[237] v. Wilmowsky, Europäisches Kreditsicherungsrecht, S. 80–82

hensaufnehmenden Unternehmensträgers in verschiedenen Staaten befinden, sofern mindestens einer von diesen Staaten der Europäischen Union angehört. Dies ist insbesondere bei der Darlehensgewährung eines im Ausland ansässigen Kreditinstituts an einen in Deutschland ansässigen Unternehmensträger der Fall.

II. Reichweite des Begriffs der Kapitalverkehrsbeschränkung und Umfang der möglichen Rechtfertigung

Bevor die der Verwendung des Unternehmens als produktiver Wirtschaftseinheit entgegenstehen Sach- und Kollisionsnormen auf ihre Eigenschaft als verbotene Beschränkungen des Kapitalverkehrs im Sinne von Art. 56 EGV untersucht werden sollen, ist auf den Maßstab für das Vorliegen einer solchen Beschränkung und deren mögliche Rechtfertigung einzugehen.

1. Prüfungsmaßstab für Beschränkungen des Kapitalverkehrs

Wie die Warenverkehrs-, Dienstleistungs-, und Niederlassungsfreiheit, stellt auch die Freiheit des Kapital- und Zahlungsverkehrs ein über das Diskriminierungsverbot hinausgehendes, umfassendes Verbot von Beschränkungen durch staatliche Maßnahmen dar.[238]

Es besteht kein Anlass, den Begriff der Beschränkung des Kapitalverkehrs im Sinne von Art. 56 EGV auf diskriminierende mitgliedstaatliche Maßnahmen zu reduzieren. Eine Diskriminierung stellt einen wichtigen Sonderfall einer Beschränkung dar; der Begriff der Beschränkung erschöpft sich jedoch nicht in demjenigen der – offenen oder versteckten – Diskriminierung.[239] Gegen eine derartig verengende Auslegung des Tatbestands des Art. 56 EGV spricht neben der Entfaltungsmöglichkeit von Investoren und Unternehmern, die durch die unbeeinträchtigte Verwendung der Ressource Kapital am gewünschten Ort eröffnet wird,[240] der fortschreitenden Integration im monetären Bereich und dem

[238] Frenz, Handbuch des Europarechts, Bd. 1, Rdn. 428 f.; Grabitz/Hilf(-Ress/Ukrow), EUV/EGV, Art. 56, Rdn. 12; Freitag, EWS 1997, 186 (187); v. Wilmowsky, Europäisches Kreditsicherungsrecht, S. 10, 79 f.; Trunk, Internationales Insolvenzrecht (1998), S. 28; v. der Groeben/Schwarze(-Kiemel), EUV/EGV, Art. 56, Rdn. 7, 11

[239] v. der Groeben/Schwarze(-Kiemel), EUV/EGV, Art. 56, Rdn. 27

[240] Calliess/Ruffert(-Bröhmer), EUV/EGV, Art. 56, Rdn. 4; Nicolaysen, Europarecht II, Das Wirtschaftsrecht im Binnenmarkt (1996), § 26, S. 185

Binnenmarktkonzept[241] auch der Vergleich mit dem nach ständiger Rechtsprechung umfassend geschützten Verkehr von Waren;[242] die gemeinsame Eigenschaft von Waren und Kapital ist nämlich ihr hoher Mobilitätsgrad.[243]

Entsprechend der zur Warenverkehrsfreiheit ergangenen Rechtsprechung in der Sache *Dassonville*[244] sind somit verbotene Beschränkungen im Sinne von Art. 56 EGV mitgliedstaatliche Rechts- oder Verwaltungsvorschriften, die zu einer unmittelbaren oder mittelbaren, tatsächlichen oder potentiellen Behinderung, Begrenzung oder Untersagung des grenzüberschreitenden Zu-, Ab- oder Durchflusses von Kapital führen.[245] So ist eine mitgliedstaatliche Maßnahme dann eine Beschränkung des Kapitalverkehrs, wenn sie geeignet ist, die Gebietsansässigen davon abzuhalten, in einem anderen Mitgliedstaat Darlehen aufzunehmen oder Anlagen zu tätigen.[246] Auch auf im Inland Ansässige und Gebietsfremde unterschiedslos angewandte Privatrechtsnormen eines Mitgliedstaates können sich somit als Beschränkungen des Kapitalverkehrs darstellen.[247]

Ferner stellt es keine Voraussetzung für die Qualifikation einer staatlichen Maßnahme als Beschränkung des Kapitalverkehrs nach Art. 56 EGV dar, dass die hierdurch verhinderte wirtschaftliche Betätigung überhaupt im Herkunftsland des Kapitaltransferierenden bzw. Kapitalempfängers eröffnet ist.[248] Eine deutsche Rechtsnorm, welche der grenzüberschreitenden Unternehmensbeleihung entgegensteht, scheidet somit nicht etwa deshalb aus dem Anwendungsbereich des Art. 56 EGV aus, weil das Unternehmen als produktive Wirtschaftseinheit im Herkunftsland des Investors ebenso wenig wie in Deutschland zur Kreditsicherung eingesetzt werden kann.

---

241 v. der Groeben/Schwarze(-Kiemel), EUV/EGV, Art. 56, Rdn. 25, 35 f.; Grabitz/Hilf(-Ress/Ukrow), EUV/EGV, Art. 56, Rdn. 35

242 EuGH, 20. 2. 1979, Rs. 120/78, *Rewe / Bundesmonopolverwaltung für Branntwein (Cassis de Dijon)*, Slg. 1979, 649, Rdn. 8–15

243 v. der Groeben/Schwarze(-Kiemel), EUV/EGV, Art. 56, Rdn. 25; Grabitz/Hilf(-Ress/Ukrow), EUV/EGV, Art. 56, Rdn. 35

244 EuGH, 11. 7. 1974, Rs. 8/74, Slg. 1974, 837

245 v. der Groeben/Schwarze(-Kiemel), EUV/EGV, Art. 56, Rdn. 13; Lenz/Borchardt(-Weber), EUV/EGV, Art. 56, Rdn. 14

246 EuGH, 26. 9. 2000, Rs. C-478/98, *Kommission / Belgien*, Slg. 2000, I-7587, Rdn. 18; 16. 3. 1999, Rs. C-222/97, *Trummer und Mayer*, Slg. 1999, I-1661, Rdn. 26

247 EuGH, 16. 3. 1999, *Trummer und Mayer*, Rs. C-222/97, Slg. 1999, I-1661; Derleder/Knops/Bamberger (-v. Wilmowsky), Handbuch zum deutschen und europäischen Bankrecht, § 62, Rdn. 4 ff.; v. Wilmowsky, Europäisches Kreditsicherungsrecht, S. 42

248 v. Wilmowsky, Europäisches Kreditsicherungsrecht, S. 52–60

2. Rechtfertigung von nicht-diskriminierenden Beschränkungen durch zwingende Erfordernisse des Allgemeininteresses

Über die im EG-Vertrag normierten Rechtfertigungsgründe hinaus hat der EuGH in der Rechtssache *Cassis de Dijon* solche nicht-diskriminierenden grundfreiheitsbeschränkenden Maßnahmen als gerechtfertigt angesehen, welche zum Erreichen von zwingenden Erfordernissen des Allgemeininteresses erforderlich sind, sofern die beanstandeten mitgliedstaatlichen Maßnahmen nicht einer Rechtsmaterie angehören, die Gegenstand abschließender gemeinschaftsrechtlicher Harmonisierung geworden ist.[249]

Insoweit hat der EuGH ein Gegengewicht zu der weiten Auslegung des Begriffs der „Maßnahmen gleicher Wirkung wie mengenmäßige Beschränkungen" im Sinne von Art. 28 EGV in der Rechtssache *Dassonville* geschaffen.[250] Zwingende Erfordernisse des Allgemeininteresses, welche einen Grundfreiheitseingriff rechtfertigen können, hat der EuGH nicht abschließend, sondern lediglich beispielhaft aufgezählt; grundsätzlich kommen hierfür alle öffentlichen Interessen in Betracht.[251] Eine mitgliedstaatliche Maßnahme kann jedoch nur dann gerechtfertigt sein, wenn sie auch geeignet ist, das legitime Schutzziel zu erreichen, sowie hierzu erforderlich ist, mithin die grundfreiheitlich geschützte Tätigkeit weniger beeinträchtigt als anderweitige gleich wirksame Maßnahmen.[252] Wie die *Dassonville*-Rechtsprechung finden auch die in der Rechtssache *Cassis de Dijon* entwickelten Grundsätze auf die Kapitalverkehrsfreiheit entsprechende Anwendung.[253]

---

[249] EuGH, 20. 2. 1979, Rs. 120/78, *Rewe / Bundesmonopolverwaltung für Branntwein (Cassis de Dijon)*, Slg. 1979, 649, Rdn. 8, 14 f.
[250] v. Wilmowsky, Europäisches Kreditsicherungsrecht, S. 10 f.
[251] Calliess/Ruffert(-Epiney), EUV/EGV, Art. 28, Rdn. 22
[252] EuGH, 20. 2. 1979, Rs. 120/78, *Rewe / Bundesmonopolverwaltung für Branntwein (Cassis de Dijon)*, Slg. 1979, 649, Rdn. 11
[253] EuGH, 3. 2. 1993, Rs. C-148/91, *Veronica*, Slg. 1993, I-487, Rdn. 15; Calliess/Ruffert (-Bröhmer), EUV/EGV, Art. 56, Rdn. 50

3. Frage einer Bereichsausnahme für nicht-diskriminierende Rahmenbedingungen

a. Vergleich mit Rechtsprechung zum Warenverkehr

In Anbetracht der zuvor dargestellten strukturellen Ähnlichkeit von Waren- und Kapitalverkehr als sachbezogene Freiheiten wird auch für eine entsprechende Anwendung der in der Sache *Keck und Mithouard*[254] zur Warenverkehrsfreiheit ergangenen Rechtsprechung auf die Kapitalverkehrsfreiheit plädiert.[255] In dem Urteil zu dieser Rechtssache sah sich der EuGH angesichts der Vielzahl gerichtlicher Beanstandungen von mitgliedstaatlichen Maßnahmen zu der Fiktion veranlasst, dass bestimmte Verkaufsmodalitäten (im Gegensatz zu produktbezogenen Vorschriften), welche sich auf den Verkehr von inländischen Waren und den Verkehr von Waren aus anderen Mitgliedstaaten rechtlich wie tatsächlich in gleicher Weise auswirken und weder offene noch versteckte Diskriminierung darstellen, nicht als geeignet gelten, den grenzüberschreitenden Warenverkehr zu behindern, und daher keine nach Art. 28 EGV verbotenen Maßnahmen gleicher Wirkung wie mengenmäßige Einfuhrbeschränkungen darstellen.[256]

Ebenso wenig wie danach Modalitäten für den Vertrieb von Waren Maßnahmen gleicher Wirkung wie mengenmäßige Einfuhrbeschränkungen sind, sollen nach einer Auffassung die äußeren Rahmenbedingungen für den Kapitalverkehr Grundfreiheitsbeschränkungen darstellen; hierzu werden beispielhaft Grundbuchvorschriften, Notarpflichten, das Steuersystem, Investorenschutzbestimmungen, Mieterschutzvorschriften und Baubeschränkungen gezählt.[257] Gegen die Anwendung der in der Rechtssache *Keck und Mithouard* aufgestellten Grundsätze auf die Kapitalverkehrsfreiheit bestehen jedoch erhebliche Bedenken.

---

[254] EuGH, 24. 11. 1993, Rs. C-267 und 268/91, *Keck und Mithouard*, Slg. 1993, I-6097, Rdn. 16 f.

[255] Grabitz/Hilf(-Ress/Ukrow), EUV/EGV, Art. 56, Rdn. 37; Frenz, Handbuch Europarecht, Bd. 1, Rdn. 409 f., 2799

[256] EuGH, 24. 11. 1993, Rs. C-267 und 268/91, *Keck und Mithouard*, Slg. 1993, I-6097, Rdn. 16 f.; 15. 12. 1993, Rs. C-292/92, *Hünermund*, Slg. 1993, I-6816, Rdn. 21–23; Dabei ist zu vermuten, dass sich Verkaufsmodalitäten unterschiedslos auf inländische und eingeführte Erzeugnisse auswirken (Kieninger, Mobiliarsicherheiten im Europäischen Binnenmarkt, S. 144).

[257] Grabitz/Hilf(-Ress/Ukrow), EUV/EGV, Art. 56, Rdn. 37; Frenz, Handbuch Europarecht, Bd. 1, Rdn. 409 f., 2799

aa. Effet utile

So muss die Rechtsprechung in der Sache *Keck und Mithouard* schon im Rahmen des Warenverkehrs als verfehlt angesehen werden, denn sie widerspricht der Wirkung, auf die der EG-Vertrag gerichtet ist. Mit dieser Entscheidung verfolgte der EuGH die Entlastung der Justiz, was nach den Prinzipien des Gemeinschaftsrechts kein tragfähiges Argument für die Begrenzung der richterlichen Prüfung von Grundfreiheitsbeeinträchtigungen darstellen kann. Diese Rechtsprechung widerspricht vielmehr dem Ziel der Verwirklichung des Binnenmarktes nach Art. 14 EGV, denn ihr zufolge werden Grundfreiheitsbeeinträchtigungen, die in Verkaufsmodalitäten wie Absatz- und Werberegelungen liegen, lediglich auf den Aspekt der Diskriminierung hin überprüft.[258] Die Verfehltheit seines Ansatzes in der Rechtssache *Keck und Mithouard* mag ein Grund für den EuGH gewesen sein, diese die Warenverkehrsfreiheit betreffende Rechtsprechung trotz Gelegenheit dazu nicht auf die Dienstleistungsfreiheit auszudehnen.[259]

bb. Weitergehendes Beschränkungsverbot in Bezug auf die Freiheit des Kapitalverkehrs

Der Übertragung der in der Sache *Keck und Mithouard* ergangenen Rechtsprechung auf die Kapitalverkehrsfreiheit steht ferner der weitergehende Schutzumfang entgegen, der dem Kapitalverkehr im Vergleich zum Warenverkehr zukommt. Während nämlich nach Art. 28 EGV lediglich solche mitgliedstaatlichen Maßnahmen verboten sind, welche die alternativen Tatbestandsmerkmale der mengenmäßigen Einfuhrbeschränkung oder der Maßnahme gleicher Wirkung erfüllen, gilt der Grundsatz des Verbots gemäß Art. 56 EGV für Beschränkungen des Kapitalverkehrs schlechthin.[260]

---

[258] v. Wilmowsky, Europäisches Kreditsicherungsrecht, S. 25; Sack, Staatliche Regelungen sogenannter „Verkaufsmodalitäten" und Art. 30 EG-Vertrag, EWS 1994, 37; Schwartz, Perspektiven der Angleichung des Privatrechts in der Europäischen Gemeinschaft, ZEuP 1994, 559 (580–584); Steindorff, Unvollkommener Binnenmarkt, ZHR 158 (1994), 149 (162 ff.)

[259] EuGH, 10. 5. 1995, Rs. C-384/93, *Alpine Investments BV*, Slg. 1995, I-1141, Rdn. 76–78; v. der Groeben/Schwarze(-Tiedje/Troberg), EUV/EGV, Art. 49, Rdn. 106; v. Wilmowsky, Europäisches Kreditsicherungsrecht, S. 26 f.

[260] vgl.: Kieninger, Mobiliarsicherheiten im Europäischen Binnenmarkt, S. 152

cc. Unklarheit in Bezug auf Abgrenzungskriterium

Schließlich ist auch keinerlei zuverlässiges Abgrenzungskriterium zwischen Beschränkungen und weniger gravierenden Erschwernissen des Kapitalverkehrs ersichtlich. Das Kriterium der Verkaufsmodalitäten betrifft allein den Warenverkehr und kann – bei aller strukturellen Ähnlichkeit zwischen Waren- und Kapitalverkehr – nicht auf Letzteren übertragen werden.[261] Insbesondere scheitert eine entsprechende Anwendung dieser Rechtsprechung auf die durch Dienstleistungs- bzw. Kapitalverkehrsfreiheit gestützte Kreditsicherung, denn eine Darlehensgewährung und die Stellung einer Sicherheit dafür bilden Elemente einer wirtschaftlich betrachtet einheitlichen Finanzdienstleistung.[262]

Dementsprechend erschöpft sich auch der Versuch, die *Keck*-Rechtsprechung für die Kapitalverkehrsfreiheit nutzbar zu machen, in der beispielhaften Aufzählung von mitgliedstaatlichen Regelungen, welchen die Qualität von Beschränkungen im Sinne des Art. 56 EGV abgesprochen wird.[263] Ein allgemeingültiger Maßstab kann dabei aber nicht aufgezeigt werden.

dd. Mangelnde Eignung der Keck-Rechtsprechung zum angestrebten Zweck

Selbst wenn jedoch ein einigermaßen praktikables Kriterium zur Abgrenzung von verbotenen Beeinträchtigungen des Kapitalverkehrs zu nicht zu beanstandenden Umfeldregelungen vorläge, wäre damit dem mit der *Keck*-Rechtsprechung verfolgten Ziel, der Entlastung der Justiz, kaum gedient. Der mit der Anwendung eines solchen Kriteriums einhergehende Begründungsaufwand erschiene nämlich vergleichbar mit demjenigen der Thematisierung einer Rechtfertigung der betreffenden mitgliedstaatlichen Maßnahme durch zwingende Erfordernisse des Allgemeininteresses, und die Rechtfertigung einer nichtdiskriminierenden mitgliedstaatlichen Maßnahme durch zwingende Erfordernisse wird bei deren gerichtlicher Beanstandung praktisch immer behauptet.[264]

---

[261] Kimms, Die Kapitalverkehrsfreiheit im Recht der europäischen Union, S. 183

[262] vgl.: Wolf, WM 1990, 1941 (1941)

[263] Grabitz/Hilf(-Ress/Ukrow), EUV/EGV, Art. 56, Rdn. 37; Frenz, Handbuch Europarecht, Bd. 1, Rdn. 409 f., 2799

[264] v. Wilmowsky, Europäisches Kreditsicherungsrecht, S. 26

b. Bereichsausnahme wegen Ermöglichungsfunktion des Privatrechts – insbesondere des Sachenrechts?

Da der Schutz der Kapitalverkehrsfreiheit gegenüber mitgliedstaatlichen Beschränkungen ohne weitere Differenzierungen nach der Rechtsmaterie besteht, der eine beschränkende Vorschrift angehört, kann auch die Anwendung zivilrechtlicher Normen eine nach Art. 56 EGV verbotene Beschränkung des Kapitalverkehrs darstellen.[265] So hat auch der EuGH zivilrechtliche Vorschriften als mögliche Grundfreiheitsbeschränkungen angesehen.[266]

Dass auch Grundfreiheitsbeschränkungen durch Bestimmungen des Zivilrechts möglich sind, ergibt sich auch daraus, dass die Marktbürger auf das Vorhandensein bestimmter elementarer Zivilrechtsinstitute, wie den Vertrag und das Eigentum, in den Rechtsordnungen der Mitgliedstaaten angewiesen sind, um von Grundfreiheiten Gebrauch zu machen. Mitgliedstaatliche Regelungen, die diese Zivilrechtsinstitute grundsätzlich in Frage stellen würden, wären somit als Grundfreiheitsbeschränkungen zu qualifizieren.[267]

Im schuldrechtlichen Bereich können die mitgliedstaatlichen Gesetzgeber im Wesentlichen mittels des Prinzips „pacta sunt servanda“ die Ausübung grundfreiheitlich geschützter Tätigkeit eröffnen, während sich darüber hinausgehende zwingende Regelungen als Einschränkungen der Vertragsfreiheit auswirken können. Demgegenüber wird auf dem Gebiet des Sachenrechts die Möglichkeit, grundfreiheitlich geschützte Tätigkeit auszuüben, mit zunehmender Ausdifferenzierung der Rechtsmaterie durch die mitgliedstaatlichen Gesetzgeber erhöht. Die Rechtsmacht, Wirkungen gegenüber Dritten zu erzielen, wird durch die Vertragsfreiheit allein nämlich nicht geboten. Um Wirkungen gegenüber jedermann herbeizuführen, die der beabsichtigten grenzüberschreitenden Transaktion entsprechen, sind die Marktteilnehmer vielmehr auf ein passendes Sachenrechtsinstitut angewiesen.[268]

Sofern man somit die – aus der Sicht der Parteien einer grundfreiheitlich geschützten Transaktion – suboptimale Ausgestaltung des Sachenrechts eines Mitgliedstaates als Grundfreiheitsbeschränkung ansähe, würde man letztlich zu

---

[265] v. Wilmowsky, Europäisches Kreditsicherungsrecht, S. 42; Derleder/Knops/Bamberger (-v. Wilmowsky), Handbuch zum deutschen und europäischen Bankrecht, § 62, Rdn. 4 ff.; Kieninger, Mobiliarsicherheiten im Europäischen Binnenmarkt, S. 124 f. m.w.N.

[266] EuGH, 16. 3. 1999, Rs. C-222/97, *Trummer und Mayer*, Slg. 1999, I-1661

[267] v. Wilmowsky, Europäisches Kreditsicherungsrecht, S. 35–37 (m.w.N. auf S. 35)

[268] v. Wilmowsky, Europäisches Kreditsicherungsrecht, S. 32–35

dem Ergebnis gelangen, die Vorenthaltung der Wirkung von vertraglichen Abreden gegenüber Dritten stelle einen Entzug von durch den EG-Vertrag gewährleisteter wirtschaftlicher Tätigkeit dar.[269] Dann würde jedoch aus den Grundfreiheiten gleichsam die Möglichkeit zur Rechtssetzung gegenüber Dritten erwachsen, wohingegen ihnen – bis auf besondere Ausnahmen – lediglich Abwehrfunktion gegenüber staatlichen Maßnahmen zukommt.[270]

Obgleich es somit problematisch ist, mitgliedstaatlichen Sachenrechtsvorschriften die Wirkung der Beschränkung von Grundfreiheiten zuzuschreiben, hat der EuGH ebendies in Hinblick auf die Kapitalverkehrsfreiheit getan.[271] Die betreffende Entscheidung ist allerdings wegen der oben dargestellten Schwierigkeiten eines praktikablen Kriteriums zur Abgrenzung von Beschränkungen des Kapitalverkehrs zu sonstigen Erschwernissen für die Ausübung dieser Grundfreiheit zu befürworten. Die mögliche förderliche Funktion von Zivilrechtsgesetzgebung für grenzüberschreitende Transaktionen kann nicht zu dessen pauschaler Ausnahme vom Begriff der Grundfreiheitsbeschränkung führen. Dieser Thematik ist vielmehr im Rahmen der Rechtfertigung von Grundfreiheitsbeschränkungen durch zwingende Erfordernisse des Allgemeininteresses Rechnung zu tragen.

III. Sachnormen als verbotene Beschränkungen des Kapitalverkehrs

Es stellt sich die Frage, ob die einer Unternehmensbeleihung entgegenstehenden deutschen Sachnormen, gemessen an den zuvor aufgezeigten Kriterien, verbotene Kapitalverkehrsbeschränkungen darstellen.

1. Kapitalverkehrsbeschränkung

Die oben unter I dargestellten Bestimmungen des deutschen Sachrechts stehen einer grenzüberschreitenden Verwendung des Unternehmens als Kreditunterlage entgegen und erfüllen daher den weiten Begriff der Beschränkung des Kapitalverkehrs im Sinne von Art. 56 EGV zumindest unter dem Aspekt der mittelbaren bzw. potentiellen Behinderung des Abflusses von Sachkapital bzw.

[269] v. Wilmowsky, Europäisches Kreditsicherungsrecht, S. 32 ff.

[270] für den Warenverkehr: Grabitz/Hilf(-Leible), EUV/EGV, Art. 28, Rdn. 4–8

[271] EuGH, 16. 3. 1999, Rs. C-222/97, *Trummer und Mayer*, Slg. 1999, I-1661, Rdn. 20–22

Zuflusses von Geldkapital.[272] Das gilt auch für die oben dargestellten Regelungen des deutschen Insolvenzrechts, die einer Partizipation des Sicherungsnehmers an dem für das Schuldnerunternehmen erzielten Fortführungswert entgegenstehen.

In Bezug auf mitgliedstaatliche insolvenzrechtliche Verteilungsregeln hat der EuGH allerdings in der Rechtssache *Krantz* aufgrund des geringen Einflusses der beanstandeten Norm auf den grenzüberschreitenden Wirtschaftsverkehr das Vorliegen einer Grundfreiheitsbeschränkung verneint.[273] Damit setzt er sich in Widerspruch zu seiner ständigen Rechtsprechung seit der Rechtssache *Dassonville*.[274] Davon abgesehen sind die Auswirkungen der streitgegenständlichen Norm in der Sache *Krantz* von den hier untersuchten Regelungen der Insolvenzordnung zu unterscheiden. Denn während die sehr spezifische, gegenständlich begrenzte Eingriffsregelung in jener Sache für die Entscheidung, grenzüberschreitenden Warenverkehr zu tätigen, insgesamt und im Einzelfall keine zentrale Rolle spielte, kommt dem deutschen Insolvenzsachrecht für die grenzüberschreitende Beleihbarkeit des Unternehmens entscheidende Bedeutung zu.[275]

2. Rechtfertigung durch zwingende Erfordernisse

Da die zuvor dargestellten deutschen Sachvorschriften[276] im Rahmen der innerstaatlichen Kreditgewährung und Sicherungsbestellung gleichermaßen zur Anwendung kommen wie im Falle der Ansässigkeit des Sicherungsnehmers bzw. Kreditgebers im Ausland, handelt es sich hierbei sämtlich um unterschiedslos geltende – nicht-diskriminierende – staatliche Maßnahmen. Ferner ist eine gemeinschaftsweite Rechtsangleichung des hier relevanten Kreditsicherungsrechts nicht erfolgt.[277] Nach den in der Rechtssache *Cassis de Dijon* aufgestellten Grundsätzen[278] kommt somit für die jeweiligen deutschen Sachrechtsnormen

[272] hierzu oben: I.3
[273] EuGH, 7. 3. 1990, Rs. C-69/88, *Krantz*, Slg. 1990, I-583, Rdn. 11
[274] v. Wilmowsky, Europäisches Kreditsicherungsrecht, S. 200 f.; Kieninger, Mobiliarsicherheiten im Europäischen Binnenmarkt, S. 137
[275] vgl.: v. Wilmowsky, Europäisches Kreditsicherungsrecht, S. 199 f.
[276] vgl. oben: I
[277] Staudinger/Stoll, BGB, IntSR, Rdn. 112 f.; zu Sicherungsrechten an Wertpapieren und vergleichbaren Schuldtiteln: Richtlinie 2002/47/EG des Europäischen Parlaments und des Rates über Finanzsicherheiten, ABl. EG L 168 vom 27. 6. 2002, S. 43; dazu: Kümpel, Bank- und Kapitalmarktrecht, Rdn. 6.2–6.4
[278] vgl. oben: II.2

eine Rechtfertigung durch zwingende Erfordernisse des Allgemeininteresses in Betracht.

a. Typenzwang und Typenfixierung

Durch die Prinzipien des Typenzwangs und der Typenfixierung wird der Kreis von Parteiabreden, die gegenüber Dritten Wirkung entfalten, auf diejenigen Rechtsinstitute beschränkt, die der Gesetzgeber vorgegeben bzw. die Rechtsprechung entwickelt hat und von deren Wirkung sich folglich auch an einer sachenrechtlichen Abrede nicht Beteiligte Kenntnis verschaffen können. Insofern verfolgen diese Prinzipien den Schutz unbeteiligter Dritter vor unbekannten Rechtswirkungen; sie dienen somit dem Rechtsverkehr und der Rechtssicherheit,[279] wobei es sich um zwingende Belange des Allgemeininteresses handelt.[280] Eine Alternative zur staatlichen Begrenzung der Zahl und des Inhalts erga omnes wirkender Rechtsinstitute, um Dritten Kenntnis hiervon zu ermöglichen, ist nicht ersichtlich, so dass diese deutschen Rechtsprinzipien auch erforderlich sind, um das angestrebte Allgemeinwohlinteresse zu erreichen.

Aber auch die Parteien von dinglichen Rechtsgeschäften selbst werden durch diese Prinzipien geschützt: Durch Typenzwang und Typenfixierung erhalten Verfügungsgeschäfte nämlich erst ihren – über schuldrechtliche Abreden hinausgehenden – Wert. Wären Zahl und Inhalt dinglicher Rechte nämlich nicht von der Rechtsordnung zwingend festgelegt, sondern den Parteien eines Rechtsgeschäfts überlassen, dann wären dingliche Wirkungen wirtschaftlich weitgehend wertlos, da der Verfügungsempfänger nicht in Erfahrung bringen könnte, ob ein publizitätsloses Sachenrecht bereits bestellt worden ist und welchen Inhalt dieses hat. Dann wäre auch kaum zu ermitteln, ob der Verfügende die Rechtsmacht zu der getroffenen Verfügung hat. Schließlich wären nachträgliche Vereinbarungen von erga omnes wirkenden Rechten denkbar, deren inhaltliche Ausgestaltung den Vorrang gegenüber früher bestellten Rechten einschließt. Durch eine Vereinbarung mit dieser Wirkung würde folglich die Bedeutung des Rechtsinstituts des Eigentums für die Ausübung der Grundfreiheiten beeinträchtigt.[281]

---

[279] Palandt/Bassenge, BGB, Einl. v. § 854, Rdn. 3
[280] Wolf, WM 1990, 1941 (1945)
[281] vgl. oben: II.2.b

Für Verfügungsgeschäfte über Vermögensgegenstände, einschließlich deren Beleihung, sind die Marktteilnehmer somit zwingend auf staatliche Regelungen angewiesen, welche eine Selektion in Bezug auf diejenigen Vereinbarungen treffen, welchen Wirkung gegenüber Dritten zukommt. Typenzwang und Typenfixierung dienen somit auch dem Funktionieren des Rechtsverkehrs. Bei der Gegenüberstellung der Schwere der mit Typenzwang und Typenfixierung einhergehenden Beeinträchtigung des Kapitalverkehrs und der hierdurch geförderten Gemeinschaftsinteressen wird somit im Endeffekt ein Gemeinschaftswohlgewinn[282] durch die Anwendung dieser Rechtsprinzipien erzielt.

b. Verbot der freihändigen Verwertung bestimmter Vermögensgegenstände

Die unabdingbare Zuweisung der Verwertungsbefugnis grundpfandrechtlich belasteter Grundstücke an die Gerichte nach §§ 1147 BGB, 869 ZPO, 1 ff. ZVG – und das darin liegende Verbot deren freihändiger Verwertung durch den Grundpfandrechtsinhaber zusammen mit sonstigem Sicherungsgut – dient der Wahrung der vielfältigen Berechtigungen in Bezug auf das Immobiliarvermögen.[283] Der Gesetzgeber sieht die Interessen der verschiedenen an Grundstücken dinglich Berechtigten in Anbetracht der komplizierten Rangverhältnisse unter diesen durch die Betrauung der Gerichte mit der Immobiliarverwertung als am besten gewährleistet an.[284] Die Interessenlage, die den zwingenden Verwertungsregeln für die Schiffshypothek und das Registerpfandrecht am Luftfahrzeug zugrunde liegt, ist gleichgelagert.

Mit diesen Regelungen werden somit insbesondere solche Gläubiger geschützt, deren Verhandlungsposition vergleichsweise schwach ist. Sie dienen insoweit dem Schutz der Lauterkeit des Handelsverkehrs bzw. dem Verbraucherschutz. Hierbei handelt es sich um vom EuGH als zwingende Erfordernisse des Allgemeininteresses anerkannte Belange.[285] Eine alternative – für die grenzüberschreitende Unternehmensbeleihung weniger einschneidende – Regelung, um diese Ziele zu erreichen, ist nicht ersichtlich, so dass die deutschen zwingenden Bestimmungen über die Immobiliarverwertung gerechtfertigt sind.

---

[282] vgl.: v. der Groeben/Schwarze(-Müller-Graff), EUV/EGV, Art. 28, Rdn. 233, Art. 30, Rdn. 157

[283] Mugdan, BGB, Mot. III, S. 677

[284] MünchKomm/Eickmann, BGB, § 1147, Rdn. 1

[285] Grabitz/Hilf(-Leible), EGV/EUV, Art. 28, Rdn. 19 m.w.N.

c. Bestimmtheitsgrundsatz

Mit dem Bestimmtheitsgrundsatz – dem die Verfügung über Unternehmensaktiva ohne deren individualisierende Bezeichnung entgegensteht – verfolgtes Ziel ist das Interesse Dritter an Erkennbarkeit bzw. Ermittelbarkeit der von Verfügungen umfassten Gegenstände, mithin der Schutz an der betreffenden Verfügung unbeteiligter Dritter.[286] Ebenso wie Typenzwang und Typenfixierung dient diese Regelung somit dem Schutz des Rechtsverkehrs und der Rechtssicherheit. Insbesondere unter dem Aspekt, dass dem Erfordnis der individualisierenden Bezeichnung des Sicherungsgutes, durch die Verwendung jeglicher empirisch-realen Sammelbezeichnung Rechnung getragen werden kann, erscheint kein weniger einschneidendes Mittel vorhanden, um das betreffende mitgliedstaatlich verfolgte Anliegen zu erreichen.

d. Verbot der anfänglichen Übersicherung

Die Unwirksamkeit der anfänglichen Übersicherung gemäß § 138 BGB bezweckt den Schutz nachfolgender Gläubiger des Sicherungsgebers vor Täuschung sowie des Sicherungsgebers selbst vor gänzlichem Verlust seiner wirtschaftlichen Entscheidungsfreiheit.[287] Somit verfolgt diese Regelung die Wahrung der Lauterkeit des Handelsverkehrs. Zum Erreichen dieses Ziels sind keine den grenzüberschreitenden Kapitalverkehr weniger beeinträchtigenden staatlichen Maßnahmen ersichtlich.

e. Verteilungsregelung in Bezug auf den Fortführungswert des Schuldnerunternehmens

Gegenüber der Auffassung, mitgliedstaatliche Interventionen in Rechtspositionen in Form insolvenzrechtlicher Regelungen seien bereits deshalb durch zwingende Erfordernisse des Allgemeininteresses gerechtfertigt, weil sie einem Interessenausgleich in der schwierigen Situation der Zahlungsunfähigkeit des Schuldners dienen,[288] ist eine differenzierte Betrachtung vorzugswürdig. So sollen mitgliedstaatliche Regelungen, welche einen Anteil des für Sicherungsgut

---

[286] BGHZ 71, 75 (78 f.); Wolf, Sachenrecht, § 2, III, Rdn. 26; Staudinger/Busche, BGB, § 398, Rdn. 65

[287] BGHZ 19, 12 (18); 105, 112; Staudinger/Busche, BGB, § 398, Rdn. 53; Larenz/Wolf, BGB AT, § 41, Rdn. 32 f., 35

[288] Trunk, Internationales Insolvenzrecht, S. 29 f.

erzielten Erlöses ungesicherten Gläubigern zuweisen, nur dann durch zwingende Erfordernisse des Allgemeininteresses gerechtfertigt sein, wenn sich die derart bevorzugte Gläubigergruppe als aus sozialen Gründen schutzwürdig erweise;[289] einer solchen Rechtfertigung nicht zugänglich seien Regelungen, die einen Erlösanteil für ungesicherte Gläubiger ohne Differenzierung nach deren Schutzwürdigkeit reservieren.[290]

Bei Anwendung dieses Kriteriums auf die der Unternehmensbeleihung entgegenstehenden Bestimmungen der Insolvenzordnung ist zunächst festzustellen, dass der Erlös für ein vollständig zugunsten desselben Sicherungsnehmers belastetes Unternehmen, welcher über den Zerschlagungswert des Sicherungsgutes hinausgeht, ungesicherten Gläubigern ohne Rücksicht auf deren besondere Schutzbedürftigkeit aus sozialen Gründen zukommt.

Allerdings ist fraglich, ob es sich bei dem Fortführungswert, der für die beliehenen Unternehmensaktiva als Einheit erzielt wird, überhaupt um den Erlös aus dem Sicherungsgut handelt. Vielmehr wird ein solcher Erlös nicht durch die bloße Beleihung, sondern erst durch die Aktivität des Insolvenzverwalters als externe Person mit Geschäftsführungs- und Verwaltungsbefugnissen sowie das Eingreifen besonderer insolvenzrechtlicher Bestimmungen ermöglicht. Ein für die Aktiva eines Unternehmens – ob sie beliehen sind oder nicht – über dessen Zerschlagungswert hinausgehender Verwertungserlös ist somit Ausfluss des vom Staat zur Verfügung gestellten Rechtsinstituts des Insolvenzverfahrens. Dass ein Rechtsinstitut zur Koordinierung des Zugriffs der Gläubiger auf das Vermögen des zahlungsunfähigen Schuldners allein Sicherungsnehmerinteressen und nicht den Interessen ungesicherter Gläubiger zu dienen haben sollte, erscheint keineswegs zwingend.

Zwar erfüllt die Insolvenzordnung, indem sie den aus der Fortführung des Schuldnerunternehmens erwachsenden Erlös in erster Linie den ungesicherten Gläubigern zukommen lässt, mithin als Kollektivvollstreckungsverfahren – im Unterschied zu einem Individualvollstreckungsverfahren für gesicherte Gläubiger bzw. einen einzigen gesicherten Gläubiger – ausgestaltet ist, den weiten Begriff der Kapitalverkehrsbeschränkung. Allerdings wird durch das Insol-

---

289 v. Wilmowsky, Europäisches Kreditsicherungsrecht, S. 136–149, 259–280; Derleder/Knops/Bamberger (-v. Wilmowsky), Handbuch zum deutschen und europäischen Bankrecht, § 62, Rdn. 19 f.

290 v. Wilmowsky, Europäisches Kreditsicherungsrecht, S. 136–149, 259–280; Derleder/Knops/Bamberger (-v. Wilmowsky), Handbuch zum deutschen und europäischen Bankrecht, § 62, Rdn. 19 f.

venzverfahren als Rechtsinstitut zum Erhalt von Vermögenswerten die Durchsetzbarkeit von Rechtspositionen von Gläubigern insgesamt verbessert und dabei insbesondere die Erfüllung vertraglicher Verbindlichkeiten gefördert. Bei dem insofern verfolgten Gläubigerschutz handelt es sich um ein zwingendes Erfordernis des Allgemeininteresses. Die Sicherungsnehmerinteressen weniger einschneidende Maßnahmen, welche das mit der Insolvenzordnung verfolgte Ziel auf gleich effektive Weise gewährleisten, sind nicht ersichtlich.

3. Ergebnis

Verschiedene deutsche Sachrechtsnormen, die einer Unternehmensbeleihung durch privatautonome Schöpfung von Rechtsinstituten entgegenstehen, sind somit durch zwingende Normen des Allgemeininteresses gerechtfertigt.

IV. Kollisionsnormen als verbotene Kapitalverkehrsbeschränkungen

Da sich deutsche Sachrechtsnormen – sofern sie in Bezug auf parteiautonom geschaffene Rechtsinstitute Anwendung finden – somit nicht als verbotene Beschränkungen einer durch Art. 56 EGV geschützten grenzüberschreitenden Unternehmensbeleihung darstellen, kann sich eine solche Grundfreiheitsverletzung nur über das Kollisionsrecht ergeben.

1. Kapitalverkehrsbeschränkung

Bei der Untersuchung der beschränkenden Wirkung von Kollisionsrecht ist zwischen den auf mitgliedstaatlicher Grundlage geschaffenen Kollisionsnormen und denen der Europäischen Insolvenzverordnung zu unterscheiden.

a. Kollisionsnormen mitgliedstaatlicher Grundlage

Mitgliedstaatliche Kollisionsvorschriften können durchaus grundfreiheitsbeschränkende Wirkung entfalten.[291] Ebenso wie die zuvor untersuchten Sach-

[291] Wolf, WM 1990, 1941 (1942, 1952); Roth, RabelsZ 55 (1991), Der Einfluss des Europäischen Gemeinschaftsrechts auf das Internationale Privatrecht, 623 (637); Basedow, RabelsZ 59 (1995), 1 (13 ff.); v. Wilmowsky, Europäisches Kreditsicherungsrecht, S. 43–48, 97–108; 149–152, 409; Oppermann/v. Wilmowsky (-v. Wilmowsky), Integration im Europäischen Zivil- und Wirtschaftsrecht, S. 33 ff.; Derleder/Knops/Bamberger(v. Wilmowsky), Handbuch

normen erfüllen auch Art. 43 Abs. 1 EGBGB sowie Art. 33 Abs. 2 EGBGB nach seiner herrschenden Auslegung und die auf Verfügungen angewandte lex loci protectionis das Merkmal der Beschränkung des Kapitalverkehrs im Sinne von Art. 56 EGV, sofern Rechtsordnungen existieren, welche die Verwendung des Unternehmens als produktiver Wirtschaftseinheit ermöglichen, infolge des Ausschlusses der Rechtswahl, den die vorgenannten Kollisionsnormen bewirken, aber nicht zum grenzüberschreitenden Einsatz kommen können. Unter diesen Voraussetzungen stellt der Ausschluss parteiautonomer Rechtswahl nämlich zumindest eine mittelbare bzw. potentielle Behinderung des grenzüberschreitenden Abflusses von Sachkapital bzw. Zuflusses von Geldkapital dar.[292]

Mitgliedstaatliche Bestimmungen, welche die Rechtswahl im Rahmen grundfreiheitlich geschützter Betätigung verbieten, erfüllen grundsätzlich die Eigenschaft verbotener Beschränkungen.[293] Dabei umfasst die weite, der Rechtsprechung in der Sache *Dassonville* entsprechende Auslegung des Begriffs der Kapitalverkehrsbeschränkung nicht nur das Verbot, die Rechtsordnung des Ansässigkeitsstaates der Person zu wählen, die Kapital übertragen bzw. empfangen will; vielmehr stellt auch das mitgliedstaatliche Verbot, die Rechtsordnung eines dritten Staates zu wählen, durch welche der beabsichtigte grenzüberschreitende Kapitalverkehr ermöglicht oder erleichtert würde, eine Beschränkung im Sinne von Art. 56 EGV dar.[294]

b. Bestimmungen der Europäischen Insolvenzverordnung

Deshalb, weil die Europäische Insolvenzverordnung auf der Grundlage des EG-Vertrages, nämlich Artt. 61 lit. c, 67 Abs. 1 EGV, erlassen wurde, ist nicht von vornherein ausgeschlossen, dass sie infolge ihrer oben dargestellten beschränkenden Auswirkung auf die grenzüberschreitende Unternehmensbeleihung als Grundfreiheitsbeschränkung in Frage kommt.[295] Das gilt in Bezug auf die Kapitalverkehrsfreiheit insbesondere deshalb, weil sich e contrario aus Artt. 59 f.

---

zum deutschen und europäischen Bankrecht, § 62, Rdn. 10; Kieninger, Mobiliarsicherheiten im Europäischen Binnenmarkt, S. 124–126; dies., Wettbewerb der Privatrechtsordnungen im Europäischen Binnenmarkt, S. 354–356; Drasch, Das Herkunftslandprinzip im internationalen Privatrecht, S. 244 ff.

[292] vgl. hierzu oben: III.1

[293] Wolf, WM 1990, 1941 (1952); v. Wilmowsky, Europäisches Kreditsicherungsrecht, S. 43 ff.; Drasch, Das Herkunftslandprinzip im internationalen Privatrecht , S. 244 ff.

[294] v. Wilmowsky, Europäisches Kreditsicherungsrecht, S. 52–60, 80

EGV ergibt, dass eine verbotene Beschränkung dieser Grundfreiheit auch durch Maßnahmen der Gemeinschaftsorgane erfolgen kann.[296]

Allerdings ist zu beachten, dass es sich bei dieser Verordnung um eine Regelung zur Verwirklichung des Binnenmarktes durch Angleichung der innerstaatlichen Rechtsvorschriften nach Art. 3 Abs. 1 lit. h EGV handelt; nach Ziffer 2 der Erwägungsgründe der Präambel zu dieser Verordnung soll zum reibungslosen Funktionieren des Binnenmarktes durch Rechtsvereinheitlichung des grenzüberschreitenden Insolvenzrechts und Förderung der Effizienz entsprechender Verfahren beigetragen werden. Da sich aus der Systematik des EG-Vertrages ergibt, dass die Rechtsvereinheitlichung durch Rechtssetzung auf Gemeinschaftsebene im Vergleich zur bloßen Negation von grundfreiheitsbeschränkenden Normen der Mitgliedstaaten eine höhere Stufe des Binnenmarktes darstellt,[297] können die Vorteile die sich für den Rechtsverkehr aus der Vereinheitlichung des grenzüberschreitenden Insolvenzrechts ergeben, nicht aufgrund deren Überprüfung am Maßstab der Grundfreiheiten in Frage gestellt werden.[298] Die Kollisionsnormen der Europäischen Insolvenzverordnung tragen somit ihre gemeinschaftsrechtliche Rechtfertigung in sich.[299] Das gilt, obwohl durchaus in Zweifel steht, ob die Regelungen dieser Verordnung die optimale Lösung sind, um die mit ihr verfolgten Ziele zu erreichen.[300]

Insbesondere Artt. 28, 4 EuInsVO, wonach in einem Partikularinsolvenzverfahren das Recht des Staates, in dem dieses Verfahren eröffnet wurde, zur Anwendung kommt, stellen somit keine Kapitalverkehrsbeschränkung im Sinne von Art. 56 EGV dar, auch wenn hierdurch eine sachenrechtliche Rechtswahl oder deren wirtschaftlicher Nutzen beeinträchtigt wird.

---

[295] vgl. zu dem nicht in Kraft getretenen, mit der EuInsVO inhaltsgleichen Europäischen Insolvenzübereinkommen vom 20. 9. 1995: Trunk, Internationales Insolvenzrecht, S. 27
[296] Grabitz/Hilf(-Ress/Ukrow), EUV/EGV, Art. 56, Rdn. 66
[297] Kieninger, Wettbewerb der Privatrechtsordnungen im Europäischen Binnenmarkt, S. 348; Seif, Rezension, RabelsZ 62 (1998), 528 (532)
[298] im Ergebnis: Gebauer/Wiedmann, Zivilrecht unter europäischem Einfluss, Kap. 2, Rdn. 97; vgl. auch: v. Wilmowsky, Europäisches Kreditsicherungsrecht, S. 296 f.
[299] MünchKomm/Kindler, BGB, Internationales Wirtschaftsrecht, IntInsR, Rdn. 43 m.w.N.
[300] Liersch, Sicherungsrechte im internationalen Insolvenzrecht (2001), S. 39 ff., S. 51 ff.; MünchKomm/Reinhart, InsO, Art. 102 EGInsO, Anh. I, Art. 5 EuInsVO, Rdn. 2

2. Rechtfertigung durch zwingende Erfordernisse

Für die oben dargestellten, der Unternehmensbeleihung entgegenstehenden und daher als Beschränkungen des Kapitalverkehrs nach Art. 56 EGV zu qualifizierenden Normen des deutschen internationalen Privatrechts kommt jedoch eine Rechtfertigung durch zwingende Erfordernisse des Allgemeininteresses in Betracht.[301] Die Eingangsvoraussetzungen für eine solche Rechtfertigung liegen vor, denn das internationale Sachen-, Forderungs- und Immaterialgüterrecht ist – bis auf einige spezielle Regelungen[302] – nicht Gegenstand gemeinschaftsweiter Harmonisierung geworden; nur abschließende Regelungen auf Gemeinschaftsebene entfalten aber völlige Sperrwirkung für mitgliedstaatliche Regelungen.[303] Ferner stellen die zur Überprüfung anstehenden deutschen Kollisionsnormen keine offenen oder verdeckten Diskriminierungen dar; vielmehr wird durch sie der innerstaatliche und grenzüberschreitende Kapitaltransfer gleichbehandelt und parteiautonome Rechtswahl auch in Bezug auf rein innerstaatliche Transaktionen ausgeschlossen.

a. Unabdingbare Anknüpfung an das Belegenheitsstatut

Ob die unabdingbare Anknüpfung von Verfügungen über Sachen an das Lageortstatut durch zwingende Erfordernisse des Allgemeininteresses gerechtfertigt ist, ist umstritten.

Für eine Rechtfertigung der Situs-Regel sprechen die oben zur Rechtfertigung von Typenzwang und Typenfixierung angeführten Gründe, denn die Situs-Regel verhilft den deutschen Sachenrechtstypen auch auf internationaler Ebene zur Geltung. Art. 43 Abs. 1 EGBGB könnte somit als das kollisionsrechtliche Pendant zum innerstaatlichen Grundsatz des numerus clausus der Sachenrechte angesehen werden.

Allerdings wird die Auffassung vertreten, dass der Schutz des Rechtsverkehrs durch Typenzwang und Typenfixierung zwar die mangelnde Drittwirkung von Rechtsfiguren, welche privatautonomer Rechtsschöpfung entspringen, legitimiert, nicht aber das Verbot der Verwendung von in den verschiedenen Rechtsordnungen des Binnenmarktes zur Verfügung gestellten Rechtsinstituten

---

[301] EuGH, 20. 2. 1979, Rs. 120/78, *Rewe / Bundesmonopolverwaltung für Branntwein (Cassis de Dijon)*, Slg. 1979, 649; 3. 2. 1993, Rs. C-148/91, *Veronica*, Slg. 1993, I-487

[302] vgl. Artt. 4 Abs. 2 lit. i, 5 EuInsVO

[303] Groeben/Schwarze(-Leible), EUV/EGV, Art. 28, Rdn. 198

rechtfertigt.[304] Inhalt und Wirkung eines Rechtsinstituts einer anderen Rechtsordnung lassen sich in der Tat im Gegensatz zu einer privatautonom geschaffenen Rechtsfigur zuverlässig in Erfahrung bringen. Den durch das interne Recht verfolgten Schutzzielen soll im Rahmen dieser Auffassung durch gewisse Sonderanknüpfungen, etwa dem Interesse des Verkehrsschutzes durch eine zwingende Anknüpfung von Publizitätsanforderungen an das Lageortrecht, in ausreichender Weise Rechnung getragen werden; die interne Gläubigerordnung wird nicht als zwingendes Erfordernis des Allgemeininteresses anerkannt, da Kreditgeber im Wettbewerb untereinander um die effektivste Beleihung stünden.[305]

Nach anderer Auffassung soll die Situs-Regel durch zwingende Erfordernisse des Allgemeininteresses gerechtfertigt sein, indem sie die innerstaatliche Güter- und Gläubigerordnung, insbesondere durch eine Festsetzung von Rangfolge und Inhalt von erga omnes wirkenden Rechten,[306] vor einer Disposition mittels Rechtswahl bewahrt und die Teilnehmer am Rechtsverkehr in ihrem Vertrauen auf diese Ordnung schützt.[307] Das Interesse der Ermittelbarkeit von Art und Umfang der an einer Sache bestehenden Rechte erfordere die Anwendung des Belegenheitsrechts,[308] da der Ort der Belegenheit einer Sache im Allgemeinen das einzig für Dritte erkennbare Anknüpfungsmoment sei.[309] Letztlich sei die hierdurch vermittelte Rechtssicherheit unerlässlich für das Funktionieren des Rechtsverkehrs und den Einsatz von Sachen – und damit auch von Sachkapital – als Objekten des Rechtsverkehrs.[310]

---

[304] Wolf, WM 1990, 1941 (1950 f.); ders., Sachenrecht, § 2, I, Rdn. 23; vgl. zur Parallelproblematik des sachenrechtlichen Statutenwechsels: Staudinger/Stoll, BGB, IntSR, Rdn. 358

[305] Derleder/Knops/Bamberger(-v. Wilmowsky), Handbuch zum deutschen und europäischen Bankrecht, § 62, Rdn. 11 f.; v. Wilmowsky, Europäisches Kreditsicherungsrecht, S. 122 ff., 171 ff.

[306] so auch: Staudinger/Stoll, BGB, IntSR, Rdn. 295, 300–302

[307] Kieninger, Mobiliarsicherheiten im Europäischen Binnenmarkt, S. 167, 173 f.

[308] Kieninger, Mobiliarsicherheiten im Europäischen Binnenmarkt, S. 31, 173; MünchKomm/Wendehorst, BGB, IPR, Art. 43 EGBGB, Rdn. 4; Kropholler, IPR, S. 447 f.

[309] Kieninger, Mobiliarsicherheiten im Europäischen Binnenmarkt, S. 167, 173; MünchKomm/Wendehorst, BGB, IPR, Art. 43 EGBGB, Rdn. 4

[310] Kieninger, Mobiliarsicherheiten im Europäischen Binnenmarkt, S. 173 f.; vgl. auch: Basedow, RabelsZ 59 (1995), 1 (44 f.)

b. Unabdingbare Anknüpfung an das Forderungsstatut

Während die deutsche Rechtsordnung die parteiautonome Rechtswahl in Bezug auf Verfügungen über Forderungen ausschließt,[311] wird hierfür in den meisten anderen Vertragsstaaten des EVÜ die in Art. 12 Abs. 1 EVÜ eröffnete Rechtswahl in gleicher Weise wie in Bezug auf diesbezügliche Verpflichtungsgeschäfte zugelassen; dies ergibt sich insbesondere aus der mangelnden Geltung des Abstraktionsprinzips in den betreffenden Rechtsordnungen.[312]

Auch im deutschen Schrifttum wird für die Parteiautonomie in Bezug auf Verfügungen über Forderungen mittels Anwendung des Art. 33 Abs. 1 EGBGB eingetreten.[313] Dabei wird auch vorgebracht, die zwingende Anknüpfung von Verfügungen über Forderungen an das Forderungsstatut sei weder zum Schutz des Schuldners[314] – welchem durch die Sonderanknüpfungen in Art. 33 Abs. 2 EGBGB ausreichend gedient sei – noch zum Schutz von Gläubigern des Schuldners[315] erforderlich. Während an einer Verfügung über eine Sache Unbeteiligte das hierauf anwendbare Recht nach Art. 43 Abs. 1 EGBGB aufgrund deren Belegenheit leicht erkennen können, haben außenstehende Gläubiger eines Zedenten schon keine Handhabe, das betreffende Forderungsstatut in Erfahrung zu bringen; insbesondere bleiben sie im Unklaren über eine Rechtswahl, die der Zedent mit seinem Schuldner nach Art. 27 EGBGB getroffen hat; dann könne sie auch eine Rechtswahl in Bezug auf das Zessionsstatut zwischen Zedent und Zessionar nicht weiter beeinträchtigen.[316] Demgegenüber ist allerdings zu beachten, dass sachrechtliche Regelungen des Forderungsstatuts, welche die Unwirksamkeit von zur anfänglichen Übersicherung führenden Sicherungsabtretungen normieren, durchaus gläubigerschützende Funktion haben können.[317]

---

311 vgl. oben: C.II.1

312 Staudinger/Hausmann, BGB, Art. 33 EGBGB, Rdn. 14 ff.; v. Wilmowsky, Europäisches Kreditsicherungsrecht, S. 395; vgl. zum englischen Recht auch: Derleder/Knops/Bamberger (-v. Wilmowsky), Handbuch zum deutschen und europäischen Bankrecht, § 62, Rdn. 13; Kieninger, RabelsZ 62 (1998), 678 (695 f.)

313 Staudinger/Hausmann, BGB, Art. 33 EGBGB, Rdn. 16 ff, 40 ff.

314 Staudinger/Hausmann, BGB, Art. 33 EGBGB, Rdn. 29; v. Wilmowsky, Europäisches Kreditsicherungsrecht, S. 411 f.

315 Staudinger/Hausmann, BGB, Art. 33 EGBGB, Rdn. 29

316 v. Wilmowsky, Europäisches Kreditsicherungsrecht, S. 413; Kieninger, RabelsZ 62 (1998), 678 (687 ff.); Staudinger/Hausmann, BGB, Art. 33 EGBGB, Rdn. 29

317 Staudinger/Stoll, BGB, IntSR, Rdn. 347; BGHZ 19, 12 (18); 105, 112; Staudinger/Busche, BGB, § 398, Rdn. 53; Larenz/Wolf, BGB AT, § 41, Rdn. 32 f., 35

Es steht somit auch in Bezug auf das Forderungskollisionsrecht in Frage, ob die unabdingbare Anknüpfung an das Forderungsstatut durch zwingende Erfordernisse des Allgemeininteresses, insbesondere die Güter- und Gläubigerordnung oder den Schutz des Rechtsverkehrs, gerechtfertigt ist.[318]

c. Unabdingbare Anknüpfung an das Schutzstatut

Die Beleihung von Immaterialgüterrechten nach deutschem Recht ist formlos möglich.[319] Ob ein Pfandrecht nach deutschem Recht an einem gewerblichen Schutzrecht besteht, ist somit für Außenstehende ebenso wenig erkennbar wie eine Belastung mit einer fremden Unternehmenshypothek. Daher erscheint fraglich, ob die Anwendung der lex loci protectionis auf Verfügungen über deutschem Recht unterliegende Immaterialgüterrechte notwendig ist, um dem Schutz von Gläubigern des Sicherungsgebers als zwingendem Erfordernis des Allgemeininteresses Rechnung zu tragen.

3. Ergebnis

Der grenzüberschreitenden Unternehmensbeleihung entgegenstehende deutsche Kollisionsnormen stellen Beschränkungen des Kapitalverkehrs im Sinne von Art. 56 EGV dar, nicht aber die Bestimmungen der Europäischen Insolvenzverordnung.

V. Grundfreiheitsbeschränkende Auswirkung deutscher Normen in Bezug auf Rechtsinstitute anderer Mitgliedstaaten

Der umstrittenen Frage, ob die einer Rechtswahl im Rahmen grundfreiheitlich geschützter Tätigkeit entgegenstehenden deutschen Kollisionsnormen durch zwingende Erfordernisse des Allgemeininteresses gerechtfertigt sind, kommt allerdings in Bezug auf die Unternehmensbeleihung nur dann Relevanz zu, wenn der Einsatz des Unternehmens als produktiver Wirtschaftseinheit in anderen Rechtsordnungen eröffnet wird. Andernfalls könnte auch mittels einer

[318] grundsätzlich verneinend: v. Wilmowsky, Europäisches Kreditsicherungsrecht, S. 5, 394 ff.
[319] vgl. oben: A.I.1

Rechtswahl die grenzüberschreitende Unternehmensbeleihung nicht bewerkstelligt werden.

Es sind somit die englische *floating charge*, das französische *nantissement du fonds* und die schwedische *företagsinteckning*, mithin die als Unternehmenshypotheken bezeichneten Rechtsinstitute, die auch für andere Rechtsordnungen als Vorbild fungiert haben, darauf zu untersuchen, ob sie den Einsatz des Unternehmens als operativer Wirtschaftseinheit ermöglichen und somit einen Anreiz zu einer Kreditgewährung über den Zerschlagungswert der beliehenen Unternehmensaktiva hinaus bzw. zu gegenüber der Einzelbeleihung der Unternehmensaktiva günstigeren Konditionen bieten.

Dritter Teil:

Die Unternehmensbeleihung in der französischen Rechtsordnung

An anderer Stelle ist gezeigt worden, dass Sicherungsrechten an Unternehmen das Potential zukommt, einen Anreiz zur Kreditgewährung zu günstigeren Konditionen im Vergleich zur Verwendung von Einzelsicherungsrechten zu schaffen.[320] Es ist zu untersuchen, ob diese Eigenschaft vom *nantissement du fonds* der französischen Rechtsordnung erfüllt wird.

Wie im deutschen Recht können auch in der französischen Rechtsordnung Grundpfandrechte nur in begrenztem Ausmaß zur Unternehmensbeleihung eingesetzt werden. Auch nach französischem Recht können zwar wirtschaftliche Einheiten aus Betriebsgrundstück und auf dem Grundstück befindlicher, diesem dienender Fahrnis nach Art. 2118 Nr. 1 i.V.m. Art. 524 C.civ. sowie mit dem Grundstück dauerhaft verbundener ehemaliger Fahrnis nach Art. 2118 Nr. 1 i.V.m. Artt. 524 Abs. 3, 525 C.civ. mittels der Hypothek (*hypothèque immobilière*) einheitlich beliehen werden.[321] Andere einem Betriebsgrundstück ebenfalls dienende Vermögenswerte gehören jedoch nicht zu deren Haftungsverband. Mittels der französischen Hypothek kann eine umfassende Unternehmensbeleihung im Regelfall somit ebenso wenig bewerkstelligt werden, wie mittels eines deutschen Grundpfandrechts.

Allerdings eröffnet die französische Rechtsordnung mit dem *nantissement du fonds de commerce* (auch: „*nantissement du fonds*“) die Verpfändung des mit dem Handelsgeschäft vergleichbaren[322] *fonds de commerce.* Das in der Praxis geschaffene[323] Rechtsinstitut des *nantissement du fonds* fand bereits Mitte des 19. Jahrhunderts weite Verbreitung, und zwar zuförderst als Sicherungsrecht an

[320] vgl. oben: Erster Teil, B

[321] Ferid/Sonnenberger, Das Französische Zivilrecht, Bd. 2 (1986), Rdn. 3 D 343, Rdn. 3 D 356 ff.

[322] Koch, Der Fonds de commerce (1996), S. 142; Stief, Die Verpfändbarkeit des Unternehmens im deutschen, französischen und englischen Recht (1940), S. 17

[323] Ripert/Roblot(-Vogel), Traité de Droit Commercial, Tome 1, Volume 1 : Commerçants, Tribunaux de commerce, Fonds de commerce, Propriété industrielle, Concurrence (droit communautaire et français), (2001), Nr. 551; Reinhard/Chazal, Droit commercial (2001), Nr. 476

einer wachsenden Zahl[324] von einzelkaufmännisch betriebenen Detailgeschäften,[325] welche seit dieser Zeit zunehmender Konkurrenz der Kaufhäuser von Großunternehmen ausgesetzt waren.[326]

So war das Kreditbedürfnis von kleinen Unternehmen, welche über keine Grundstücke und auch sonst wenig Vermögen verfügten, auch das zentrale Anliegen der Kodifikation des *nantissement du fonds*[327] durch das Gesetz betreffend den Verkauf und die Verpfändung der *fonds de commerce* vom 17. März 1909.[328] Die wesentlichen Bestimmungen dieses Gesetzes finden sich nunmehr im Vierten Teil des Ersten Buches des französischen Handelsgesetzbuches (*Code de commerce*).[329] Aufgrund des mit der Kodifikation des *nantissement du fonds* verfolgten Zieles wird auch die Funktion dieses Rechtsinstituts in der deutschen Literatur in der Beleihung des Unternehmens – als einer über den Wert der Summe der einzelnen Unternehmensaktiva hinausgehenden wirtschaftlichen Einheit – aufgefasst.[330] Die Verkehrsfähigkeit des *fonds de commerce* war auch tatsächlich von großem wirtschaftlichen Nutzen für die Inhaber von kleinen Unternehmen.[331]

---

[324] Koch, Der Fonds de commerce, S. 40

[325] Koch, Der Fonds de commerce, S. 60; Fargeaud, Le gage sans dépossession comme instrument de crédit et le marché commun (1963), Nr. 12

[326] Koch, Der Fonds de commerce, S. 42–46

[327] Kunzler, Das Nantissement du Fonds de Commerce (1960), S. 35 f.; Koch, Der Fonds de commerce, S. 58 f.

[328] Gesetz vom 17. 3. 1909 „Loi relative à la vente et au nantissement des fonds de commerce"; abgedruckt und übersetzt ins Deutsche bei: Koch, Der Fonds de commerce, S. 217–249

[329] Artt. L. 141-1 – L. 144-13 C.com.; für eine umfassende Darstellung der den *fonds de commerce* betreffenden Rechtsnormen: Reygrobellet, Fonds de Commerce (2005), Nr. 01.00 – 01.23

[330] Wolf, Privates Bankvertragsrecht im EG-Binnenmarkt: Auswirkungen der II. EG-Bankrechts-Richtlinie auf privatrechtliche Bankgeschäfte, WM 1990, 1941 (1950); Hübner, Internationalprivatrechtliche Probleme der Anerkennung und Substitution bei globalen Sicherungsrechten an Unternehmen, FS Pleyer (1986), 41 (41 f.); v. Wilmowsky, Europäisches Kreditsicherungsrecht (1996), S. 129; Stief, Die Verpfändbarkeit des Unternehmens im deutschen, französischen und englischen Recht, S. 124

[331] Guyon, Droit des Affaires, Tome 1 : Droit commercial général et Sociétés (2003), Nr. 643, S. 700 f. ; Koch, Der Fonds de commerce, S. 49, 59

A. Für die Bestellung eines nantissement du fonds qualifizierte Unternehmen

Der Kreis der Unternehmen, welchen die französische Rechtsordnung die Bestellung des Rechtsinstitut des *nantissement du fonds* eröffnet, ist allerdings begrenzt.

I. Der fonds de commerce kaufmännischer Unternehmen als Beleihungsobjekt

Der *fonds de commerce* ist eine einheitlichen Regelungen unterworfene, vom Wechsel seiner Bestandteile unabhängige[332] Gesamtheit aus Fahrnis und Rechten, die zum Betrieb eines privaten kaufmännischen Unternehmens eingesetzt werden und deren Verwendung zum Vorhandensein einer Kundschaft führt.[333] Das Bezugsobjekt des *nantissement du fonds*, der *fonds de commerce*, setzt ein kaufmännisches Unternehmen voraus;[334] der Inhaber eines *fonds de commerce* muss mithin Kaufmann nach Art. 1 C.com. sein.[335] Dazu muss er regelmäßig Handelsgeschäfte im Sinne von Art. L 110-1 C.com. tätigen.[336] Die Rechtsform, in welcher ein Unternehmen geführt wird, ist demgegenüber für das Vorliegen eines *fonds de commerce* nicht entscheidend.[337] Dasselbe gilt für die Größe des Unternehmens, ungeachtet des Umstandes, dass die Beleihung des *fonds de commerce* im Hinblick auf das Kreditbedürfnis von kleinen Unternehmen entwickelt wurde.[338]

Dass an freiberuflichen Unternehmen[339] und ursprünglich auch handwerklichen Betrieben[340] kein die Kundschaft umfassendes Sicherungsrecht begründet wer-

---

[332] Guyon, Droit des Affaires, Tome 1, Nr. 698

[333] Koch, Der Fonds de commerce, S. 10; Sonnenberger/Dammann, Französisches Handels- und Wirtschaftsrecht (1991), Rdn. IV 5 f.; vgl. auch: Reinhard/Chazal, Droit commercial, Nr. 474 f.; Guyon, Droit des Affaires, Tome 1, Nr. 643, S. 691

[334] Mestre/Pancrazi, Droit commercial : Droit interne et aspects de droit international (2003), Nr. 488; Koch, Der Fonds de commerce, S. 10, 91; Kunzler, Das Nantissement du Fonds de Commerce, S. 31, 39

[335] Koch, Der Fonds de commerce, S. 91

[336] Koch, Der Fonds de commerce, S. 91; eingehend: Kunzler, Das Nantissement du Fonds de Commerce, S. 31–33

[337] Reinhard/Chazal, Droit commercial, Nr. 475

[338] vgl.: Guyon, Droit des Affaires, Tome 1, Nr. 689

[339] Koch, Der Fonds de commerce, S. 92

den kann bzw. konnte, hängt mit der Auffassung zusammen, die für die Existenz eines *fonds de commerce* unabdingbare[341] Kundschaft sei bei solchen Unternehmen ausschließlich das Ergebnis der Persönlichkeit des Freiberuflers bzw. Handwerkers und daher mit dessen Person untrennbar verbunden.[342] Ist die Kundschaft von der Person des Unternehmers jedoch nicht loszulösen, dann kann sie auch nicht auf einen anderen Rechtsträger übertragen werden, wie es aber der Begriff des *fonds de commerce* voraussetzt.[343] Auch bezüglich staatlicher Unternehmen kann kein *fonds de commerce* existieren, sofern solche nicht das Erfordernis der privaten Gewinnerzielung erfüllen, sondern öffentliche Aufgaben wahrnehmen.[344]

II. Der fonds artisanal als Beleihungsobjekt

In Bezug auf handwerkliche Gewerbe hat die Gesetzgebung allerdings in Anlehnung an den *fonds de commerce* einen *fonds artisanal* anerkannt, welcher Gegenstand einer Verpfändung, mithin eines *nantissement du fonds artisanal*, in entsprechender Anwendung der Bestimmungen der Artt. L. 141-1 ff. C.com. sein kann.[345]

III. Freiberufliche und landwirtschaftliche Unternehmen

In ähnlicher Weise wie die Kundschaft von Handwerksbetrieben ist die *clientèle civile*, also die durch die Ausübung freier Berufe (*professions libérales*)

---

[340] Koch, Der Fonds de commerce, S. 93

[341] Com. 31. 5. 1988; Bull.civ. IV, Nr. 180; Com. 16. 1. 1990, J.C.P. 1991, II, 21662; Koch, Der Fonds de commerce, S. 90, 185; Mestre/Pancrazi, Droit commercial, Nr. 690, 697; Reinhard/Chazal, Droit commercial, Nr. 491; Sonnenberger/Dammann, Französisches Handels- und Wirtschaftsrecht, Rdn. IV 6

[342] Reygrobellet, Fonds de Commerce, Nr. 23.42 f.; Reinhard/Chazal, Droit commercial, Nr. 338 ; Mestre/Pancrazi, Droit commercial, Nr. 38; Koch, Der Fonds de commerce, S. 92 f.

[343] Koch, Der Fonds de commerce, S. 92 f.

[344] Rennes, 8. 4. 1946, J.C.P., 1950, 2, 5443; Ripert/Roblot(-Vogel), Traité de Droit Commercial, Tome 1, Volume 1, Nr. 450; Koch, Der Fonds de commerce, S. 93; eingehend: Reygrobellet, Fonds de Commerce, Nr. 23.51 – 23.57

[345] Art. 22 des Gesetzes Nr. 96-603 vom 5. 7. 1996 „Loi relative au développement et à la promotion du commerce et de l'artisanat"; Koch, Der Fonds de commerce, S. 93; Guyon, Droit des Affaires, Tome 1, Nr. 712 a.E.

angezogene Kundschaft, Objekt des Rechtsverkehrs geworden,[346] so dass die Rechtsprechung schließlich auch Verfügungen über den *fonds libéral* anerkannt hat.[347] Rechtsnormen zur Beleihung der für die Anziehung deren Kundschaft entscheidenden Unternehmensaktiva fehlen jedoch.[348]

Auch an landwirtschaftlichen Unternehmen besteht kein *fonds de commerce*, da diese keine Handelsgeschäfte darstellen.[349] Allerdings hat der an den Begriff des *fonds de commerce* angelehnte *fonds agricole* bzw. *fonds rural* bereits Eingang in die Rechtsprechung gefunden und ist Gegenstand eines Gesetzesentwurfes zur Änderung des Code rural geworden.[350]

IV. Ergebnis

Die französische Rechtsordnung ermöglicht somit zwar keine universelle Unternehmensbeleihung, jedoch die Bestellung eines Sicherungsrechts in Bezug auf das breite und wirtschaftlich äußerst bedeutsame Spektrum kaufmännischer und handwerklicher Unternehmen.

B. Vermögensrechtliche und tatsächliche Grundlage

Neben der zuvor dargestellten Begrenzung des Anwendungsbereichs der Unternehmenshypothek auf bestimmte Arten von Unternehmen bestehen in der französischen Rechtsordnung auch Restriktionen in Bezug auf die vom Haftungsverband des *nantissement du fonds* umfassbaren Elemente des Unternehmens.

---

[346] Mestre/Pancrazi, Droit commercial, Nr. 38, 690; Reinhard/Chazal, Droit commercial, Nr. 475, 338; Reygrobellet, Fonds de Commerce, Nr. 23.44; vgl. auch: Guyon, Droit des Affaires, Tome 1, Nr. 716

[347] Cass. 1re civ., 7. 11. 2000, Bull. civ. I, Nr. 283, D. 2001, S. 2400; Cass. 1re civ., 2. 5. 2001, Bull. civ. I, Nr. 110, D. 2002, jur. S. 759; Reygrobellet, Fonds de Commerce, Nr. 23.44 – 23.48

[348] Reygrobellet, Fonds de Commerce, Nr. 23.47 f.

[349] Reygrobellet, Fonds de Commerce, Nr. 23.11

[350] Reygrobellet, Fonds de Commerce, Nr. 23.18

I. Vom nantissement du fonds umfassbare Vermögenswerte

Zum Haftungsverband des *nantissement du fonds* gehören nicht sämtliche Kategorien von Aktiva, welche in einem Unternehmen zur Wertschöpfung eingesetzt sein können. Das Vermögen eines Unternehmens kann somit selten vollständig von diesem Sicherungsrecht umfasst werden.[351]

Das liegt zum einen daran, dass schon das Bezugsobjekt dieses Sicherungsrechts, der *fonds de commerce*, nur bestimmte Unternehmensaktiva erfasst, der Begriff des *fonds de commerce* mithin enger ist als derjenige des Unternehmens (*entreprise*);[352] zum anderen werden jedoch nicht einmal die zum *fonds de commerce* gehörenden Unternehmensaktiva vollumfänglich vom *nantissement du fonds* umfasst. Für die Elemente eines handwerklichen Betriebes, welche mittels eines *nantissement du fonds artisanal* beliehen werden können, gelten die Bestimmungen über das *nantissement du fonds de commerc*e entsprechend.[353]

1. Die zum fonds de commerce gehörenden Aktiva

Voraussetzung für die Zugehörigkeit von Vermögensgegenständen eines Kaufmanns zum *fonds de commerce* ist deren Einsatz für unternehmerische Zwecke; der *fonds de commerce* ist eine durch die gemeinsame Verwendung vereinigte Gesamtheit von Vermögensgegenständen; im Vermögen eines Kaufmanns befindliche Aktiva, die dessen privaten Zwecken dienen, werden vom *fonds de commerce* demgegenüber nicht erfasst.[354]

a. Ausgeschlossene Unternehmensaktiva

Ohne Rücksicht auf ihre Verwendung innerhalb eines Unternehmens gehören bestimmte Kategorien von Aktiva jedoch nicht zum *fonds de commerce.*

---

351 vgl.: Mestre/Pancrazi, Droit commercial, Nr. 734; Reinhard/Chazal, Droit commercial, Nr. 481, 511

352 vgl.: Reinhard/Chazal, Droit commercial, Nr. 478; Paillusseau/Caussain/Lazarski/Peyramaure, La Cession d'Entreprise (1993), Nr. 7

353 Art. 22 Abs. 3 des Gesetzes Nr. 96-603 vom 5. 7. 1996 „Loi relative au développement et à la promotion du commerce et de l'artisanat“

354 vgl.: Reinhard/Chazal, Droit commercial, Nr. 474, 482 f.; Guyon, Droit des Affaires, Tome 1, Nr. 643, 644 a.E.; Guyénot, Le Fonds de Commerce (1969), Nr. 26

aa. Immobiliarvermögen

So können unbewegliche Sachen vom *fonds de commerce* nicht umfasst werden.[355] Als „unbewegliche Sachen kraft Bestimmung" (*immeubles par destination*) nach Art. 524 C.civ. sind ferner Gegenstände, die der Grundeigentümer auf sein Grundstück für dessen Nutzung verbracht oder dauerhaft mit dem Grundstück verbunden hat,[356] nicht Bestandteile des *fonds de commerce*.[357] Dass unbewegliches Vermögen von der Sach- und Rechtsgesamtheit des *fonds de commerce* nicht umfasst wird, ergibt sich aus der dogmatischen Einordnung des Letzteren als einer Gesamtheit von Werten, die dem Recht der Mobilien, nicht den zwingenden Vorschriften über Verfügungen über Immobilien,[358] unterliegt.[359] Ähnliche zwingende sachenrechtliche Sondervorschriften, gelten auch für Seeschiffe,[360] Binnenschiffe[361] und Luftfahrzeuge.[362] Derartige Fahrnis kann somit ebenfalls nicht Bestandteil eines *fonds de commerce* sein.

bb. Forderungen

Trotz ihres Einsatzes innerhalb eines Unternehmens sind auch Forderungen grundsätzlich von der Zugehörigkeit zum *fonds de commerce* ausgeschlossen; der Erwerb eines *fonds de commerce* zieht im Prinzip weder den Übergang von Schulden noch von Forderungen des Gewerbetreibenden und somit auch nicht von Vertragsverhältnisse nach sich.[363] Der grundsätzliche Ausschluss von For-

---

355 Cass.com., 14. 10. 1965, Bull.civ. IV, Nr. 499; Civ., 21. 7. 1937, D.P. 1940, I, 17; Mestre/Pancrazi, Droit commercial, Nr. 694; Reinhard/Chazal, Droit commercial, Nr. 499, 508–511; Koch, Der Fonds de commerce, S. 84–86

356 vgl.: Artt. 524 Abs. 3, 525 C.civ.

357 Civ. 1re, 4. 1. 1962, Bull.civ. I, Nr. 284; Reygrobellet, Fonds de Commerce, Nr. 17.43; Ripert/Roblot(-Vogel), Traité de Droit Commercial, Tome 1, Volume 1, Nr. 458; Mestre/Pancrazi, Droit commercial, Nr. 694; Koch, Der Fonds de commerce, S. 84 f.; Sonnenberger/Dammann, Französisches Handels- und Wirtschaftsrecht, Rdn. IV 14; Kunzler, Das Nantissement du Fonds de Commerce, S. 48, 96; vgl. auch: Reinhard/Chazal, Droit commercial, Nr. 508–510

358 vgl. in Bezug auf die Verwertung von Grundstücken: Ferid/Sonnenberger, Das Französische Zivilrecht, Bd. 2, Rdn. 3 D 431, S. 757

359 Guyon, Droit des Affaires, Tome 1, Nr. 699; Reinhard/Chazal, Droit commercial, Nr. 499, 507; Koch, Der Fonds de commerce, S. 84; Kunzler, Das Nantissement du Fonds de Commerce, S. 24

360 Artt. 10, 43–57 des Gesetzes Nr. 67-5 vom 3. 1. 1967 („Loi relative au statut des navires et autres bâtiments de mer")

361 Artt. 78 ff. Code du domaine public fluvial et de la navigation intérieure

362 Artt. L. 121-1 ff. Code de l'aviation civile

363 C.A. Paris, 19. 6. 1991, D. 1992, Som. 388; Koch, Der Fonds de commerce, S. 87; Mestre/Pancrazi, Droit commercial, Nr. 556-1, Nr. 560, S. 392; Guyon, Droit des Affaires,

derungen und Schulden aus der Sach- und Rechtsgesamtheit des *fonds de commerce* liegt darin begründet, dass der *fonds de commerce* lediglich eine tatsächliche Gesamtheit von Werten (*universalité de fait*), jedoch kein Sondervermögen (*universalité de droit*) darstellt,[364] so dass Berechtigter und Verpflichteter von Forderungen nicht der *fonds de commerce* selbst, sondern allein dessen Inhaber sein kann.

cc. Handelsbücher, Geschäftskorrespondenz

Aus Art. L. 141-2 C.com. folgt, dass auch Geschäftsbücher (*livres de comptabilité*) nicht vom *fonds de commerce* umfasst sind.[365] Der Wert, den Geschäftsbücher für den Betrieb eines Unternehmens haben, kann jedoch insofern in den *fonds de commerce* einbezogen werden, als der Veräußerer eines *fonds de commerce* verpflichtet ist, dessen Erwerber Einsicht in diejenigen Bücher zu gewähren, welche die der Veräußerung vorangehenden drei Jahre betreffen.[366] In Bezug auf Geschäftskorrespondenz ist die Rechtslage demgegenüber nicht eindeutig.[367] Diese wird nicht als Bestandteil des *fonds de commerce* eingeordnet.[368] Jedoch soll nach einer Ansicht die vorgenannte Vorschrift hierauf entsprechend zur Anwendung kommen.[369] Nach anderer Auffassung soll demgegenüber aus Art. L. 141-2 C.com. e contrario zu schießen sein, dass dem Verfügungsempfänger keinerlei Recht auf Einsichtnahme in Geschäftskorrespondenz zukommt.[370] Allerdigs besteht die Literaturmeinung, die ein kaufmännisches Unternehmen betreffende Geschäftskorrespondenz geröre dessen jeweiligem

---

Tome 1, Nr. 698; Reinhard/Chazal, Droit commercial, Nr. 500; Sonnenberger/Dammann, Französisches Handels- und Wirtschaftsrecht, Rdn. IV 9, S. 199

364 Guyon, Droit des Affaires, Tome 1, Nr. 698; Reinhard/Chazal, Droit commercial, Nr. 500; Koch, Der Fonds de commerce, S. 87; Mestre/Pancrazi, Droit commercial, Nr. 698 a.E.; Kunzler, Das Nantissement du Fonds de Commerce, S. 27

365 Reygrobellet, Fonds de Commerce, Nr. 17.105, 17.181, 62.215; vgl. auch: Sonnenberger/ Dammann, Französisches Handels- und Wirtschaftsrecht, Rdn. IV 15; Lacher, Der Verkauf von Handelsgeschäft und fonds de commerce (1968), S. 21; Stief, Die Verpfändbarkeit des Unternehmens im deutschen, französischen und englischen Recht, S. 34

366 Art. L. 141-2 C.com.; Reygrobellet, Fonds de Commerce, Nr. 17.105; 62.386; Mestre/Pancrazi, Droit commercial, Nr. 758; Lacher, Der Verkauf von Handelsgeschäft und fonds de commerce, S. 21; vgl. auch: Stief, Die Verpfändbarkeit des Unternehmens im deutschen, französischen und englischen Recht, S. 34

367 Sonnenberger/Dammann, Französisches Handels- und Wirtschaftsrecht, Rdn. IV 15

368 Reygrobellet, Fonds de Commerce, Nr. 17.182, 62.215

369 Lacher, Der Verkauf von Handelsgeschäft und fonds de commerce, S. 21; Stief, Die Verpfändbarkeit des Unternehmens im deutschen, französischen und englischen Recht, S. 34

370 Reygrobellet, Fonds de Commerce, Nr. 17.182

Inhaber.[371] Demnach würde sie, soweit noch im Zeitpunkt der Verwertung eines beliehenen *fonds de commerce* vorhanden, auf dessen Erwerber übergehen.

b. Verbleibende Unternehmensaktiva

Ihre Zugehörigkeit zum *fonds de commerce* ergibt sich für eine umfangreiche Gruppe von Unternehmensaktiva aus den Bestimmungen der Artt. L. 141-1 – L. 144-13 C.com.[372] Das gilt für das Geschäftsmobiliar (*mobilier commercial*),[373] die Betriebseinrichtung (*le matériel ou l'outillage servant à l'exploitation du fonds*),[374] für den Umlauf bestimmte Waren (*marchandises*),[375] die Firma (*nom commercial*),[376] das Firmenzeichen (*enseigne*),[377] Patente (*brevets d'invention*), Marken (*marques*), Rechte an Mustern und Modellen (*dessins et modèles industriels*), und Urheberrechte (*droits de propriété industrielle, artistique ou littéraire*).[378]

Allerdings können auch Kategorien von Unternehmensaktiva, die in dieser Norm keine Erwähnung finden, Bestandteile des *fonds de commerce* sein; eine abschließende Aufzählung der möglichen Elemente eines *fonds de commerce* ist in keinerlei gesetzlicher Regelung enthalten.[379] Behördliche Genehmigungen (*licences, agréments, autorisations administratives*) können somit vom *fonds de commerce* umfasst sein, unter der Voraussetzung, dass sie in Hinblick auf das betriebene Handelsgeschäft und nicht in Hinblick auf die Person des Unternehmers erteilt wurden.[380] Ebenso sind Kundenlisten[381] Bestandteil eines *fonds de commerce.*

---

[371] Nachweise bei: Reygrobellet, Fonds de Commerce, Nr. 17.182

[372] Koch, Der Fonds de commerce, S. 71; Kunzler, Das Nantissement du Fonds de Commerce, S. 15 f., 20-22

[373] Art. L. 142-2 Abs. 1 C.com.

[374] Art. L. 142-2 Abs. 1 C.com.; Geschäftsmobiliar und Betriebseinrichtung werden etwa in Artt. L. 142-5 Abs. 3, Abs. 4, 143-10 Abs. 2, 143-13, 143-15 C.com. zusammenfassend als „matériel" bezeichnet (Kunzler, Das Nantissement du Fonds de Commerce, S. 15; Koch, Der Fonds de commerce, S. 82).

[375] Art. L. 141-5 Abs. 3 C.com.

[376] Artt. L. 141-5 Abs. 2, 142-2 Abs. 1, Abs. 3 C.com.

[377] Artt. L. 141-5 Abs. 2, 142-2 Abs. 1, Abs. 3 C.com.

[378] Art. L. 142-2 Abs. 1 C.com.

[379] Reinhard/Chazal, Droit commercial, Nr. 484; Guyon, Droit des Affaires, Tome 1, Nr. 695, S. 745; Kunzler, Das Nantissement du Fonds de Commerce, S. 15

[380] Req., 14. 6. 1926, S. 1927, I, 266; Civ. 3^{e}, 14. 12. 1971, Bull.civ. III; Nr. 628; C.A. Limoges, 24. 5. 1993, Rev.trim.dr.com. 1994, S. 38; Mestre/Pancrazi, Droit commercial,

c. Ausnahmefälle von zum fonds de commerce gehörenden Forderungen

Kraft besonderer gesetzlicher Regelungen in Artt. L. 141-1 – L. 144-13 C.com. sind ausnahmsweise auch bestimmte Forderungen Bestandteil des *fonds de commerce*.[382] Der Grundsatz, dass Forderungen des Inhabers des *fonds de commerce* hiervon nicht umfasst sind, wird weiter durch Regelungen außerhalb des französischen Handelsgesetzbuches aufgeweicht, wonach bestimmte Vertragsverhältnisse an den *fonds de commerce* gebunden sind; infolgedessen können an den *fonds de commerce* auch bestimmte Schulden gebunden sein.[383]

aa. Mietverhältnis bezüglich Gewerberaum

So wird das Recht des Unternehmers auf den Geschäftsraummietvertrag (*droit au bail*) vom *fonds de commerce* erfasst.[384] Diesem Recht kommt in der Praxis außerordentliche Bedeutung zu, da in Frankreich die überwiegende Zahl von kaufmännischen Unternehmen auf fremdem Grund betrieben wird[385] und da die Rechte von gewerblichen Mietern in der französischen Rechtsordnung ausgesprochen günstig ausgestaltet sind, insbesondere einen Anspruch des Mieters auf Vertragsverlängerung beinhalten, so dass das Recht auf den Mietvertrag regelmäßig den wertvollsten Bestandteil eines *fonds de commerce* darstellt.[386] Der den *fonds de commerce* im Rahmen dessen Verwertung Erwerbende kann somit den Geschäftsraumietvertrag anstelle des Sicherungsgebers fortführen.[387]

bb. Lizenzen

Aber auch Lizenzen (*licences; licences d'exploitation*)[388] – mithin Forderungen auf Gestattung der Verwendung von Immaterialgüterrechten, wie Patentrech-

---

Nr. 690, S. 488; Reinhard/Chazal, Droit commercial, Nr. 498; Guyon, Droit des Affaires, Tome 1, Nr. 695, S. 746; Koch, Der Fonds de commerce, S. 77

[381] Norton Rose/Gdanski, Cross-Border Security (2000), France, S. 88

[382] Koch, Der Fonds de commerce, S. 87; Reinhard/Chazal, Droit commercial, Nr. 501

[383] Reinhard/Chazal, Droit commercial, Nr. 501–506; Reygrobellet, Fonds de Commerce, Nr. 17.121 - 17.155; Koch, Der Fonds de commerce, S. 88

[384] Artt. L. 141-5 Abs. 2, L. 142-2 Abs. 1, Abs. 3 C.com.; Mestre/Pancrazi, Droit commercial, Nr. 692; Koch, Der Fonds de commerce, S. 87

[385] Guyon, Droit des Affaires, Tome 1, Nr. 644, 646; Koch, Der Fonds de commerce, S. 78; vgl. auch: Mestre/Pancrazi, Droit commercial, Nr. 692

[386] Mestre/Pancrazi, Droit commercial, Nr. 692, 716 ff.; Koch, Der Fonds de commerce, S. 66, 78–82; Kunzler, Das Nantissement du Fonds de Commerce, S. 23, 47

[387] Guyon, Droit des Affaires, Tome 1, Nr. 646, S. 706

[388] Art. L. 142-2 Abs. 1 C.com.

ten,[389] Rechten an Mustern und Modellen[390] oder Marken[391] gegen deren Inhaber – sind vom *fonds de commerce* umfasst.[392]

cc. Forderungen gegen Arbeitnehmer – im Rahmen des Übergangs von Arbeitsverhältnissen mit dem fonds de commerce

Arbeitsverhältnisse sind nach Art. L. 122-12 Abs. 2 C.trav. an den *fonds de commerce* gebunden und gehen mit diesem über.[393] Forderungen auf Arbeitsleistung stehen somit dem jeweiligen Inhaber des *fonds de commerce*, mithin auch dessen Erwerber im Rahmen dessen Verwertung zu.

dd. Forderungen aus Versicherungsverträgen

Versicherungsverträge betreffend den *fonds de commerce* gehen zusammen mit dem versicherten Gegenstand auf dessen neuen Eigentümer über,[394] so dass der Erwerber eines *fonds de commerce* in Bezug auf die Versicherungsprämie berechtigt ist.[395]

ee. Vertragliche Forderungen auf Unterlassen von Wettbewerb

Die zugunsten des Inhabers eines *fonds de commerce* mit dessen Angestellten bzw. mit dem Vorinhaber des *fonds de commerce* vereinbarten Wettbewerbsverbote entfalten ihre Wirkung zugunsten jedes nachfolgenden Inhabers des *fonds de commerce*; auch der Ersteigerer eines *fonds de commerce* ist somit In-

---

[389] vgl.: Ripert/Roblot(-Vogel), Traité de Droit Commercial, Tome 1, Volume 1, Nr. 664 f.; Schmidt-Szalewski/Pierre, Droit de la propriété industrielle (2003), Nr. 251–270

[390] vgl.: Schmidt-Szalewski/Pierre, Droit de la propriété industrielle, Nr. 395–404

[391] vgl.: Ripert/Roblot(-Vogel), Traité de Droit Commercial, Tome 1, Volume 1, Nr. 701; Schmidt-Szalewski/Pierre, Droit de la propriété industrielle, Nr. 581–598

[392] Nach allgemeiner Auffassung sind unter dem Begriff „*licences*" in Art. L. 142-2 Abs. 1 C.com. keine behördlichen Genehmigungen zu verstehen (Mestre/Pancrazi, Droit commercial, Nr. 693; Reinhard/Chazal, Droit commercial, Nr. 498; Guyon, Droit des Affaires, Tome 1, Nr. 645, 695), so dass hiermit nur auf Lizenzen im Sinne des Zivilrechts Bezug genommen sein kann (vgl.: Reygrobellet, Fonds de Commerce, Nr. 14.61; Sonnenberger/Dammann, Französisches Handels- und Wirtschaftsrecht, Rdn. IV 4; Koch, Der Fonds de commerce, S. 71).

[393] Mestre/Pancrazi, Droit commercial, Nr. 694; Reinhard/Chazal, Droit commercial, Nr. 502; Koch, Der Fonds de commerce, S. 88

[394] Art. 121-10 Code des assurances; Reinhard/Chazal, Droit commercial, Nr. 503; Reygrobellet, Fonds de Commerce, Nr. 15.56; Koch, Der Fonds de commerce, S. 88

[395] Kunzler, Das Nantissement du Fonds de Commerce, S. 60 f.

haber einer entsprechenden Forderung auf Unterlassen von Wettbewerb gegen ehemalige Mitarbeiter und Vorinhaber ungeachtet des Mangels vertraglicher Beziehungen zu diesen.[396]

ff. Forderungen aus Verlagsvertrag

Schließlich gehören Rechte aus Verlagsvertrag (*contrat d'édition*) zu den an den *fonds de commerce* gebundenen Forderungen. Diese gehen zusammen mit dem *fonds de commerce* an einem Verlagsbetrieb auf dessen Erwerber über, ohne dass es der Zustimmung des jeweiligen Verfassers bedürfte.[397]

d. Ergebnis

Zwar sind umfangreiche Aktiva Bestandteil des *fonds de commerce*, jedoch werden Unternehmensaktiva von bedeutendem Wert hiervon nicht erfasst. Das gilt neben Grundvermögen, das insbesondere bei großen Unternehmen anzutreffen ist, im Grundsatz auch für Forderungen, welche für Unternehmen jeglicher Größe bedeutsam sind. Der Umstand, dass Vertragsverhältnisse grundsätzlich an den Unternehmensträger und nicht an den *fonds de commerce* gebunden sind,[398] wird als den wirtschaftlichen Bedürfnissen zuwiderlaufend angesehen.[399]

2. Mittels nantissement du fonds beleihbare Bestandteile des fonds de commerce

Der zuvor dargestellte beschränkte Umfang der als Bestandteile des *fonds de commerce* qualifizierten Unternehmensaktiva kann wiederum von der Beleihung mittels *nantissement du fonds* nur unvollständig umfasst werden. Während nämlich keinerlei gesetzliche Regelung eine abschließende Aufzählung des möglichen Umfangs des *fonds de commerce* enthält,[400] existiert eine derartige in Art. L. 142-2 Abs. 1 C.com. für das *nantissement du fonds* als das hieran be-

---

[396] Koch, Der Fonds de commerce, S. 88 m.w.N.; Mestre/Pancrazi, Droit commercial, Nr. 694

[397] Art. 132-16 C.prop.intell.; Mestre/Pancrazi, Droit commercial, Nr. 694; Koch, Der Fonds de commerce, S. 88

[398] Mestre/Pancrazi, Droit commercial, Nr. 694

[399] Reinhard/Chazal, Droit commercial, Nr. 500; Guyon, Droit des Affaires, Tome 1, Nr. 698 a.E.

[400] vgl. oben: 1.b

stellbare Sicherungsrecht. Da für den Umlauf bestimmte Waren (*marchandises*) in dieser Aufzählung nicht enthalten sind, kann sich eine Beleihung des *fonds de commerce* auf diese nicht erstrecken.[401] Mit dieser Regelung wollte der Gesetzgeber vermeiden, dass nahezu das gesamte Vermögen eines Gewerbetreibenden zugunsten desselben Gläubigers und damit zulasten aller anderen beliehen wird.[402] Auch wird das Bedürfnis des Gewerbetreibenden, über die Waren im Geschäftsgang lastenfrei zu verfügen, als Argument für den Ausschluss deren Beleihbarkeit mittels *nantissement du fonds* angeführt.[403] Unter dem Begriff „*marchandises*" wird Fahrnis, die zum Verkauf bestimmt ist, verstanden.[404] Allerdings kann mit dieser Regelung auch für Unternehmen des Dienstleistungssektors, welche keinen Warenverkehr zum Gegenstand haben, eine Einschränkung des möglichen Sicherungsgutes einhergehen. So besteht Unklarheit bezüglich der Frage, ob gewerbsmäßig vermietete Fahrnis unter den Begriff der *marchandises* fällt.[405] Obwohl sie nicht in der Aufzählung des Art. L. 142-2 Abs. 1 C.com. Erwähnung finden, sollen auch Kundenlisten mittels *nantissement du fonds* beleihbar sein.[406] Dasselbe gilt nach der Rechtsprechung für behördliche Genehmigungen.[407]

Im gesetzlichen Regelfall wird nicht einmal das nach alledem verbleibende mittels *nantissement du fonds* beleihbare – insbesondere um Grundvermögen, Forderungen allgemeiner Art und für den Umlauf bestimmte Waren reduzierte – Unternehmensvermögen von der Unternehmensbeleihung vollständig umfasst, sondern nur die Firma, das Firmenzeichen und das Recht auf den Geschäftsraummietvertrag; die Vertragsparteien können jedoch in den Grenzen des zuvor dargestellten gesetzlich zugelassenen Höchstumfangs das Sicherungsgut an-

---

[401] Koch, Der Fonds de commerce, S. 185; Guyénot, Le Fonds de Commerce, Nr. 124

[402] Koch, Der Fonds de commerce, S. 185; Kunzler, Das Nantissement du Fonds de Commerce, S. 46; Fargeaud, Le gage sans dépossession comme instrument de crédit et le marché commun, Nr. 14; vgl. auch: Stief, Die Verpfändbarkeit des Unternehmens im deutschen, französischen und englischen Recht, S. 32, 120

[403] Reinhard/Chazal, Droit commercial, Nr. 558; Ripert/Roblot(-Vogel), Traité de Droit Commercial, Tome 1, Volume 1, Nr. 552, S. 402; Koch, Der Fonds de commerce, S. 185; Stief, Die Verpfändbarkeit des Unternehmens im deutschen, französischen und englischen Recht, S. 32 f.

[404] Reinhard/Chazal, Droit commercial, Nr. 486; Mestre/Pancrazi, Droit commercial, Nr. 696; Koch, Der Fonds de commerce, S. 83

[405] Koch, Der Fonds de commerce, S. 83, Fn. 73; vgl. auch: Reinhard/Chazal, Droit commercial, Nr. 486

[406] Norton Rose/Gdanski, Cross-Border Security, S. 88

[407] C.A. Paris, 9. 4. 1996, J.C.P., G 1997, F 4033, Nr. 22 ; a.A.: Reygrobellet, Fonds de Commerce, Nr. 73.102, 73.111

derweitig bestimmen.[408] Dessen ungeachtet ist stets die Einbeziehung derjenigen Aktiva in die Beleihung mittels *nantissement du fonds* zwingend erforderlich, die für die Anziehung der Kundschaft entscheidend sind.[409] Auch die in Zweigniederlassungen eingesetzten Aktiva können in die einheitliche Beleihung mittels *nantissement du fonds* einbezogen werden.[410]

3. Auswirkungen des beschränkten Umfangs des nantissement du fonds

Dass Grundvermögen der Beleihung mittels *nantissement du fonds* nicht zugänglich ist, führt zu dem paradoxen Ergebnis, dass der Wert des *fonds de commerce* eines Unternehmens mit eigenem Betriebsgrundstück meist erheblich niedriger ist als derjenige eines auf fremdem Grund betriebenen vergleichbaren *fonds de commerce.*[411] Denn zum einen ist die Einbeziehung eines Rechtes an Besitz und Gebrauch an dem dem Gewerbetreibenden gehörenden Betriebsgrundstück in den *fonds de commerce* schwierig zu bewerkstelligen; zum anderen stellen Betriebsausstattung und Geschäftsmobiliar eines auf eigenem Grund betriebenen Unternehmens meist *„immeubles par destination"* dar[412] und sind infolgedessen keine Bestandteile des *fonds de commerce*, wohingegen diese Vermögensgegenstände im Fall von auf fremdem Grund betriebenen Unternehmen problemlos Teil der Unternehmensbeleihung werden.

a. Einbeziehung des Wertes von Besitz und Nutzungsmöglichkeit an eigenen Betriebsgrundstücken in die Unternehmensbeleihung

Während ein *fonds de commerce*, der auf einem gemieteten Grundstück betrieben wird, das Recht auf den Mietvertrag umfasst, fehlt es im Falle eines auf eigenem Grund betriebenen *fonds de commerce* an einem Mietverhältnis.[413] Da

---

[408] Art. L. 142-2 Abs. 3 C.com.

[409] Art. L. 142-2 Abs. 3 C.com.; Ripert/Roblot(-Vogel), Traité de Droit Commercial, Tome 1, Volume 1, Nr. 455; Guyon, Droit des Affaires, Tome 1, Nr. 645; Guyénot, Le Fonds de Commerce, Nr. 124; Koch, Der Fonds de commerce, S. 185; Sonnenberger/Dammann, Französisches Handels- und Wirtschaftsrecht, Rdn. IV 6, S. 197; Kunzler, Das Nantissement du Fonds de Commerce, S. 48 f.

[410] Art. L. 142-2 Abs. 4 C.com.

[411] Reinhard/Chazal, Droit commercial, Nr. 509; Guyon, Droit des Affaires, Tome 1, Nr. 699, S. 720; Reygrobellet, Fonds de Commerce, Nr. 73.123, 17.42

[412] im Einzelnen: Reygrobellet, Fonds de Commerce, Nr. 17.31 – 17.39, 17.42 f.

[413] Koch, Der Fonds de commerce, S. 86; Kunzler, Das Nantissement du Fonds de Commerce, S. 46 f.; Le Floch, Le Fonds de commerce (1986), Nr. 243

auch das Grundstück selbst nicht vom *fonds de commerce* umfasst wird, besteht hier keine gesetzlich vorgesehene Handhabe zur Einbeziehung des wirtschaftlichen Wertes, der in dem Besitz an diesem Betriebsgrundstück liegt, in die Unternehmensbeleihung. Um Letzteres zu erreichen, sind der gewerbetreibende Grundeigentümer und sein Kreditgeber somit auf den Abschluss eines Mietvertrages über das Betriebsgrundstück mit nachfolgender Rückübertragung der Mieterrechte angewiesen.[414]

b. Einbeziehung von dem gewerbetreibenden Grundeigentümer gehörendem Inventar in die Unternehmensbeleihung

Betriebsausstattung und Geschäftsmobiliar des Unternehmers, welche er auf seinem Betriebsgrundstück zu dessen Nutzung einsetzt, liegen als *immeubles par destination* und damit als Grundvermögen nach ganz herrschender Auffassung außerhalb der Sach- und Rechtsgesamtheit des *fonds de commerce*.[415] Diese Beschränkung des Umfangs des von einem Grundeigentümer im Vergleich zu einem Mieter beleihbaren Vermögens kann dadurch abgemildert werden, dass neben dem Betriebsgrundstück auch dieses Inventar zum Gegenstand eines Mietvertrages zwischen dem Gewerbetreibenden und seinem Kreditgeber[416] gemacht wird. Allerdings wird dem gewerbetreibenden Grundeigentümer hierdurch lediglich die Beleihung des Besitz- und Nutzungsrechts an seiner Betriebsausstattung und seinem Geschäftsmobiliar eröffnet, während der gewerbliche Mieter dieses Inventar selbst in die Unternehmensbeleihung einbeziehen kann.

---

[414] Le Floch, Le Fonds de commerce, Nr. 244; Kunzler, Das Nantissement du Fonds de Commerce, S. 47 f.

[415] Mestre/Pancrazi, Droit commercial, Nr. 694; Reinhard/Chazal, Droit commercial, Nr. 508–510; Sonnenberger/Dammann, Französisches Handels- und Wirtschaftsrecht, Rdn. IV 14; Kunzler, Das Nantissement du Fonds de Commerce, S. 48, 96; Koch, Der Fonds de commerce, S. 84 f.; a.A.: Stief, Die Verpfändbarkeit des Unternehmens im deutschen, französischen und englischen Recht, S. 51–53

[416] vgl. oben: a

4. Ergebnis

Trotz der Beschränkung der zum *fonds de commerce* gehörenden Unternehmensaktiva kann dieser zwar einen bedeutenden Wert darstellen;[417] dass Grundvermögen nicht mit sonstigem Unternehmensvermögen einheitlich mit dem *nantissement du fonds* beleihbar ist, mindert den Wert dieses Sicherungsrechts allerdings in bedeutsamem Ausmaß; auch der Umstand, dass Geschäftsmobiliar und Betriebseinrichtung eines dem Gewerbetreibenden gehörenden Betriebsgrundstückes regelmäßig nicht mittels des *nantissement du fonds* beliehen werden können, ist für die wirtschaftliche Einheit des Unternehmens abträglich.[418]

II. Vom nantissement du fonds umfasste tatsächliche Beziehungen

Mittels der Rechtsfigur des *nantissement du fonds* kann ein Anreiz zu Kreditgewährung zu gegenüber der bloßen Verwendung von Einzelsicherungsrechten günstigeren Konditionen nur dann geboten werden, wenn dessen Bezugsobjekt, der *fonds de commerce*, einen solchen Wert repräsentiert, mithin die Gewinnchancen des Unternehmens seinem jeweiligen Inhaber wenigstens teilweise vermittelt.

1. Beziehungen der Unternehmensaktiva zueinander

In dem Umfang, wie zur Wertschöpfung eingesetzte Aktiva von der Beleihung mittels *nantissement du fonds* ausgeschlossen sind, können auch von diesen abhängende Gewinnchancen nicht in die Unternehmensbeleihung einbezogen werden.[419]

Infolge des Ausschlusses von zum Umlauf bestimmten Waren sowie von Kundenforderungen, mithin typischerweise des gesamten Umlaufvermögens eines Unternehmens, von der Beleihbarkeit mittels *nantissement du fonds* erscheinen die tatsächlichen Beziehungen des Unternehmens allerdings insofern wenig ge-

---

[417] Ripert/Roblot(-Vogel), Traité de Droit Commercial, Tome 1, Volume 1, Nr. 551, 455; Guyon, Droit des Affaires, Tome 1, Nr. 712; Reinhard/Chazal, Droit commercial, Nr. 557; Prouvost in : Le Statut Juridique du Fonds de Commerce (1962), S. 119

[418] Reinhard/Chazal, Droit commercial, Nr. 511; Guyon, Droit des Affaires, Tome 1, Nr. 644, 699; Stief, Die Verpfändbarkeit des Unternehmens im deutschen, französischen und englischen Recht, S. 51–53

fährdet, als das Umlaufvermögen ohnehin im Wege der ordnungsgemäßen Geschäftstätigkeit von dem restlichen Unternehmensvermögen getrennt wird.[420] Anderes gilt jedoch für Forderungen, die nicht auf Geld, sondern auf Lieferung von Waren oder Erbringung von Dienstleistungen gerichtet sind, welche zur Aufrechterhaltung der unternehmerischen Tätigkeit erforderlich sind. Auch solche Forderungen sind jedoch grundsätzlich nicht an den *fonds de commerce* gebunden. Auch durch den Ausschluss von Grundstücken aus dem möglichen mit dem *fonds de commerce* beleihbaren Sicherungsgut wird der Wert der Unternehmensaktiva zueinander reduziert.[421]

2. Nicht verrechtlichte Beziehungen zu Dritten

Zwecks Einbeziehung von tatsächlichen Beziehungen zur Außenwelt in die Beleihung mittels *nantissement du fonds* enthält das französische Recht besondere Regelungen.

a. Kundenbeziehungen

Unter den tatsächlichen Beziehungen des Unternehmens nach außen wird denjenigen zu den Kunden vom französischen Gesetzgeber besondere Bedeutung beigemessen. Das Erfordernis des Vorhandenseins von Kundschaft (*la clientèle et l'achalandage*) für die Existenz eines *fonds de commerce*[422] darf nicht darüber hinwegtäuschen, dass kein Recht des Gewerbetreibenden gegenüber den Kunden auf Abschluss von Verträgen besteht; vielmehr ist die Kundschaft Bestandteil des *fonds de commerce* lediglich im Sinne der Hoffnung bzw. Erwartung auf Geschäftsbeziehungen der bisherigen Art.[423] Dadurch, dass die Kundschaft als von dem *nantissement du fonds* umfassbares Element des Un-

---

[419] Kunzler, Das Nantissement du Fonds de Commerce, S. 46

[420] Ripert/Roblot(-Vogel), Traité de Droit Commercial, Tome 1, Volume 1, Nr. 464

[421] vgl.: Reinhard/Chazal, Droit commercial, Nr. 511; Guyon, Droit des Affaires, Tome 1, Nr. 644, 699; Koch, Der Fonds de commerce, S. 86

[422] Com. 31. 5. 1988, Bull.civ. IV, Nr. 180; Com. 16. 1. 1990, J.C.P. 1991, II, 21662; Mestre/Pancrazi, Droit commercial, Nr. 690, 697; Reinhard/Chazal, Droit commercial, Nr. 490; Guyon, Droit des Affaires, Tome 1, Nr. 691; Koch, Der Fonds de commerce, S. 90, 185; Sonnenberger/Dammann, Französisches Handels- und Wirtschaftsrecht, Rdn. IV 6

[423] Mestre/Pancrazi, Droit commercial, Nr. 690; Guyon, Droit des Affaires, Tome 1, Nr. 691; Ripert/Roblot(-Vogel), Traité de Droit Commercial, Tome 1, Volume 1, Nr. 552, 455. So wird die Kundschaft im Sinne eines Elements des *fonds de commerce* auch als „Goodwill" bezeichnet (Sonnenberger/Dammann, Französisches Handels- und Wirtschaftsrecht, Rdn. IV 7, S. 198).

ternehmens gesetzlich definiert ist,[424] kann zwar nicht sichergestellt werden, dass sie nach der Unternehmensbeleihung fortbesteht und an das Sicherungsgut gebunden bleibt. In dem Sinne der Erwartung von Geschäftsbeziehungen und letztlich von Gewinn kann die Kundschaft jedoch faktisch in die Unternehmensbeleihung einbezogen sein.[425]

aa. Förderung des Erhalts von Kundenbeziehungen infolge der Einbeziehung bestimmter Unternehmensaktiva in das Sicherungsgut

Der Standort von Unternehmen, insbesondere von kleinen Unternehmen des Einzelhandels, kann für den Erhalt der Kundenbeziehungen entscheidend sein.[426] Durch die Beleihbarkeit des Rechts des Unternehmers auf Gebrauch des Betriebsgrundstücks kann somit die Einbeziehung von Kundenbeziehungen in das Sicherungsgut durchaus gefördert werden. Im Falle des Betriebes des Unternehmens auf fremdem Grund wird das Recht des Unternehmers auf dessen Gebrauch unproblematisch Teil des Sicherungsgutes, da der Mietvertrag vom *nantissement du fonds* nach Art. L. 142-2 Abs. 1, Abs. 3 C.com. umfasst ist. Bei Ausübung der unternehmerischen Tätigkeit auf eigenem Grund droht demgegenüber der Verlust der tatsächlichen Beziehungen eines Unternehmens mangels Beleihbarkeit von Betriebsgrundstücken mittels des *nantissement du fonds*. Allerdings besteht eine Handhabe, wenn schon nicht das Eigentum, so doch ein Besitz- und Gebrauchsrecht an dem eigenen Betriebsgrundstück in den Haftungsverband des *nantissement du fonds* einzubeziehen.[427]

Für den Erhalt von Kundenbeziehungen zugunsten eines Erwerbers des *fonds de commerce* wirkt sich ferner begünstigend aus, dass die vertraglichen Ansprüche auf Unterlassen von Wettbewerb, die vormaligen Inhabern des *fonds de commerce* zustanden, zusammen mit Letzterem übergehen.[428]

Die Aussicht auf Erhalt der Kundschaft ist schließlich insofern von dem beliehenen *fonds de commerce* umfasst, als nach der Zwangsversteigerung eines

[424] Art. L. 142-2 Abs. 1, Abs. 3 C.com.
[425] Reinhard/Chazal, Droit commercial, Nr. 490; vgl. oben: Erster Teil, B.II
[426] Reinhard/Chazal, Droit commercial, Nr. 495; Koch, Der Fonds de commerce, S. 78; Sonnenberger/Dammann, Französisches Handels- und Wirtschaftsrecht, Rdn. IV 16
[427] vgl. oben: B.I.3
[428] vgl. oben: I.1.c.ee

fonds de commerce dessen Erwerber die Verwendung der Handelsbücher, der Geschäftskorrespondenz sowie von Kundenlisten offen steht.[429]

bb. Wettbewerbsverbot des Sicherungsgebers

Da insbesondere für die Kundenbeziehungen kleiner Unternehmen – zu deren Gunsten das *nantissement du fonds* entwickelt wurde – die Persönlichkeit des Unternehmers oftmals entscheidende Bedeutung hat,[430] kann mittels des Wettbewerbsverbots des Veräußerers eines *fonds de commerce* nach Art. 1626 C.civ.[431] darauf hingegengewirkt werden, dass nach der Verwertung des Sicherungsgutes die tatsächlichen Beziehungen des Unternehmers zu Kunden an den Erwerber übergehen, anstatt an den Veräußerer gebunden zu bleiben.

b. Beziehungen zu Lieferanten

Als Lieferanten des Unternehmers im weiteren Sinn sind auch Lizenzgeber und Verfasser von Werken aufzufassen, welche dem Unternehmer die Verwendung geistigen Eigentums für unternehmerische Zwecke überlassen. Während Forderungen gegen die Vorgenannten vom *nantissement du fonds* umfasst sein können,[432] ist das bezüglich Forderungen gegen andere Lieferanten nicht der Fall.[433] Derjenige, der einen *fonds de commerce* im Rahmen dessen Verwertung erwirbt, ist somit im Allgemeinen darauf angewiesen, rechtliche und tatsächliche Beziehungen zu Lieferanten neu zu knüpfen.[434] Für dieses Unterfangen kann sich das mittels *nantissement du fonds* beleihbare Recht auf Einsichtnahme in Geschäftsbücher und Geschäftskorrespondenz[435] sehr begünstigend auswirken.

c. Beziehungen zu Arbeitnehmern

Als tatsächliche Beziehungen, welche die Gewinnchancen des Unternehmens mitbestimmen, können ferner diejenigen zu Arbeitnehmern aufgrund gesetzli-

---

[429] vgl. oben: I.1.a.cc

[430] Kunzler, Das Nantissement du Fonds de Commerce, S. 117

[431] Req., 29. 7. 1908, D.P. 1909.1.281; Cass.com., 16. 6. 1969, D. 1970, 37; Cass.com., 26. 10. 1993, Bull.civ. IV, Nr. 356; Mestre/Pancrazi, Droit commercial, Nr. 759; Koch, Der Fonds de commerce, S. 160

[432] vgl. oben: B.I.1.c.bb, ff

[433] vgl. oben: B.I.1.a.bb, c

[434] Guyon, Droit des Affaires, Tome 1, Nr. 705-1

[435] vgl. oben: I.1.a.cc

chen Überganges der Arbeitsverhältnisse an den *fonds de commerce*[436] gebunden bleiben.

3. Ergebnis

Trotz des Ausschlusses von Grundvermögen und grundsätzlich auch Forderungen aus dem Haftungsverband des *nantissement du fonds* bleibt die faktische Bindung wirtschaftlich wertvoller tatsächlicher Beziehungen an das Sicherungsgut möglich.

III. Anforderung an die Bestellung eines nantissement du fonds

Für den Einsatz des Unternehmens zur Kreditsicherung bedeutsam sind ferner die an dessen Beleihung gestellten Anforderungen und die damit einhergehenden Kosten.[437]

1. Bezeichnung des Sicherungsgutes

Im gesetzlichen Regelfall der Beleihung des *fonds de commerce* ist der Umfang der hiervon nach Art. L. 142-2 Abs. 3 C.com. umfassten Vermögensgegenstände auf die Firma, das Firmenzeichen und, soweit vorhanden, das Recht auf den Geschäftsraummietvertrag begrenzt. Hierbei handelt es sich nach herrschender Auffassung um den Mindestumfang der mit dem *nantissement du fonds* zu beleihenden Unternehmensaktiva.[438] Auch Kundenlisten – welche in dieser Norm nicht genannt sind – sollen selbst bei Fehlen einer diesbezüglichen Vereinbarung vom *nantissement du fonds* umfasst sein.[439]

Den Parteien steht es frei, die Beleihung über diesen Regelfall hinaus auf andere Vermögensgegenstände des *fonds de commerce*, mit Ausnahme der für den Umlauf bestimmten Waren,[440] zu erweitern; eine solche Erweiterung kann sogar

---

[436] vgl. oben: B. I.1.c.cc
[437] vgl. oben: Erster Teil, D.I.5
[438] Cabrillac/Mouly, Droit des Sûretés (2002), Nr. 704, S. 696; Ripert/Roblot(-Vogel), Traité de Droit Commercial, Tome 1, Volume 1, Nr. 552; Stief, Die Verpfändbarkeit des Unternehmens im deutschen, französischen und englischen Recht, S. 26 f.; a.A.: Kunzler, Das Nantissement du Fonds de Commerce, S. 48 f.
[439] Norton Rose/Gdanski, Cross-Border Security, S. 88
[440] vgl. oben: I.2

zwingend sein, denn von einem *nantissement du fonds* müssen stets diejenigen Bestandteile des *fonds de commerce* umfasst werden, von denen die Anziehung der Kundschaft abhängig ist.[441] Für eine den gesetzlichen Regelfall erweiternde Beleihung ist eine ausdrückliche und genaue Bezeichnung des Sicherungsgutes im Verpfändungsvertrag erforderlich.[442] Die Elemente der Betriebseinrichtung (*mobilier commercial*) und des Geschäftsmobiliars (*le matériel ou l'outillage servant à l'exploitation du fonds*) brauchen jedoch nicht beschrieben werden; vielmehr genügen die vorgenannten Sammelbezeichnungen zur Einbeziehung dieser Sachgesamtheiten in das Sicherungsgut.[443]

2. Bestellungsakte

Zur Begründung eines *nantissement du fonds* ist eine Bestellungsurkunde (*acte de nantissement*) in privatschriftlicher oder notarieller Form zu errichten,[444] welche zu registrieren ist.[445] Was die zur Begründung dieses dinglichen Sicherungsrechts erforderliche Publizität betrifft, so ist hierfür grundsätzlich dessen Eintragung in ein vom zuständigen Handelsgericht geführtes Pfandregister binnen 14 Tagen nach Errichtung der Bestellungsurkunde ausreichend.[446]

Von diesem Grundsatz der Beleihung des *fonds de commerce* uno actu[447] abweichend können in diversen Konstellationen weitere Rechtshandlungen erforderlich sein, um einem *nantissement du fonds* Drittwirkung zu verleihen. Der gegenüber einer Kombination von Verfügungen über einzelne Unternehmensaktiva bestehende Vorteil geringeren Aufwandes durch die Rechtsfigur des *nantissement du fonds* ist somit begrenzt.

So sind in Bezug auf verschiedene Vermögensgegenstände weitere Registereintragungen zur Begründung dinglicher Wirkung eines *nantissement du fonds* an diesen erforderlich. Das gilt zunächst für zum *fonds de commerce* gehörende Marken, Rechte an Mustern und Modellen, Patente oder Lizenzen daran, wofür

---

[441] Guyénot, Le Fonds de Commerce, Nr. 124; Koch, Der Fonds de commerce, S. 185; Kunzler, Das Nantissement du Fonds de Commerce, S. 48 f.
[442] Kunzler, Das Nantissement du Fonds de Commerce, S. 49
[443] Kunzler, Das Nantissement du Fonds de Commerce, S. 49
[444] Art. L. 142-3 Abs. 1 C.com.
[445] Art. L. 142-3 Abs. 1 C.com.
[446] Artt. L. 142-3 Abs. 2, 142-4 Abs. 1 C.com.; Kunzler, Das Nantissement du Fonds de Commerce, S. 38
[447] vgl.: Stief, Die Verpfändbarkeit des Unternehmens im deutschen, französischen und englischen Recht, S. 20 f.

eine Eintragung beim Nationalen Institut für gewerbliche Schutzrechte (*Institut national de la propriété industrielle*) notwendig ist.[448] Auch für die Einbeziehung von Zweigniederlassungen in eine die Hauptniederlassung betreffende Unternehmensbeleihung besteht das Erfordernis eines gesonderten Bestellungsaktes, nämlich der Eintragung in das Pfandregister bei dem Handelsgericht, an dem sich die Zweigniederlassung befindet.[449] Um zu verhindern, dass die dingliche Wirkung des *nantissement du fonds* zehn Jahren nach der Eintragung in das Pfandregister erlischt, ist eine Erneuerung der Eintragung innerhalb dieses Zehn-Jahres-Zeitraums erforderlich.[450] Davon abgesehen ist zur Einbeziehung des Besitz- und Gebrauchsrechts an dem Unternehmer gehörenden Grundstücken in den Haftungsverband des *nantissement du fonds* der Abschluss eines Mietvertrag zwischen Unternehmer und Kreditgeber sowie die Rückübertragung der Mieterrechte auf den Unternehmer erforderlich.[451]

C. Erhalt der vermögensrechtlichen und tatsächlichen Grundlage des beliehenen Unternehmens bis zum Eintritt des Sicherungsfalles

Zwecks Erhalts der vermögensrechtlichen und tatsächlichen Grundlage des beliehenen Unternehmens muss zum einen die von der Beleihung unbeeinträchtigte Verwendung des Sicherungsgutes für die unternehmerische Tätigkeit des Sicherungsgebers gewährleistet sein. Zum anderen impliziert die Beleihung des Unternehmens als lebender – und sich daher verändernder wirtschaftlicher Einheit – den Einschluss von Unternehmensaktiva, die der Sicherungsgeber nach der Bestellung des *nantissement du fonds* erworben hat. Schließlich ist der Gefahr des Wertverlustes des Sicherungsgutes infolge des Verhaltens des Sicherungsgebers oder Dritter zu begegnen.[452]

---

[448] Art. 143-17 C.com.
[449] Art. L. 142-3 Abs. 3 C.com.
[450] Art. L. 143-19 Abs. 1 C.com.; Mestre/Pancrazi, Droit commercial, Nr. 735
[451] vgl. oben: I.3
[452] vgl. oben: Erster Teil, D.I

I. Gewährleistung der Verwendung des Sicherungsguts durch den Sicherungsgeber im Rahmen dessen wirtschaftlicher Betätigung

Voraussetzung für den Erhalt des beliehenen Unternehmens als lebender wirtschaftlicher Einheit ist der von der Unternehmensbeleihung unbeeinträchtigte tatsächliche Zugriff des Sicherungsgebers auf bestimmte Unternehmensaktiva sowie die Verfügungsbefugnis darüber.

1. Verbleib von Besitz an körperlichen Bestandteilen des fonds de commerce beim Sicherungsgeber

Mit der Aufgabe des Besitzes an den körperlichen Bestandteilen des *fonds de commerce*, wie es das Faustpfandrecht verlangte, würde der Geschäftsbetrieb zwangsläufig ein Ende finden, so dass der Ertragswert des Unternehmens verloren ginge,[453] anstatt im Laufe der Geschäftstätigkeit zu steigen.[454] Notwendige Voraussetzung für den Einsatz von körperlichen Gegenständen im Rahmen der Unternehmensbeleihung ist somit der Verbleib dieser Aktiva im Besitz des Sicherungsgebers.[455]

Dass die Verpfändung des *fonds de commerce* auch ohne Besitzaufgabe möglich ist, wurde durch das Gesetz vom 1. März 1898 klargestellt, dessen Inhalt sich darin erschöpfte, die Registereintragung eines solchen Sicherungsrechts als Anforderung für dessen Wirksamkeit gegenüber Dritten zu bestimmen.[456] Zuvor war es zu gegensätzlichen Rechtssprüchen über die Wirksamkeit der in der Praxis verbreiteten Bestellung von *nantissements du fonds* mittels symbolischen Übergabeaktes gekommen.[457] Bei dem vorzitierten Gesetz handelt es sich um die Keimzelle des Gesetzes vom 17. März 1909,[458] welches inhaltlich weitgehend den geltenden Bestimmungen der Artt. L. 142-3, L. 142-4 Abs. 1 C.com. entspricht.

---

[453] Cabrillac/Mouly, Droit des Sûretés, Nr. 703, S. 696

[454] Koch, Der Fonds de commerce, S. 58

[455] Mestre/Pancrazi, Droit commercial, Nr. 732; Guyénot, Le Fonds de Commerce, Nr. 116, S. 63; Koch, Der Fonds de commerce, S. 58, 187, 190; Kunzler, Das Nantissement du Fonds de Commerce, S. 52

[456] Ripert/Roblot(-Vogel), Traité de Droit Commercial, Tome 1, Volume 1, Nr. 551; Koch, Der Fonds de commerce, S. 57; Kunzler, Das Nantissement du Fonds de Commerce, S. 11

[457] Koch, Der Fonds de commerce, S. 55 f.; Kunzler, Das Nantissement du Fonds de Commerce, S. 11; Stief, Die Verpfändbarkeit des Unternehmens im deutschen, französischen und englischen Recht, S. 18–20; Guyénot, Le Fonds de Commerce, Nr. 116, S. 63

[458] vgl.: Guyénot, Le Fonds de Commerce, Nr. 116, S. 63

2. Von der Unternehmensbeleihung unbeeinträchtigte Verfügungsbefugnis des Sicherungsgebers

Neben dem tatsächlichen Zugriff des Sicherungsgebers auf das Sicherungsgut ist dieser im Rahmen seiner wirtschaftlichen Betätigung auch auf die Befugnis angewiesen, hierüber zu verfügen.[459] Dementsprechend bleibt der Sicherungsgeber durch das *nantissement du fonds* in seiner wirtschaftlichen Handlungsfreiheit weitgehend unbeschränkt.[460] Hinsichtlich seiner Geschäftstätigkeit bestehen keinerlei gesetzlichen Kontrollbefugnisse des Inhabers des *nantissement du fonds*.[461] Auch die vertragliche Vereinbarung von Kontrollbefugnissen ist nicht üblich.[462]

In Bezug auf das Umlaufvermögen bleibt die Verfügungsbefugnis des Sicherungsgebers von der Bestellung eines *nantissement du fonds* schon deshalb unberührt, weil für den Umlauf bestimmte Waren, ebenso wie die sich aus Geschäftstätigkeit ergebenden Forderungen, von diesem Sicherungsrecht nicht umfasst sein können.[463] Aber selbst an Verfügungen über Bestandteile des mit dem *nantissement du fonds* belasteten Anlagevermögens oder auch über den gesamten *fonds de commerce* ist der Sicherungsgeber grundsätzlich nicht gehindert.[464] Diese Befugnis schließt auch die Beleihung an einen weiteren Kreditgeber ein.[465] Lediglich in der Absicht der Schädigung des Sicherungsnehmers erfolgende Verfügungen über Sicherungsgut sind wegen Erfüllung des Straftatbestandes der Pfandkehr (*détournement d'objets donnés en gage*)[466] nichtig.[467]

---

459 Koch, Der Fonds de commerce, S. 58; Stief, Die Verpfändbarkeit des Unternehmens im deutschen, französischen und englischen Recht, S. 23

460 Koch, Der Fonds de commerce, S. 186, S. 187 f., S. 190; Kunzler, Das Nantissement du Fonds de Commerce, S. 52 f.

461 Sonnenberger/Dammann, Französisches Handels- und Wirtschaftsrecht, Rdn. IV 45; Kunzler, Das Nantissement du Fonds de Commerce, S. 52; Koch, Der Fonds de commerce, S. 187

462 Kunzler, Das Nantissement du Fonds de Commerce, S. 53 f.

463 Sonnenberger/Dammann, Französisches Handels- und Wirtschaftsrecht, Rdn. IV 45; ter Meulen, Die Floating Charge (1969), S. 113; vgl. oben: B.I.1.a.bb, 2

464 Koch, Der Fonds de commerce, S. 187; Kunzler, Das Nantissement du Fonds de Commerce, S. 45–46; Stief, Die Verpfändbarkeit des Unternehmens im deutschen, französischen und englischen Recht, S. 23

465 Koch, Der Fonds de commerce, S. 187; Stief, Die Verpfändbarkeit des Unternehmens im deutschen, französischen und englischen Recht, S. 23

466 Art. L. 314-5 C.pen.

467 Kunzler, Das Nantissement du Fonds de Commerce, S. 65 f.; vgl. auch: Stief, Die Verpfändbarkeit des Unternehmens im deutschen, französischen und englischen Recht, S. 59 f.

II. Erstreckung der Beleihung auf künftige Unternehmensaktiva

Die Beleihung von Unternehmensaktiva bringt die Problematik deren durch die unternehmerische Tätigkeit bedingten Veränderung in ihrer Zusammensetzung mit sich, insbesondere infolge des Ausscheidens von Unternehmensaktiva aus dem Haftungsverband im Zuge der vorerwähnten Verfügungsbefugnis des Sicherungsgebers. Für den Werterhalt des Sicherungsgutes entscheidend kann somit die Einbeziehung von solchen Aktiva in den Beleihungsverband sein, welche der Unternehmer erst nach der Beleihung des Unternehmens erwirbt.[468] Das Umlaufvermögen kann weder in seinem gegenwärtigen noch in seinem künftigen Bestand vom *nantissement du fonds* umfasst werden; für die Einbeziehung der Gewinnchancen eines Unternehmens in die Beleihung ist dies jedoch auch nicht zwingend erforderlich.[469] Veränderungen im Laufe der Zeit unterliegt allerdings auch das Anlagevermögen, welches Gegenstand der Unternehmensbeleihung ist. So wird etwa die Erneuerung von Teilen der Betriebseinrichtung im Laufe der Zeit erforderlich.[470]

1. Veränderung der Zusammensetzung der beliehenen Unternehmensaktiva

Erwirbt der Sicherungsgeber Vermögensgegenstände als Ersatz für aus dem Haftungsverband ausscheidendes oder wertlos gewordenes Sicherungsgut, die er für die Zwecke seines Unternehmens verwendet, dann gelangen diese automatisch in den Haftungsverband des *nantissement du fonds*.[471] Bestandteile von Betriebseinrichtung bzw. Geschäftsmobiliar können darüber hinaus auch insoweit im Voraus beliehen werden, als es sich hierbei nicht um Ersatz, sondern um Erweiterungen gegenüber dem Bestand im Zeitpunkt der Bestellung des *nantissement du fonds* handelt.[472] Das *nantissement du fonds* soll nur in dem Fall auf das im Zeitpunkt der Sicherungsbestellung vorhandene Sicherungsgut beschränkt sein, dass eine entsprechende Vereinbarung zwischen den Parteien getroffen worden ist.[473] Nach anderer Auffassung sollen Vermögensgegenstände, die der Sicherungsgeber als Ersatz für im Zeitpunkt der Bestellung *des nan-*

---

[468] Kunzler, Das Nantissement du Fonds de Commerce, S. 46, 49
[469] vgl. oben: II.1
[470] Kunzler, Das Nantissement du Fonds de Commerce, S. 46
[471] Reygrobellet, Fonds de Commerce, Nr. 73.133; Koch, Der Fonds de commerce, S. 185 f.; Kunzler, Das Nantissement du Fonds de Commerce, S. 51
[472] Kunzler, Das Nantissement du Fonds de Commerce, S. 51
[473] Reygrobellet, Fonds de Commerce, Nr. 73.133

tissement du fonds vorhandene Vermögensgegenstände erworben hat, nur dann hiervon umfasst sein, wenn eine diesbezügliche ausdrückliche Vereinbarung im Rahmen der Sicherungsbestellung erfolgt war.[474] Auch nach dieser Auffassung bietet das französische Recht jedenfalls die Möglichkeit der Einbeziehung der Ersatzgegenstände für ursprüngliches Sicherungsgut in die Unternehmensbeleihung.

Scheidet ein Vermögensgegenstand infolge einer Verfügung des Unternehmers aus dem Haftungsverband des *nantissement du fonds* aus, ohne dass dieser einen Ersatzgegenstand erwirbt, dann erstreckt sich die dingliche Wirkung des *nantissement du fonds* auf die vom Unternehmer für die betreffende Verfügung erworbene Forderung auf Gegenleistung; diese Forderung erlischt jedoch mit Zahlung an den Sicherungsgeber.[475] Das französische Recht ermöglicht insofern mittels dinglicher Surrogation[476] die Beleihung von Unternehmensaktiva in ihrem jeweiligen Bestand.

2. Antizipierte Beleihung von Vermögensgegenständen ohne Entsprechung im Zeitpunkt des dinglichen Bestellungsaktes

Umstritten ist, ob einer bestimmten Kategorie angehörende Vermögensgegenstände, die im Zeitpunkt der Bestellung des *nantissement du fonds* noch nicht im Vermögen des Sicherungsgebers vorhanden ist, von diesem Sicherungsrecht im Wege der Antizipation umfasst sein können.[477]

Eindeutig ist die Rechtslage lediglich insofern, als Vermögensgegenstände, an denen der Sicherungsgeber bereits aufschiebend bedingtes Eigentum hat, vom *nantissement du fonds* umfasst werden; mit Bedingungseintritt erstreckt sich dieses Sicherungsrecht darauf ex tunc.[478] Erst nach der Bestellung des *nantissement du fonds* begründete Zweigniederlassungen des Sicherungsgebers werden von diesem Sicherungsrecht allerdings schon deshalb nicht automatisch erfasst, weil diese Gegenstand der Unternehmensbeleihung lediglich unter der

474 Norton Rose/Gdanski, Cross-Border Security, S. 89

475 Reygrobellet, Fonds de Commerce, Nr. 74.172; Kunzler, Das Nantissement du Fonds de Commerce, S. 65 f.

476 vgl.: Guyon, Droit des Affaires, Tome 1, Nr. 698, S. 748

477 hierzu: Kunzler, Das Nantissement du Fonds de Commerce, S. 49–51

478 Art. 1181 C.civ.; Kunzler, Das Nantissement du Fonds de Commerce, S. 43

Voraussetzung einer gesonderten Registereintragung nach Art. L. 142-3 Abs. 3 C.com. werden.[479]

Die Auswirkungen der möglichen Beschränkung bzw. Unsicherheit in Bezug auf erst nach der Sicherungsbestellung erworbene Kategorien von Unternehmensaktiva erscheint zunächst insofern gering, als dem Interesse des Sicherungsnehmers ja mit dem Werterhalt des Sicherungsgutes ausreichend Rechnung getragen ist und er nicht auf dessen Wertzuwachs angewiesen ist. Durchaus verringern könnte sich der Wert des Sicherungsgutes als Einheit allerdings dann, wenn Aktiva, die der Unternehmer für eine geänderte unternehmerische Tätigkeit erwirbt, von dem *nantissement du fonds* nicht erfasst würden. Die Streitfrage der antizipierten Beleihung solcher Aktiva ist somit von einiger Bedeutung.

III. Schutz vor Entwertung des Sicherungsgutes durch beeinträchtigende Handlungen des Unternehmers und Dritter

Aus vielfältigen Umständen kann es zur Zerschlagung oder Entwertung des Sicherungsgutes in dem Zeitraum nach der Bestellung eines *nantissement du fonds* daran kommen. Eine diesbezügliche Gefahr ergibt sich aus der Verfügungs- und Geschäftsführungsbefugnis[480] des Sicherungsgebers ebenso wie aus der Einzelzwangsvollstreckung Dritter. Die französische Rechtsordnung enthält verschiedene Regelungen, um derartigen Gefahren zu begegnen.

1. Von Verfügungen des Unternehmers unbeeinträchtigte Rechtsposition des Sicherungsnehmers

Dem Schutz des Inhabers eines *nantissement du fonds* vor Verfügungen des Sicherungsgebers dient vor allem dessen Folgerecht (*droit de suite*) sowie dessen Recht auf vorzugsweise Befriedigung (*droit de préférence*).

[479] Art. L. 142-2 Abs. 4 C.com.; Stief, Die Verpfändbarkeit des Unternehmens im deutschen, französischen und englischen Recht, S. 24; Kunzler, Das Nantissement du Fonds de Commerce, S. 38
[480] vgl. oben: I

a. Recht auf vorzugsweise Befriedigung (droit de préférence)

Im Falle von wirksamen Verfügungen über den *fonds de commerce* oder über einzelne dessen mittels *nantissement du fonds* beliehene Bestandteile[481] steht dem Sicherungsnehmer ein Recht auf vorzugsweise Befriedigung (*droit de préférence*) an dem hierfür im Wege des freiwilligen Verkaufes oder auch im Wege der Zwangsvollstreckung erzielten Veräußerungserlös zu.[482] Das Recht auf vorzugsweise Befriedigung gilt zunächst im Fall der Bestellung eines weiteren *nantissement du fonds*. So ist der diesbezügliche Sicherungsnehmer, dessen Recht früher ins Pfandregister eingetragen wurde, in Bezug auf das Sicherungsgut bevorrechtigt; an demselben Tag eingetragene *nantissements du fonds* haben demgegenüber Gleichrang.[483] Priorität gemäß dem Zeitpunkt der Bestellung des Sicherungsrechtes besteht grundsätzlich auch im Verhältnis des *nantissement du fonds* zu anderen besitzlosen Pfandrechten.[484] Vorrang am Veräußerungserlös kommt demgegenüber stets dem Besitzpfandrecht zu.[485] Ebenso ist der Inhaber eines Inventarpfandrechts (*nantissement de l'outillage et du matériel d'équipement professionnel*),[486] welches zugunsten des Verkäufers oder des Financiers der Anschaffung von Inventar bestellt worden ist,[487] gegenüber dem Inhaber eines *nantissement du fonds* an dem hierfür erzielten Veräußerungserlös vorrangig berechtigt, ohne Rücksicht darauf, welches dieser Sicherungsrechte zuerst bestellt worden ist, sofern nur eine Anzeige an den Inhaber das *nantissement du fonds* innerhalb von zwei Monaten nach der Begründung des Inventarpfandrechts erfolgt.[488] Vorrang gegenüber dem Inhaber eines *nantissement du fonds* an dem für den *fonds de commerce* erzielten Veräußerungserlös genießt ferner der Unternehmer, der das beliehene Unternehmen verkauft hat, wenn er

[481] Kunzler, Das Nantissement du Fonds de Commerce, S. 59

[482] Koch, Der Fonds de commerce, S. 188 f.; Kunzler, Das Nantissement du Fonds de Commerce, S. 58

[483] Art. L. 142-5 C.com.

[484] Reygrobellet, Fonds de Commerce, Nr. 84.34, 84.32 m.w.N.; Kunzler, Das Nantissement du Fonds de Commerce, S. 94 f.

[485] Reygrobellet, Fonds de Commerce, Nr. 84.34

[486] Für die dingliche Wirkung eines solchen Inventarpfandrechts ist nach Art. L. 525-3 Abs. 1 C.com. i.V.m. Artt. L. 142-3 f. C.com. die Eintragung in das beim Handelsgericht geführte Pfandregister erforderlich. Das Inventarpfandrecht wurde durch das Gesetz Nr. 51-59 vom 18. 1. 1951 „Loi sur le nantissement de l'outillage et du matériel d'équipement" geschaffen.

[487] Art. L. 525-1 C.com.

[488] Art. L. 525-9 Abs. 2 und 3 C.com.; Reygrobellet, Fonds de Commerce, Nr. 84.31; Kunzler, Das Nantissement du Fonds de Commerce, S. 95

für den noch ausstehenden Kaufpreis sein Verkäuferprivileg in das Pfandregister eintragen lässt.[489]

b. Folgerecht

Das zuvor behandelte Recht des Inhabers eines *nantissement du fonds* auf vorzugsweise Befriedigung (*droit de préférence*) aus dem Veräußerungserlös für Sicherungsgut verschafft diesem eine unsichere Rechtsposition, denn es erlischt mit Erbringung der für Verfügungen über den *fonds de commerce* geschuldeten Gegenleistung an den Sicherungsgeber.[490] Unberührt hiervon bestehen bleibt jedoch das Folgerecht (*droit de suite*) des Inhabers eines *nantissement du fonds*, welches ihm gegen den Erwerber des *fonds de commerce* solange zusteht, bis er aus dem Sicherungsgut befriedigt ist.[491] Das Folgerecht besteht ferner in Bezug auf bestimmte einzelne Unternehmensaktiva.

aa. Folgerecht in Bezug auf den fonds de commerce

Aufgrund des in Art. L. 143-12 C.com. normierten Folgrechts bleibt das *nantissement du fonds* bei Verfügungen des Sicherungsgebers über den *fonds de commerce* in seiner Gesamtheit bestehen.[492] Der Sicherungsnehmer kann somit bei Fälligkeit der gesicherten Forderung und nach erfolgter Mahnung seine dingliche Rechtsposition durch zwangsweisen Verkauf auch dann durchsetzen, wenn der *fonds de commerce* seinen Inhaber gewechselt hat.[493]

Das Folgerecht des Sicherungsnehmers kann der Erwerber des *fonds de commerce* zwar durch Ausübung seines Ablösungsrechtes (*purge*) zum Erlöschen bringen; hierzu muss er die mit dem Sicherungsgeber vereinbarte Gegenleistung an den Sicherungsnehmer erbringen.[494] Letzterer ist jedoch nicht gezwungen, einen an den Wert des *fonds de commerce* nicht heranreichenden Erlös zu akzeptieren. Vielmehr steht es ihm offen, die öffentliche Versteigerung des

489 Koch, Der Fonds de commerce, S. 189; Fargeaud, Le gage sans dépossession comme instrument de crédit et le marché commun, Nr. 17
490 Kunzler, Das Nantissement du Fonds de Commerce, S. 58, 65
491 Kunzler, Das Nantissement du Fonds de Commerce, S. 67, 88
492 Reygrobellet, Fonds de Commerce, Nr. 74.171
493 Reygrobellet, Fonds de Commerce, Nr. 74.181; Koch, Der Fonds de commerce, S. 189; Kunzler, Das Nantissement du Fonds de Commerce, S. 63, 67, 83; Stief, Die Verpfändbarkeit des Unternehmens im deutschen, französischen und englischen Recht, S. 58 f.

fonds de commerce zu betreiben; dabei muss er jedoch ein Angebot abgeben, das denjenigen Preis um 10% übersteigt, welchen Sicherungsgeber und Erwerber für die unkörperlichen Elemente des *fonds de commerce* vereinbart haben (*surenchère du dixième*).[495]

bb. Folgerecht in Bezug auf einzelne Bestandteile des fonds de commerce

Das Folgerecht besteht außer im Fall der Veräußerung des *fonds de commerce* in seiner Gesamtheit auch bei Veräußerung eines vom *nantissement du fonds* umfassten Immaterialgüterrechts, das nach Artt. L. 143-16, 143-17 C.com. Gegenstand eines gesonderten Bestellungsaktes geworden ist.[496]

Ferner erstreckt sich dieses Recht auf einen solchen Vermögensgegenstand, durch den die Anziehung der Kundschaft bedingt ist, was bei dem Recht auf den Geschäftsraummietvertrag nicht selten der Fall ist.[497] Infolge einer Verfügung über einen Vermögensgegenstand, mit welchem die Übertragung der Kundschaft einhergeht, wird nämlich faktisch über den gesamten *fonds de commerce* verfügt, so dass die Voraussetzungen des Art. L. 143-12 C.com. erfüllt sind.[498]

An sonstigen vom *nantissement du fonds* umfassten einzelnen Vermögensgegenständen besteht ein solches Folgerecht jedoch nicht; vielmehr scheiden diese mit der Veräußerung durch den Sicherungsgeber aus dem Haftungsverband des *nantissement du fonds* aus.[499] Der Sicherungsnehmer kann diesbezüglich allein sein Recht auf vorzugsweise Befriedigung an dem noch nicht ausgezahlten Kaufpreis bzw. an der sonstigen geschuldeten Gegenleistung geltend machen.[500]

---

[494] Art. L. 143-12 Abs. 2; Mestre/Pancrazi, Droit commercial, Nr. 736; Kunzler, Das Nantissement du Fonds de Commerce, S. 77–79

[495] Art. L. 143-13 C.com.; Mestre/Pancrazi, Droit commercial, Nr. 736; Kunzler, Das Nantissement du Fonds de Commerce, S. 79–81

[496] Reygrobellet, Fonds de Commerce, Nr. 74.174; Kunzler, Das Nantissement du Fonds de Commerce, S. 66

[497] Reygrobellet, Fonds de Commerce, Nr. 74.173; vgl. auch: Mestre/Pancrazi, Droit commercial, Nr. 690, 692, 716 ff.

[498] Reygrobellet, Fonds de Commerce, Nr. 74.173; Kunzler, Das Nantissement du Fonds de Commerce, S. 66

[499] Reygrobellet, Fonds de Commerce, Nr. 74.172 m.w.N.; Kunzler, Das Nantissement du Fonds de Commerce, S. 65 f.

[500] Kunzler, Das Nantissement du Fonds de Commerce, S. 66; vgl. oben: a

2. Änderung des Gegenstandes des Gewerbes

Die Wirkung des *nantissement du fonds* bleibt durch die Änderung des unternehmerischen Zwecks, den der Sicherungsgeber mit den beliehenen Aktiva verfolgt, unberührt. Wie sich aus Art. L. 145-50 Abs. 3 C.com. ergibt, bleibt das *nantissement du fonds* auch dann bestehen, wenn der Sicherungsgeber die hiervon umfassten Unternehmensaktiva, insbesondere die gemieteten Geschäftsräume, unter Aufgabe seiner bisherigen gewerblichen Tätigkeit zur Gewinnerzielung auf gänzlich anderem unternehmerischem Gebiet einsetzt.[501]

3. Unternehmensverlegung

Die Verlegung des *fonds de commerce* begründet die Gefahr einer erheblichen Minderung dessen Wertes, da hierdurch die bisher angezogene Kundschaft weitgehend – oder auch vollständig – verloren gehen kann.[502]

Dem hierdurch berührten Interesse des Inhabers eines *nantissement du fonds* wird durch die Regelung in Art. L. 143-1 Abs. 1 C.com. Rechnung getragen, wonach ihm die Verlegung 14 Tage im Voraus anzuzeigen ist; andernfalls wird die gesicherte Forderung sofort fällig – mit der Folge, dass dem Sicherungsnehmer die Vollstreckung in den *fonds de commerce* nach Art. L. 143-5 C.com. offen steht.

Wird die Standortverlegung eines Unternehmens ohne Zustimmung des Inhabers eines daran bestehenden *nantissement du fonds* geplant, dann kann Letzterer gerichtlich die sofortige Fälligkeit der gesicherten Forderung herbeiführen, wenn er nachweist, dass die beabsichtigte Verlegung eine Wertminderung des *fonds de commerce* zur Folge haben würde.[503] Er kann jedoch die Fälligkeit der gesicherten Forderung im Fall der Standortverlegung auch durch eine entsprechende vertragliche Regelung – mithin ohne ein gerichtliches Verfahren – sicherstellen, was auch der gängigen Praxis entspricht; für eine solche vertraglich vereinbarte Fälligkeit braucht der Inhaber des *nantissement du fonds* nicht

---

501 Guyon, Droit des Affaires, Tome 1, Nr. 670, S. 726; a.A.: Kunzler, Das Nantissement du Fonds de Commerce, S. 119

502 Ripert/Roblot(-Vogel), Traité de Droit Commercial, Tome 1, Volume 1, Nr. 563; Reygrobellet, Fonds de Commerce, Nr. 32.51; Kunzler, Das Nantissement du Fonds de Commerce, S. 72

503 Art. L. 143-1 Abs. 3 C.com.; Ripert/Roblot(-Vogel), Traité de Droit Commercial, Tome 1, Volume 1, Nr. 563; Kunzler, Das Nantissement du Fonds de Commerce, S. 73

nachzuweisen, dass die Standortverlegung einen Wertverlust des Sicherungsgutes zur Folge hat.[504]

4. Vernachlässigung der Unternehmensführung

Auch sofern der Sicherungsgeber, welcher Schuldner der gesicherten Forderung ist, den Wert des beliehenen *fonds de commerce* auf andere Art verringert, etwa durch Vernachlässigung der Geschäftsführung, wird die gesicherte Forderung gemäß Art. 1188 Alt. 2 C.civ. sofort fällig,[505] so dass der Sicherungsnehmer zur Verwertung des Sicherungsgutes schreiten kann.

5. Einzelzwangsvollstreckung Dritter in das Sicherungsgut

Die französische Rechtsordnung enthält Bestimmungen zum weitgehenden Schutz des Inhabers eines *nantissement du fonds* vor der Zerschlagung der wirtschaftlichen Einheit des Sicherungsgutes infolge der Einzelzwangsvollstreckung Dritter.[506]

Im Falle der Zwangsvollstreckung in vom *fonds de commerce* umfasste Vermögensgegenstände ist der Inhaber eines *nantissement du fonds* berechtigt, die Versteigerung des gesamten *fonds de commerce* zu beantragen, auch wenn die gesicherte Forderung noch nicht fällig geworden ist.[507] Dieses Recht steht ihm unabhängig davon zu, ob die Bestandteile des *fonds de commerce*, in welche die Einzelzwangsvollstreckung erfolgt, von seinem *nantissement du fonds* im konkreten Fall umfasst sind oder überhaupt von einem solchen Sicherungsrecht umfasst werden können; der Sicherungsnehmer ist somit zur Verwertung des gesamten *fonds de commerce* sogar dann berechtigt, wenn Gegenstand der Pfändung eines Dritter allein die für den Umlauf bestimmten Waren (*marchandises*) sind, die ja nach Art. L. 142-2 Abs. 1 C.com. aus dem Haftungsverband des *nantissement du fonds* zwingend ausgeschlossen sind.[508]

---

504 Kunzler, Das Nantissement du Fonds de Commerce, S. 73

505 Reygrobellet, Fonds de Commerce, Nr. 74.165; Kunzler, Das Nantissement du Fonds de Commerce, S.75; Stief, Die Verpfändbarkeit des Unternehmens im deutschen, französischen und englischen Recht, S. 24; vgl. auch: Ripert/Roblot(-Vogel), Traité de Droit Commercial, Tome 1, Volume 1, Nr. 562, S. 406; Nr. 565, S. 409

506 Reygrobellet, Fonds de Commerce, Nr. 81.21; Kunzler, Das Nantissement du Fonds de Commerce, S. 69, 85

507 Art. L. 143-10 C.com.; Reygrobellet, Fonds de Commerce, Nr. 74.163 f.

508 Kunzler, Das Nantissement du Fonds de Commerce, S. 85 f.

6. Drohende Beendigung des Geschäftsraummietvertrages

Auch in Bezug auf die weitere Existenz des Geschäftsraummietvertrages als Element des *nantissement du fonds* bietet die französische Rechtsordnung dem Sicherungsnehmer Schutz. Der Fortbestand des Geschäftsraummietvertrages ist für diesen oft von entscheidender Bedeutung, da es sich hierbei regelmäßig um den wertvollsten Vermögensgegenstand eines mittels *nantissement du fonds* beliehenen Unternehmens handelt.[509] Der besondere Wert des Geschäftsraummietvertrages ergibt sich zum einen daraus, dass die Kundschaft kleinerer Unternehmen meist standortgebunden ist;[510] zum anderen räumt das französische Recht dem gewerblichen Mieter eine außerordentlich starke Position gegenüber dem Vermieter ein. Eine erhebliche Gefahr für den Werterhalt des Sicherungsgutes geht daher von der Beendigung des betreffenden Mietverhältnisses aus. Auf die dem Schutz des Sicherungsnehmers vor dieser Gefahr dienenden Rechtsvorschriften soll im Anschluss an die Darstellung der Rechte des Geschäftsraummieters eingegangen werden.

a. Rechtsposition des Geschäftsraummieters

Die starke Rechtsposition, die der gewerbliche Mieter gegenüber dem Vermieter durch zwingende Bestimmungen der französischen Rechtsordnung erfährt, wird mit dem Begriff „*propriété commerciale*" umschrieben.[511] Der Gefahr des Verlustes dessen unter jahrelangen Anstrengungen aufgebauten Kundenbeziehungen, die dem gewerblichen Mieter aus der Beendigung des Mietvertrages drohte und infolge steigender Mietpreise noch verschärft wurde,[512] begegnete das Gesetz vom 30. Juni 1926.[513]

---

[509] Mestre/Pancrazi, Droit commercial, Nr. 692, 716 ff.; Ripert/Roblot(-Vogel), Traité de Droit Commercial, Tome 1, Volume 1, Nr. 456 f.; Guyénot, Le Fonds de Commerce, Nr. 128; Koch, Der Fonds de commerce, S. 78–82; Kunzler, Das Nantissement du Fonds de Commerce, S. 22 f., 47, 69

[510] Reinhard/Chazal, Droit commercial, Nr. 495; Mestre/Pancrazi, Droit commercial, Nr. 690; Koch, Der Fonds de commerce, S. 78; Sonnenberger/Dammann, Französisches Handels- und Wirtschaftsrecht, Rdn. IV 16

[511] Guyon, Droit des Affaires, Tome 1, Nr. 646; Koch, Der Fonds de commerce, S. 78; Sonnenberger/Dammann, Französisches Handels- und Wirtschaftsrecht, Rdn. IV 16; vgl. auch: Mestre/Pancrazi, Droit commercial, Nr. 716

[512] Guyon, Droit des Affaires, Tome 1, Nr. 646

[513] Guyon, Droit des Affaires, Tome 1, Nr. 646; Koch, Der Fonds de commerce, S. 60, 66; Der Schutz des gewerblichen Mieters wurde durch das Dekret Nr. 53-960 vom 30. September 1953, in welchem das Gesetz vom 30. Juni 1926 aufging, noch erweitert (Mestre/Pancrazi,

Der Anwendungsbereich für die entsprechenden Sonderbestimmungen ist eröffnet, wenn der Mieter in den gemieteten Geschäftsräumen tatsächlich einen *fonds de commerce* oder *fonds artisanal* betreibt, welcher in das Handelsregister bzw. in die Handwerksrolle (*répertoire des métiers*) eingetragen ist.[514] Das Vorhandensein eines *fonds de commerce* ist somit Voraussetzung für die besonders vorteilhafte Rechtsstellung des Mieters. Die im Interesse des Geschäftsraummieters existierenden zwingenden Bestimmungen[515] des französischen Rechts haben insbesondere Laufzeit, Mietzinserhöhung, die Übertragbarkeit dessen Rechtsposition und die Änderung der Art des betriebenen Gewerbes zum Gegenstand.

aa. Rechtsposition in Bezug auf Laufzeit

Der Vermieter kann das Geschäftsraummietverhältnis, dessen Mindestlaufzeit grundsätzlich neun Jahre beträgt, nur in Ausnahmefällen vorzeitig beenden.[516] Dem gewerblichen Mieter steht ein Anspruch auf Verlängerung des Mietvertrages auch über diese vertragliche Mindestlaufzeit hinaus zu; Voraussetzung hierfür ist lediglich, dass er vor Ablauf des Mietvertrages in dem Mietobjekt mindestens drei Jahre lang einen *fonds de commerce* bzw. *fonds artisanal* tatsächlich betrieben hat.[517] Selbst bei Untätigkeit beider Parteien bei Ablauf der vereinbarten Mietzeit ist der gewerbliche Mieter vor Verlust seiner im Hinblick auf den Standort des Unternehmens gemachten Investitionen durch das Rechtsinstitut der stillschweigende Vertragsverlängerung (*tacite reconduction*) geschützt.[518] Erklärt der Mieter gegenüber dem Vermieter seinen auf Erneuerung des Mietvertrages (*renouvellement*) gerichteten Willen, dann führt die Untätigkeit des Vermieters zur Verlängerung des Vertragsverhältnisses um die ursprünglich vereinbarte Dauer des abgelaufenen Mietverhältnisses,[519] wobei die

---

Droit commercial, Nr. 716). Die diesbezüglichen Bestimmungen befinden sich nunmehr in Artt. L. 145-1 – 145-60 C.com.

[514] Art. L. 145-1 C.com.; Mestre/Pancrazi, Droit commercial, Nr. 721; Guyon, Droit des Affaires, Tome 1, Nr. 653; Koch, Der Fonds de commerce, S. 79; Sonnenberger/Dammann, Französisches Handels- und Wirtschaftsrecht, Rdn. IV 16 f.

[515] Artt. L. 145-15 f. C.com.; Mestre/Pancrazi, Droit commercial, Nr. 719; Guyon, Droit des Affaires, Tome 1, Nr. 649

[516] Art. L. 145-4 C.com.; Mestre/Pancrazi, Droit commercial, Nr. 719; Guyon, Droit des Affaires, Tome 1, Nr. 667

[517] Art. L. 145-8 C.com.

[518] Art. L. 145-9 Abs. 2 C.com.

[519] Art. L. 145-12 Abs. 1 C.com.

bisherigen vertraglichen Bestimmungen fortgelten.[520] Schutz seiner Interessen erfährt der gewerbliche Mieter auch insoweit, als der Vermieter anlässlich des Ablaufs der vereinbarten Mietzeit eine einseitige Mietzinserhöhung für den Erneuerungszeitraum nur in dem gemäß Artt. L. 145-33 ff. C.com. festgelegten Rahmen vornehmen kann.

Zwar steht es dem Vermieter frei, die Mietvertragsverlängerung durch fristgerechte Mitteilung gegenüber dem gewerblichen Mieter zu beenden.[521] Sofern jedoch keiner der abschließend aufgeführten gesetzlichen Gründe für die Verweigerung der Vertragsverlängerung vorliegt, hat er dem Mieter Schadensersatz in Höhe des Erfüllungsinteresses zu leisten.[522]

bb. Rechtsposition in Bezug auf den Mietzins

Die Möglichkeiten des Vermieters, den Mietzins zu erhöhen, sind durch gesetzliche Bestimmungen beschränkt, welche auf die Festsetzung eines neuen Mietzinses im Einklang mit dem Mietwert der Gewerberäume abzielen.[523] Eine Mietzinserhöhung kann frühestens nach drei Jahren erfolgen,[524] wobei sich der gesetzlich zulässige Erhöhungsbetrag am Mietwert des Mietobjekts zu orientieren hat[525] und grundsätzlich durch die Steigerung des Baukostenindexes (*indice national du coût de la construction*) begrenzt ist.[526] Besteht Uneinigkeit zwischen den Parteien des Mietvertrages darüber, ob sich eine verlangte Mieterhöhung in dem vorerwähnten gesetzlichen Rahmen hält, dann ist der Vermieter auf den Rechtsweg verwiesen, sofern keine Einigung vor der paritätisch aus Vermietern und Mietern besetzten Schlichtungskommission zustandekommt, welche mit der Sache zuvor zu befassen ist.[527]

---

[520] Art. L. 145-9 C.com.; Koch, Der Fonds de commerce, S. 80

[521] Artt. L. 145-17 f., 145-22 C.com.; Mestre/Pancrazi, Droit commercial, Nr. 723

[522] Art. L. 145-14 C.com.; Mestre/Pancrazi, Droit commercial, Nr. 723; Koch, Der Fonds de commerce, S. 80 f.

[523] Art. L. 145-33 C.com.; Mestre/Pancrazi, Droit commercial, Nr. 722; Nr. 729

[524] Art. L. 145-38 C.com.

[525] Art. L. 145-33 C.com.; Mestre/Pancrazi, Droit commercial, Nr. 722

[526] Art. L. 145-34 C.com.; Mestre/Pancrazi, Droit commercial, Nr. 722, 729–731

[527] Art. L. 145-35 C.com.; Mestre/Pancrazi, Droit commercial, Nr. 722, S. 506

cc. Abtretbarkeit der Mieterrechte an den Erwerber des fonds de commerce bzw. fonds artisanal

Im Falle der Übertragung seines *fonds de commerce* bzw. *fonds artisanal* ist der gewerbliche Mieter berechtigt, das Geschäftsraummietverhältnis auf den Erwerber überzuleiten.[528] Den Interessen des Vermieters kann durch die Vereinbarung im Mietvertrag Rechnung getragen werden, dass der bisherige Mieter im Fall eines solchen gewillkürten Vertragsüberganges für den neuen Mieter gesamtschuldnerisch haftet.[529] Ferner ist eine mietvertragliche Bestimmung wirksam, nach welcher die Abtretung der Mieterrechte an die Zustimmung des Vermieters gebunden ist; allerdings kann bei deren unbegründeter Verweigerung die Zustimmung des Vermieters durch eine gerichtliche Entscheidung ersetzt werden.[530] Werden die Rechte aus Geschäftsraummietvertrag in eine Beleihung mittels *nantissement du fonds* einbezogen, dann kann der Vermieter somit nicht verhindern, dass diese im Rahmen der Verwertung des *fonds de commerce* an dessen Erwerber übertragen werden.

dd. Recht auf Ausweitung und Veränderungen der Art der gewerblichen Nutzung

Schließlich ist der gewerbliche Mieter nach zwingendem Recht zur Änderung seiner in den gemieteten Räumen ausgeübten gewerblichen Tätigkeit über den im Mietvertrag gestatteten Gebrauch hinaus (*déspécialisation*) berechtigt.[531] Das gilt zunächst für die Ausübung einer gewerblichen Tätigkeit, welche die mietvertraglich vorgesehene Nutzung ergänzt oder vervollständigt (*déspécialisation partielle*);[532] hiermit kann allerdings eine Mieterhöhung zum nächsten Dreijahreszeitraum einhergehen.[533] Auch zu einer gewerblichen Nutzung, welche in keinerlei Zusammenhang mit der im Mietvertrag vorgesehenen steht (*déspécialisation totale*), kann der Mieter infolge gerichtlicher Entscheidung berechtigt werden, sofern dem kein gewichtiger und legitimer Belang des Ver-

---

528 Art. L. 145-16 C.com.; Guyon, Droit des Affaires, Tome 1, Nr. 672, S. 728; Mestre/Pancrazi, Droit commercial, Nr. 725

529 Guyon, Droit des Affaires, Tome 1, Nr. 672, S. 728; Mestre/Pancrazi, Droit commercial, Nr. 725

530 Mestre/Pancrazi, Droit commercial, Nr. 725

531 Artt. L. 145-47 – 145-55, 145-15 C.com.; Guyon, Droit des Affaires, Tome 1, Nr. 668; Mestre/Pancrazi, Droit commercial, Nr. 724

532 Art. L. 145-47 C.com.; Mestre/Pancrazi, Droit commercial, Nr. 724; Guyon, Droit des Affaires, Tome 1, Nr. 669

mieters oder anderer Mieter entgegensteht.[534] Mit einer derartigen Nutzungsänderung kann zwar eine Pflicht zur Entschädigung des Vermieters sowie eine sofortige Mieterhöhung verbunden sein;[535] diese Nachteile wird der Mieter in der Praxis jedoch im Hinblick auf die weite gerichtliche Auslegung des Begriffs der *déspécialisation partielle* – und dementsprechend der seltenen Einordnung einer Nutzungsänderung als *déspécialisation totale* – kaum befürchten müssen.[536]

b. Rechtsposition des Inhabers eines nantissement du fonds

Der französische Gesetzgeber ist zum Schutz des Inhabers eines *nantissement du fonds* vor der Auflösung des gewerblichen Mietvertrages und infolgedessen des Verlustes der zuvor dargestellten umfassenden Mieterrechte aus dem Haftungsverband dessen Sicherungsrechts aktiv geworden.

Sofern die Nichterfüllung von Mieterpflichten die Ursache für die vom Vermieter gesuchte gerichtliche Vertragsauflösung ist, ist der Inhaber eines *nantissement du fonds* zu deren Erfüllung berechtigt, wodurch der Antrag des Vermieters seine Grundlage verliert.[537] Dadurch, dass die gerichtliche Auflösung des Mietvertrages nur dann Wirkung gegenüber dem Inhaber eines *nantissement du fonds* erlangt, wenn ihm der Auflösungsantrag des Vermieters spätestens einen Monat vor dem betreffenden Rechtsspruch angezeigt wird,[538] wird er in die Lage versetzt, eine auf Mieterpflichtverletzung beruhende Vertragsauflösung zu verhindern. Unterlässt der Vermieter eine Anzeige des Auflösungsantrages an den Inhaber des *nantissement du fonds*, dann macht er sich gegenüber Letzterem für den daraus resultierenden Schaden ersatzpflichtig;[539]

---

533 Art. L. 145-47 Abs. 3 C.com.; Guyon, Droit des Affaires, Tome 1, Nr. 669

534 Artt. L. 145-48, 145-49 Abs. 2 C.com.; Mestre/Pancrazi, Droit commercial, Nr. 724; Guyon, Droit des Affaires, Tome 1, Nr. 670, S. 726

535 Art. L. 145-50 Abs. 2, 3 C.com.; Guyon, Droit des Affaires, Tome 1, Nr. 670

536 Guyon, Droit des Affaires, Tome 1, Nr. 670

537 Cass.civ., 13. 4. 1976, J.C.P. 1977, 2, 18546; Cass.com. 20. 6. 1967, Gaz.Pal. 1967, 2, 198, 1er arrêt; Ripert/Roblot(-Vogel), Traité de Droit Commercial, Tome 1, Volume 1, Nr. 564; Guyénot, Le Fonds de Commerce, Nr. 129; Kunzler, Das Nantissement du Fonds de Commerce, S. 70 f.

538 Art. L. 143-2 Abs. 1 C.com.; Ripert/Roblot(-Vogel), Traité de Droit Commercial, Tome 1, Volume 1, Nr. 564; Kunzler, Das Nantissement du Fonds de Commerce, S. 68–71

539 Req., 21. 3. 1938, D.H., 1938, 308; Ripert/Roblot(-Vogel), Traité de Droit Commercial, Tome 1, Volume 1, Nr. 564; Kunzler, Das Nantissement du Fonds de Commerce, S. 71 f.

der hierbei zu ersetzenden Schaden schließt den Wertverlust des Sicherungsgutes aufgrund Wegfalls der Kundenbeziehungen ein.[540]

Eine einvernehmliche Mietvertragsauflösung – worunter auch die automatische Vertragsauflösung in Ausübung einer mietvertraglichen Bestimmung fällt[541] – kann erst einen Monat nach einer Anzeige hiervon an den Inhaber eines *nantissement du fonds* Wirkung entfalten.[542] Dieser erhält hierdurch Gelegenheit, sich gegen ein kollusives Zusammenwirken von Mieter und Vermieter zu seinen Lasten zur Wehr zu setzen.

Auch in Bezug auf den drohenden Verlust der Mieterrechte aus dem Haftungsverband des *nantissement du fonds* infolge des Ablaufs der vereinbarten Mietzeit ist der Inhaber eines *nantissement du fonds* geschützt. Er kann nämlich nach Art. 1166 C.civ. die für diesen Fall dem Mieter zustehenden Rechte ausüben, sofern Letzterer hiervon keinen Gebrauch macht.[543]

Schließlich wird dem Interesse des Inhabers eines *nantissement du fonds* an dem Erhalt der Rechte aus Geschäftsraummietvertrag dadurch entsprochen, dass mietvertragliche Bestimmungen nichtig sind, nach welchen die Eröffnung des Insolvenzverfahrens über das Vermögen des gewerblichen Mieters die Beendigung des Mietverhältnisses auslöst.[544]

IV. Ergebnis

Die französische Rechtsordnung enthält Bestimmungen, welche den Erhalt des vom *nantissement du fonds* umfassten Sicherungsgutes und der damit verbundenen tatsächlichen Beziehungen vom Zeitpunkt der Sicherheitsbestellung bis zum Eintritt des Sicherungsfalles fördern.

Durch seinen Zugriff auf das Sicherungsgut und die Verfügungsbefugnis darüber kann der Sicherungsgeber die tatsächlichen Beziehungen seines Unternehmens unbeeinträchtigt von dessen Beleihung mittels *nantissement du fonds*

---

540 Kunzler, Das Nantissement du Fonds de Commerce, S. 71 f.

541 Cass.civ. 3e, 27. 6. 1990, D.S. 1990, 200; Cass.civ., 21. 7. 1975, J.C.P. 1977, 2, 18545; Req. 25. 4. 1939, Gaz.Pal. 1939, 2, 220; Ripert/Roblot(-Vogel), Traité de Droit Commercial, Tome 1, Volume 1, Nr. 564; Kunzler, Das Nantissement du Fonds de Commerce, S. 69

542 Art. L. 143-2 Abs. 2 C.com.; Ripert/Roblot(-Vogel), Traité de Droit Commercial, Tome 1, Volume 1, Nr. 564

543 Kunzler, Das Nantissement du Fonds de Commerce, S. 71

544 Artt. L. 145-45, 621-28 Abs. 6 C.com.

erhalten. Zum Schutz des Sicherungsnehmers vor Wertverfall des beliehenen Unternehmens infolge des Verhaltens des Sicherungsgebers bzw. von Drittgläubigern bestimmt die französische Rechtsordnung zum einen, dass verschiedene Vermögensgegenstände von typischerweise hohem Wert unabhängig von Verfügungen des Sicherungsgebers darüber vom *nantissement du fonds* belastet bleiben bzw. dass deren Surrogate in den Haftungsverband gelangen, zum anderen, dass der Sicherungsnehmer zur Verwertung des Sicherungsgutes berechtigt ist, um der wertmindernden Auswirkung des Verhaltens des Sicherungsgebers bzw. Drittgläubigers zuvorzukommen. Schließlich verleiht die französische Rechtsordnung dem Inhaber eines *nantissement du fonds* Befugnisse zwecks Erhalts des vom Sicherungsgut umfassten Geschäftsraummietverhältnisses.

D. Durchsetzung des nantissement du fonds

Das französische Recht enthält ein zwingendes Verwertungsverfahren, welches auf den Erhalt des *fonds de commerce* als lebender wirtschaftlicher Einheit abzielt.[545]

I. Eintritt des Sicherungsfalles bei Gefahr der Entwertung des Sicherungsgutes

Der in der Praxis wichtigste Umstand, der den Inhaber eines *nantissement du fonds* zur zwangsweisen Verwertung des *fonds de commerce* berechtigt, ist die Nichterfüllung der gesicherten Forderung, sofern er nach deren Fälligkeit dem Sicherungsgeber eine Zahlungsaufforderung zugestellt hat und sieben Tage seit der Zustellung vergangen sind.[546]

Kraft Gesetzes wird die gesicherte Forderung in den vorerwähnten Fällen der Unternehmensverlegung ohne Benachrichtigung des Inhabers des *nantissement du fonds* sowie bei den Wert des Sicherungsgutes mindernder Standortverlegung ohne dessen Zustimmung fällig.[547] Ohne Rücksicht auf die Fälligkeit der gesicherten Forderung ist der Inhaber des *nantissement du fonds* im Falle der

---

[545] Kunzler, Das Nantissement du Fonds de Commerce, S. 83
[546] Art. L. 143-5 C.com.; Kunzler, Das Nantissement du Fonds de Commerce, S. 83
[547] vgl. oben: C.III.4

Einzelzwangsvollstreckung durch Dritte zur Verwertung des gesamten *fonds de commerce* berechtigt.[548] Die Konstellationen der vorzeitigen Fälligkeit können vertraglich ausgeweitet werden, was auch üblicherweise geschieht.[549]

Veranlassung, auf entsprechende Fälligkeitsvereinbarungen hinzuwirken, hat der Inhaber eines *nantissement du fonds* nicht nur im Hinblick auf Umstände, welche den Werterhalt des Sicherungsgutes gefährden, sondern auch infolge des französischen zwingenden Rechts, wonach zusammen mit der Hauptforderung Zinsrückstände nur für einen Zeitraum von zwei Jahren mittels *nantissement du fonds* gesichert werden können.[550] Der Sicherungsnehmer wird somit bestrebt sein, in die Sicherungsvereinbarung die vorzeitige Fälligkeit der Hauptforderung für den Fall des Zinszahlungsverzuges aufzunehmen[551] und ferner die Durchsetzung seines Sicherungsrechtes innerhalb von zwei Jahren seit Eintritt des Verzuges abzuschließen.

II. Fortbestand der Unternehmenstätigkeit nach Eintritt des Sicherungsfalles

Dem Unternehmer steht auch nach Beginn des Vollstreckungsverfahrens in den *fonds de commerce* die Geschäftsführungsbefugnis über sein Handelsgeschäft zu, bis eine gegenteilige gerichtliche Entscheidung erfolgt.[552] Hierin muss jedoch vor allem in Bezug auf kleinere Unternehmen kein Nachteil für den Sicherungsnehmer liegen, da die Unternehmerpersönlichkeit ja für die Anziehung der Kundschaft von entscheidender Bedeutung sein kann.[553]

Für den Fall, dass der bisherige Unternehmer nach Eintritt des Sicherungsfalles für die Unternehmensleitung nicht in Betracht kommt, insbesondere weil er die Geschäftsführung einstellt, wird die Aufrechterhaltung des Geschäftsbetriebes dadurch ermöglicht und infolgedessen der Erhalt der tatsächlichen Beziehungen gefördert, dass ein vorläufiger Verwalter (*administrateur provisoire*) in dem die

---

[548] vgl. oben: C.IV

[549] Kunzler, Das Nantissement du Fonds de Commerce, S. 75 f.

[550] Art. L. 143-19 Abs. 2 C.com.; Stief, Die Verpfändbarkeit des Unternehmens im deutschen, französischen und englischen Recht, S. 48

[551] Stief, Die Verpfändbarkeit des Unternehmens im deutschen, französischen und englischen Recht, S. 48

[552] vgl.: Art. L. 143-4 C.com.; Stief, Die Verpfändbarkeit des Unternehmens im deutschen, französischen und englischen Recht, S. 56

[553] vgl.: Kunzler, Das Nantissement du Fonds de Commerce, S. 117

Verwertung des *fonds de commerce* anordnenden Urteil bestimmt werden kann.[554]

III. Einheitliches Verwertungsverfahren

Für die Durchsetzung des *nantissement du fonds* sieht die französische Rechtsordnung ein einheitliches Verwertungsverfahren vor, welches nach Art. L. 143-5 C.com. auch die nicht vom *nantissement du fonds* umfassten Aktiva des *fonds de commerce* und sogar die nicht einmal hiervon umfassbaren Waren des Umlaufvermögens einschließt;[555] das Verwertungsverfahren erstreckt sich somit zwingend auf den gesamten *fonds de commerce.*[556] Insoweit verhindert die französische Rechtsordnung die Zerschlagung des Unternehmens in verschiedenen Verwertungsverfahren, welche zur Veräußerung des Unternehmensvermögens an verschiedene Erwerber oder auch an denselben Erwerber jedoch zu verschiedenen Zeitpunkten führen könnte. Das französische Recht enthält somit zwingende Bestimmungen zur Verwertung des *fonds de commerce* als produktiver Wirtschaftseinheit, worauf die Interessen des Unternehmers und dessen Gläubiger gleichermaßen gerichtet sind.[557] Es stellt sich die Frage, ob die betreffenden Vorschriften geeignet sind, dieses Ziel zu erreichen.

1. Art der Verwertung

Das französische Recht schreibt die Verwertung des *fonds de commerce* aufgrund gerichtlichen Urteils[558] im Wege der öffentlichen Versteigerung nach den für bewegliche Sachen geltenden Vorschriften zwingend vor.[559] Die gerichtliche Übertragung des Sicherungsgutes auf den Sicherungsnehmer, die im Fall der Verpfändung von beweglichen Sachen nach Art. 2078 C.civ. eine mögliche Form der Verwertung darstellt, ist in Bezug auf das *nantissement du fonds* nach

[554] Artt. L. 143-4 Abs. 1, 143-5 Abs. 2 C.com.; Reygrobellet, Fonds de Commerce, Nr. 82.11; Stief, Die Verpfändbarkeit des Unternehmens im deutschen, französischen und englischen Recht, S. 56

[555] Art. L. 143-10 Abs. 3 C.com.; Kunzler, Das Nantissement du Fonds de Commerce, S. 83 f.

[556] Kunzler, Das Nantissement du Fonds de Commerce, S. 83 f.

[557] Kunzler, Das Nantissement du Fonds de Commerce, S. 83 ; vgl. auch: Reygrobellet, Fonds de Commerce, Nr. 81.11, 81.21

[558] Artt. L. 143-4 f. C.com.; Kunzler, Das Nantissement du Fonds de Commerce, S. 84

[559] Reygrobellet, Fonds de Commerce, Nr. 82.21; Kunzler, Das Nantissement du Fonds de Commerce, S. 87

Art. L. 142-1 Abs. 2 C.com. ausgeschlossen; ebenfalls ausgeschlossen ist die außergerichtliche Verwertung des *fonds de commerce.*[560]

2. Regelungen bezüglich des zeitlichen Ablaufs des Verwertungsverfahrens

Die in Art. L. 143-4 Abs. 4 C.com. bestimmte Frist von nur 14 Tagen nach dem ersten Verhandlungstermin, innerhalb welcher das Gericht den Verkauf des Unternehmens anzuordnen hat, bringt zwar das gesetzgeberische Ziel eines schnellen Verfahrens zum Ausdruck; allerdings zieht die Überschreitung dieser Frist, wie auch anderer für das Verfahren der Verwertung des *nantissement du fonds* normierter Fristen, keinerlei Konsequenzen nach sich.[561] Die Berufung des Unternehmers gegen ein die Verwertung anordnendes Urteil hat aufschiebende Wirkung;[562] die Möglichkeit einer vorläufigen Vollstreckung gewährt die französische Rechtsordnung in Bezug auf das *nantissement du fonds* nicht.[563] Zudem existieren keinerlei gesetzliche Vorgaben für die Frist, innerhalb welcher eine vom Inhaber eines *nantissement du fonds* beantragte Versteigerung zu erfolgen hat.[564] Infolgedessen beläuft sich die Dauer der Verwertung des *fonds de commerce*, welche ein für den Fortbestand eines Unternehmens als profitabler operativer Wirtschaftseinheit maßgeblicher Faktor ist,[565] mitunter auf Jahre.[566]

3. Einbeziehbarkeit von Grundstücken in die Verwertung

Unternehmensaktiva, die nicht Gegenstand des *fonds de commerce* sind, vor allem Grundstücke und im Allgemeinen auch Forderungen,[567] können infolge der unterschiedlichen zwingenden Verwertungsverfahren für den *fonds de commerce* und für unbewegliches Vermögen nicht in die einheitliche Verwertung des *fonds de commerce* einbezogen werden. Im Rahmen der Durchsetzung des *nantissement du fonds* kann nicht sichergestellt werden, dass ein *fonds de*

---

560 Norton Rose/Gdanski, Cross-Border Security, S. 90; Kunzler, Das Nantissement du Fonds de Commerce, S. 83

561 Kunzler, Das Nantissement du Fonds de Commerce, S. 121; Stief, Die Verpfändbarkeit des Unternehmens im deutschen, französischen und englischen Recht, S. 56

562 Art. L. 143-4 Abs. 4 S. 2 C.com.; Reygrobellet, Fonds de Commerce, Nr. 82.11

563 Kunzler, Das Nantissement du Fonds de Commerce, S. 121

564 Reygrobellet, Fonds de Commerce, Nr. 82.11

565 Martin, Les innovations de la loi sur le redressement judiciaire des entreprises, numéro spécial de la Rev.trim.dr.com., Tome 1 (1986), 132 (137)

566 Kunzler, Das Nantissement du Fonds de Commerce, S. 121

567 vgl. oben: B.I.1.a

commerce und dessen Betriebsgrundstück von demselben Ersteigerer in demselben Zeitraum erworben werden.[568] Somit kann die einheitliche Verwertung von über Grundvermögen verfügenden Unternehmen nicht gewährleistet werden.

4. Besondere Bedeutung der Unternehmerpersönlichkeit

Insbesondere bei kleineren Unternehmen besteht oftmals eine starke Abhängigkeit der tatsächlichen Beziehungen des Unternehmens und des unternehmerischen Erfolges überhaupt von der Persönlichkeit des Unternehmers, beispielsweise aufgrund dessen direkten Kundenkontakts.[569] Daraus folgt im Fall des Inhaberwechsels bei Unternehmen kleineren Umfangs die Gefahr des Verlustes solcher Beziehungen.[570]

5. Ergebnis

Das einheitliche Verwertungsverfahren über den *fonds de commerce*, für welches die französische Rechtsordnung keine außergerichtliche Alternative eröffnet, führt infolge seiner regelmäßig sehr langen Dauer zu Beeinträchtigungen der durch den *fonds de commerce* vermittelten Gewinnchancen,[571] zumal für den Zeitraum der Verwertung im Gesetz kein Instrumentarium der Finanzierung der weiteren Unternehmenstätigkeit vorgesehen ist. Der Inhaber eines *nantissement du fonds* muss somit davon ausgehen, dass das Unternehmen als gewinnbringende operative Wirtschaftseinheit am Ende des Verwertungsverfahrens nicht mehr vorhanden sein wird und dass folglich nur in besonderen Ausnahmefällen ein Erlös in den Zerschlagungswert des *fonds de commerce* übersteigender Höhe erzielt werden kann.

---

[568] Reinhard/Chazal, Droit commercial, Nr. 511; Ripert/Roblot(-Vogel), Traité de Droit Commercial, Tome 1, Volume 1, Nr. 459; Koch, Der Fonds de commerce, S. 86; vgl. auch: Reygrobellet, Fonds de Commerce, Nr. 17.44, 82.02

[569] Kunzler, Das Nantissement du Fonds de Commerce, S. 117

[570] Kunzler, Das Nantissement du Fonds de Commerce, S. 117

[571] Bodenstein/Eberth, Kreditsicherung im Geschäftsverkehr mit dem Ausland, Bd. I (1977), S. 91; Kunzler, Das Nantissement du Fonds de Commerce, S. 121

IV. Gewährleistung eines dem Ertragswert entsprechenden Erlöszuflusses an den Sicherungsnehmer

Sofern somit für den *fonds de commerce* kein gegenüber dessen Zerschlagungswert höherer Verwertungserlös als produktive Wirtschaftseinheit erzielt wird, kann der Sicherungsnehmer auch an keinem solchen Erlös partizipieren.

1. Rangstelle des Sicherungsnehmers am Veräußerungserlös

Sollte die Verwertung des *fonds de commerce* als wirtschaftlicher Einheit dennoch gelingen, dann wird schon deshalb nur ein unterhalb dessen vollen Wertes als produktiver Wirtschaftseinheit liegender Erlös erzielt werden, weil der Erwerber in Verträge mit Arbeitnehmern eintritt[572] und infolgedessen einen um die aufgelaufenen Verbindlichkeiten gegenüber den Arbeitnehmern reduzierten Kaufpreis bieten wird. Auch der für ein fortbestehendes Unternehmen gebotene Höchstbetrag muss somit keinesfalls notwendigerweise über dessen Zerschlagungswert liegen.

An diesem – insofern bereits geminderten – Erlös für den *fonds de commerce* ist die mit dem *nantissement du fonds* gesicherte Forderung lediglich nachrangig gegenüber bedeutsamen Forderungen anderer Gläubiger zu befriedigen.[573] Das gilt für den gerichtlich festgestellten Erstattungsanspruch auf die Kosten für das auf Verkauf des *fonds de commerce* lautende Urteil einschließlich der Kosten für einen etwaig bestellten vorläufigen Verwalter.[574] Vorrang vor dem *nantissement du fonds* kommt ferner dem Recht auf vorzugsweise Befriedigung des Inhabers eines Inventarpfandrechts zu.[575] Sofern das *nantissement du fonds* vom Erwerber eines *fonds de commerce* bestellt wird, ist ihm gegenüber auch das Vorzugsrecht (*privilège*) dessen Veräußerers stets vorrangig, mit dem die betreffende Kaufpreisforderung gesichert ist,[576] gleich wann der Veräußerer

---

[572] vgl. oben: B.I.1.b.cc

[573] Reygrobellet, Fonds de Commerce, Nr. 71.22, S. 626; Kunzler, Das Nantissement du Fonds de Commerce, S. 89 ff.

[574] Art. L. 143-4 Abs. 7 C.com.; Kunzler, Das Nantissement du Fonds de Commerce, S. 91

[575] Art. L. 525-9 Abs. 2 C.com.; Mestre/Pancrazi, Droit commercial, Nr. 737, S. 514; Guyénot, Le Fonds de Commerce, Nr. 126, S. 68; Kunzler, Das Nantissement du Fonds de Commerce, S. 95; vgl. oben: C.III.1.a

[576] Art. L. 141-5 Abs. 1 C.com.

dieses Sicherungsrecht in das Pfandregister eintragen lässt.[577] Ferner sind die mit einem Vorzugsrecht ausgestatteten Forderungen des Fiskus auf direkte Steuern[578] mit Vorrang vor der mit *nantissement du fonds* gesicherten Forderung zu befriedigen,[579] was sich für den Inhaber eines *nantissement du fonds* äußerst nachteilig auswirkt.[580] Diesbezüglich hat der französische Gesetzgeber das *nantissement du fonds* gegenüber dem Inventarpfandrecht schlechter gestellt, denn Letzteres gewährt Vorrang vor den Forderungen des Fiskus.[581]

2. Gegenstand der Versteigerung

Das für den *fonds de commerce* geltende Versteigerungsverfahren weist die Besonderheit auf, dass der zu zahlende Preis den Bestandteilen des *fonds de commerce* betragsmäßig zuzuordnen ist: Die Teilkaufpreise, welche der Ersteigerer für die Waren des Umlaufvermögens (*marchandises*) sowie für die zum Anlagevermögen gehörende Fahrnis (*matériel*) zu zahlen hat, werden in der Praxis meist durch Partei- oder Gerichtsgutachten vor Versteigerungsbeginn festgesetzt, während der im Wege der Versteigerung ermittelte Kaufpreis lediglich die unkörperlichen Bestandteile des *fonds de commerce* betrifft.[582]

Wird der Preis für die Waren des Umlaufvermögens, welche ja nicht vom *nantissement du fonds* umfasst werden können, von dem betreffenden Gutachter höher angesetzt, als diese einem Kaufinteressenten wert sind, dann wird Letzterer einen entsprechend niedrigeren Betrag für die unkörperlichen Bestandteile des *fonds de commerce* bieten. Für den Inhaber des *nantissement du fonds* besteht somit ein Risiko einer weiteren Verminderung des auf sein Sicherungsrecht entfallenden Erlösbetrages.

---

[577] Ripert/Roblot(-Vogel), Traité de Droit Commercial, Tome 1, Volume 1, Nr. 550; Reygrobellet, Fonds de Commerce, Nr. 84.30; Fargeaud, Le gage sans dépossession comme instrument de crédit et le marché commun, Nr. 17; Koch, Der Fonds de commerce, S. 189;

[578] Art. 1920 C.G.I.

[579] Com., 26. 10. 1971, D., 1972, 61; J.C.P., 1972, II, 17058, 61; Guyon, Droit des Affaires, Tome 1, Nr. 712; Mestre/Pancrazi, Droit commercial, Nr. 737, S. 514; Reinhard/Chazal, Droit commercial, Nr. 561

[580] Guyon, Droit des Affaires, Tome 1, Nr. 712; Cabrillac/Mouly, Droit des Sûretés, Nr. 703, S. 696; Ripert/Roblot(-Vogel), Traité de Droit Commercial, Tome 1, Volume 1, Nr. 547; Reygrobellet, Fonds de Commerce Nr. 71.22, S. 626; Koch, Der Fonds de commerce, S. 191; Bodenstein/Eberth, Kreditsicherung im Geschäftsverkehr mit dem Ausland, Bd. I, S. 91 f.

[581] Mestre/Pancrazi, Droit commercial, Nr. 838; Sonnenberger/Dammann, Französisches Handels- und Wirtschaftsrecht, Rdn. VII 30, Fn. 76

[582] Artt. L. 143-15 Abs. 1, 143-10 Abs. 2 C.com.; Mestre/Pancrazi, Droit commercial, Nr. 765

V. Ergebnis

Das langwierige zwingend vorgeschriebene Verfahren der Durchsetzung des *nantissement du fonds* im Wege der gerichtlichen Verwertung führt dazu, dass ein Erlös für das beliehene Unternehmen, welcher dessen Wert als lebender wirtschaftlicher Einheit widerspiegelt, nur in besonderen Ausnahmesituationen erzielt werden kann.[583] Da ferner ein für den *fonds de commerce* erzielter Erlösbetrag dem Inhaber des *nantissement du fonds* erst nachrangig nach verschiedenen Forderungen von in der Praxis bedeutsamem Ausmaß, einschließlich direkter Steuerforderungen, zusteht, wird der wirtschaftliche Wert, den dieses Sicherungsrecht seinem Inhaber bietet, noch weiter reduziert.[584]

E. Rechtsposition des Sicherungsnehmers im Falle der Insolvenz des Sicherungsgebers

Wird der sicherungsgebende Kaufmann oder Handwerker oder die sicherungsgebende juristische Person des Privatrechts zahlungsunfähig,[585] dann liegt der Eröffnungsgrund für das durch das Gesetz vom 25. Januar 1985 als einheitliches Insolvenzverfahren eingeführte Sanierungsinsolvenzverfahren *redressement judiciaire* vor.[586] Antragsberechtigt ist der betroffene Schuldner[587] und jeglicher Gläubiger.[588] Der Sicherungsgeber wird von der Erfüllung von mit dem *nantissement du fonds* gesicherten fälligen Forderungsbeträgen in aller Regel nur dann Abstand nehmen, wenn er zahlungsunfähig ist. Zu diesem häufigen Grund für den Sicherungsfall, welcher den Sicherungsnehmer zur Durchsetzung seines *nantissement du fonds* nach dem oben dargestellten Verwertungsverfahren berechtigt, kommen wird es somit dann, wenn gleichzeitig die Voraussetzungen der Eröffnung des Insolvenzverfahrens vorliegen.

---

583 vgl. oben: III

584 Guyon, Droit des Affaires, Tome 1, Nr. 712; Cabrillac/Mouly, Droit des Sûretés, Nr. 703, S. 696; Koch, Der Fonds de commerce, S. 191; Bodenstein/Eberth, Kreditsicherung im Geschäftsverkehr mit dem Ausland, Bd. I, S. 91 f.

585 hierzu: Mestre/Pancrazi, Droit commercial, Nr. 1190

586 Artt. L. 631-1 Abs. 1, 631-2 Abs. 1 C.com.; MünchKomm/Augustin, InsO, Art. 102 EGInsO, Anh. II, Frankreich, Rdn. 4

587 Artt. L. 631-2 Abs. 1, 631-4 Abs. 1 C.com.

588 Art. L. 631-5 Abs. 2; zu sämtlichen Antragsberechtigten: Mestre/Pancrazi, Droit commercial, Nr. 1193- 1197

Während nach früherer Rechtslage der Inhaber eines *nantissement du fonds* sein Sicherungsrecht aufgrund eines Absonderungsrechts durchsetzen konnte,[589] wozu auch die Vereinbarung der vorzeitigen Fälligkeit der gesicherten Forderung im Falle der Eröffnung des Konkursverfahrens diente,[590] werden nach der Reform des französischen Insolvenzrechts durch das Gesetz vom 25. Januar 1985 die vom *nantissement du fonds* umfassten Vermögensgegenstände in das Insolvenzverfahren einbezogen; Inhabern von *nantissements du fonds* und grundsätzlich auch anderen Sicherungsnehmern[591] steht kein Recht auf abgesonderte Befriedigung zu.[592] Generell sind Einzelvollstreckungsmaßnahmen ab Verkündung des Urteils über die Eröffnung des Insolvenzverfahrens ausgeschlossen.[593] Konkursfeste Sicherungsrechte sind nach französischem Recht allerdings Sicherungsabtretungen an Banken, da solche abgetretenen Forderungen nicht mehr zum Vermögen des Schuldners gehören und daher auch nicht in die Insolvenzmasse fallen.[594]

Dass der Inhaber eines *nantissement du fonds* an der Verwertung des *fonds de commerce* für die Dauer des Insolvenzverfahrens gehindert ist, erscheint für diesen allerdings nicht von vornherein nachteilig. Denn die mit dem *redressement judiciaire* nach Art. L. 631-1 Abs. 2 C.com. zu verfolgenden Ziele – der Erhalt des Unternehmens, die Aufrechterhaltung der Geschäftstätigkeit, der Erhalt der Arbeitsplätze und die Bereinigung der Verbindlichkeiten – können durchaus mit dessen Interesse im Einklang stehen, da sie die Wahrung des Wertes des Sicherungsgutes als produktiver Wirtschaftseinheit anstatt dessen Wertminderung durch Zerschlagung implizieren.[595] Das gilt umso mehr, als der Fortbestand mittels *nantissement du fonds* belasteter wirtschaftlicher Einheiten außerhalb des Insolvenzverfahrens, nämlich im Wege des zuvor dargestellten

---

589 Kunzler, Das Nantissement du Fonds de Commerce, S. 84; Gravenhorst, Mobiliarsicherheiten für Darlehens- und Warenkredite in sechs Ländern der Europäischen Gemeinschaften (1972), S. 25

590 vgl.: Kunzler, Das Nantissement du Fonds de Commerce, S. 75

591 Zierau, Die Stellung der Gläubiger im französischen Sanierungsverfahren (1991), S. 126

592 Mestre/Pancrazi, Droit commercial, Nr. 737, 765; Sonnenberger/Dammann, Französisches Handels- und Wirtschaftsrecht, Rdn. VII 24, Fn. 52; Zierau, Die Stellung der Gläubiger im französischen Sanierungsverfahren, S. 126

593 Art. L. 631-14, 622-21 C.com.; Mestre/Pancrazi, Droit commercial, Nr. 1245–1247; Hess/Goetsch, KO, § 237, Rdn. 240

594 Artt. L. 313-23 ff. Code monétaire et financier; Dammann/Undritz, Die Reform des französischen Insolvenzrechts im Vergleich zur InsO, NZI 2005, 198 (201); Zierau, Die Stellung der Gläubiger im französischen Sanierungsverfahren, S. 114–116

595 Hess/Goetsch, KO, § 237, Rdn. 173

Verfahrens zur Durchsetzung des *nantissement du fonds* nach Artt. L. 143-3 ff. C.com., kaum zu bewerkstelligen ist.[596]

I. Erhalt des Unternehmens als wirtschaftlicher Einheit

Das französische Insolvenzverfahren enthält Regelungen zwecks Erhalts des Unternehmens als wirtschaftlicher Einheit mitsamt dessen Gewinnchancen.

1. Verfahren zur Vermeidung des Sanierungsinsolvenz- bzw. gerichtlichen Liquidatiosnverfahrens

Im Rahmen einer zum 1. Januar 2006 in Kraft getretenen umfassenden Reformgesetzgebung[597] haben drei unterschiedliche Verfahren den Eingang in das sechste Buch[598] des Code de commerce gefunden, welche allesamt auf die Vermeidung des für zahlungsunfähige Schuldner geltenden Sanierungsinsolvenzverfahrens *redressement judiciaire* bzw. des gerichtlichen Liquidatiosnverfahrens *liquidation judiciaire* abzielen. Sofern diese neuen Verfahren scheitern, werden sich die vorgenannten Insolvenzverfahren jedoch anschließen.[599]

a. Mandat ad hoc

So wurde das durch Richterrecht geschaffene flexible Institut des *mandat ad hoc* in Art. L. 611-3 C.com. auf eine gesetzliche Grundlage gestellt.[600] Auf Antrag des Trägers eines in die Krise geratenen Unternehmens, welcher aber noch zahlungsfähig ist, kann durch den Präsidenten des Handelsgerichts ein *mandataire ad hoc* bestellt werden, welchem die Aufgabe zukommt, die Eröffnung eines Insolvenzverfahrens – vor allem im Wege eines Vergleichs zwischen dem Antragsteller und dessen Gläubigern – abzuwenden.[601] Ein durch Vermittlung eines *mandataire ad hoc* zustade gekommener Vergleich wird nicht gerichtlich

---

[596] vgl. oben: D

[597] Gesetz Nr. 2005-845 vom 26. 7. 2005

[598] „Des Difficultés des entreprises"

[599] vgl.: Artt. L. 611-12, 631-4 Abs. 2, 640-4 Abs. 2 C.com.

[600] Peyramaure/Sardet, L'entreprise en difficulté : Prévention, Restructuration, Redressement (2006), Nr. 1103

[601] Peyramaure/Sardet, L'entreprise en difficulté, Nr. 1105 f.; Dammann/Undritz, NZI 2005, 198 (199)

bestätigt und bietet daher zwar den Vorteil, dass er vertraulich bleibt; jedoch gewährt er wenig an Rechtssicherheit, insbesondere weil in diesem Verfahren keine gerichtliche Entscheidung darüber ergeht, dass der Antragsteller tatsächlich noch zahlungsfähig war.[602] Die Gläubiger, die einen durch den *mandataire ad hoc* vermittelten Vergleich mit dem Schuldner abschließen, sind somit vor Inanspruchnahme im Zuge von Insolvenzanfechtungen nach Artt. L. 632-1 f. C.com. nicht sicher.[603]

b. Schlichtungsverfahren (procédure de conciliation)

Des Weiteren kann der Inhaber eines mittels *nantissement du fonds* belasteten Unternehmens seit dem 1. Januar 2006 ein Schlichtungsverfahren (*procédure de conciliation*) beantragen, sofern er rechtlichen, wirtschaftlichen oder finanziellen Schwierigkeiten gegeübersteht und noch nicht länger als seit 45 Tagen zahlungsunfähig ist.[604] Dieses Verfahren wurde in Anlehung an das bisherige, in Anwendung und Wirkung eng begrenzte *règlement amiable* geschaffen.[605]

Mit Hilfe eines gerichtlich bestellten Schlichters (*conciliateur*) kann auf die Überwindung der betreffenden Krise mittels freiwilliger Zugeständnisse der Gläubiger des Antragstellers hingewirkt werden. Im Unterschied zum Verfahren des *mandat ad hoc* kann der Schuldner im Schlichtungsverfahren nach Art. L. 611-8 II. C.com. eine offizielle gerichtliche Anerkennung (*homologation*) eines betreffenden Vergleichs beantragen, durch welche das im Rahmen des *mandat ad hoc*-Verfahrens bestehende Risiko der Insolvenzanfechtung weitgehend ausgeschlossen wird.[606] Die *homologation* fördert den Erhalt des in die Krise geratenen Unternehmens auch insofern, als sie einen Befriedigungsvorrang derjenigen Gläubiger zur Folge hat, die gemäß der vergleichsweise getroffenen Vereinbarungen dem Schuldner neuen Kredit gewähren, um die Zukunft des Unternehmens zu sichern.[607]

---

602 Peyramaure/Sardet, L'entreprise en difficulté, Nr. 1109
603 Dammann/Undritz, NZI 2005, 198 (199)
604 Artt. L. 611-4 – 611-6 C.com.
605 Dammann/Undritz, NZI 2005, 198 (199)
606 Art. L. 631-8 Abs. 2 S. 2 C.com.
607 Artt. L. 611-11, 622-15, 641-13 C.com.

c. Präventives Insolvenzverfahren (procédure de sauvegarde)

Als Kernstück der zum 1. Januar 2006 in Kraft getretenen Reformgesetzgebung ist schließlich die *procédure de sauvegarde* geschaffen worden, welche ein noch zahlungsfähiger Schuldner beantragen kann. Antragsvoraussetzungen sind Schwierigkeiten, die der Schuldner nicht überwinden kann, infolge derer seine Zahlungsunfähigkeit droht.[608] Zweck dieses präventiven Insolvenzverfahrens ist die Reorganisation des Schuldnerunternehmens und infolgedessen dessen Fortführung unter Erhalt von Arbeitsplätzen und Begleichung der Verbindlichkeiten.[609]

Das neu geschaffene Verfahren der *procédure de sauvegarde* ist weitgehend an dem für das zahlungsunfähige Unternehmen geltenden Sanierungsinsolvenzverfahren (*redressement judiciaire*) orientiert.[610] Die folgendnen Ausführungen über das *redressement judiciaire* gelten daher grundsätzlich entsprechend für die *procédure de sauvegarde.*

2. Sanierungsinsolvenzverfahren (redressement judiciaire)

In dem Eröffnungsbeschluss wird mindestens ein verfahrensleitender Richter (*juge commissaire*) benannt.[611] Dieser hat insbesondere die Aufgabe, auf einen schnellen Verfahrensablauf und die Wahrung der hierdurch geschützten Interessen hinzuwirken.[612] Im Eröffnungsbeschluss wird weiterhin ein Gläubigervertreter (*mandataire judiciaire*) bestellt.[613]

a. Beobachtungsphase

Grundsätzlich beginnt das Sanierungsinsolvenzverfahren mit einer Beobachtungsphase (*période d'observation*),[614] in welcher das Schuldnerunternehmen

---

[608] Art. L. 620-1 Abs. 1 S. 1 C.com.
[609] Art. L. 620-1 Abs. 1 S. 2 C.com.
[610] vgl.: Dammann/Undritz, NZI 2005, 198 (200–203). Da in der seit 1. Januar 2006 geltenden Neufassung des Sechsten Buches des Code de commerce aber zunächst das präventive Insolvenzverfahren *procédure de sauvegarde* geregelt wird, sind nunmehr in den Bestimmungen über das schon seit 1985 existierende Insolvenzverfahren *redressement judiciaire* umfassende Verweisungen auf dieses neu geschaffene, nunmehr den Ausgangspunkt bildende, präventive Verfahren enthalten.
[611] Artt. L. 631-9, 621-4 Abs. 1 C.com.
[612] Artt. L. 631-9, 621-9 C.com.; Peyramaure/Sardet, L'entreprise en difficulté, Nr. 1211
[613] Artt. L. 631-14 Abs. 1, 621-4 Abs. 3, 631-9, 622-20 C.com.
[614] MünchKomm/Augustin, InsO, Art. 102 EGInsO, Anh. II, Frankreich, Rdn. 4, 6

grundsätzlich weiterzuführen ist,[615] um die Möglichkeit einer Sanierung nicht von vornherein auszuschließen.[616] In diesem Stadium des Verfahrens bleibt der Schuldner zur Geschäftsführung und zu Verfügungen über sein Vermögen befugt, soweit nicht für bestimmte Geschäfte die Mitwirkung des Insolvenzverwalters (*administrateur judiciaire*) gerichtlich angeordnet ist.[617] Der Fortbestand der unternehmerischen Tätigkeit wird auch insofern gefördert, als der Insolvenzverwalter erforderlichenfalls zur eigenen Vornahme der hierzu notwendigen Maßnahmen befugt ist[618] und allgemein die Sanierungschancen zu prüfen hat.[619] Der Insolvenzverwalter kann die Erfüllung von vor der Eröffnung des Insolvenzverfahrens begründeten laufenden Verträgen unter Erbringung der Gegenleistung hierfür verlangen[620] und infolgedessen für den Fortbestand des Unternehmens entscheidende Lieferantenbeziehungen erhalten.[621] Letzteres wird auch dadurch gefördert, dass Vertragsklauseln, nach denen die Eröffnung des Insolvenzverfahrens zur automatischen Beendigung von Dauerschuldverhältnissen führt, nach zwingendem Recht unwirksam sind.[622] Ferner kann die Verfahrenseröffnung nicht die Fälligkeit von Forderungen herbeiführen. Auch durch diese Norm zwingenden Rechts wird die weitere Finanzierung des Unternehmens im Insolvenzverfahren erleichtert.[623] Der Vertragspartner des Schuldners kann die Erfüllung seiner Pflichten nicht unter Berufung auf die vor Verfahrenseröffnung unterbliebene Gegenleistung des Schuldners verwei-

---

615 Artt. L. 631-14 Abs. 1, 622-9 C.com.

616 Mestre/Pancrazi, Droit commercial, Nr. 1220, 1228; Stahmer, Verzinsliches Darlehen in der Insolvenz (2002), S. 122

617 Artt. L. 631-14 Abs. 1, 622-3 C.com.; Hess/Goetsch, KO, § 237, Rdn. 202; MünchKomm/Augustin, InsO, Art. 102 EGInsO, Anh. II, Frankreich, Rdn. 7. Für Unternehmen, deren Arbeitnehmerzahl und Umsatz einen per Verordnung festzulegenden Umfang nicht überschreitet, kann von der Bestellung eines *administrateur judiciaire* nach Artt. L. 631-9, 621-4 C.com. abgesehen werden; in diesem Fall werden die sonst Letzterem zukommenden Aufgaben nach Artt. L. 631-19 I., 627-1 – 627-4 C.com. von dem stets zu bestellenden mandataire judiciaire wahrgenommen.

618 Artt. L. 631-14 Abs. 1, 622-4 C.com.; Mestre/Pancrazi, Droit commercial, Nr. 1221

619 Zierau, Die Stellung der Gläubiger im französischen Sanierungsverfahren, S. 62

620 Artt. L. 631-14 I., 622-13 C.com.; Mestre/Pancrazi, Droit commercial, Nr. 1229; MünchKomm/Augustin, InsO, Art. 102 EGInsO, Anh. II, Frankreich, Rdn. 18

621 Peyramaure/Sardet, L'entreprise en difficulté, Nr. 1218; Mestre/Pancrazi, Droit commercial, Nr. 1229; Le Floch, Nr. 279; Zierau, Die Stellung der Gläubiger im französischen Sanierungsverfahren, S. 143

622 Artt. L. 631-14 Abs. 1, 622-13 Abs. 6 C.com.; Mestre/Pancrazi, Droit commercial, Nr. 1229; Sonnenberger/Dammann, Französisches Handels- und Wirtschaftsrecht, Rdn. VII 13

623 Artt. L. 631-14 Abs. 1, 622-29 C.com.; Mestre/Pancrazi, Droit commercial, Nr. 1243

gern.[624] Auf vor Verfahrenseröffnung begrüdeten Forderungen darf der Schuldner grundsätzlich nicht mehr leisten.[625] Des Weiteren wirkt sich für die Sanierungschanchen förderlich aus, dass Rechtsverfolgungsmaßnahmen einzelner Gläubiger bis auf wenige Ausnahmen mit der Eröffnung des Insolvenzverfahrens unzulässig werden.[626] Begünstigend für den Erhalt des Unternehmens als wirtschaftlicher Einheit stellt sich ferner der Vorrang dar, mit dem Verbindlichkeiten, die in der Beobachtungsphase begründet wurden, in voller Höhe im Zeitpunkt ihrer Fälligkeit bzw. mit Vorrang vor fast jeglichen sonstigen Forderungen zu begleichen sind; solchen Forderungen gehen lediglich die mit „Superprivileg" ausgestatteten Arbeitnehmerforderungen, die Forderungen auf Zahlung von Gerichtsgebühren sowie die Forderungen aus Vereinbarungen, die im Rahmen eines vorgeschalteten Verfahrens der *conciliation* gerichtlich durch *homologation* bestätigt wurden,[627] vor.[628] Hierdurch wird insbesondere ein Anreiz zur Vergabe von neuen Krediten geschaffen, mit welchen die Fortführung der Tätigkeit des insolvent gewordenen Unternehmens finanziert werden kann.[629] Eine abweichende Behandlung erfahren demgegenüber vor der Eröffnung des Insolvenzverfahrens begründete Forderungen. Der Lauf der Zinsen hierfür ist während des Insolvenzverfahrens suspendiert; ausgenommen hiervon sind Kreditverträge mit einer längeren Laufzeit als einem Jahr.[630] Die Beobachtungsphase ist auf eine maximale Dauer von sechs Monaten beschränkt und kann einmal verlängert werden.[631] Auch in der hiermit einhergehenden Pflicht zum zeitnahem Handeln kann ein Beitrag zum Erhalt des Unternehmens als wirtschaftlicher Einheit liegen.

In der Beobachtungsphase hat der Insolvenzverwalter eine Wirtschafts- und Sozialbilanz (*bilan économique et social*) zu erstellen und darin die Ursache der Zahlungsunfähigkeit des Unternehmens zu analysieren; auf ihrer Grundlage muss er dem Gericht die Sanierung aufgrund eines Sanierungsplans (*plan de*

---

624 Artt. L. 631-14 Abs. 1, 622-13 Abs. 4 C.com.; Mestre/Pancrazi, Droit commercial, Nr. 1229–1232

625 Artt. L. 631-14 Abs. 1, 622-7 C.com.; Mestre/Pancrazi, Droit commercial, Nr. 1241

626 Artt. L. 631-14 Abs. 1, 622-21 C.com.; Mestre/Pancrazi, Droit commercial, Nr. 1245 f.

627 Artt. L. 611-11, 611-8 Abs. 2

628 Artt. L. 631-14 Abs. 1, 622-17 C.com.; Mestre/Pancrazi, Droit commercial, Nr. 1233; Zierau, Die Stellung der Gläubiger im französischen Sanierungsverfahren, S. 143; v. Wilmowsky, Europäisches Kreditsicherungsrecht, S. 238 f.

629 Mestre/Pancrazi, Droit commercial, Nr. 1233; Zierau, Die Stellung der Gläubiger im französischen Sanierungsverfahren, S. 143

630 Artt. L. 631-14 Abs. 1, 622-28 C.com.; Mestre/Pancrazi, Droit commercial, Nr. 1244

631 Artt. L. 631-7, 621-3; Peyramaure/Sardet, L'entreprise en difficulté, Nr. 1206

redressement) oder die Liquidation des Unternehmens vorschlagen.[632] In bestimmten Fällen ist die Wirtschafts- und Sozialbilanz durch eine Umweltbilanz zu vervollständigen.[633] In den Planentwurf können besondere Kenntnisse und Erfahrungen des Schuldners bzw. der Leitungsorgane des Schuldnerunternehmens im Wege deren Beratung nach Artt. L. 623-1 Abs. 1 631-18 Abs. 1 C.com. einfließen. Allerdings wird bedauert, dass das Gesetz dem Schuldner bzw. den Leitungsorganen keine über diese Mitwirkung hinausgehende Rolle zuweist.[634] Im Hinblick auf die Finanzierung einer etwaigen Sanierung ist der Insolvenzverwalter auch zur Führung von Verhandlungen mit Kreditinstituten befugt.[635] Zwecks Finanzierung kann der Plan ferner eine Restrukturierung in Form von Kapitalmaßnahmen vorsehen, was die Befugnis des Insolvenzverwalters zur Einberufung einer außerordentlichen Haupt- bzw. Gesellschafterversammlung einschließt.[636] Eine solche Beschlussfassung kann zweckmäßigerweise bereits in der Beobachtungsphase erfolgen.[637]

b. Plandurchführungsphase

Besteht die ersthafte Möglichkeit der Sanierung des Unternehmens in seiner bisherigen Trägerschaft, liegt die Ursache der Zahlungsunfähigkeit des Schuldners demnach nicht in unüberwindbaren unternehmerischen Schwierigkeiten, dann muss sich das Gericht für die Unternehmensfortführung entscheiden und zu diesem Zweck einen Sanierungsplan (*plan de redressement*) beschließen, der die Beobachtungsphase beendet.[638]

Grundsätzlich trifft das Gericht allein, nicht etwa ein Vertretungsorgan der Gläubiger, die Entscheidung über den Sanierungsplan.[639] Den die Gläubigerinteressen wahrnehmenden *mandataire judiciaire*, ebenso wie den Betriebsrat

[632] Artt. L. 631-18 Abs. 1, 623-1 C.com.; Peyramaure/Sardet, L'entreprise en difficulté, Nr. 1219–1223, 1240; Mestre/Pancrazi, Droit commercial, Nr. 1212 ; MünchKomm/Augustin, InsO, Art. 102 EGInsO, Anh. II, Frankreich, Rdn. 7
[633] Artt. L. 631-18 Abs. 1, 623-1 Abs. 3
[634] Peyramaure/Sardet, L'entreprise en difficulté, Nr. 1220
[635] Dammann, Das neue französische Insolvenzrecht, ZIP 1996, 300 (302); Hess/Goetsch, KO, § 237, Rdn. 201
[636] Artt. L. 631-18 Abs. 1, 626-3, 626-15 – 626-17 C.com.; Peyramaure/Sardet, L'entreprise en difficulté, Nr. 1222, 1245; Mestre/Pancrazi, Droit commercial, Nr. 1216, 1270
[637] Artt. L. 631-18 Abs. 1, 626-3 Abs. 3 C.com.; Mestre/Pancrazi, Droit commercial, Nr. 1216
[638] Artt. L. 631-19 I., 626-1 Abs. 1 C.com.
[639] Mestre/Pancrazi, Droit commercial, Nr. 1264; v. Wilmowsky, Europäisches Kreditsicherungsrecht, S. 236

bzw. die Peronalvertreter, muss es zuvor lediglich hören.[640] Das Gericht ist bei seiner Entscheidung auch keineswegs primär dem Interesse der Gläubiger an der weitestgehenden Befriedigung ihrer Forderungen verpflichtet, sondern kann sich aus beschäftigungs- und wirtschaftspolitischen Gründen für den Erhalt des Schuldnerunternehmens entscheiden, obwohl die Gläubiger im Zuge einer Betriebseinstellung in einem höheren Ausmaß befriedigt werden könnten.[641]

Allerdings sind seit dem 1. Januar 2006 in Unternehmen, deren Arbeitnehmerzahl bzw. Umsatz einen durch Dekret festzusetzenden Schwellenwert übersteigt, zwei Gläubigerausschüsse zu bilden, in denen zum einen die hauptsächlichen institutionellen Keditgeber, zum anderen die hauptsächlichen Lieferanten und Dienstleister vertreten sind.[642] Diese Gläubigerausschüsse können mit einfacher Kopfmehrheit sowie einer Summenmehrheit von zwei Dritteln für die Annahme eines Planentwurfs stimmen, den das Gericht zu beschließen hat, sofern er den Interessen sämtlicher Gläubiger ausreichend Rechnung trägt.[643]

Das Gericht hat zudem weitgehendes Ermessen, in dem Sanierungsplan einheitliche Zahlungsziele für Forderungen, gleich ob diese ungesichert oder gesichert sind, festzusetzen; die Finanzierung der endgültigen Weiterführung des schuldnerischen Unternehmens kann jedoch auch durch freiwilligen Teilverzicht seitens der Gläubiger bzw. die freiwillige Vereinbarung von Zahlungsfristen bewerkstelligt werden.[644] Gelegenheit für derartige Vereinbarungen besteht während der Beobachtungsphase.[645] Solche freiwillig von Gläubigern zugestandenen Zahlungsfristen und Forderungsteilverzichte bestätigt das Gericht in dem Sanierungsplan.[646] Die Schulden des zahlungsunfähig gewordenen Unternehmensträgers werden ferner insofern gemindert, als für Verbindlichkeiten, die

---

[640] Artt. L. 631-19, 626-9 C.com.

[641] v. Wilmowsky, Europäisches Kreditsicherungsrecht, S. 235 f.

[642] Artt. L. 631-19 I., 626-29 f. C.com.

[643] Artt. L. 631-19 I., 626-31 C.com.

[644] Artt. L. 631-18 Abs. 1, 626-18 f. C.com.; Mestre/Pancrazi, Droit commercial, Nr. 1271; MünchKomm/Augustin, InsO, Art. 102 EGInsO, Anh. II, Frankreich, Rdn. 8; Sonnenberger/Dammann, Französisches Handels- und Wirtschaftsrecht, Rdn. VII 15; Zierau, Die Stellung der Gläubiger im französischen Sanierungsverfahren, S. 63, 126, 154. Von derartigen Zahlungsfristen nicht betroffen sind jedoch die Arbeitnehmerforderungen, welche durch das Superprivileg (Artt. L. 143-10, 143-11, 742-6, 751-15 C.trav.) oder das allgemeine Privileg (Artt. 2101 Nr. 4, 2104 Nr. 2 C.civ.) geschützt sind (Art. L. 631-18 Abs. 1, 626-20 C.com.

[645] Peyramaure/Sardet, L'entreprise en difficulté, Nr. 1227–1234; Mestre/Pancrazi, Droit commercial, Nr. 1218

[646] Artt. L. 631-18 Abs. 1, 626-18 Abs. 1 S. 1 C.com.; Sonnenberger/Dammann, Französisches Handels- und Wirtschaftsrecht, Rdn. VII 15; Zierau, Die Stellung der Gläubiger im französischen Sanierungsverfahren, S. 63, 126

bei Verfahrensbeginn bereits bestanden, grundsätzlich keine neuen Zinsforderungen, gleich ob vertraglichen oder gesetzlichen Ursprungs, für den Zeitraum nach Verfahrenseröffnung begründet werden.[647] Der gerichtlich beschlossene Sanierungsplan kann somit zu einer unfreiwilligen massiven Kürzung von ungesicherten und gesicherten Forderungen führen, auch wenn das Gesetz die Verwendung entsprechender Begriffe vermeidet.[648]

Während insbesondere bei kleineren Unternehmen die Unternehmerpersönlichkeit für den Fortbestand der tatsächlichen Beziehungen eines Unternehmens und dessen Gewinnchancen entscheidend ist, kann die Unternehmensleitung durchaus auch die Ursache für die zum Sicherungsfall bzw. zur Insolvenz führende Krise sein. Der dauerhafte Erhalt des Unternehmens als wirtschaftlicher Einheit wird somit auch durch die gesetzliche Regelung gefördert, wonach das Gericht die Annahme eines Sanierungsplanes vom Austausch von Mitgliedern der Unternehmensleitung abhängig machen kann.[649] Zwecks Förderung des Unternehmenserhalts kann das Gericht in dem Sanierungsplan außerdem die Bestimmung aufnehmen, dass zur Weiterführung des Schuldnerunternehmens unerlässliche Vermögensgegenstände nicht veräußert werden dürfen.[650]

3. Gerichtliches Liquidationsverfahren (liquidation judiciaire)

Für Unternehmen, deren Rettung aussichtslos ist, kommt das Verfahren der gerichtlichen Liquidation (*liquidation judiciaire*) zur Anwendung. Infolge der zum 1. Januar 2006 in Kraft getretenen Reformgesetzgebung ist die Übertragung des Unternehmens des zahlungsunfähigen Schuldners als ein Unterfall des gerichtlichen Liquidationsverfahrens und nicht mehr innerhalb des Sanierungsinsolvenzverfahrens (*redressement judiciaire*) geregelt. Änderungen inhaltlicher Art sind heirmit jedoch nicht einhergegangen; so kann sich ein Verfahren zur Übertragung des Schuldnerunternehmens dem Verfahren des Sanierungsinsolvenzverfahrens (einschließlich Beobachtungsphase) anschließen.[651]

[647] Artt. L. 631-14, 622-28 C.com.; Mestre/Pancrazi, Droit commercial, Nr. 1244; MünchKomm/Augustin, InsO, Art. 102 EGInsO, Anh. II, Frankreich, Rdn. 5; Zierau, Die Stellung der Gläubiger im französischen Sanierungsverfahren, S. 86

[648] v. Wilmowsky, Europäisches Kreditsicherungsrecht, S. 237; Zierau, Die Stellung der Gläubiger im französischen Sanierungsverfahren, S. 155–157

[649] Artt. L. 631-18 Abs. 1, 626-4 Abs. 1 C.com.

[650] Artt. L. 631-18 Abs. 1, 626-14 C.com.; Mestre/Pancrazi, Droit commercial, Nr. 1268

a. Übertragung des Schuldnerunternehmens

Im Rahmen eines Übertragungsplans (*plan de cession*) kommt neben der einheitlichen Veräußerung des gesamten Unternehmens auch die Veräußerung dessen produktive Wirtschaftseinheiten bildender einzelner Tätigkeitsbereiche in Betracht.[652] Von einer Übertragung im Rahmen des gerichtlichen Liquidationsverfahrens kann mithin das gesamte Unternehmensvermögen umfasst werden. Sie braucht sich keineswegs auf den *fonds de commerce* zu beschränken, sondern kann sich insbesondere auf Grundstücke erstrecken.[653] Im Fall der Übertragung des Schuldnerunternehmens wird dessen Erhalt als produktiver Wirtschaftseinheit auch dadurch gefördert, dass das Gericht den Übergang der zur Aufrechterhaltung der unternehmerischen Tätigkeit notwendigen Verträge gleichzeitig mit den Unternehmensaktiva auf dessen Erwerber anordnen kann.[654] Arbeitsverhältnisse gehen bereits kraft Gesetzes auf den Unternehmenserwerber über.[655]

Insofern kann es durchaus zu Geboten für das zu verwertende Unternehmen kommen, die dessen Gewinnchancen widerspiegeln. Da der Erwerber grundsätzlich nicht für bereits vom bisherigen Unternehmensträger begründete Verpflichtungen aus solchen Dauerschuldverhältnissen haftet,[656] werden Kaufinteressenten ihre Gebote nicht entsprechend mindern. Gegenteiliges gilt jedoch im Hinblick auf Verpflichtungen gegenüber Arbeitnehmern, welche auf den Erwerber eines Unternehmens übergehen.[657] Hinzu kommt, dass das Gericht das Unternehmen keineswegs notwendigerweise an denjenigen Bieter veräußern muss, welcher das höchste Gebot macht, sondern primär das Interesse am Erhalt von Arbeitsplätze zu berücksichtigen hat.[658] Im Rahmen des Insolvenzverfahrens wird somit selbst für das Unternehmen als über Gewinnchancen verfügende produktive Wirtschaftseinheit häufig nur ein Verwertungserlös in Höhe

---

651 Dammann/Undritz, NZI 2005, 198 (198, 203); Art. L. 631-18 C.com.

652 Artt. L. 631-18 Abs. 1, 626-1, 642-1 C.com.; Mestre/Pancrazi, Droit commercial, Nr. 1273 ff.

653 Mestre/Pancrazi, Droit commercial, Nr. 1275

654 Art. L. 642-7 C.com.; Mestre/Pancrazi, Droit commercial, Nr. 1275

655 Art. L. 122-12 Abs. 2 C.trav.; Mestre/Pancrazi, Droit commercial, Nr. 1275

656 Mestre/Pancrazi, Droit commercial, Nr. 1283, S. 903

657 Art. L. 122-12 Abs. 2 C.trav.

658 Art. L. 642-5 Abs. 1 C.com.; Reygrobellet, Fonds de Commerce, Nr. 74.203; Reinhard/Chazal, Droit commercial, Nr. 562; MünchKomm/Augustin, InsO, Art. 102 EGInsO, Anh. II, Frankreich, Rdn. 8

dessen Zerschlagungswert, regelmäßig aber sogar ein darunterliegender, erzielt.[659]

b. Zerschlagung

Zu jedem Zeitpunkt während der Beobachtungsphase oder im Anschluss daran kann das Gericht die Eröffnung des gerichtlichen Liquidationsverfahrens beschließen,[660] sofern der Schuldner zahlungsunfähig ist und eine Sanierung offensichtlich ausgeschlossen ist.[661] Unter diesen Bedingungen kann das gerichtliche Liquidationsverfahren auch nach Scheitern eines Schlichtungsverfahrens (*conciliation*) eröffnet werden.[662] Zum gerichtlichen Liquidationsverfahren kommt es ferner nach dem endgültigen Scheitern des Sanierungsinsolvenzverfahrens (*redressement judiciaire*),[663] insbesondere infolge der Zahlungseinstellung des Schuldners während der Plandurchführungsphase.[664] Die Gewinnchancen des Unternehmens werden somit in den allermeisten Fällen bereits verloren gegangen sein, bevor es zu einem solchen gerichtlichen Liquidationsverfahren kommt, das lediglich auf Zerschlagung und nicht Unternehmensübertragung abzielt.[665]

4. Ergebnis

Das französische Insolvenzverfahren enthält zwar Regelungen, welche den Erhalt des überlebensfähigen Schuldnerunternehmens mitsamt dessen tatsächlichen Beziehungen gewährleisten können. Auch im Fall einer erfolgreichen Verwertung des Unternehmens als wirtschaftlicher Einheit spiegelt der hierfür erzielte Erlös dessen Gewinnchancen jedoch keineswegs notwendigerweise wider.

---

659 Sonnenberger/Dammann, Französisches Handels- und Wirtschaftsrecht, Rdn. VII 28; Dammann, ZIP 1996, 300 (303); Campana, numéro spécial de la Rev.trim.dr.com. (1987), 27 (38); v. Wilmowsky, Europäisches Kreditsicherungsrecht, S. 238

660 Artt. L. 631-15 II. Abs. 1, 622-10 Abs. 2 C.com.; Dammann/Undritz, NZI 2005, 198 (201); Mestre/Pancrazi, Droit commercial, Nr. 1102

661 Art. L. 640-1 C.com.

662 Art. L. 631-4 Abs. 2, 640-4 Abs. 2 C.com.

663 vgl.: Sonnenberger/Dammann, Französisches Handels- und Wirtschaftsrecht, Rdn. VII 17

664 Art. L. 626-27 Abs. 2 C.com.

665 Sonnenberger/Dammann, Französisches Handels- und Wirtschaftsrecht, Rdn. VII 19

II. Rechtsposition des Inhabers eines nantissement du fonds bei Beendigung des Insolvenzverfahrens

Schon weil somit im Insolvenzverfahren keineswegs von einem Verwertungserlös ausgegangen werden kann, der die Gewinnchancen des Schuldnerunternehmens repräsentiert, kann der Inhaber eines *nantissement du fonds* nicht erwarten, an einem solchen zu partizipieren. Dessen Rechtsposition kann jedoch durch insolvenzrechtliche Bestimmungen zusätzlich geschwächt werden.

1. Im Insolvenzverfahren entstehende Zinsen für die gesicherte Forderung

Gegenüber dem gesetzlich vorgesehenen Verfahren zur Durchsetzung des *nantissement du fonds* kann das Insolvenzverfahren für dessen Inhaber zunächst insofern einen Nachteil darstellen, als der Lauf der Zinsen für die gesicherte Forderung mit Eröffnung dieses Verfahrens suspendiert wird.[666] Von diesem Grundsatz besteht jedoch eine Ausnahme in Bezug auf solche Verträge, durch welche dem Schuldner Kredit für einen Zeitraum von mindestens einem Jahr gewährt wurde.[667] Eine Unternehmensbeleihung dürfte meist für Darlehen mit einer längeren Laufzeit in Betracht gezogen werden. Für die Sicherung von Darlehen mittels *nantissement du fonds* besteht somit ein praktisch bedeutsamer Anwendungsbereich, für welchen es zu keiner Suspendierung von Zinsforderungen kommt. Dessen ungeachtet kann jedoch bereits eine über zwei Jahre hinausgehende Dauer des Sanierungsverfahrens für den Inhaber eines *nantissement du fonds* einen Forderungsausfall bedeuten, da Zinsrückstände nur für einen Zwei-Jahres-Zeitraum in die Sicherung mittels *nantissement du fonds* einbezogen werden.[668]

2. Rechtsposition bei erfolgreicher Weiterführung unter bisheriger Unternehmensträgerschaft

Der erfolgreiche Abschluss eines Sanierungsinsolvenzverfahrens, welches die Weiterführung des Unternehmens in seiner bisherigen Trägerschaft zum Gegenstand hat, lässt die Existenz des *nantissement du fonds* daran unberührt.

---

[666] vgl. oben: I.2.a

[667] Artt. L. 622-26, 631-14- C.com.; Dammann/Undritz, NZI 2005, 198 (201); MünchKomm/Augustin, InsO, Art. 102 EGInsO, Anh. II, Frankreich, Rdn. 5; Zierau, Die Stellung der Gläubiger im französischen Sanierungsverfahren, S. 86

[668] vgl. oben: D.I

Allerdings kann die mittels *nantissement du fonds* gesicherte Forderung, ebenso wie eine ungesicherte Forderung, durch die im Schuldenbereinigungsplan auferlegte Stundung,[669] faktisch erheblich gemindert werden.[670] Der Vorteil des Inhabers eines *nantissement du fonds*, dass sich sein Sicherungsrecht nunmehr auf ein saniertes, über Gewinnchancen verfügendes Unternehmen bezieht, wird somit dadurch überlagert, dass diese Sanierung durch die Minderung seiner gesicherten Forderung finanziert wurde.

3. Rechtsposition bei Übertragung des Unternehmens

Anders als im zuvor behandelten Fall der Weiterführung des Unternehmens verliert das *nantissement du fonds* im Zuge der Übertragung des Schuldnerunternehmens im Rahmen des gerichtlichen Liquidationsverfahrens seine Wirkung: Infolge des Grundsatzes, dass das Unternehmen schuldenfrei übertragen wird, kann das *nantissement du fonds* nicht gegenüber dem Erwerber des Unternehmens geltend gemacht werden, es sei denn dieser bleibt die hierfür vereinbarte Gegenleistung schuldig.[671] Anderes gilt für gesicherte Anschaffungskreditgeber (ob an beweglichem oder unbeweglichem Vermögen), deren Forderungen mit dem Kauferlös stets zu begleichen sind.[672] Alle noch nicht zu einem früheren Zeitpunkt fällig gewordenen Forderungen gegen den Schuldner werden bei Veräußerung des Schuldnerunternehmens fällig[673] und sind mittels des hierfür erzielten Veräußerungserlöses in der Rangfolge zu befriedigen, die für das gerichtliche Liquidationsverfahren in seiner allein auf Zerschlagung ausgerichteten Form gilt.[674] In der Paxis kommt gesicherten Gläubigern aber im gerichtlichen Liquidationsverfahren grundsätzlich eine so geringe Rangstelle am Verwertungserlös zu, dass sie mit ihrer Forderung teilweise, nicht selten aber auch völlig, ausfallen.[675] Gegenüber dem im Hinblick auf die Zerschlagung des

---

[669] Art. L. 626-15 C.com.; Dammann/Undritz, NZI 2005, 198 (202)

[670] Zierau, Die Stellung der Gläubiger im französischen Sanierungsverfahren, S. 167; Sonnenberger/Dammann, Französisches Handels- und Wirtschaftsrecht, Rdn. VII 15

[671] Art. L. 642-12 Abs. 1, Abs. 2, Abs. 3 C.com.; Sonnenberger/Dammann, Französisches Handels- und Wirtschaftsrecht, Rdn. VII 17; MünchKomm/Augustin, InsO, Art. 102 EGInsO, Anh. II, Frankreich, Rdn. 17

[672] Art. L. 642-12 Abs. 4 C.com.; Dammann/Undritz, NZI 2005, 198 (203 f.); Dammann, ZIP 1996, 300 (303)

[673] Art. L. 643-1 Abs. 1 C.com.; Sonnenberger/Dammann, Französisches Handels- und Wirtschaftsrecht, Rdn. VII 17

[674] Zierau, Die Stellung der Gläubiger im französischen Sanierungsverfahren, S. 154, 169

[675] Hess/Goetsch, KO, § 237, Rdn. 243; Zierau, Die Stellung der Gläubiger im französischen Sanierungsverfahren, S. 169

Unternehmens sofort eingeleiteten gerichtlichen Liquidationsverfahren ist der zu erwartende Anteil, der auf den Inhaber eines *nantissement du fonds* am Verwertungserlös entfällt, im Falle des auf die Unternehmensübertragung lautenden Sanierungsplanes insofern noch verringert, als auch die in der Beobachtungsphase begründeten Verbindlichkeiten Vorrang vor ihnen haben.[676]

Den Anteil am Verwertungserlös für das übertragene Schuldnerunternehmen, der dem Inhaber eines *nantissements du fonds* zukommt, bestimmt das Gericht nach freiem Ermessen.[677] Gegen die betreffende gerichtliche Entscheidung hat der einzelne Sicherungsnehmer keinerlei Rechtsbehelf.[678] Unter Berücksichtigung des geringen Verwertungserlöses, der in der Praxis für das Schuldnerunternehmen selbst als wirtschaftliche Einheit erzielt wird,[679] kann die Höhe des Anteils, der kraft gerichtlicher Entscheidung auf mittels *nantissements du fonds* gesicherte Forderungen entfällt, nur gering sein.[680] So ist das Gericht nicht gehalten, gesicherten Gläubigern auch nur den Erlös zuzuweisen, der bei einer Versteigerung des Sicherungsgutes zu erzielen gewesen wäre.[681]

Gegenüber dem Inhaber eines *nantissement du fonds* bedeutend günstiger ist die Rechtslage von gesicherten Anschaffungskreditgebern, deren Sicherungsrechte an dem im Rahmen des gerichtlichen Liquidationsverfahrens übertragenen Unternehmen bestehen bleiben.[682] Da infolgedessen der für das Schuldnerunternehmen gebotene Preis gemindert wird, verringern sich entsprechend auch der Verwertungserlös und die Befriedigungsaussicht des Inhabers eines *nantissement du fonds*. Das französische Recht stellt den Unternehmenshypothekar in Bezug auf den Verwertungserlös somit gegenüber den vorgenannten Einzelsicherungsnehmern schlechter.

---

676 Art. L. 641-13 C.com.; vgl.: v. Wilmowsky, Europäisches Kreditsicherungsrecht, S. 239

677 Art. L. 642-12 Abs. 1 C.com.; MünchKomm/Augustin, InsO, Art. 102 EGInsO, Anh. II, Frankreich, Rdn. 17; Dammann, ZIP 1996, 300 (303)

678 Campana, Les innovations de la loi sur le redressement judiciaire des entreprises, numéro spécial de la Rev.trim.dr.com., tome 2 (1987), 27 (38)

679 vgl. oben: I.4

680 Reinhard/Chazal, Droit commercial, Nr. 562; Campana, numéro spécial de la Rev.trim.dr.com., tome 2 (1987), 27 (38)

681 v. Wilmowsky, Europäisches Kreditsicherungsrecht, S. 238

682 Art. L. 642-12 Abs. 4 C.com.; Dammann/Undritz, NZI 2005, 198 (203 f.); Dammann, ZIP 1996, 300 (303); MünchKomm/Augustin, InsO, Art. 102 EGInsO, Anh. II, Frankreich, Rdn. 17; Hess/Goetsch, KO, § 237, Rdn. 243; Martin in : Frison-Roche, Le nouveau droit des défaillances d'entreprises (1995), 39 (52)

4. Rechtsposition des Sicherungsnehmers im Fall der Zerschlagung

Ist der Sicherungsgeber am Markt gescheitert, so dass das vom *nantissement du fonds* belastete Sicherungsgut nur noch den Zerschlagungswert hat, dann wird es im Rahmen des Insolvenzverfahrens zur gerichtlichen Liquidation des Schuldnerunternehmens kommen.[683]

Vorrang vor der mit *nantissement du fonds* gesicherten Forderung kommt auch im gerichtlichen Liquidationsverfahren den umfangreichen Forderungen zu, welche bei der Durchsetzung dieses Sicherungsrechts außerhalb des Insolvenzverfahrens vorrangig gegenüber dieser zu befriedigen sind.[684]

Sofern im gerichtlichen Liquidationsverfahren ein Unternehmensübergang nicht stattfindet, können auch die Forderungen der Arbeitnehmer des Schuldnerunternehmens nicht auf dessen Erwerber übergehen. Stattdessen sind sie in großem Umfang mit Vorrang aus dem Liquidationserlös zu befriedigen. Vorrang vor allen übrigen Forderungen kommt den mit Superprivileg ausgestatteten Arbeitnehmerforderungen zu,[685] worunter insbesondere ausstehendes Arbeitsentgelt für 60 Tage[686] fällt. Darüber hinaus sind Forderungen auf Arbeitsentgelt und Sozialversicherungsbeiträge für das letzte halbe Jahr vor der mit *nantissement du fonds* gesicherten Forderung zu begleichen,[687] jedoch nicht vor Forderungen, die mittels eines Inventarpfandrechts gesichert sind.[688] Auch insofern wird das *nantissement du fonds* gegenüber Einzelsicherungsrechten schlechter gestellt.

Um die Position der gesicherten Gläubiger zu verbessern und deren Anreiz zur Kreditgewährung zu erhöhen, hat der Gesetzgeber im Jahre 1994 geregelt, dass bestimmten Sicherungsrechten im Insolvenzverfahren kein Nachrang mehr gegenüber solchen Verbindlichkeiten zukommt, die im Insolvenzverfahren – einschließlich einer etwaigen vorangegangenen Beobachtungsphase – begründet wurden.[689] Der Kreis der in dieser Regelung begünstigten Sicherungsneh-

683 vgl. oben: I.5
684 vgl. oben: D.IV.1
685 Artt. L. 143-10, 143-11, 742-6, 751-15 C.trav. i.V.m. Artt. L. 641-13 II. C.com.; Guyon, Droit des Affaires, Tome 1, Nr. 712; Hess/Goetsch, KO, § 237, Rdn. 252; Sonnenberger/Dammann, Französisches Handels- und Wirtschaftsrecht, Rdn. VII 30
686 bzw. grundsätzlich 90 Tagen für Seeleute
687 Sonnenberger/Dammann, Französisches Handels- und Wirtschaftsrecht, Rdn. VII 30
688 Art. L. 525-9 Abs. 1, Abs. 2 C.com.; Mestre/Pancrazi, Droit commercial, Nr. 838
689 Art. L. 641-13 II. C.com. (früherer Art. L. 621-32 II. C.com.); Stahmer, Verzinsliches Darlehen in der Insolvenz, S. 126 f.; Dammann, ZIP 1996, 300 (304)

mer umfasst allerdings gerade nicht die Inhaber von *nantissements du fonds*.[690] Darüber hinaus gilt, seit dem 1. Januar 2006, dass den Gläubigern, die dem Schuldner im Rahmen des Schlichtungsverfahrens (*conciliation*) neuen Kreidt gewähren, um die Zukunft des Schuldnerunternehmens zu sichern, weitestgehender Befriedigungsvorrang zukommt. Dieser Vorrang gilt gegenüber vor der Eröffnung des Schlichtungsverfahrens zwecks Unternehmensfortführung sowie während der Beobachtungsphase begründeten Forderungen.[691] Lediglich der Erstrang des Superprivilegs der vorgenannten Arbeitnehmerforderungen wird hierdurch nicht berührt. Auch insoweit sind die Befriedigungschancen des Inhabers eines bereits begründeten *nantissement du fonds* gemindert. Mit den Kosten der einstweiligen Weiterführung der unternehmerischen Tätigkeit wird der Inhaber eines *nantissement du fonds* somit im Kollektivvollstreckungsverfahren noch stärker belastet als im Verfahren der Durchsetzung dieses Sicherungsrechts nach Artt. L. 143-3 ff. C.com.

III. Ergebnis

Das französische Insolvenzrecht führt somit zur weiteren Minderung der Attraktivität der Rechtsfigur des *nantissement du fonds*.[692] Am Liquidationserlös rangiert eine mittels *nantissement du fonds de commerce* gesicherte Forderung mit Nachrang insbesondere gegenüber im Insolvenzverfahren neu begründeten Forderungen, Steuerforderungen, Forderungen von Arbeitnehmern und Sozialversicherungsträgern für einen Halbjahreszeitraum sowie mittels Inventarpfandrechts gesicherten Forderungen. Diese niedrige Rangstelle wird sich bei der gerichtlichen Zuweisung eines Erlösanteils bei Veräußerung des beliehenen Schuldnerunternehmens als wirtschaftlicher Einheit widerspiegeln. Das Ausmaß, in dem der Inhaber eines *nantissement du fonds* an einem Erlös partizipiert, in welchen der Wert des Unternehmens als wirtschaftlicher Einheit eingeflossen sein mag, tritt somit infolge des minimalen Anteils, der einem solchen Sicherungsnehmer am Erlös überhaupt zukommt, völlig in den wirtschaftlichen Hintergrund.

---

[690] Stahmer, Verzinsliches Darlehen in der Insolvenz, S. 127, Fn. 314; Dammann, ZIP 1996, 300 (304, Fn. 40)

[691] Artt. L. 611-11; 641-13 Abs. 2 C.com.

[692] Sonnenberger/Dammann, Französisches Handels- und Wirtschaftsrecht, Rdn. IV 45, IV 48; Mestre/Pancrazi, Droit commercial, Nr. 732; zur Bedeutung der Verpfändung allgemein im Insolvenzverfahren: Hess/Goetsch, KO, § 237, Rdn. 244

Im Fall der Sanierung des mit *nantissement du fonds* beliehenen Schuldnerunternehmens unter bisheriger Trägerschaft kommt es infolge Stundung bzw. Forderungsverzichts im Rahmen des Insolvenzplans faktisch zu einer erheblichen Minderung der hiermit gesicherten Forderung, so dass der Vorteil der Rettung des Beleihungsobjekts als wirtschaftlicher Einheit ebenfalls vollständig kompensiert ist.

Nach alledem kann ein Kreditgeber bei der Bestellung eines *nantissement du fonds* realistischerweise lediglich erwarten, in Hinblick auf dessen Zerschlagungswert anstatt unter Berücksichtigung dessen Gewinnchancen eine Sicherung zu erfahren. In Bezug auf den Zerschlagungswert bieten ihm jedoch Einzelsicherungsrechte eine weitaus stärkere Rechtsposition. Das gilt insbesondere für das Inventarpfandrecht (*nantissement de l'outillage et du matériel d'équipement professionnel*), welches gegenüber den vorerwähnten Forderungen, die vor dem *nantissement du fonds* rangieren,[693] und vor dem *nantissement du fonds* selbst[694] stets Vorrang am Liquidationserlös vermittelt und im Falle der Verwertung des Schuldnerunternehmens als Einheit an diesem unbeeinträchtigt fortbesteht.[695] Davon abgesehen bietet das Inventarpfandrecht auch den Vorteil, dass es unzweifelhaft Sachen erfassen kann, welche aufgrund ihres wirtschaftlichen Zusammenhangs mit Grundvermögen *immeubles par destination* werden,[696] wohingegen die Beleihung solcher Vermögensgegenstände mittels *nantissement du fonds* nach herrschender Auffassung nicht möglich ist.[697]

F. Bedeutung des nantissement du fonds in der Praxis

Nach der Untersuchung, inwieweit aufgrund des Rechtsinstituts des *nantissement du fonds* auf theoretischer Basis ein Anreiz zur Gewährung von Kredit über den Zerschlagungswert von Unternehmensaktiva hinaus besteht, ist nun-

---

693 für Forderungen gegenüber Arbeitnehmern und Sozialversicherungsträgern: Art. L. 525-9 Abs. 1, Abs. 2 C.com.; Mestre/Pancrazi, Droit commercial, Nr. 838; für Steuerforderungen: Sonnenberger/ Dammann, Französisches Handels- und Wirtschaftsrecht, Rdn. VII 30, Fn. 76; für im Insolvenzverfahren begründete Forderungen: Art. L. 621-32 Abs. 2 C.com.

694 vgl. oben: C.III.1.a

695 vgl. oben: E.II.3

696 Art. L. 525-8 C.com.; Kunzler, Das Nantissement du Fonds de Commerce, S. 48

697 vgl. oben: B.I.1.a.aa

mehr auf die Frage der diesbezüglichen Bedeutung des *nantissement du fonds* in der Praxis einzugehen.

I. Verbreitung des nantissement du fonds

Das *nantissement du fonds* ist ein häufig verwendetes Rechtsinstitut[698] und wird als wichtiges Kreditsicherungsmittel der französischen Rechtsordnung angesehen.[699] Die Bestellung von *nantissements du fonds* erfolgt in aller Regel nur an kleinen und mittelgroßen Unternehmen.[700] Dies entspricht dem Bereich, in dem das *nantissement du fonds* auch kautelarjuristisch entwickelt wurde, und dem mit dem Gesetz vom 17. März 1909 verfolgten Ziel.[701] Das *nantissement du fonds* wird im Rahmen der Gewährung kurz- und mittelfristiger Darlehen bestellt,[702] soll aber auch zur langfristigen Kreditsicherung Verbreitung gefunden haben.[703] Dominierender Zweck der Verwendung dieses Rechtsinstituts ist die Sicherung der Kaufpreisforderung des Verkäufers eines *fonds de commerce.*[704] Die Bestellung des *nantissement du fonds* kommt darüber hinaus auch zugunsten von Warenkreditgebern vor.[705] Zugunsten von Geldkreditgebern findet es recht selten,[706] dennoch aber üblicherweise Verwendung.[707] Dessen ungeachtet wird der *fonds de commerce* als Beleihungsobjekt in der Praxis wenig geschätzt[708] und das *nantissement du fonds* als Notlösung eines dinglichen Siche-

---

698 Guyon, Droit des Affaires, Tome 1, Nr. 712, S. 764; Cabrillac/Mouly, Droit des Sûretés, Nr. 703, S. 696; Reygrobellet, Fonds de Commerce, Nr. 71.22, S. 626

699 Reinhard/Chazal, Droit commercial, Nr. 557; Ripert/Roblot(-Vogel), Traité de Droit Commercial, Tome 1, Volume 1, Nr. 551

700 Koch, Der Fonds de commerce, S. 184; Kunzler, Das Nantissement du Fonds de Commerce, S. 100

701 Koch, Der Fonds de commerce, S. 58, 64 f.; Kunzler, Das Nantissement du Fonds de Commerce, S. 34 ff., 108

702 Guyénot, Le Fonds de Commerce, Nr. 116, S. 63; Koch, Der Fonds de commerce, S. 184

703 Ripert/Roblot(-Vogel), Traité de Droit Commercial, Tome 1, Volume 1, Nr. 551

704 Kunzler, Das Nantissement du Fonds de Commerce, S. 104 ; vgl. auch: Reygrobellet, Fonds de Commerce, Nr. 71.22 a.E.

705 Kunzler, Das Nantissement du Fonds de Commerce, S. 103, 104 f.

706 Prouvost in : Le Statut Juridique du Fonds de Commerce, S. 122; Kunzler, Das Nantissement du Fonds de Commerce, S. 103, 104 f.

707 Reinhard/Chazal, Droit commercial, Nr. 557; Ripert/Roblot(-Vogel), Traité de Droit Commercial, Tome 1, Volume 1, Nr. 551

708 Cabrillac/Mouly, Droit des Sûretés, Nr. 703, S. 696; Mestre/Pancrazi, Droit commercial, Nr. 732, 737; Guyon, Droit des Affaires, Tome 1, Nr. 712; Guyénot, Le Fonds de Commerce, Nr. 116, S. 63; Koch, Der Fonds de commerce, S. 184 f.; Kunzler, Das Nantissement du Fonds de Commerce, S. 107

rungsrechts angesehen.[709] Oftmals erfolgt eine Bestellung eines *nantissement du fonds* zusätzlich zu Hypotheken, Inventarpfandrechten[710] und Bürgschaften.[711]

II. Motivation für die Verwendung des nantissement du fonds

Für die verschiedenen Konstellationen der Verwendung des *nantissement du fonds* stellt sich die Frage, ob es sich bei der dahinterstehenden Motivation um den Einsatz der Gewinnchancen des Unternehmens zur Kreditsicherung handelt.

1. Gesetzliche Verpflichtung zur Bestellung von dinglicher Sicherheit

Der Beweggrund zur Bestellung eines *nantissement du fonds* kann in der gesetzlichen Verpflichtung von Banken zur Bestellung von dinglichen Sicherheiten liegen.[712] Bei der eigentlichen Motivation für die Kreditgewährung handelt es sich hier um das Vertrauen in die Tüchtigkeit der Person des gewerbetreibenden Sicherungsgebers und damit die Wahrscheinlichkeit der Kreditrückzahlung, nicht aber in dem Wert des Sicherungsgutes.[713]

2. Blockierungsfunktion

Die Bestellung eines *nantissement du fonds* kann ferner durch das Bestreben eines Gläubigers motiviert sein, die Konkurrenz durch andere Kreditgeber zu erschweren, indem die Bestellung eines solchen Sicherungsrechts mit vorangehender Rangstelle zu deren Gunsten verhindert wird.[714] Allgemein kann das *nantissement du fonds* den Zweck erfüllen, dem Sicherungsnehmer eine keineswegs unerhebliche Kontrolle über das beliehene Unternehmen zu verschaf-

---

709 Reygrobellet, Fonds de Commerce, Nr. 71.22; Mestre/Pancrazi, Droit commercial, Nr. 732; Guyon, Droit des Affaires, Tome 1, Nr. 712, S. 764; Guyénot, Le Fonds de Commerce, Nr. 116, S. 63

710 Artt. L. 525-1 ff. C.com.

711 Koch, Der Fonds de commerce, 184; Kunzler, Das Nantissement du Fonds de Commerce, 102; vgl. auch: Bodenstein/Eberth, Kreditsicherung im Geschäftsverkehr mit dem Ausland, Bd. I, S. 92

712 Kunzler, Das Nantissement du Fonds de Commerce, S. 105

713 Guyénot, Le Fonds de Commerce, Nr. 116, S. 63; Kunzler, Das Nantissement du Fonds de Commerce, S. 107 f.

714 Guyon, Droit des Affaires, Tome 1, Nr. 712; Kunzler, Das Nantissement du Fonds de Commerce, S. 105

fen, da es den Sicherungsnehmer in die Lage versetzt, den *fonds de commerce* betreffende Veränderungen zu verhindern, die dessen Inhaber beabsichtigt.[715]

3. Unterstützung bzw. Ergänzung einer Hypothek

Ferner erfolgt die Beleihung des *fonds de commerce* zwecks Unterstützung anderer Sicherheiten mit größerer wirtschaftlicher Bedeutung.[716] So lassen sich Banken ein *nantissement du fonds* zusätzlich zu einer Hypothek an einem Betriebsgrundstück bestellen, um sicherzustellen, dass Gegenstände, deren Zugehörigkeit zum Haftungsverband der Hypothek oder aber zu demjenigen des *nantissement du fonds* unklar ist, zu ihren Gunsten belastet sind.[717] Bei einer derart motivierten Bestellung eines *nantissement du fonds* werden die betreffenden Banken jedoch nicht bereit sein, bei der Kreditgewährung die Gewinnchancen des Unternehmens zu berücksichtigen. Da ein *nantissement du fonds* mit erster Rangstelle in dieser Konstellation jedoch für anderweitige Kredite nicht mehr zur Verfügung steht, wirkt sich seine Bestellung zur Unterstützung einer Hypothek auf die Sicherungsmöglichkeiten des Gewerbetreibenden sogar nachteilig aus.[718]

4. Verbesserung des Sicherungsrechts des Verkäufers eines fonds de commerce

Die herausragende praktische Bedeutung des *nantissement du fonds* besteht in der Verbesserung der dinglichen Sicherung der nicht oder erst teilweise erfüllten Kaufpreisforderung aus einem Kaufvertrag über den *fonds de commerce.*[719]

Der Verkäufer eines *fonds de commerce* begründet durch Eintragung seiner Kaufpreisforderung in das beim Handelsgericht geführte Pfandregister gemäß Art. L. 141-5 Abs. 1 C.com. ein Vorzugsrecht an dem *fonds de commerce*, mithin ein Sicherungsrecht für seinen noch ausstehenden Zahlungsanspruch. Die-

---

[715] Reygrobellet, Fonds de Commerce, Nr. 71.22, S. 626
[716] Kunzler, Das Nantissement du Fonds de Commerce, S. 102
[717] Kunzler, Das Nantissement du Fonds de Commerce, S. 105
[718] Guyon, Droit des Affaires, Tome 1, Nr. 712, Nr. 712, S. 764
[719] Ripert/Roblot(-Vogel), Traité de Droit Commercial, Tome 1, Volume 1, Nr. 551; Prouvost in : Le Statut Juridique du Fonds de Commerce, S. 165; Castro, Fonds de Commerce – Vente et Gérance Libre (1967), Nr. 34, 50, 53; Koch, Der Fonds de commerce, S. 171; Kunzler, Das Nantissement du Fonds de Commerce, S. 104; vgl. auch: Reygrobellet, Fonds de Commerce, Nr. 71.22, S. 626; Fargeaud, Le gage sans dépossession comme instrument de crédit et le marché commun, Nr. 19, S. 19

ses Vorzugsrecht berechtigt den Verkäufer zur vorzugsweisen Befriedigung seiner Forderung aus dem Weiterverkaufserlös für den *fonds de commerce* bzw. zu dessen Verwertung nach Art. L. 143-5 C.com.[720] Nach Art. L. 141-5 Abs. 3 C.com. müssen bei der Eintragung des Vorzugsrechts die auf Waren, Betriebseinrichtung und unkörperliche Bestandteile des *fonds de commerce* entfallenden Teilbeträge der Kaufpreisforderung angegeben werden.[721] Teilkaufpreiszahlungen, für die der Verkäufer dem Käufer Kredit gewährt hat, werden zwingend zunächst auf die Waren des Umlaufvermögens (*marchandises*), dann auf die zum Anlagevermögen gehörende Fahrnis (*matériel*) und erst zuletzt auf die unkörperlichen Bestandteile des *fonds de commerce* angerechnet.[722] Diese Regelung dient dem schnellen Ausscheiden der körperlichen Bestandteile des *fonds de commerce* aus dem Haftungsverband des Verkäuferprivilegs, so dass diese dem Zugriff der sonstigen, nicht ins Pfandregister eingetragenen Gläubiger des Käufers zur Verfügung stehen.[723] Den Interessen des Unternehmers, der seinen *fonds de commerce* auf Kredit verkauft hat, läuft diese Regelung demgegenüber zuwider, da die vom Gesetz geforderte Zuordnung von Teilkaufpreisen für Waren, für zum Anlagevermögen gehörende Fahrnis und für unkörperliche Bestandteile beim Weiterverkauf des *fonds de commerce* durch den Käufer in aller Regel dazu führt, dass der Weiterverkaufserlös vom Verkäuferprivileg des Erstverkäufers des *fonds de commerce* nur teilweise umfasst wird.[724] Das Verkäuferprivileg verleiht seinem Inhaber für einen Teil der geschuldeten Kaufpreisforderung somit in aller Regel lediglich den Status eines ungesicherten Gläubigers an der Forderung gegen den Zweitkäufer, auch wenn die Summe aus der vom Käufer gemachten Anzahlung und dem Erlös aus Weiterverkauf den Betrag der Erstkaufpreisforderung erreichen oder übersteigen würde.[725] Das Vorzugsrecht des Inhabers eines *nantissement du fonds* bezieht sich demgegenüber auf alle Bestandteile des Sicherungsgutes einheitlich, ohne dass eine Auf-

---

[720] Koch, Der Fonds de commerce, S. 168 f.; vgl. oben: D.III

[721] Ripert/Roblot(-Vogel), Traité de Droit Commercial, Tome 1, Volume 1, Nr. 545; Koch, Der Fonds de commerce, S. 168–170

[722] Art. L. 141-5 Abs. 4 und 5; Reygrobellet, Fonds de Commerce, Nr. 72.41 – 72.48; Prouvost in : Le Statut Juridique du Fonds de Commerce, S. 165; Koch, Der Fonds de commerce, S. 169; Kunzler, Das Nantissement du Fonds de Commerce, S. 104

[723] Reygrobellet, Fonds de Commerce, Nr. 71.21; Koch, Der Fonds de commerce, S. 169

[724] Guyon, Droit des Affaires, Tome 1, Nr. 708; Reygrobellet, Fonds de Commerce, Nr. 71.21, 72.48; Prouvost in : Le Statut Juridique du Fonds de Commerce, S. 165; Koch, Der Fonds de commerce, S. 170; Kunzler, Das Nantissement du Fonds de Commerce, S. 104; vgl. auch: Mestre/Pancrazi, Droit commercial, Nr. 762

teilung der dinglichen Belastung auf Bestandteilsgruppen des *fonds de commerce* erfolgte.[726]

Durch die zusätzliche Bestellung eines *nantissement du fonds* kann der Verkäufer eines *fonds de commerce* somit den Umfang der Sicherung seiner eigenen Kaufpreisforderung im Hinblick auf die Kaufpreisforderung, welche dem Käufer gegen einen Dritten zusteht, ausweiten,[727] wenn auch der Nutzen hieraus dadurch relativiert wird, dass die Bestandsteilgruppe „Waren" – und somit auch der hierauf entfallende Anteil der Kaufpreisforderung gegen den Zweitkäufer – nicht vom *nantissement du fonds* umfasst werden kann.[728]

Somit nimmt das *nantissement du fonds* – in Verbindung mit dem Verkäuferprivileg – nur in dem beschränkten Umfang die Funktion einer Unternehmenshypothek ein, als hierdurch der Weiterverkaufspreis für das Unternehmen umfasst wird, in welchen der Wert der Kundschaft eingeflossen ist. In dieser Konstellation besteht die Besonderheit, dass beim Eintritt des Sicherungsfalles – sprich der Nichterfüllung der fällig gewordenen Kaufpreisforderung – dem Sicherungsnehmer das aufwendige und lange gesetzliche Verwertungsverfahren[729] erspart wird, da der Käufer einen Erlös bereits durch den Weiterverkauf erzielt hat.

5. Einsatz der Rechte aus Geschäftsraummietvertrag als Sicherungsgut

Die Bestellung eines *nantissement du fonds* kann schließlich seine Ursache in dem Interesse des Kreditgebers an einem einzelnen besonders wertvollen Bestandteil des *fonds de commerce*, nämlich der Rechtsposition des Unternehmers als Geschäftsraummieter, haben.[730]

---

[725] Reygrobellet, Fonds de Commerce, Nr. 72.47; vgl. auch: Mestre/Pancrazi, Droit commercial, Nr. 762

[726] Ripert/Roblot(-Vogel), Traité de Droit Commercial, Tome 1, Volume 1, Nr. 551; Mestre/ Pancrazi, Droit commercial, Nr. 737; Reygrobellet, Fonds de Commerce, Nr. 73.100; Kunzler, Das Nantissement du Fonds de Commerce, S. 104

[727] Reygrobellet, Fonds de Commerce, Nr. 71.22, 72.48 a.E.; Prouvost in : Le Statut Juridique du Fonds de Commerce, S. 165; Koch, Der Fonds de commerce, S. 171; Kunzler, Das Nantissement du Fonds de Commerce, S. 104

[728] Reygrobellet, Fonds de Commerce, Nr. 72.44, 72.48 a.E., 73.100; Kunzler, Das Nantissement du Fonds de Commerce, S. 104

[729] vgl. oben: D.III.5

[730] Mestre/Pancrazi, Droit commercial, Nr. 697; Reinhard/Chazal, Droit commercial, Nr. 495, S. 380; Reygrobellet, Fonds de Commerce, Nr. 71.22, S. 626; Koch, Der Fonds de commerce, S. 60 f., 66

Das Vorhandensein der Kundschaft eines Unternehmens hängt häufig von dem Standort ab, an dem dieses betrieben wird.[731] Das gilt insbesondere für Einzelhandelsgeschäfte.[732] Wird ein solches Unternehmen nicht in dem Unternehmensträger gehörenden Geschäftsräumen betrieben, dann ist die Beibehaltung dessen Standorts und damit auch dessen Kundschaft vom Fortbestand des Mietverhältnisses abhängig.[733] Die Rechte des Unternehmensträgers aus Geschäftsraummietvertrag sind somit meist der entscheidende Vermögenswert innerhalb eines *fonds de commerce*.[734] Das führt dazu, dass insbesondere in Bezug auf Einzelhandelsgeschäfte die Abtretung der Mieterrechte aus Geschäftsraummietvertrag im Allgemeinen als wirtschaftlich gleichbedeutend mit der Abtretung des *fonds de commerce* angesehen wird.[735]

Für die Beleihung der Rechte aus Geschäftsraummietvertrag ist das *nantissement du fonds* entscheidend, weil eine Übertragung dieser Rechte ohne gleichzeitige Übertragung des *fonds de commerce*, an die Zustimmung des Vermieters gebunden ist,[736] die Rechte aus Geschäftsraummietvertrag aber vom *nantissement du fonds* umfasst werden können. Ebenso wie die isolierte Übertragung könnte auch eine isolierte Beleihung der Mieterrechte aus Geschäftsraummietvertrag – welche ja deren Abtretung im Zuge der Durchsetzung des Sicherungsrechts daran impliziert – nur mit Zustimmung des Vermieters erfolgen. Die Beleihung der Mieterrechte aus Geschäftsraummietvertrag im Rahmen der Verpfändung des *fonds de commerce*, mithin die Bestellung eines *nantissement du fonds*, ist demgegenüber unabhängig von der Vermieterzustimmung möglich.[737]

Bei dem Objekt, welches in wirtschaftlicher Hinsicht Gegenstand einer derart motivierten Beleihung des *fonds de commerce* ist, handelt es sich somit nicht

---

[731] Reinhard/Chazal, Droit commercial, Nr. 495, S. 380; Ripert/Roblot(-Vogel), Traité de Droit Commercial, Tome 1, Volume 1, Nr. 456 f.; Koch, Der Fonds de commerce, S. 60 f., 65, 78; Sonnenberger/Dammann, Französisches Handels- und Wirtschaftsrecht, Rdn. IV 16

[732] Mestre/Pancrazi, Droit commercial, Nr. 716; Reinhard/Chazal, Droit commercial, Nr. 495; Guyon, Droit des Affaires, Tome 1, Nr. 645; Kunzler, Das Nantissement du Fonds de Commerce, S. 22 f., 30

[733] Mestre/Pancrazi, Droit commercial, Nr. 692; Sonnenberger/Dammann, Französisches Handels- und Wirtschaftsrecht, Rdn. IV 16; Kunzler, Das Nantissement du Fonds de Commerce, 22

[734] Guyon, Droit des Affaires, Tome 1, Nr. 645

[735] Reinhard/Chazal, Droit commercial, Nr. 495, S. 380; Ripert/Roblot(-Vogel), Traité de Droit Commercial, Tome 1, Volume 1, Nr. 455 m.w.N.; vgl. auch: Mestre/Pancrazi, Droit commercial, Nr. 697; Reygrobellet, Fonds de Commerce, Nr. 14.17

[736] vgl.: Mestre/Pancrazi, Droit commercial, Nr. 725; Guyon, Droit des Affaires, Tome 1, Nr. 672

[737] vgl. oben: C.III.6.a.aa (2)

um eine Gesamtheit von Vermögensgegenständen und tatsächlichen Beziehungen, sondern allein um die Rechte aus Geschäftsraummietvertrag und die diesem anhaftenden tatsächlichen Beziehungen. Insofern kommt dem *nantissement du fonds* wirtschaftlich betrachtet aber nicht die Funktion zu, eine Kreditgewährung zu verbesserten Konditionen aufgrund der Gewinnchancen des Unternehmens zu fördern; das *nantissement du fonds* fungiert hier vielmehr als Einzelsicherungsrecht und nicht als Unternehmenshypothek. Hiermit einher geht der Befund, dass im Zeitraum von der Beleihung eines *nantissement du fonds* bis zum Abschluss der Durchsetzung dieses Sicherungsrechts die Rechtsposition als gewerblicher Mieter meist der einzig verbliebene werthaltige Vermögensgegenstand innerhalb des Sicherungsgutes ist.[738]

Unabhängig davon wird es aufgrund des langwierigen zwingenden Verwertungsverfahrens[739] regelmäßig zum Verlust der aufgebauten, an den Standort gebundenen Kundenbeziehung kommen, so dass sich der Wert der Rechte aus Geschäftsraummietvertrag in der Gelegenheit zum Aufbau einer neuen Kundschaft an einem hierfür günstigen Standort – zu einem gegenüber der Neuanmietung niedrigeren, gesetzlich gebundenen Mietzins – erschöpfen wird. Allerdings hat auch die Motivation, ein *nantissement du fonds* zu bestellen, um die Vorteile der Bindung des Vermieters an günstige Mietkonditionen zur Kreditsicherung einzusetzen, an Bedeutung verloren, da sich seit geraumer Zeit der französische gewerbliche Mietmarkt infolge der Schaffung neuer Gewerberäume entspannt hat.[740]

6. Verwendung des fonds de commerce als eigenständiges Sicherungsrecht

Abgesehen von den zuvor dargestellten Konstellationen besteht insbesondere seitens Geldkreditgebern nur geringe Bereitschaft, Kredit gegen die Bestellung eines *nantissement du fonds* zu gewähren.[741] Das wird zum einen auf die in der Natur von Unternehmenshypotheken liegende Gefahr des Verlustes der Gewinnchancen im Sicherungsfall zurückgeführt,[742] zum anderen aber auch auf

---

[738] Kunzler, Das Nantissement du Fonds de Commerce, S. 118 f.
[739] vgl. oben: D.III.5
[740] Guyon, Droit des Affaires, Tome 1, Nr. 648, S. 708
[741] vgl. oben: I
[742] Reygrobellet, Fonds de Commerce, Nr. 71.22, S. 626; Cabrillac/Mouly, Droit des Sûretés, Nr. 703, S. 696; Mestre/Pancrazi, Droit commercial, Nr. 737; Guyon, Droit des Affaires, Tome 1, Nr. 712, S. 764; Guyénot, Le Fonds de Commerce, Nr. 116, S. 63; Prouvost in : Le

den Mangel der französischen Rechtsordnung an Bestimmungen, die den Erhalt noch vorhandener Gewinnchancen eines in die finanzielle Krise geratenen Unternehmens fördern könnten.[743] Auch die Begrenzung der von diesem Sicherungsrecht umfassbaren Unternehmensaktiva – insbesondere der Ausschluss von Grundvermögen – ist ein Faktor, der für die Verwendung des *nantissement du fonds* in der Praxis abträglich ist.[744] Diese nachteiligen juristischen Rahmenbedingungen führen dazu, dass bei der Verwertung eines *fonds de commerce* in aller Regel lediglich der Zerschlagungswert der Unternehmensaktiva, nicht etwa der Ertragswert des Unternehmens erzielt werden kann.[745] Schon deshalb kann mittels dieses Rechtsinstituts auch kein Darlehen in über den Zerschlagungswert eines Unternehmens hinausgehender Höhe gesichert werden. Zwecks Sicherung eines Kredites in Höhe des tatsächlichen Wertes des *fonds de commerce* findet das *nantissement du fonds* somit in der Praxis keine wirtschaftlich bedeutende Verwendung.[746]

III. Zusammenfassende Würdigung der Bedeutung des nantissement du fonds zur Unternehmensbeleihung

Die Rechtsfigur des *nantissement du fonds* ermöglicht die Beleihung von zentralen Unternehmensaktiva und den von der Beleihung unbeeinträchtigten Erhalt der Gewinnchancen eines Unternehmens bis zum Zeitpunkt der Verwertung bzw. bis zum Abschluss des Insolvenzverfahrens. An einem Verwertungserlös, in den der Wert des Unternehmens als produktiver Wirtschaftseinheit einfließt, partizipiert der Inhaber eines *nantissement du fonds* aufgrund seiner niedrigen Rangstelle jedoch nicht in wirtschaftlich bedeutsamer Weise.

Statut Juridique du Fonds de Commerce, S. 122–124; vgl. auch: Ripert/Roblot(-Vogel), Traité de Droit Commercial, Tome 1, Volume 1, Nr. 551

[743] Cabrillac/Mouly, Droit des Sûretés, Nr. 703, S. 696; Mestre/Pancrazi, Droit commercial, Nr. 587; Guyon, Droit des Affaires, Tome 1, Nr. 712, S. 764; Prouvost in : Le Statut Juridique du Fonds de Commerce, S. 122–124

[744] Reinhard/Chazal, Droit commercial, Nr. 508; Guyon, Droit des Affaires, Tome 1, Nr. 764, S. 734; Ripert/Roblot(-Vogel), Traité de Droit Commercial, Tome 1, Volume 1, Nr. 459

[745] Guyon, Droit des Affaires, Tome 1, Nr. 712, S. 764; Cabrillac/Mouly, Droit des Sûretés, Nr. 703, S. 696; Kunzler, Das Nantissement du Fonds de Commerce, S. 122; vgl. auch: Reygrobellet, Fonds de Commerce, Nr. 71.22, S. 626; Mestre/Pancrazi, Droit commercial, Nr. 737

[746] Kunzler, Das Nantissement du Fonds de Commerce, S. 108

Die Existenz des *fonds de commerce* als Beleihungsobjekt stellt somit für einen Kreditgeber keinen Anreiz dar, einen über den Zerschlagungswert der Unternehmensaktiva hinausgehenden Kreditbetrag[747] oder im Vergleich zur Bestellung von Einzelsicherungsrechten günstigeren Konditionen zu gewähren.

Die Bedeutung des *nantissement du fonds* in der Praxis liegt somit auch nicht in der Unternehmensbeleihung, sondern ist vor allem auf die nachteilige Ausgestaltung des Verkäuferprivilegs sowie die vorteilhafte Ausgestaltung der Geschäftsraummieterrechte in der französischen Rechtsordnung zurückzuführen. In Bezug auf Ersteres dient das *nantissement du fonds* der Erweiterung des Verkäuferprivilegs betreffend die Kaufpreisforderung aus Weiterverkauf; in Bezug auf Letzteres dient es dem Einsatz dieser besonders günstigen Rechtsposition als Beleihungsobjekt.

Die spezifische von einer Unternehmenshypothek erwartete Eigenschaft im Vergleich zu Einzelsicherungsrechten, nämlich die Verwendbarkeit eines Unternehmens mitsamt dessen Gewinnchancen zur Kreditsicherung, wird somit durch das *nantissement du fonds* allenfalls in besonderen Ausnahmesituationen gewährleistet.

Das *nantissement du fonds* bietet auch nicht insofern einen in der Praxis bedeutsamen Vorteil gegenüber der Bestellung von Einzelsicherungsrechten, als es Vermögensgegenstände umfassen könnte, die der Einzelbeleihung nicht zugänglich wären. Zwar mag die Bestellung gesonderter Sicherungsrechte an Firma und Firmenzeichen in der französischen Rechtsordnung nicht eröffnet sein, der Wert solcher Sicherungsrechte ist jedoch kaum relevant, denn kommt es zur Zerschlagung eines Unternehmens, dann verlieren dessen Firma und Firmenzeichen ihren Wert im Regelfall völlig.[748]

---

[747] Guyon, Droit des Affaires, Tome 1, Nr. 712, S. 764; Cabrillac/Mouly, Droit des Sûretés, Nr. 703, S. 696; Kunzler, Das Nantissement du Fonds de Commerce, S. 122; vgl. auch: Mestre/Pancrazi, Droit commercial, Nr. 737; Prouvost in : Le Statut Juridique du Fonds de Commerce, S. 122–124

[748] Kunzler, Das Nantissement du Fonds de Commerce, S. 120

G. Bedeutung des nantissement du fonds für die grenzüberschreitende Unternehmensbeleihung

Da der Schutz von grenzüberschreitenden Transaktionen durch die Grundfreiheiten des EG-Vertrages unabhängig davon besteht, ob sie den an der Transaktion Beteiligten wirtschaftliche Vorteile verschaffen,[749] können sich auch mitgliedstaatliche Maßnahmen, die der Bestellung eines *nantissement du fonds* an einem außerhalb Frankreichs belegenen Unternehmen zuwiderlaufen, als verbotene Beschränkungen im Sinne von Art. 56 EGV darstellen.

Im Rahmen des Wettbewerbs unter den Zivilrechtsinstituten der verschiedenen Rechtsordnungen werden sich die Marktteilnehmer jedoch nach dem hierdurch vermittelten wirtschaftlichen Nutzen richten.[750] Unter den Rechtsinstituten, die zur Beleihung des Unternehmens als produktiver Wirtschaftseinheit in Frage kommen, wird die Wahl somit mangels Eignung hierfür kaum jemals auf das französische *nantissement du fonds* fallen. Für die Frage der grenzüberschreitenden Unternehmensbeleihung ist dieses Rechtsinstitut somit praktisch unbedeutend.

---

[749] v. Wilmowsky, Europäisches Kreditsicherungsrecht, S. 85 f.

[750] Wolf, WM 1990, 1941 ff.; v. Wilmowsky, Europäisches Kreditsicherungsrecht, S. 86

Vierter Teil:

Die Unternehmensbeleihung in der englischen Rechtsordnung

Als Figur der englischen Rechtsordnung, mittels welcher der Wert des Unternehmens als produktiver Wirtschaftseinheit zwecks Kreditsicherung eingesetzt werden könnte, kommt die in der zweiten Hälfte des 19. Jahrhunderts kautelarjuristisch entwickelte[751] und von der Rechtsprechung anerkannte[752] Rechtsfigur der *floating charge* in Betracht. So wird die Bedeutung der *floating charge* zur Beleihung des Unternehmens – als einer über den Wert der Summe dessen Bestandteile hinausgehenden wirtschaftlichen Einheit – den hierzu als ungeeignet angesehenen deutschen Einzelsicherungsrechten gegenübergestellt[753] bzw. die englische[754] Rechtsordnung wegen dieses Rechtsinstituts für Kreditgeber im internationalen Vergleich als vorteilhaft angesehen.[755]

Die *floating charge* hat in der Praxis immense Bedeutung.[756] Sie kommt meist im Rahmen von längerfristigen Kreditverhältnissen zum Einsatz,[757] insbesondere zur Sicherung von Schuldverschreibungen (*debentures*)[758] kreditsuchender

---

[751] Lightman/Moss, The Law of Receivers and Administrators of Companies (2000), Rdn. 1-001, S. 1; Rdn. 1-003, S. 2; ter Meulen, Die englische Floating Charge (1969), S. 21–29

[752] Re Panama, New Zealand and Australian Royal Mail Co. [1870] 5 Ch.App. 318

[753] v. Wilmowsky, Europäisches Kreditsicherungsrecht (1996), S. 129; Wolf, Privates Bankvertragsrecht im EG-Binnenmarkt : Auswirkungen der II. EG-Bankrechts-Richtlinie auf privatrechtliche Bankgeschäfte, WM 1990, 1941 (1950 f.); Hübner, Internationalprivatrechtliche Probleme der Anerkennung und Substitution bei globalen Sicherungsrechten an Unternehmen, FS Pleyer (1986), 41 (41 f.); Stief, Die Verpfändbarkeit des Unternehmens im deutschen, französischen und englischen Recht (1940), S. 60 ff.

[754] Außer in England und Wales existiert das Rechtsinstitut der *floating charge* auch in diversen anderen Common Law-Rechtsordnungen, einschließlich denjenigen Nordirlands und der Republik Irland, Kanadas, Australiens und Neuseelands, nicht jedoch in den Teilrechtsordnungen der USA (vgl.: Wenckstern, Die englische Floating Charge im deutschen Internationalen Privatrecht, RabelsZ 56 (1992), 624 (628)). In Schottland hat diese Rechts-figur durch den Companies (Floating Charge) (Scotland) Act 1961 Eingang gefunden. Der Companies Act 1985 enthält neben England und Wales betreffenden Regelungen auch Bestimmungen für Sicherungsrechte an in Schottland inkorporierten Kapitalgesellschaften (vgl. etwa: Companies Act 1985 s. 395 (4) i.d.F.v. Companies Act 1989 s. 93).

[755] Davies, Insolvency and the Enterprise Act 2002 (2003), Rdn. 3–15, S. 30

[756] Hofmann, Mortgage und Charge : Gestaltungsmöglichkeiten im englischen Kreditsicherungsrecht (2002), S. 57; Wenckstern, RabelsZ 56 (1992), 624 (629)

[757] Wenckstern, RabelsZ 56 (1992), 624 (631 f.)

[758] zum Begriff der *debenture*: Pennington, Company Law (1995), S. 556–561; Wenckstern, RabelsZ 56 (1992), 624 (631 f.)

Unternehmen. Solche dinglich gesicherten Schuldverschreibungen werden regelmäßig an einzelne Banken, häufiger aber an Bankenkonsortien ausgegeben.[759] Die *floating charge* kann außer zur Sicherung von Verbindlichkeiten des Trägers des zu beleihenden Unternehmens auch zur Sicherung von Forderungen gegen dessen Tochtergesellschaften eingesetzt werden, nicht jedoch zugunsten eines sonstigen Dritten.[760]

Die Beleihung der Aktiva eines Unternehmens erfolgt in der englischen Praxis allerdings regelmäßig nicht durch die *floating charge* allein, sondern mittels einer Kombination mindestens einer *floating charge* mit *fixed charges*,[761] worunter für die Zwecke dieser Untersuchung jegliche rechtsgeschäftlich bestellten Einzelsicherungsrechte zu verstehen sind.[762] Im Rahmen der Beleihung des Vermögens ihrer Schuldner streben Kreditgeber eine möglichst weitgehende Verwendung von *fixed charges* an, weil ihnen hierdurch eine höhere Rangstelle an dem Verwertungserlös für das Sicherungsgut vermittelt wird als durch die *floating charge*; die Bestellung der *floating charge* ist demgegenüber dadurch motiviert, dass nur dieses Rechtsinstitut die freie Verfügungsbefugnis des Sicherungsgebers gewährleistet, worauf gewerbetreibende Kreditnehmer in Bezug auf das Umlaufvermögen angewiesen sind.[763] Darüber hinaus werden jedoch in der Praxis *floating charges* auch am Anlagevermögen bestellt, nämlich in den selteneren Fällen, in denen der Kreditnehmer eine stärkere Verhandlungsposition als der Kreditgeber hat und daher die Bestellung von *fixed charges* hieran verhindern kann.[764] Die Bestellung von *floating* und *fixed charges* erfolgt meist in Kombination in Schuldverschreibungen des siche-

---

[759] Griffiths, Insolvenzrecht in Großbritannien, S. 11; vgl. auch: Pennington, Company Law, S. 556–559

[760] Wenckstern, RabelsZ 56 (1992), 624 (632)

[761] Hofmann, Mortgage und Charge, S. 149, 120–127; Griffiths, Insolvenzrecht in Großbritannien, S. 11; Lightman/Moss, The Law of Receivers and Administrators of Companies, Rdn. 1-004, S. 2; Ferran, Company Law and Corporate Finance (1999), S. 509; Goode, Principles of Corporate Insolvency Law (1997), S. 204

[762] Der Begriff der *charge* wird in Companies Act 1985, s. 395 (2) i.d.F.v. Companies Act 1989, s. 93 für die Zwecke der Registereintragung von Sicherungsrechten an Aktiva einer Kapitalgesellschaft übergreifend als rechtsgeschäftlich bestelltes Sicherungsrecht definiert. Außerhalb des vorgenannten Gesetzes wird die Bezeichnung *charge* demgegenüber für ein der Rechtsmasse der *equity* angehörendes Sicherungsrecht reserviert (Goode, Legal Problems of Credit and Security (2003), Rdn. 1-50–1-52, S. 35–37; Hofmann, Mortgage und Charge, S. 54–56; Farrar, Company Law (1998), S. 642; Gower, Principles of Modern Company Law (1992), S. 408, Fn. 7; Gough, Company Charges (1996), S. 16–21).

[763] Hofmann, Mortgage und Charge, S. 121–127; Ferran, Company Law and Corporate Finance, S. 509

[764] Ferran, Company Law and Corporate Finance, S. 509

rungsgebenden Unternehmens,[765] was auch Gegenstand gesetzlicher Regelung geworden ist.[766] Das Instrumentarium, welches in der englischen Rechtsordnung zur Beleihung des Unternehmens als wirtschaftlicher Einheit in Frage kommt, schließt somit die *fixed charge* ein.

A. Für die Bestellung einer floating charge qualifizierte Unternehmen

Für die Bestellung einer *floating charge* ist grundsätzlich jedes Unternehmen qualifiziert; prinzipiell steht dieses Sicherungsrecht neben Kapitalgesellschaften (*incorporated companies*) auch Personengesellschaften (*partnerships*) und natürlichen Personen offen.[767] Allerdings müssen natürliche Personen und Personengesellschaften zur Beleihung ihrer beweglichen Sachen mittels *floating charge* die beschwerlichen Registrierungserfordernisse der Bill of Sales Acts 1878 und 1882 beachten, so dass *floating charges* in der Praxis ausschließlich von Kapitalgesellschaften bestellt werden.[768] Weit weniger Probleme als die Erfüllung der Registrierungserfordernisse der Bill of Sales Acts wirft in England und Wales nämlich die Gründung einer Kapitalgesellschaft auf.[769] Für das Stammkapital einer solchen enthält das englische Recht keine Mindestanforderungen.[770] Ein kreditsuchender Gewerbetreibender, welcher von dem Rechtsinstitut der *floating charge* Gebrauch machen will, kann somit für diesen Zweck ohne größeren Aufwand eine Kapitalgesellschaft gründen,[771] was häufig auf Anraten von Banken geschieht.[772] Ohnehin handelt es sich in England und Wales bei der Kapitalgesellschaft um die Form, in welcher Unternehmen im Regelfall geführt werden.[773] Die einschränkende Wirkung der Bill of Sales Acts

---

[765] Hofmann, Mortgage und Charge, S. 124–127; Pennington, Company Law, S. 556

[766] vgl.: Insolvency Act 1986, s. 29 (2); Insolvency Act 1986, Sch. B 1, para. 14 (3) (c) i.d.F.v. Enterprise Act 2002, s. 248

[767] Ferran, Company Law and Corporate Finance, S. 508; Wenckstern, RabelsZ 56 (1992), 624 (629); ter Meulen, Die Floating Charge, S. 30

[768] Ferran, Company Law and Corporate Finance, S. 508; Wenckstern, RabelsZ 56 (1992), 624 (629); ter Meulen, Die Floating Charge, S. 30–32

[769] Wenckstern, RabelsZ 56 (1992), 624 (629)

[770] Wenckstern, RabelsZ 56 (1992), 624 (629); ter Meulen, Die Floating Charge S. 107

[771] Wenckstern, RabelsZ 56 (1992), 624 (629)

[772] Hofmann, Mortgage und Charge, S. 57; ter Meulen, Die Floating Charge, S. 107

[773] Hofmann, Mortgage und Charge, S. 57; Wenckstern, RabelsZ 56 (1992), 624 (629); ter Meulen, Die Floating Charge, S. 31, 107

auf den Einsatz des Unternehmens zur Kreditsicherung ist somit gering. Die *floating charge* steht daher praktisch jedem an ihrer Bestellung interessierten Unternehmer zur Verfügung.

I. Von der floating charge umfassbare Vermögensgegenstände

Die *floating charge* eröffnet die nahezu lückenlose Beleihung von Unternehmensaktiva.[774] Auch noch nicht eingefordertes Gesellschaftskapital (*uncalled capital*) wird von der *floating charge* umfasst, sofern Derartiges im Gesellschaftsvertrag zugelassen und in der Sicherungsabrede ausdrücklich bestimmt ist.[775] Lediglich die Geschäftsbücher sind als mögliches Sicherungsgut der *floating charge* zwingend ausgenommen, da sie im Insolvenzverfahren dem jeweiligen Verwalter zur Verfügung stehen müssen.[776]

Die Problematik der Abgrenzung von dem Privatgebrauch des Sicherungsgebers dienenden Vermögensgegenständen zu Aktiva, die dem Haftungsverband der Unternehmenshypothek unterliegen,[777] wird in der englischen Rechtspraxis vermieden, da – aus den zuvor dargestellten Gründen – die Bestellung einer *floating charge* durch einen Einzelkaufmann oder eine Personengesellschaft kaum jemals erfolgen wird.

II. Von der floating charge umfassbare tatsächliche Beziehungen

Da das Unternehmensvermögen somit im Wesentlichen vollständig mit der *floating charge* – ggf. in Kombination mit *fixed charges* – beliehen werden kann, werden von ihr auch die hierdurch vermittelten tatsächlichen Beziehungen erfasst.[778] Infolge der Beleihung des Unternehmens als produktiver Wirtschaftseinheit (*going concern*)[779] und Profit generierender Sach- und

---

[774] Companies Act 1985, s. 396 (1) (e) i.d.F.v. Companies Act 1989, s. 93; Hofmann, Mortgage und Charge, S. 59; Gower, Principles of Modern Company Law, S. 413; Wenckstern, RabelsZ 56 (1992), 624 (630)

[775] Pennington, Company Law, S. 555; Wenckstern, RabelsZ 56 (1992), 624 (630); Lange, Kreditsicherheiten in der Unternehmenssanierung nach englischem Recht, WM 1990, 701

[776] Wenckstern, RabelsZ 56 (1992), 624 (630)

[777] vgl. oben: Dritter Teil, B.I.1

[778] Lightman/Moss, The Law of Receivers and Administrators of Companies, Rdn. 9-003, S. 184; vgl. auch oben: Erster Teil, C.II.4

[779] Gough, Company Charges, S. 89; Griffiths, Insolvenzrecht in Großbritannien, S. 12

Rechtsgesamtheit[780] mittels der *floating charge* kann dessen Goodwill als immaterieller Geschäftswert erhalten bleiben und in die Beleihung einbezogen werden.[781] Der Goodwill kann darüber hinaus auch Beleihungsobjekt einer *fixed charge* sein,[782] deren Bestellung in Kombination mit der *floating charge* erfolgt. Bei Verkauf des Unternehmens als produktiver Wirtschaftseinheit kann der Goodwill erhalten und infolgedessen ein höherer Verwertungserlös erzielt werden.[783]

Ebenso wie die französische Rechtsordnung[784] misst auch die englische – unter den für die Gewinnchancen eines Unternehmens entscheidenden tatsächlichen Beziehungen – den Kundenbeziehungen besondere Bedeutung im Rahmen der Unternehmensbeleihung bei; Letztere werden über den Goodwill[785] als von der Unternehmensbeleihung umfassbar angesehen.[786] Als – in vergangenen Zeiten besonders bedeutsamer – *local goodwill* wird die auf die Lage des Unternehmens bzw. dessen Geschäftsräume zurückgehende Anziehung der Kundschaft bezeichnet.[787]

III. Anforderungen an die Bestellung einer floating charge

Für den Erfolg der Beleihung des Unternehmens als wirtschaftlicher Einheit ist entscheidend, dass Aufwand und Kosten hierfür nicht außer Verhältnis zu den durch die Unternehmensbeleihung eröffneten Vorteilen stehen.

---

[780] Gough, Company Charges, S. 88 (m.w.N.); Hübner, FS Pleyer (1986), 41 (42)

[781] Companies Act 1985, s. 396 (1) (c), (e) i.d.F.v. Companies Act 1989, s. 93; Hofmann, Mortgage und Charge, S. 126; Lightman/Moss, The Law of Receivers and Administrators of Companies, Rdn. 8-020 – 8-022, S. 181; Rdn. 9-003, S. 184; Rdn. 9-005, S. 185

[782] Re Lewis Merthyr Consolidated Collieries Ltd. [1929] 1 Ch. 498 (504–507); Gough, Company Charges, S. 995 f.; Lange, WM 1990, 701; vgl. auch: Companies Act 1985, s. 396 (1) (c), (e) i.d.F.v. Companies Act 1989, s. 93

[783] Lightman/Moss, The Law of Receivers and Administrators of Companies, Rdn. 9-003, S. 184; Griffiths, Insolvenzrecht in Großbritannien, S. 2; ter Meulen, Die Floating Charge, S. 92 f.

[784] vgl. oben: Dritter Teil, B.II.2.a

[785] ter Meulen, Die Floating Charge, S. 37

[786] vgl.: Hofmann, Mortgage und Charge, S. 126, Fn. 430; ter Meulen, Die Floating Charge, S. 37

[787] ter Meulen, Die Floating Charge, S. 25 (insbes. Fn. 27)

1. Bezeichnung des Sicherungsgutes

An die Bezeichnung der von der *floating charge* zu umfassenden Vermögensgegenstände stellt das englische Recht keine hohen Anforderungen. Das gilt insbesondere für die Bestellung eines solchen Sicherungsrechts an dem gesamten Unternehmensvermögen. Ausreichend ist etwa die Beschreibung des Sicherungsgutes als das Unternehmen mit allen seinen gegenwärtigen und künftigen Vermögensgegenständen.[788] In der Sicherungsabrede kann auf so generelle Bezeichnungen des Sicherungsgutes wie „*undertaking*“[789], „*all their estate, property and effects*“[790] oder „*real and personal estate*“[791] zurückgegriffen werden. Durch eine solche allgemeine Bezeichnung wird die Identifizierung des Sicherungsgutes ermöglicht, wenn auch anhand normativer und nicht empirisch-realer Kriterien.[792] Auch wenn der Sicherungsnehmer – wie im Regelfall – eine *floating charge* an dem Umlaufvermögen mit *fixed charges* an dem Anlagevermögen kombinieren will, steht ihm die Verwendung einer der vorgenannten allgemeinen Formulierungen offen; er hat dann lediglich die Gegenständen zu spezifizieren, die Objekt von *fixed charges* werden sollen. Die damit einhergehende Überschneidung von zugunsten desselben Kreditgebers bestellten Sicherungsrechten ist in der englischen Rechtsordnung durchaus möglich.[793] Im Übrigen brauchen die Parteien im Fall der Beleihung des Unternehmens mit sämtlichen Aktiva nicht einmal das zu bestellende Sicherungsrecht als eine *floating charge* zu identifizieren, um eine solche zur Entstehung zu bringen.[794]

2. Bestellungsakte

Die englische Rechtsordnung enthält Vorschriften zur einheitlichen Bestellung einer *floating charge* an jeglichen Kategorien von Vermögensgegenständen; daneben können jedoch auch gesonderte Bestellungsakte zur Begründung dinglicher Wirkung erforderlich sein.

---

788 Wenckstern, RabelsZ 56 (1992), 624 (630)
789 Re Panama, New Zealand and Australian Royal Mail Co. [1870] 5 Ch.App. 318
790 Re Florence Land and Public Works Co., ex p Moor [1878] 10 Ch.D. 530
791 Re Colonial Trust Corpn., ex p Bradshaw [1879] 15 Ch.D. 465
792 Wenckstern, RabelsZ 56 (1992), 624 (663)
793 Hofmann, Mortgage und Charge, S. 120–127
794 Marshall v. Benjamin Cope & Sons Ltd. [1914] 1 Ch. 800 (805) per Sargant J.; Gower, Principles of Modern Company Law, S. 413; vgl. auch: Hofmann, Mortgage und Charge, S. 59 f.; Gough, Company Charges, S. 88 f.

a. Eintragung in das öffentliche Gesellschaftsbelastungsregister

Um Wirkung gegenüber Dritten, zu deren Gunsten aufgrund entgeltlichen Vertrages verfügt wird,[795] sowie gegenüber einem Verwalter in einem Insolvenz- oder Liquidationsverfahren zu erlangen, muss die vereinbarte *floating charge*, ebenso wie eine *fixed charge*, in das beim *Registrar of Companies* geführte öffentliche Gesellschaftsbelastungsregister (*companies charges register*) binnen 21 Tagen eingetragen werden.[796] Diese Registereintragung hat zur Folge, dass sich andere Sicherungsnehmer und grundsätzlich auch Erwerber von Sicherungsgut nicht auf die Unkenntins von der Belastung berufen können.[797] Zwar kann trotz einer solchen Eintragung Fahrnis im gewöhnlichen Geschäftsgang gutgläubig lastenfrei erworben werden, da in diesem Fall vom Erwerber die Einsichtnahme in ein Register nicht erwartet werden kann.[798] Dies ist für die Effektivität der *floating charge* jedoch kaum abträglich, denn dieses Sicherungsrecht lässt die Befugnis des Sicherungsgebers, über das Sicherungsgut im gewöhnlichen Geschäftsgang zu verfügen, ohnehin unberührt.[799]

Dieses Eintragungserfordernis gilt grundsätzlich nur in Bezug auf einen Katalog von Vermögensgegenständen,[800] der allerdings umfangreich ist; er erfasst Grundstücke, Grundstücksrechte außer Rentenschulden, Fahrnis, besitzlose dingliche Rechte an Fahrnis, Buchforderungen (*book debts*),[801] Patente (*patents*),[802] Marken (*trade marks, service marks*), eingetragene Muster und Modelle (*registered designs*), Urheberrechte (*copyright or design rights*), Lizenzen an solchen Immaterialgüterrechten und das nicht eingeforderte bzw. eingeforderte aber nicht geleistete Gesellschaftskapital (*uncalled capital or calls made but not paid*) ebenso wie den Goodwill.[803]

---

[795] Companies Act 1985, s. 399 (1), (2) i.d.F.v. Companies Act 1989, s. 94

[796] Companies Act 1985, s. 397, s. 399 i.d.F.v. Companies Act 1989, s. 94 i.V.m. Companies Act 1985, s. 395 f. i.d.F.v. Companies Act 1989, s. 93

[797] Companies Act 1985, s. 416 (1) i.d.F.v. Companies Act 1989, s. 103; Goode, Legal Problems of Credit and Security, Rdn. 2-23, S. 79; Rdn. 2-29, S. 83

[798] Ferran, S. 543; Goode, Legal Problems of Credit and Security, Rdn. 2-29, S. 83

[799] Re Cimax Tissues Ltd. [1994] B.C.C. 626 (635); Ferran, Company Law and Corporate Finance, S. 514 f.; Hofmann, Mortgage und Charge, S. 58 f.; Gower, Principles of Modern Company Law, S. 414; Gough, Company Charges, S. 91, 93

[800] Goode, Legal Problems of Credit and Security, Rdn. 2-21, S. 77; Pennington, Company Law, S. 663–676

[801] vgl.: Goode, Legal Problems of Credit and Security, Rdn. 3-27, S. 99 f.

[802] vgl.: Pennington, Company Law, S. 641

[803] Companies Act 1985, s. 396 (1), (2) (d)

In diesem Katalog von Vermögensgegenständen, deren Beleihung infolge Registereintragung Drittwirkung erlangen kann, fehlen etwa Gesellschaftsanteile und Schuldverschreibungen.[804] Entsprechendes gilt für Kontoguthaben, welche in der Regel nicht unter den Begriff der *book debts* fallen.[805] Stets eintragungspflichtig sind jedoch *floating charges*, auch soweit sie sich auf nicht in diesem Katalog aufgeführte Vermögensgegenstände beziehen.[806] So erlangt die Beleihung des Umlaufvermögens von Kapitalanlagegesellschaften mittels *floating charge*, welches sich im Wesentlichen aus Gesellschaftsanteilen und Schuldverschreibungen zusammensetzt, infolge deren ordnungsgemäßer Registereintragung Wirkung gegenüber Dritten.[807]

Neben *floating charges* sind auch *fixed charges* an jeglichen Kategorien von Unternehmensaktiva eintragungspflichtig, wenn solche Kreditsicherheiten einheitlich zur Beleihung einer Emission von Schuldverschreibungen (*debentures*) bestellt werden.[808] Der Tatbestand der Emission von *debentures* wird nicht bei der Ausstellung einer *debenture* zugunsten eines einzelnen Kreditgebers erfüllt, wohl aber bei deren Ausgabe an ein Bankenkonsortium.[809] Der Begriff der *debenture* ist so weit, dass er von den Parteien einer Sicherungsabrede praktisch immer erfüllt werden kann.[810] Da weiterhin die Gewährung von gesicherten Unternehmenskrediten in England und Wales häufiger durch ein Bankenkonsortium als durch eine einzelne Bank erfolgt,[811] kann die dingliche Wirkung, welche die Eintragung in das öffentliche Gesellschaftsbelastungsregister bewirkt, auf praktikable Weise für jegliche Art von Unternehmensaktiva erzielt werden.

---

[804] Pennington, Company Law, S. 674

[805] Goode, Legal Problems of Credit and Security, Rdn. 2-21, S. 77

[806] Companies Act 1985, s. 396 (1) (e) i.d.F.v. s. 93 Companies Act 1989; Pennington, Company Law, S. 674–676; Ferran, Company Law and Corporate Finance, S. 540

[807] Pennington, Company Law, S. 674; Ausgeschlossen ist demgegenüber eine Eintragung in das *companies charges register* bezüglich im Eigentum Dritter befindlicher Fracht, die vom sicherungsgebenden Schiffsmieter befördert wird; das Sicherungsrecht des Schiffsvermieters hieran gilt nicht als *floating charge* (Companies Act 1985, s. 396 (2) (g) i.d.F.v. Companies Act 1989, s. 93; Pennington, Company Law, S. 676).

[808] Companies Act 1985, s. 396 (1) (d) i.d.F.v. Companies Act 1989, s. 93; Companies Act 1985, s. 419 (1) i.d.F.v. Companies Act 1989, s. 104

[809] Pennington, Company Law, S. 675

[810] Wenckstern, RabelsZ 56 (1992), 624 (632); Lightman/Moss, The Law of Receivers and Administrators of Companies, Rdn. 3-002, S. 34

[811] Griffiths, Insolvenzrecht in Großbritannien, S. 11; vgl. auch: Pennington, Company Law, S. 556–559

b. Zusätzliche Registereintragungen in Bezug auf bestimmte Kategorien von Vermögensgegenständen

In Bezug auf bestimmte Kategorien von Unternehmensaktiva ist die Eintragung in das *companies charges register* zur Vermeidung des Erwerbs eines vorrangigen anderen Sicherungsrechts bzw. lastenfreien Eigentums durch einen gutgläubigen Dritten allerdings nicht ausreichend: Die Eintragung eines Sicherungsrechts – ob *fixed* oder *floating charge* – in dieses öffentliche Gesellschaftsbelastungsregister lässt andere gesetzlich vorgesehene Registereintragungen (und Anzeigepflichten) zwecks Rangwahrung unberührt.[812] Solche spezialgesetzlich vorgesehenen Eintragungserfordernisse bestehen für Sicherungsrechte an Grundstücken,[813] Schiffen,[814] Luftfahrzeugen,[815] Patenten,[816] Urheberrechten,[817] eingetragenen Mustern und Modellen[818] sowie Marken.[819]

Da eine *floating charge* an Luftfahrzeugen kein in das Luftfahrzeugregister eintragungsfähiges Sicherungsrecht ist, steht für eine gegenüber Dritten wirkende Beleihung von Luftfahrzeugen allein die *fixed charge* zur Verfügung; in das Luftfahrzeugregister eintragungsfähig ist demgegenüber eine *floating charge* am Ersatzteillager.[820]

Der Aufwand all dieser gesonderten Registereintragungen im Verhältnis zu deren Nutzen für den Sicherungsnehmer ist allerdings gering, da es sich bei dem betreffenden Sicherungsgut um regelmäßig besonders wertvolle Aktiva handelt.

---

812 Farrar, Company Law, S. 647; Gough, Company Charges, S. 875 ff.; Wenckstern, RabelsZ 56 (1992), 624 (634); Norton Rose/Proctor, Cross-Border Security (2000), England, S. 446, 448; Gower, Principles of Modern Company Law, S. 441, Fn. 35; Companies Act 1985, s. 416 (3) i.d.F.v. Companies Act 1989, s. 103

813 Land Registration Act 1985, s. 26; Gough, Company Charges, S. 876–879; Die – wenigen – Grundstücke, für welche noch kein Grundbuch existiert, können mittels *floating charge* beliehen werden, ohne dass eine weitere Registereintragung zur Begründung dinglicher Wirkung erforderlich ist (Land Charges Act 1972, s. 3 (7), (8); Gough, Company Charges, S. 875).

814 Merchant Shipping (Registration etc.) Act 1993; Gough, Company Charges, S. 884–887

815 Mortgaging of Aircraft Order 1972; Gough, Company Charges, S. 890–893

816 Patents Act 1977, s. 33 (1); Hofmann, Mortgage und Charge, S. 52

817 Copyright, Design and Patents Act 1988, s. 90 (1)

818 Copyright, Design and Patents Act 1988, s. 222 (1)

819 Trade Marks Act 1938, s. 25 (1); Trade Marks (Amendment) Act 1984, s. 1 (1); Farrar, Company Law, S. 647

820 Mortgaging of Aircraft Order 1972, articles 2 (2), 4 (1) i.V.m. Companies Act 1985, s. 416 (3) i.d.F.v. Companies Act 1989, s. 103; Gough, Company Charges, S. 890–893

In Bezug auf solche Aktien, auf deren ständige Verfügbarkeit der Sicherungsgeber nicht angewiesen ist, kommt zwecks verbesserten Schutzes vor gutgläubigem Erwerb deren schriftliche Abtretung und die Eintragung des Sicherungsnehmers als Aktionär in das jeweilige Aktienbuch in Betracht.[821]

c. Registereintragung ohne dingliche Wirkung

Neben der für die Drittwirkung der *charge* erforderlichen Eintragung in das öffentliche Gesellschaftsbelastungsregister (*companies charges register*) – und ggf. in weitere Register – hat der Sicherungsgeber an seinem Firmensitz eine Kopie der Urkunde über die Bestellung der *charge* aufzubewahren und diese *charge* zusätzlich in einem jedermann zugänglich zu machenden Register aller Belastungen des Gesellschaftsvermögens (*register to be kept by the company*) aufzuführen. Diese Eintragung hat allerdings keine zivilrechtliche Wirkung; ihre Nichtbeachtung zieht lediglich eine Bußgeldpflicht nach sich.[822]

IV. Formerfordernis bezüglich der Verpflichtung zur Bestellung einer floating charge

Für die Wirkung einer *floating charge* inter partes bestehen grundsätzlich keinerlei Formvorschriften. Anderes gilt für eine *floating charge*, welche Grundstücke oder Grundstücksrechte einschließt; hierfür ist die Schriftform zu beachten.[823] Dieses Erfordernis wird in der Praxis regelmäßig dadurch gewahrt, dass die Begründung von *floating* und *fixed charges* an den gesamten Aktiva eines Unternehmens in Schuldverschreibungen (*debentures*) dokumentiert wird.[824] Im Ergebnis besteht ein Schriftformerfordernis in Bezug auf praktisch sämtliche Bestandteile der Unternehmensbeleihung auch infolge der Pflicht des Sicherungsgebers zur Aufbewahrung[825] der Sicherungsabrede in Kopie an seinem Sitz.[826]

821 Hofmann, Mortgage und Charge, S. 50 f., 54
822 Companies Act 1985, ss. 411, 412 i.d.F.v. Companies Act 1989, s. 101
823 Hofmann, Mortgage und Charge, S. 60
824 Hofmann, Mortgage und Charge, S. 60
825 Companies Act 1985, s. 411 (1) i.d.F.v. Companies Act 1989, s. 101
826 vgl.: Wenckstern, RabelsZ 56 (1992), 624 (633)

V. Ergebnis

Die Begründung dinglicher Wirkung in Bezug auf nahezu sämtliche Vermögensgegenstände, die in einem Unternehmen zum Einsatz kommen können, ist im Wege der Eintragung in das öffentliche Gesellschaftsbelastungsregister und – für bestimmte Unternehmensaktiva – in weitere Register möglich. Der formale Aufwand zur Bestellung einer *floating charge* an den betreffenden Unternehmensaktiva, ggf. in Kombination mit *fixed charges*, stellt die Praktikabilität einer solchen Beleihung nicht in Frage.[827] Auch die Anforderungen an Individualisierung und Bezeichnung des Sicherungsgutes stellen keine nennenswerten Hürden für die Unternehmensbeleihung in der englischen Rechtsordnung dar.

B. Erhalt der vermögensrechtlichen und tatsächlichen Grundlage des beliehenen Unternehmens bis zum Eintritt des Sicherungsfalles

I. Gewährleistung der Verwendung des Sicherungsgutes durch den Sicherungsgeber im Rahmen dessen wirtschaftlicher Betätigung

Durch das Rechtsinstitut der *floating charge* wird der Notwendigkeit Rechnung getragen, dem Sicherungsgeber die Verwendung der Unternehmensaktiva unbeeinträchtigt von deren Beleihung zur Fortführung dessen wirtschaftlicher Tätigkeit zu belassen.

1. Verbleib von Besitz beim Sicherungsgeber

Als besitzloses Sicherungsrecht trägt die *floating charge* dem Erfordernis der tatsächlichen Verwendbarkeit des Sicherungsgutes durch den Sicherungsgeber zwecks Gewinnerzielung Rechnung.[828] Dementsprechend ist das Besitzpfandrecht (*pledge*) in der Praxis durch die *charge* verdrängt worden.[829] Allerdings bleibt es den Parteien der Sicherungsabrede unbenommen, einen Besitzwechsel von Sicherungsgut im Rahmen der *floating charge* zu vereinbaren, um dem Be-

---

[827] Norton Rose/Proctor, Cross-Border Security, S. 440

[828] Gower, Principles of Modern Company Law, S. 410, 413; ter Meulen, Die Floating Charge, S. 15

[829] Hofmann, Mortgage und Charge, S. 21; ter Meulen, Die Floating Charge, S. 22–26

dürfnis des Sicherungsnehmers an dessen Kontrolle zu entsprechen; so ist es nicht unüblich, dass in Erfüllung einer Sicherungsabrede Waren in das Lagerhaus eines Dritten verbracht oder durch einen Vertreter des Sicherungsnehmers im Rahmen einer Raumsicherungsabrede (*field warehousing*) überwacht werden.[830]

2. Von der Sicherungsbestellung unbeeinträchtigte Verfügungsbefugnis des Sicherungsgebers

Die Beleihung des Umlaufvermögens bzw. des gesamten Unternehmens als lebender Einheit[831] mittels *floating charge* erfordert die von der Sicherungsbestellung unbeeinträchtigte Verfügungsmöglichkeit des Sicherungsgebers im gewöhnlichen Geschäftsgang; ansonsten erfolgte eine Lähmung der Geschäftstätigkeit des beliehenen Unternehmens.[832] Auch diesem Erfordernis wird durch die *floating charge* Genüge getan;[833] in der Geschäftsführung ist der Sicherungsgeber nämlich bis zum Eintritt des Sicherungsfalles unbeschränkt.[834] Die Verfügungsbefugnis des Sicherungsgebers über das Sicherungsgut im gewöhnlichen Geschäftsgang ist sogar zwingende Voraussetzung für das Vorliegen einer *floating charge*.[835]

II. Erstreckung der Beleihung auf künftige Unternehmensaktiva

Mit der *floating charge* können die Aktiva eines Unternehmens in ihrem im Zeitpunkt des Sicherungsfalls vorhandenen jeweiligen Bestand, mithin auch künftige Aktiva, beliehen werden.[836] Sogar erst nach Eintritt des Sicherungsfal-

---

830 Goode, Legal Problems of Credit and Security, Rdn. 4-23, S. 131

831 Gough, Company Charges, S. 89

832 Gough, Company Charges, S. 90, 102; Wenckstern, RabelsZ 56 (1992), 624 (633); ter Meulen, Die Floating Charge, S. 15; vgl. oben: Erster Teil, D.I.1

833 Re Cimax Tissues Ltd. [1994] B.C.C. 626 (635); Ferran, Company Law and Corporate Finance, S. 514 f.; Gower, Principles of Modern Company Law, S. 413; Gough, Company Charges, S. 89

834 Hofmann, Mortgage und Charge, S. 61; Gower, Principles of Modern Company Law, S. 414

835 Goode, Legal Problems of Credit and Security, Rdn. 4-28, S. 133; Hofmann, Mortgage und Charge, S. 58 f.; Gower, Principles of Modern Company Law, S. 413

836 Hofmann, Mortgage und Charge, S. 58; Norton Rose/Proctor, Cross-Border Security, S. 439; Wenckstern, RabelsZ 56 (1992), 624 (630)

les vom Sicherungsgeber erworbene Vermögensgegenstände werden von diesem Kreditsicherungsrecht erfasst.[837]

Gemäß ihrem Namen schwebt die *floating charge* über dem ständigen Veränderungen unterliegenden Sicherungsgut und bezieht sich somit auf dieses in seiner jeweiligen Zusammensetzung.[838] Der Einschluss künftiger Aktiva in die Beleihung stellt eine zwingende Voraussetzung für das Vorliegen einer *floating charge* dar: Wenigstens eine Kategorie der beliehenen Vermögensgegenstände muss in ihrem dem Wechsel unterliegenden Bestand hiervon erfasst sein.[839] Darüber hinaus muss diese Kategorie von Vermögensgegenständen infolge der Geschäftstätigkeit des Sicherungsgebers umgeschlagen werden;[840] es muss sich hierbei somit um Umlaufvermögen handeln.

1. Umlaufvermögen

Da die *floating charge* somit ihre zentrale Bedeutung dadurch erhält, dass sie Umlaufvermögen (*circulating assets; current assets*)[841] eines Unternehmens erfassen kann und muss,[842] worunter in der Praxis vor allem Warenlager einschließlich Rohstoffen und unfertigen Erzeugnissen sowie Buchforderungen zählen,[843] stellen sich Vorausverfügung über die künftigen Bestandteile solcher Sach- bzw. Forderungsgesamtheiten mit wechselndem Bestand mittels dieser Rechtsfigur als unproblematisch dar.[844]

---

[837] N.W. Robbie & Co. Ltd. v. Witney Warehouse Co. Ltd. [1963] 3 All E.R. 613 (620), C.A.; Norton Rose/Proctor, Cross-Border Security, S. 440; Gough, Company Charges, S. 123–125; ter Meulen, Die Floating Charge, S. 83

[838] Ferran, Company Law and Corporate Finance, S. 507; Gough, Company Charges, S. 88; vgl. auch: Gower, Principles of Modern Company Law, S. 413

[839] Hofmann, Mortgage und Charge, S. 58; Wenckstern, RabelsZ 56 (1992), 624 (630)

[840] Hofmann, Mortgage und Charge, S. 58 f.; Gower, Principles of Modern Company Law, S. 413

[841] Goode, Legal Problems of Credit and Security, Rdn. 4-11, S. 121

[842] Re Cimax Tissues Ltd. [1994] B.C.C. 626 (635); Siebe Gorman & Co. Ltd. v. Barkleys Bank Ltd. [1979] 2 Lloyds Rep. 142; Ferran, Company Law and Corporate Finance, S. 515, 517 ff.; Goode, Legal Problems of Credit and Security, Rdn. 4-13 – 4-19, S. 122–129; Gower, Principles of Modern Company Law, S. 413; Gough, Company Charges, S. 89

[843] Ferran, Company Law and Corporate Finance, S. 515; Hofmann, Mortgage und Charge, S. 125; Griffiths, Insolvenzrecht in Großbritannien, S. 11; Goode, Legal Problems of Credit and Security, Rdn. 4-13, S. 122 f.

[844] Insofern besteht ein elementarer Unterschied zum *nantissement du fonds*, mit welchem lediglich Bestandteile des Anlagevermögens belastet werden können (vgl. oben: Dritter Teil, B.I.1).

Vorausverfügungen können aber auch mittels der *fixed charge* erfolgen, was prinzipiell sogar in Bezug auf das Umlaufvermögen gilt.[845] Letzteres ist jedoch deshalb kaum zu bewerkstelligen, weil die Belastung mittels *fixed charge* der – aus praktischen Gründen unverzichtbaren – freien Verfügungsbefugnis des Sicherungsgebers über das Umlaufvermögen entgegensteht.[846] Lediglich die Befugnis zu bestimmten Verfügungen, nicht aber die zur Unternehmensführung erforderliche allgemeine Befugnis zu Verfügungen im gewöhnlichen Geschäftsgang, kann dem Sicherungsgeber im Rahmen der Bestellung einer *fixed charge* belassen werden.[847] Bei dem Charakteristikum, dass sie die Verfügungsbefugnis des Sicherungsgebers unberührt lässt, handelt es sich um das Unterscheidungskriterium der *floating charge* zur *fixed charge*.[848]

Allerdings hat es nicht an Versuchen gewerblicher Kreditgeber gefehlt, trotz dieser dogmatischen Abgrenzung *fixed charges* an laufenden Forderungen aus dem Geschäftsbetrieb zu bestellen, um im Sicherungsfall mit einer höheren Rangstelle befriedigt zu werden, als die *floating charge* vermittelt.[849] Dieser Vorstoß der Kreditwirtschaft wurde durch die Rechtsprechung abgefangen, welche die Beschränkung der Verfügungsbefugnis des Sicherungsgebers als Merkmal der *fixed charge* und deren Abgrenzungskriterium zur *floating charge* konkretisierte: Die Einziehung von mittels *fixed charge* gesicherten Forderungen zugunsten des Sicherungsnehmers konnte nur unter den alternativen Voraussetzungen erfolgen, dass sie jenem vorbehalten ist oder dass der Sicherungsgeber diese zumindest auf dessen Rechnung vornimmt und tatsächlich daran gehindert ist, den Erlös für eigene Zwecke zu verwenden.[850] Nach

---

[845] Holroyd v. Marshall [1862] 10 H.L.Cas 191; Tailby v. Official Receiver [1888] 13 App.Cas 523; Goode, Legal Problems of Credit and Security, Rdn. 4-02, S. 112

[846] Re Cimax Tissues Ltd. [1994] B.C.C. 626 (635); Hofmann, Mortgage und Charge, S. 58 f.; Ferran, Company Law and Corporate Finance, S. 514 f.; Gower, Principles of Modern Company Law, S. 414; Gough, Company Charges, S. 91, 93

[847] Re Cimax Tissues Ltd. [1994] B.C.C. 626 (635); Ferran, Company Law and Corporate Finance, S. 514 f.

[848] Re Cimax Tissues Ltd. [1994] B.C.C. 626 (635); Ferran, Company Law and Corporate Finance, S. 514 f.; Hofmann, Mortgage und Charge, S. 58 f.; Gower, Principles of Modern Company Law, S. 414; Gough, Company Charges, S. 91, 93

[849] Siebe Gorman & Co. Ltd. v. Barkleys Bank Ltd. [1979] 2 Lloyds Rep. 142; Re Brightlife Ltd. [1987] Ch. 200; Re New Bullas [1991] 1 B.C.L.C. 485; Agnew v. Commissioners of Inland Revenue [2001] 2 A.C. 710; Goode, Legal Problems of Credit and Security, Rdn. 4-13 – 4-16, S. 122–127; Davies, Rdn. 3-23, S. 32; Lightman/Moss, The Law of Receivers and Administrators of Companies, Rdn. 1-004, S. 2, Fn. 6; Rdn. 3-019 – 3-051, S. 42–51; Ferran, Company Law and Corporate Finance, S. 517 ff.

[850] Siebe Gorman & Co. Ltd. v. Barkleys Bank Ltd. [1979] 2 Lloyds Rep. 142; Re Brightlife Ltd. [1987] Ch. 200; Agnew v. Commissioners of Inland Revenue, [2001] 2 A.C. 710; Goode,

geänderter Rechtsprechung ist demgegenüber mangels Kontrolle durch den Si-Sicherungsnehmer jegliche Verfügungsbefugnis des Sicherungsgebers über die beliehenen Forderungen mit der Rechtsfigur der *fixed charge* unvereinbar.[851]

2. Anlagevermögen

Im Gegensatz zu der zuvor dargestellten Vorausverfügung über Umlaufvermögen stößt die Beleihung erst künftig vom Sicherungsgeber zu erwerbender Bestandteile des Anlagevermögens mittels der Rechtsfigur der *floating charge* – aber ebenso mittels der *fixed charge* – auf Schwierigkeiten. Zur Begründung eines gegenüber Dritten wirkenden Sicherungsrechts an Kundenforderungen und Fahrnis, worin sich das Umlaufvermögen eines Unternehmens im Regelfall erschöpft, sind über die Eintragung in das öffentliche Gesellschaftsbelastungsregister (*companies charges register*)[852] hinaus nämlich keine Registereintragungen erforderlich.[853] Bestandteile des Umlaufvermögens, die der Sicherungsgeber erst nach Begründung einer *floating charge* erwirbt, können somit automatisch von diesem Sicherungsrecht erfasst werden.[854]

Demgegenüber stehen Vorausverfügungen über verschiedene Kategorien von Unternehmensaktiva, die typischerweise zum Anlagevermögen gehören, nämlich Grundstücke und Grundstücksrechte, Schiffe, Luftfahrzeuge, Patente, Urheberrechte, eingetragene Muster und Modelle sowie Marken, gesonderte Registrierungspflichten entgegen.[855] Zur Zeit der Bestellung einer *floating charge* noch nicht im Eigentum des Sicherungsgebers befindliche Aktiva der vorgenannten Kategorien werden hiervon somit mit Wirkung gegenüber Dritten erst erfasst, wenn eine gesonderte Registereintragung erfolgt. Zur Wahrung des Rangs einer *floating charge* an Grundstücken kann immerhin ein widerspruchs-

---

Legal Problems of Credit and Security, Rdn. 4-13, S. 122 f.; Hofmann, Mortgage und Charge, S. 126 f.; vgl. auch: Lightman/Moss, The Law of Receivers and Administrators of Companies, Rdn. 1-004, S. 2, Fn. 6; Rdn. 3-027 - 3-028, S. 44 f.; zu den Voraussetzungen der Bestellung von *fixed charges* an anderem Umlaufvermögen: Goode, Legal Problems of Credit and Security, Rdn. 4-17 - 4-19, S. 127–129; Lightman/Moss, The Law of Receivers and Administrators of Companies, Rdn. 1-004, S. 2, Fn. 6; Rdn. 3-051 – 3-53, S. 51 f.

851 National Westminster Bank Plc. v. Spectrum Plus Ltd. and others [2005] UKHL 41

852 Companies Act 1985, s. 397 i.d.F.v. Companies Act 1989, s. 94

853 Die Registrierungspflicht nach den Bill of Sales Acts für die Beleihung beweglicher Sachen findet auf das Vermögen von Kapitalgesellschaften keine Anwendung; vgl. oben: A

854 Wenckstern, RabelsZ 56 (1992), 624 (635); Norton Rose/Proctor, Cross-Border Security, S. 439

855 vgl. oben: A.III.2.b

ähnlicher Vermerk (*caution* bzw. *notice*) in das Grundbuch (*Land Registry*) erfolgen.[856]

Die Bestellung von *floating charges* an Grundstücken hat allerdings zugunsten der *fixed charge* an Verbreitung verloren.[857] Überhaupt erscheint ein zwingendes Bedürfnis an Vorausverfügungen über Immobiliarvermögen, Immaterialgüterrechte, Schiffe und Luftfahrzeuge mittels *floating charge* fraglich, da diese Vermögensgegenstände regelmäßig dem Anlagevermögen eines Unternehmens angehören, daher im Rahmen der Unternehmenstätigkeit nicht ständig wechseln und somit einer Beleihung mittels *fixed charges* offen stehen, welche am Verwertungserlös für das Sicherungsgut eine höhere Rangstelle vermittelt.

Vorausverfügungen auch über Bestandteile des Anlagevermögens könnten sich jedoch vor dem Hintergrund als erforderlich erweisen, dass dem Inhaber einer *floating charge* die zur Verwertung des Sicherungsgutes als wirtschaftliche Einheit sehr förderliche Befugnis zur Bestellung eines mit Geschäftsführungsbefugnissen ausgestatteten Verwalters (*administrative receiver* bzw. *administrator*) nur dann zukommt, wenn das zu seinen Gunsten belastete Sicherungsgut das gesamte oder zumindest im Wesentlichen das gesamte Unternehmensvermögen beinhaltet.[858] Insofern hat es für ihn besondere Bedeutung, dass sein Sicherungsrecht auch im Zeitraum nach dessen Begründung die zentralen Bestandteile des beliehenen Unternehmens umfasst. Infolgedessen wird im Zusammenhang mit der Bestellung einer *floating charge* häufig die Verpflichtung des Sicherungsgebers begründet, den Sicherungsnehmer über den beabsichtigten Erwerb insbesondere von Immobilien zu informieren. Dadurch erhält der Sicherungsnehmer Gelegenheit, sein Recht auf Bestellung eines Einzelsicherungsrechts daran geltend zu machen bzw. einen widerspruchsähnlichen Vermerk in das Grundbuch einzutragen.[859] Bei einer solchen, lediglich inter partes wirkenden, vertraglichen Mitteilungspflicht handelt es sich allerdings um eine suboptimale Lösung.[860]

---

[856] Land Registration Act 1925, ss. 49, 54; Gough, Company Charges, S. 878; Hofmann, Mortgage und Charge, S. 60; ter Meulen, Die Floating Charge, S. 59 f., Fn. 95

[857] Gough, Company Charges, S. 877 f.

[858] Insolvency Act 1986, s. 29 (2); Insolvency Act 1986, Sch. B 1, para. 14 (3) (c) i.d.F.v. Enterprise Act 2002, s. 248; vgl. unten: C.I.1

[859] Gough, Company Charges, S. 878

[860] Gough, Company Charges, S. 878

III. Schutz vor Entwertung des Sicherungsgutes durch beeinträchtigendes Verhalten des Sicherungsgebers

Die notwendige Verfügungsbefugnis des Sicherungsgebers birgt die Gefahr der Aushöhlung des Sicherungsgutes. Unter den Verhaltensweisen des Sicherungsgebers, die sich für den Sicherungsnehmer benachteiligend auswirken, kommen vor allem Verfügungen über Bestandteile des Anlagevermögens in Betracht.[861]

1. Verfügungsbefugnis des Bestellers einer floating charge

Die den Direktoren einer mittels *floating charge* belasteten Kapitalgesellschaft zustehende Verfügungsbefugnis im gewöhnlichen Geschäftsgang wird weit ausgelegt und schließt grundsätzlich die Bestellung von dem Sicherungsnehmer vorgehenden Einzelsicherungsrechten ein.[862] Gleiches gilt sogar für die Betriebsveräußerung, sofern sie auf Weiterführung des Unternehmens gerichtet ist.[863]

Dem diesbezüglichen Schutzbedürfnis des Inhabers der *floating charge* tragen englische Gerichte grundsätzlich nur insoweit Rechnung, als der Sicherungsgeber ohne dessen Zustimmung keine weitere *floating charge* mit Vor- oder Gleichrang bestellen kann.[864] Allerdings lässt eine *floating charge* an dem gesamten Unternehmen selbst die Befugnis des Sicherungsgebers unberührt, weitere, vorrangige *floating charges* an einzelnen Gesamtheiten von Vermögensgegenständen zugunsten Dritter zu bestellen.[865]

Demgegenüber beugt der Sicherungsnehmer der Gefahr der Ausdünnung des Anlagevermögens durch nachträgliche Verfügungen des Sicherungsgebers übli-

---

861 vgl. oben: Erster Teil, D.I.3

862 Cox Moore v. Peruvian Corp. Ltd. [1908] 1 Ch. 604; Re Hamilton's Windsor Ironworks [1879] 12 Ch.D. 707; Goode, Legal Problems of Credit and Security, Rdn. 5-39, S. 175; Hofmann, Mortgage und Charge, S. 61; Gower, Principles of Modern Company Law, S. 415

863 Re Borax Co. [1901] 1 Ch. 326; Re H.H. Vivian & Co. Ltd. [1900] 2 Ch. 654; Goode, Legal Problems of Credit and Security, Rdn. 5-39, S. 175; Gower, Principles of Modern Company Law, S. 413

864 Marshall v. Benjamin Cope & Sons Ltd. [1914] 1 Ch. 800 per Sargant J.; Goode, Legal Problems of Credit and Security, Rdn. 5-42, S. 179; Norton Rose/Proctor, Cross-Border Security, S. 452; Wenckstern, RabelsZ 56 (1992), 624 (635, Fn. 81); Gower, Principles of Modern Company Law, S. 416; Insofern entspricht die Rechtslage derjenigen in Bezug auf das französische *nantissement du fonds* (vgl. oben: Dritter Teil, C.III.1.a).

865 Re Automatic Bottle Makers Ltd. [1926] Ch. 412, C.A.; Goode, Legal Problems of Credit and Security, Rdn. 5-42, S. 178; Wenckstern, RabelsZ 56 (1992), 624 (635, Fn. 82); Gower, Principles of Modern Company Law, S. 416

cherweise dadurch vor, dass er sich *fixed charges* daran bestellen lässt.[866] Über mittels *fixed charge* belastete Aktiva ist der Sicherungsgeber nur insoweit verfügungsbefugt, wie ihm der Sicherungsnehmer das ausdrücklich zugestanden hat.[867]

2. Vertragliche Einschränkung der Verfügungsbefugnis des Sicherungsgebers

Für Bestandteile des Umlaufvermögens kommen *fixed charges* jedoch praktisch nicht in Betracht. Zur Ausweitung des zuvor dargestellten nur marginalen Schutzes des Inhabers einer *floating charge* vor schädigenden Verfügungen über das Umlaufvermögen sind allerdings vertragliche Regelungen möglich. So verpflichtet sich der Sicherungsgeber in *restrictive clauses* zur Unterlassung bestimmter Verfügungen über das Sicherungsgut.[868] Bei einer *negative pledge clause* ist diese Unterlassungspflicht auf die Bestellung von der *floating charge* vor- oder gleichrangigen Sicherungsrechten gerichtet.[869] Eine solche Vereinbarung ist in so gut wie jeder *floating charge*-Abrede enthalten.[870] *Restrictive clauses* können jedoch auch eine Unterlassungspflicht in Bezug auf andere Verfügungen des Sicherungsgebers, welche die Interessen des Sicherungsnehmers beeinträchtigen, zum Gegenstand haben.[871] Hierbei handelt es sich insbesondere um das Verbot von Finanzierungsinstrumenten wie Factoring und Sale-and-Lease-Back, welche in Konkurrenz mit der *floating charge* – oder auch mit hiermit kombinierten *fixed charges*[872] – stehen.[873]

---

[866] Hofmann, Mortgage und Charge, S. 149, 120–127; Griffiths, Insolvenzrecht in Großbritannien, S. 11; Lightman/Moss, The Law of Receivers and Administrators of Companies, Rdn. 1-004, S. 2; Ferran, Company Law and Corporate Finance, S. 509; Goode, Principles of Corporate Insolvency Law, S. 204

[867] Ferran, Company Law and Corporate Finance, S. 515; Gower, Principles of Modern Company Law, S. 414

[868] Goode, Legal Problems of Credit and Security, Rdn. 1-72, S. 50, Rdn. 1-74, S. 51; Lightman/Moss, The Law of Receivers and Administrators of Companies, Rdn. 3-059, S. 53; Ferran, Company Law and Corporate Finance, S. 516

[869] Hofmann, Mortgage und Charge, S. 61; Ferran, Company Law and Corporate Finance, S. 516; Gough, Company Charges, S. 221; vgl. auch: Goode, Legal Problems of Credit and Security, Rdn. 1-72, S. 50

[870] Lightmann/Moss, Rdn. 3-059, S. 53; Farrar, Company Law, S. 639; Gower, Principles of Modern Company Law, S. 415; Gough, Company Charges, S. 221; vgl. auch: ter Meulen, Die Floating Charge, S. 67

[871] Gough, Company Charges, S. 221; vgl. auch: Goode, Legal Problems of Credit and Security, Rdn. 5-38, S. 176; für eine abweichende Terminologie: Farrar, Company Law, S. 639

[872] Goode, Legal Problems of Credit and Security, Rdn. 1-72, S. 50

3. Trotz vertraglicher Beschränkungen zum Erfolg führende Rechtshandlungen

Allerdings werden *restrictive clauses* als Ausnahmen zu der für die *floating charge* wesensnotwendigen Befugnis deren Bestellers, im gewöhnlichen Geschäftsgang zu verfügen, eng ausgelegt.[874] Demzufolge ist die Befugnis des Bestellers einer *floating charge*, zur Sicherung der Forderung eines Warenkreditgebers ein dingliches Recht an der betreffenden Ware zu begründen, vertraglich nicht beschränkbar. Entsprechendes gilt für das Eingehen von Rechtsgeschäften, durch welche ein gesetzliches Sicherungsrecht entsteht.[875]

Ferner bietet eine *negative pledge clause* keinen Schutz vor entgeltlichem Erwerb eines Sicherungsrechts durch eine Person, welche keine tatsächliche Kenntnis von der betreffenden Klausel hat.[876] So gilt die Beschränkung der Verfügungsbefugnis des Sicherungsgebers nicht etwa infolge der Eintragung der *negative pledge clause* in das *companies charges register* als jedermann bekannt.[877] Nur die Registereintragung von eintragungspflichtigen Umständen führt nämlich dazu, dass die diesbezügliche Kenntnis eines Verfügungsempfängers fingiert wird;[878] bei einer *negative pledge clause* handelt es sich jedoch lediglich um eine eintragungsfähige Tatsache,[879] deren Kenntnis nicht infolge Registereintragung unwiderleglich vermutet wird.[880]

Eine eintragungspflichtige Tatsache stellt jedoch die Bestellung einer *floating charge* dar.[881] Da eine *floating charge* in der Praxis nahezu immer mit einer

[873] Gough, Company Charges, S. 223

[874] Farrar, Company Law, S. 639; Gower, Principles of Modern Company Law, S. 416; Wenckstern, RabelsZ 56 (1992), 624 (S. 635 f.)

[875] Wenckstern, RabelsZ 56 (1992), 624 (636)

[876] Goode, Legal Problems of Credit and Security, Rdn. 1-74, S. 51; Rdn. 5-40, S. 176 f.; Hofmann, Mortgage und Charge, S. 61 f.; Norton Rose/Proctor, Cross-Border Security, S. 452; Farrar, Company Law, S. 640; Gower, Principles of Modern Company Law, S. 416

[877] Goode, Legal Problems of Credit and Security, Rdn. 2-24, S. 79 f.; Farrar, Company Law, S. 640; Hofmann, Mortgage und Charge, S. 62

[878] Companies Act 1985, s. 416 (1) i.d.F.v. Companies Act 1989, s. 103; hierzu: Goode, Legal Problems of Credit and Security, Rdn. 2-23, S. 79 f.; Rdn. 2-29, S. 83

[879] Companies Act 1985, s. 415 (2) (a) i.d.F.v. Companies Act 1989, s. 103

[880] Companies Act 1985, s. 416 (2) i.d.F.v. Companies Act 1989, s. 103; Goode, Legal Problems of Credit and Security, Rdn. 2-26, S. 81 f.; Hofmann, Mortgage und Charge, S. 61 f.; Farrar, Company Law, S. 640; vgl. auch: Ferran, Floating Charges – The Nature of the Security, C.L.J., 1988, 213 (236); a.A.: Gower, Principles of Modern Company Law, S. 416

[881] Companies Act 1985, s. 416 (1) i.d.F.v. Companies Act 1989, s. 103

negative pledge clause verbunden ist,[882] wird die Auffassung vertreten, es liege ein Anscheinsbeweis dafür vor, dass jeglicher Verfügungsempfänger Kenntnis von einer in das *companies charges register* eingetragenen *negative pledge clause* habe.[883] Eine derartige Konstruktion ist jedoch mit verschiedenen Prinzipien des englischen Rechts nicht zu vereinbaren und wird daher abgelehnt.[884]

4. Ergebnis

Die englische Rechtsordnung bietet dem Sicherungsnehmer im Rahmen einer Unternehmensbeleihung mit der Möglichkeit, die *floating charge* am Umlaufvermögen mit *fixed charges* am Anlagevermögen zu kombinieren, sowie mit der Rechtsfigur der *restrictive clause* (insbesondere in Form der *negative pledge clause*), wenn auch keineswegs lückenlosen, so doch weitreichenden Schutz vor beeinträchtigenden Verfügungen des Sicherungsgebers über das Sicherungsgut.

IV. Schutz des Sicherungsnehmers vor Einzelzwangsvollstreckung Dritter

Neben dem Verhalten des Sicherungsgebers ist es der Zugriff Dritter, durch welchen sich die Gefahr der Aushöhlung des Sicherungsgutes ergibt.

Einzelvollstreckungsmaßnahmen Dritter werden regelmäßig als ein Umstand vereinbart, welcher den Sicherungsnehmer zur vorzeitigen Fälligstellung des gesicherten Darlehens berechtigt,[885] so dass der Inhaber der *floating charge* sein Sicherungsrecht im gerichtlichen[886] oder außergerichtlichen[887] Verfahren durchsetzen kann. Die Eröffnung eines Verfahrens zur Durchsetzung der *floating charge* führt zu deren *crystallisation*, d.h. zum Verlust der für dieses Rechts-

---

[882] Goode, Legal Problems of Credit and Security, Rdn. 2-27, S. 82; Farrar, Company Law, S. 639; Gower, Principles of Modern Company Law, S. 415; Gough, Company Charges, S. 221

[883] Farrar, Company Law, S. 640

[884] Goode, Legal Problems of Credit and Security, Rdn. 2-27, S. 82; Lightman/Moss, The Law of Receivers and Administrators of Companies, Rdn. 3-606, S. 54; vgl. auch: Ferran, C.L.J., 1988, 213 (235 f.)

[885] Lightman/Moss, The Law of Receivers and Administrators of Companies, Rdn. 3-064, S. 56; Hofmann, Mortgage und Charge, S. 72–76; Lange, WM 1990, 701 (702); ter Meulen, Die Floating Charge, S. 79; vgl. auch: Wenckstern, RabelsZ 56 (1992), 624 (637)

[886] ter Meulen, Die Floating Charge, S. 79, 88

institut wesensnotwendigen Verfügungsbefugnis des Sicherungsgebers über das Sicherungsgut[888] und infolgedessen zu dessen Umwandlung in eine *fixed charge*.[889] Das hat zur Folge, dass das Sicherungsgut nach den Grundsätzen der *equity* in das Eigentum des Sicherungsnehmers übergeht[890] und somit keine Haftungsmasse für Gläubiger des Sicherungsgebers mehr darstellt.[891] Dementsprechend kann nach *crystallisation* ein Schuldner des Sicherungsgebers auch nicht gegen eine vom Sicherungsgut umfasste Forderung aufrechnen, denn der Sicherungsgeber verliert mit *crystallisation* die Eigenschaft als Forderungsinhaber.[892] Die Aufrechnung von Forderungen, die sich bereits vor *crystallisation* aufrechenbar gegenüberstanden, bleibt allerdings möglich.[893] Gleiches gilt für Forderungen, die sich bis zur Erlangung der Kenntnis des betreffenden Gläubigers von der *crystallisation* aufrechenbar gegenüberstanden.[894]

1. Rechtsposition bei abgeschlossener Zwangsvollstreckung und bei Bestellung eines Zwangssicherungsrechts

Wenn der Vollstreckungsgläubiger bereits aus dem Sicherungsgut befriedigt und die Einzelzwangsvollstreckung somit abgeschlossen ist, kann die nachfolgende *crystallisation* einer *floating charge* dem Sicherungsnehmer keinen Schutz mehr vermitteln; die Rechtsposition des Vollstreckungsgläubigers kann in diesem Fall nicht mehr beeinträchtigt werden.[895]

Der Vorrang Dritter in Bezug auf von der *floating charge* umfasste Grundstücke, Grundstücksrechte, Anteile an Kapitalgesellschaften und Schuldverschreibungen kann auch vor Abschluss der Vollstreckung nicht mehr durch die *crystallisation* verhindert werden, wenn der Vollstreckungsgläubiger diesbezüglich eine *charging order* nach Charging Orders Act 1979, s. 3 (4) erwirkt

---

887 Wenckstern, RabelsZ 56 (1992), 624 (638, 640); ter Meulen, Die Floating Charge, S. 79

888 Goode, Legal Problems of Credit and Security, Rdn. 4-07, S. 117 f.; vgl. auch: Hofmann, Mortgage und Charge, S. 58; Wenckstern, RabelsZ 56 (1992), 624 (640)

889 Gough, Company Charges, S. 135; Wenckstern, RabelsZ 56 (1992), 624 (637 f.); Lange, WM 1990, 701 (702)

890 Davies, Rdn. 11.3, S. 120; Wenckstern, RabelsZ 56 (1992), 624 (638)

891 Davies, Rdn. 11.3, S. 120

892 N.W. Robbie & Co. Ltd. v. Witney Warehouse Co. Ltd. [1963] 3 All E.R. 613 (620), C.A.; ter Meulen, Die Floating Charge, S. 82

893 Biggerstaff v. Rowatt's Wharf Ltd. [1896] 2 Ch. 93; Goode, Legal Problems of Credit and Security, Rdn. 5-48, S. 180 f.; ter Meulen, Die Floating Charge, S. 82

894 Goode, Legal Problems of Credit and Security, Rdn. 5-48, S. 180 f.

895 Goode, Legal Problems of Credit and Security, Rdn. 5-43, S. 179; Pennington, Company Law, S. 579; ter Meulen, Die Floating Charge, S. 85

hat,[896] durch welche zu seinen Gunsten ein Zwangssicherungsrecht entsteht.[897] Die sich hieraus ergebende Gefährdung des Bestandes des Sicherungsgutes ist allerdings dann gering, wenn es sich, wie bei den vorgenannten Vermögensgegenständen häufig, um Bestandteile des Anlagevermögens handelt, welche mittels *fixed charges* beliehen zu werden pflegen.[898] Mit *fixed charge* beliehene Vermögensgegenstände unterliegen nämlich zu keinem Zeitpunkt dem Zugriff von Vollstreckungsgläubigern des Sicherungsgebers. Insbesondere kann eine bereits bestehende *fixed charge* an einem Grundstück nicht durch eine nachfolgende *charging order* beeinträchtigt werden.[899]

2. Rechtsposition vor Abschluss der Zwangsvollstreckung

Mit dem Eintritt der *crystallisation* genießt der Sicherungsnehmer jedoch Schutz vor jeglicher noch nicht begonnenen Einzelzwangsvollstreckung.[900] Darüber hinaus verhindert die *crystallisation* die vorrangige Berechtigung des Vollstreckungsgläubigers an von der *floating charge* umfasster Fahrnis auch dann, wenn diese bei Eintritt der *crystallisation* noch nicht verwertet worden ist.[901] Kommt es zur *crystallisation* demgegenüber erst nach dem Verkauf von Fahrnis im Wege der Einzelzwangsvollstreckung aber vor Auskehrung des Erlöses an den Vollstreckungsgläubiger, so befürwortet das Schrifttum den Vorrang des Rechts des Letzteren vor dem Inhaber der kristallisierten *floating charge* in Analogie zu Insolvency Act 1986, ss. 346 (5) (a), 183 (3) (a).[902]

Im Rahmen der Einzelzwangsvollstreckung in Forderungen führt die *crystallisation* demgegenüber in jedem Stadium vor der Leistung des Drittschuldners an

[896] Goode, Legal Problems of Credit and Security, Rdn. 5-46, S. 180; Wenckstern, RabelsZ 56 (1992), 624 (647); ter Meulen, Die Floating Charge, S. 87

[897] Hofmann, Mortgage und Charge, S. 148

[898] Hofmann, Mortgage und Charge, S. 149, 120–127; Griffiths, Insolvenzrecht in Großbritannien, S. 11; Lightman/Moss, The Law of Receivers and Administrators of Companies, Rdn. 1-004, S. 2; Norton Rose/Proctor, Cross-Border Security, S. 457; Ferran, Company Law and Corporate Finance, S. 509; Goode, Principles of Corporate Insolvency Law, S. 204; Wenckstern, RabelsZ 56 (1992), 624 (634)

[899] Hofmann, Mortgage und Charge, S. 148

[900] Wenckstern, RabelsZ 56 (1992), 624 (646)

[901] Goode, Legal Problems of Credit and Security, Rdn. 5-44, S. 179; Wenckstern, RabelsZ 56 (1992), 624 (647); ter Meulen, Die Floating Charge, S. 86

[902] Goode, Legal Problems of Credit and Security, Rdn. 5-44, S. 179; Pennington, Company Law, S. 580

den Vollstreckungsgläubiger zur vorrangigen Berechtigung des Sicherungsnehmers.[903]

3. Vertragliche Ausweitung des Schutzes

Das Stadium, in dem sich die Einzelzwangsvollstreckung im Zeitpunkt der *crystallisation* befindet, kann somit entscheidend dafür sein, ob der Sicherungsnehmer oder der Vollstreckungsgläubiger bevorrechtigt ist. Vor diesem Hintergrund ist dem Sicherungsnehmer an Bestimmungen in der Sicherungsabrede gelegen, wonach die *crystallisation* bereits durch den Beginn von Einzelzwangsvollstreckungsmaßnahmen Dritter – und nicht erst im Zeitpunkt der Einleitung von Maßnahmen zur Durchsetzung der *floating charge* – eintreten soll.[904]

Eine derartige Vereinbarung einer automatischen *crystallisation* hat in Bezug auf Forderungen tatsächlich die gewünschte Wirkung.[905] Ob hierdurch auch Vorrang vor einem mittels *charging order* begründeten Zwangssicherungsrecht an Grundstücken, Grundstücksrechten, Aktien oder Schuldverschreibungen erreicht werden kann, erscheint zwar fraglich; allerdings kann der Problematik des Zugriffs Dritter auf die betreffenden Vermögensgegenstände meist durch die Bestellung von *fixed charges* daran abgeholfen werden.[906]

Unabhängig von der Vereinbarung der automatischen *crystallisation* im Fall von Einzelvollstreckungsmaßnahmen Dritter ist der Inhaber einer *floating charge* vor der Ausdünnung des Sicherungsgutes jedenfalls durch die Schnelligkeit geschützt, mit welcher die *crystallisation* insbesondere im Wege der Bestellung eines *administrative receiver*[907] bzw. *administrator*[908] ausgelöst werden kann.

---

903 Wenckstern, RabelsZ 56 (1992), 624 (647); ter Meulen, Die Floating Charge, S. 86 f.

904 Gough, Company Charges, S. 138; Wenckstern, RabelsZ 56 (1992), 624 (637 f.)

905 Robson v. Smith [1891] 3 Ch. 260; Goode, Legal Problems of Credit and Security, Rdn. 5-50, S. 182

906 vgl. oben: C.II.2

907 Griffiths, Insolvenzrecht in Großbritannien, S. 12; Farrar, Company Law, S. 663; Lange, WM 1990, 701 (702)

908 Davies, Rdn. 4.12, S. 40

4. Ergebnis

Die Gefahr, dass zwischen Eintritt eines zur Durchsetzung der *floating charge* berechtigenden Grundes und der Eröffnung eines hierauf abzielenden Verfahrens erfolgende Zwangsvollstreckungsmaßnahmen Dritter nachteilige Wirkungen gegenüber dem Sicherungsnehmer entfalten, ist nach alledem – in Bezug auf Fahrnis und Forderungen – gering, da dem Sicherungsnehmer meist Vorrang an dem Verwertungserlös zukommt.[909] Die *floating charge* bietet insoweit eine Handhabe zur Verhinderung des Zugriffs Dritter auf das Sicherungsgut im Wege der Einzelzwangsvollstreckung. *Fixed charges*, welche im Rahmen einer Unternehmensbeleihung am Anlagevermögen bestellt zu werden pflegen, bieten sogar lückenlosen Schutz vor Einzelvollstreckungsmaßnahmen Dritter.

C. Durchsetzung des Sicherungsrechts

Bedeutsam wird somit die Frage, ob bei Durchsetzung der *floating charge* im Wege der Verwertung des beliehenen Unternehmens ein über dessen Zerschlagungswert hinausgehender Erlös erzielt werden kann, mithin ein solcher, welcher die Gewinnchancen des belasteten Unternehmens widerspiegelt.

I. Die verschiedenen Verfahren zur Durchsetzung der floating charge

Zur Durchsetzung der im 19. Jahrhundert kautelarjuristisch entwickelten Figur der *floating charge* wurde dem Sicherungsnehmer in Anlehnung an das Jahrhunderte alte, der Rechtsmasse der *equity* angehörende Institut der gerichtlichen Bestellung eines Zwangsverwalters (*receiver*) das vertragliche Recht zur Einsetzung eines solchen eingeräumt. Dessen Pflicht bestand darin, die Erträge aus dem Sicherungsgut an den Sicherungsnehmer zwecks Begleichung der gesicherten Forderung abzuführen.[910] In Bezug auf mittels *floating charges* beliehene Unternehmen wurden die Befugnisse eines solchen *receiver* bald um die Geschäftsführung und den Verkauf des Sicherungsgutes erweitert; dieser wurde

---

909 Wenckstern, RabelsZ 56 (1992), 624 (646–649); ter Meulen, Die Floating Charge, S. 78, 85–87

910 Goode, Corporate Insolvency, S. 203 f.; Lightman/Moss, The Law of Receivers and Administrators of Companies, Rdn. 1-001, S. 1

dementsprechend als *receiver and manager* bezeichnet.[911] In der Folge wurden *receivers and managers* auch gerichtlich zugunsten von Inhabern von *floating charges* bestellt.[912]

Durch die Insolvency Acts 1985 und 1986 hat die außergerichtliche Bestellung eines *receiver and manager* durch den Inhaber einer solchen *floating charge*, zu dessen Gunsten (im Wesentlichen) das gesamte Vermögen des Sicherungsgebers belastet ist, als *administrative receivership* eine gesetzliche Grundlage erhalten.[913] Ebenfalls durch die Insolvency Acts 1985 und 1986 ist die *administration* als ein Insolvenzverfahren eingeführt worden, bei welchem ein gerichtlich bestellter *administrator* das Schuldnerunternehmen weiterführen kann.[914] Mit diesem neuen Insolvenzverfahren beabsichtigte der Gesetzgeber unter dem Stichwort der *rescue culture* den Erhalt auch solcher in die Krise geratener überlebensfähiger Unternehmen, welche nicht mittels *floating charge* belastet waren und folglich nicht Gegenstand einer *administrative receivership* werden konnten.[915]

Um einerseits im Rahmen der Durchsetzung der *floating charge* den Interessen der ungesicherten Gläubiger in höherem Maße Rechnung zu tragen, andererseits die Schwerfälligkeit des Verfahrens der *administration* zu überwinden,[916] wurde durch den Enterprise Act 2002 das Verfahren der außergerichtlichen Be-

---

[911] Goode, Principles of Corporate Insolvency Law, S. 203 f.; Lightman/Moss, The Law of Receivers and Administrators of Companies, Rdn. 1-001, S. 1; ter Meulen, Die Floating Charge, S. 27–29

[912] Re Victoria Steamboats [1897] 1 Ch. 158; Lightman/Moss, The Law of Receivers and Administrators of Companies, Rdn. 22-015, S. 417; Wenckstern, RabelsZ 56 (1992), 624 (643); ter Meulen, Die Floating Charge, S. 88

[913] Insolvency Act 1986, s. 29 (2); Davies, Rdn. 4.2, S. 37; Inhabern von Einzelsicherungsrechten ist demgegenüber die außergerichtliche Bestellung eines Zwangsverwalters ohne Geschäftsführungsbefugnisse eröffnet, dessen primäre Aufgabe in der Einziehung von Forderungen besteht (Law of Property Act 1925, s. 101 (1) (iii); Hofmann, Mortgage und Charge, S. 140; Farrar, Company Law, S. 664). Da dessen Tätigkeit im Rahmen des Law of Property Act 1925 kodifiziert wurde, wird ein solcher Zwangsverwalter als „*L.P.A. receiver*" bezeichnet (Lightman/Moss, The Law of Receivers and Administrators of Companies, Rdn. 3-153 – 3-156, S. 89 f.; Hofmann, Mortgage und Charge, S. 140–144; ter Meulen, Die Floating Charge, S. 95). Zur Abgrenzung der verschiedenen Typen von *receivers*: Goode, Principles of Corporate Insolvency Law, S. 212–215.

[914] Goode, Principles of Corporate Insolvency Law, S. 268–270; Davies, Rdn. 4.3, S. 38; Lightman/Moss, The Law of Receivers and Administrators of Companies, Rdn. 1-010, S. 6; v. Wilmowsky, Europäisches Kreditsicherungsrecht, S. 231

[915] Goode, Principles of Corporate Insolvency Law, S. 268–270; Lightman/Moss, The Law of Receivers and Administrators of Companies, Rdn. 1-010, S. 6; Rdn. 9-004, S. 185; Davies, Rdn. 4.3, S. 38

[916] Davies, Rdn. 1.5, S. 2 f.; Rdn. 6.10 – 6.42, S. 69–75

stellung eines *administrator* eingeführt.[917] Das Verfahren der außergerichtlichen Bestellung eines *administrator* ersetzt die *administrative receivership* in Bezug auf seit dem 15. September 2003 begründete *floating charges* grundsätzlich.[918] Die *administrative receivership* kommt jedoch außer für vor diesem Stichtag begründete *floating charges* nach wie vor auf eine Reihe von Spezialfällen zur Anwendung, welche vor allem einen finanz- bzw. kapitalmarktrechtlichen Hintergrund haben.[919]

1. Außergerichtliche Verfahren

Zur außergerichtlichen Bestellung eines *administrator* ist der Inhaber einer *qualifying floating charge* berechtigt; dabei handelt es sich um den Inhaber einer *debenture*, die mittels *floating charge* gesichert ist, welche, ggf. in Kombination mit anderen Sicherungsrechten, (im Wesentlichen) das gesamte Vermögen der die *debenture* ausstellenden Gesellschaft belastet.[920]

Die Eigenschaft des Inhabers einer *qualifying floating charge* kann somit insbesondere einem solchen Sicherungsnehmer zukommen, zu dessen Gunsten, gemäß üblicher Praxis,[921] eine *floating charge* am Umlaufvermögen einer Kapitalgesellschaft mit *fixed charges* an deren Anlagevermögen kombiniert wird.

Die dem Inhaber einer *qualifying floating charge* vormals stets zukommende Befugnis zur Bestellung eines *administrative receiver*[922] ist gemäß dem Enterprise Act 2002 seit dem 15. September 2003 – bis auf besondere Ausnahmen – kraft Gesetzes verboten, so dass das Verfahren der außergerichtlichen Bestellung eines *administrator* die *administrative receivership* grundsätzlich ersetzt hat.[923]

---

[917] Insolvency Act 1986, Sch. B 1, para. 14 i.d.F.v. Enterprise Act 2002, s. 248

[918] Insolvency Act 1986, Sch. B 1, para. 14 (3) (c) i.d.F.v. Enterprise Act 2002, s. 248 i.V.m. Insolvency Act 1986, s. 72A i.d.F.v. Enterprise Act 2002, s. 250 i.V.m. Statutory Instrument 2003 Nr. 2095

[919] Insolvency Act 1986, s. 72B – 72H i.d.F.v. Enterprise Act 2002, s. 250; Davies, Rdn. 4.29 – 4.41, S. 44–48

[920] Insolvency Act 1986, Sch. B 1, para. 14 (2), (3) i.d.F.v. Enterprise Act 2002, s. 248

[921] Hofmann, Mortgage und Charge, S. 149, 120–127; Griffiths, Insolvenzrecht in Großbritannien, S. 11; Lightman/Moss, The Law of Receivers and Administrators of Companies, Rdn. 1-004, S. 2; Ferran, Company Law and Corporate Finance, S. 509; Goode, Principles of Corporate Insolvency Law, S. 204

[922] Insolvency Act 1986, s. 29 (2)

[923] Davies, Rdn. 4.21, S. 42

a. Außergerichtliche Bestellung eines administrator

Wenn die *administration* durch die Insolvency Acts 1985 und 1986 auch als ein gerichtliches Insolvenzverfahren geschaffen wurde, so steht sie den Inhabern von *qualifying floating charges* nunmehr auch außergerichtlich offen. Eine solche außergerichtliche Bestellung eines *administrator* ist nicht auf die Fälle der (drohenden) Zahlungsunfähigkeit des Sicherungsgebers beschränkt; sie kann vielmehr auch in jeder anderen Konstellation erfolgen, die zur Durchsetzung der *qualifying floating charge* berechtigt. Dies ändert jedoch nichts daran, dass es sich bei der *administration* stets um ein Kollektivvollstreckungsverfahren handelt[924] und der *administrator* dementsprechend den Interessen sämtlicher Gläubiger verpflichtet ist.[925]

b. Administrative receivership

Das Verfahren der *administrative receivership* steht allein Inhabern von *qualifying floating charges* offen.[926] So stellt es auch konzeptionell ein Individualvollstreckungsverfahren dar.[927]

Dieses Verfahren wird noch eine geraume Zeit allgemein verbreitet bleiben,[928] da es Inhabern von *qualifying floating charges*, die vor dem 15. September 2003 begründet wurden, unberührt von der Reformgesetzgebung des Enterprise Act 2002 offen steht.[929] Das gilt umso mehr, als sich dieser Stichtag nicht auf die Kreditvergabe bezieht, sondern auf die Begründung des Sicherungsrechts,[930] so dass von der Anwendbarkeit alten Rechts für den Fall auszugehen ist, dass *qualifying floating charges*, welche vor dem 15. September 2003 begründet wurden, im Rahmen einer Refinanzierung abgetreten werden.[931] Die Bestellung eines *administrative receiver* wird auch in der Konstellation für möglich gehalten, dass eine vor diesem Stichtag gegründete und mittels *qualifying floating*

---

924 Goode, Principles of Corporate Insolvency Law, S. 280; Davies, Rdn. 2.1, S. 11

925 Insolvency Act 1986, Sch. B 1, para. 3 (2) i.d.F.v. Enterprise Act 2002, s. 248

926 Insolvency Act 1986, s. 29 (2); Norton Rose/Proctor, Cross-Border Security, S. 455; Farrar, Company Law, S. 664 f.

927 Goode, Principles of Corporate Insolvency Law, S. 280

928 Davies, Rdn. 2.2, S. 11

929 Enterprise Act 2002, s. 72A (4) (a) i.V.m. Statutory Instrument 2003 Nr. 2095

930 Es ist davon auszugehen, dass der Zeitpunkt der Begründung einer *floating charge* im Sinne der Stichtagsregelung ihre schriftliche Bestellung ist (Davies, Rdn. 4.22 – 4.24, S. 42 f.).

931 Davies, Rdn. 4.27–4.28, S. 44

charge belastete Vorratsgesellschaft erst danach eine Kreditgewährung erfährt.[932]

Die Inhaber von bestimmten, insbesondere den Kapital- und Finanzmarkt betreffenden Kategorien von *qualifying floating charges* bleiben ohne Rücksicht auf den Zeitpunkt deren Begründung zur Bestellung von *administrative receivers* berechtigt.[933] In den betreffenden Ausnahmefällen hat der Gesetzgeber der *administrative receivership* zentrale Bedeutung für die Kreditsicherung beigemessen.[934] Deshalb soll mittels der für den Sicherungsnehmer möglich bleibenden *administrative receivership* eine Finanzierung zu niedrigen Zinsen weiterhin gewährleistet werden.[935] Der Gesetzgeber geht somit offensichtlich davon aus, dass Kreditgeber, die auf das neue Verfahren der *administration* verwiesen werden, im Vergleich zu solchen, die sich weiterhin der *administrative receivership* bedienen können, geringere Befriedigungschancen im Sicherungsfall haben und daher veranlasst sind, erhöhte Risikozinsen zu verlangen.

c. Sonstige Verfahren

Neben der Bestellung eines *administrative receiver* bzw. *administrator* lässt sich der Inhaber einer *floating charge* in der Sicherungsabrede regelmäßig die Berechtigung zu weiteren außergerichtlichen Maßnahmen zwecks Durchsetzung seines Sicherungsrechts verleihen, nämlich zur Inbesitznahme des Sicherungsgutes und zu dessen Verkauf.[936] Für den Erhalt des Unternehmens als wirtschaftlicher Einheit sind diese Maßnahmen jedoch nicht geeignet. Auf sie ist im Rahmen dieser Untersuchung somit nicht weiter einzugehen.

2. Gerichtliche Verfahren

Ohne Rücksicht auf eine diesbezügliche Regelung in der Sicherungsabrede stehen dem Inhaber einer *floating charge* ferner gerichtliche Verfahren zur Durch-

---

932 Davies, Rdn. 4.27–4.28, S. 44

933 Insolvency Act 1986, s. 72B – 72G i.V.m. Sch. B 1, para. 14 i.d.F.v. Enterprise Act 2002, s. 250; Enterprise Act 2002, s. 249; Davies, Rdn. 4.29–4.41, S. 44–48; Diese Ausnahmen betreffen u.a. Forderungen von mindestens £ 50 Millionen in Zusammenhang mit einer Emission von Wertpapieren auf dem Kapitalmarkt, Versorgungsbetriebe und Projektfinanzierungen.

934 Enterprise Act 2002, Explanatory Notes, para. 670

935 Davies, Rdn. 4.29, S. 44 f.; vgl. auch: Rdn. 2.26 am Ende, S. 20

936 Goode, Legal Problems of Credit and Security, Rdn. 4-60, S. 151

setzung seines Sicherungsrechts zur Verfügung.[937] Dabei handelt es sich neben der Bestellung eines Zwangsverwalters (*receiver*)[938] und die Verfallserklärung (*foreclosure*)[939] um den Beschluss des Verkaufs oder der Inbesitznahme des Sicherungsgutes (*order for possession or sale*).[940] Unter den gerichtlichen Verfahren ermöglicht jedoch allein die Bestellung eines Zwangsverwalters mit Geschäftsführungsbefugnissen (*receiver and manager*) den Erhalt des beliehenen Unternehmens als wirtschaftlicher Einheit; diesbezüglich antragsberechtigt sind nur solchen Inhaber von *floating charges*, deren Sicherungsgut den Goodwill des betreffenden Unternehmens einschließt.[941]

3. Ergebnis

Als Verfahren der Durchsetzung einer – ggf. mit *fixed charges* kombinierten – *floating charge*, welche auf den Erhalt des beliehenen Unternehmens als produktiver Wirtschaftseinheit abzielen, bietet die englische Rechtsordnung somit die außergerichtliche Bestellung eines *administrator* bzw. die *administrative receivership* sowie die gerichtliche Bestellung eines *receiver and manager*.

II. Eintritt des Sicherungsfalles zum Schutz vor Entwertung des Sicherungsgutes

Damit ein Verfahren zur einheitlichen Verwertung des Unternehmens als produktiver Wirtschaftseinheit zum Erfolg führen kann, muss zunächst gewährleistet sein, dass das Unternehmen in diesem Zustand zu Verfahrensbeginn überhaupt noch vorhanden ist. Der Sicherungsfall muss somit in Situationen, in denen das Risiko des Verlusts der Gewinnchancen eines Unternehmens besonders hoch ist, eintreten können. Die betreffenden Voraussetzungen sind im Rahmen der gerichtlichen und der außergerichtlichen Durchsetzung der *floating charge* unterschiedlich.

---

[937] ter Meulen, Die Floating Charge, S. 90; Lightman/Moss, The Law of Receivers and Administrators of Companies, Rdn. 22-013, S. 416
[938] Wenckstern, RabelsZ 56 (1992), 624 (643); ter Meulen, Die Floating Charge, S. 90–94
[939] ter Meulen, Die Floating Charge, S. 94 f.
[940] Goode, Legal Problems of Credit and Security, Rdn. 4-41, S. 140 f.
[941] Lightman/Moss, The Law of Receivers and Administrators of Companies, Rdn. 22-015, S. 417; ter Meulen, Die Floating Charge, S. 92

1. Außergerichtliche Durchsetzung der floating charge

Die außergerichtliche Durchsetzung einer *floating charge* ist in der Praxis gegenüber der gerichtlichen weitaus häufiger.[942] Sie hat im Vergleich zur gerichtlichen vor allem die Vorteile geringerer Kosten und Dauer[943] einschließlich der Schnelligkeit ihrer Einleitung.[944] Ferner hat der *administrative receiver* weitergehende Befugnisse als der gerichtlich bestellte *receiver and manager.*[945]

Die Parteien der Sicherungsabrede genießen umfassende Freiheit, festzulegen, in welchen Fällen der Inhaber einer *floating charge* zur außergerichtlichen Durchsetzung dieses Sicherungsrechts berechtigt ist.[946] Die diesbezügliche Sicherungsabrede pflegt in der Schuldverschreibung (*debenture*), in welcher auch der Darlehensvertrag und die Verpflichtung zur Bestellung von Sicherheiten dokumentiert werden, aufgenommen zu werden.[947] Typischerweise wird vereinbart, dass der Inhaber der *floating charge* zur Verwertung des Sicherungsgutes berechtigt ist, wenn die gesicherte Forderung vorzeitig fällig wird; die vorzeitige Fälligkeit der gesicherten Forderung wird wiederum für den Eintritt solcher aufgelisteter Umstände vereinbart, aus denen sich die Gefahr des Wertverlustes des Sicherungsgutes ergibt.[948] Dabei handelt es sich vor allem um den Verzug mit der Erfüllung der gesicherten Verbindlichkeiten aus Darlehensvertrag.[949] Aber auch für den Fall, dass zur Einschätzung der finanziellen Lage des Sicherungsgebers bestellte Berater des Sicherungsnehmers diesbezüglich

---

[942] Goode, Legal Problems of Credit and Security, Rdn. 4-43, S. 141, Fn. 71; Lightman/Moss, The Law of Receivers and Administrators of Companies, Rdn. 22-012, S. 415 f.; Wenckstern, RabelsZ 56 (1992), 624 (640)

[943] Goode, Legal Problems of Credit and Security, Rdn. 4-43, S. 141, Fn. 71; Lightman/Moss, The Law of Receivers and Administrators of Companies, Rdn. 22-019, S. 418 f.; Gower, Principles of Modern Company Law, S. 436; Wenckstern, RabelsZ 56 (1992), 624 (643, 644); ter Meulen, Die Floating Charge, S. 88

[944] Davies, Rdn. 2.10, S. 13; Lightman/Moss, The Law of Receivers and Administrators of Companies, Rdn. 22-019, S. 418; Farrar, Company Law, S. 663; Lange, WM 1990, 701 (702)

[945] Lightman/Moss, The Law of Receivers and Administrators of Companies, Rdn. 22-019, S. 419; Wenckstern, RabelsZ 56 (1992), 624 (643)

[946] Davies, Rdn. 2.10, S. 13; Wenckstern, RabelsZ 56 (1992), 624 (638)

[947] Pennington, Company Law, S. 556

[948] Lightman/Moss, The Law of Receivers and Administrators of Companies, Rdn. 3-064, S. 55 f.; Wenckstern, RabelsZ 56 (1992), 624 (638, Fn. 106); Lange, WM 1990, 701 (702); ter Meulen, Die Floating Charge, 78 f.

[949] Wenckstern, RabelsZ 56 (1992), 624 (638); Hofmann, Mortgage und Charge, S. 72 ff.; ter Meulen, Die Floating Charge, S. 78 f.

eine negative Prognose abgeben, wird regelmäßig die vorzeitige Fälligkeit des Gesamtbetrages der gesicherten Forderung vereinbart.[950]

2. Gerichtliche Durchsetzung

Wenn auch das außergerichtliche Verfahren für den Inhaber einer *floating charge* gegenüber dem gerichtlichen grundsätzlich günstiger ist, so kommt Letzterem durchaus praktische Relevanz zu, insbesondere wenn die zur außergerichtlichen Durchsetzung berechtigenden, in der Sicherungsabrede aufgelisteten Gründe Lücken aufweisen. In diesem Fall bleibt dem Inhaber einer *floating charge* nämlich die Berufung auf den gesetzlichen Grund der Gefahr für das Sicherungsgut (*jeopardy*) offen,[951] welcher für die gerichtliche Bestellung eines *receiver and manager* die alternative Voraussetzung zur Fälligkeit der gesicherten Forderung ist.[952] In Bezug auf fremden Rechtsordnungen unterliegende Bestandteile des Sicherungsgutes kann sich die gerichtliche Bestellung eines *receiver and manager* vorteilhaft erweisen, weil ein gerichtlich bestellter *receiver and manager* von ausländischen Gerichten häufiger anerkannt wird als ein *administrative receiver*.[953]

3. Auswirkungen des Moratoriums nach Insolvency Act 2000

Der Umstand, dass die Durchsetzung einer *floating charge* in Bezug auf kleinere Unternehmen, bei denen es sich nicht um Banken und Versicherer handelt, nicht während eines von diesen erwirkbaren Moratoriums erfolgen kann,[954] beeinträchtigt das Interesse des Inhabers einer *floating* insofern wenig, als in dem betreffenden Zeitraum auch kein Dritter auf das Sicherungsgut zugreifen und das beliehene Unternehmen somit nicht zerschlagen werden kann.

---

[950] vgl.: Davies, Rdn. 2.16 – 2.18, S. 14–17

[951] Re Victoria Steamboats [1897] 1 Ch. 158; Lightman/Moss, The Law of Receivers and Administrators of Companies, Rdn. 22-013, S. 416; Gower, Principles of Modern Company Law, S. 435; Wenckstern, RabelsZ 56 (1992), 624 (643, Fn. 147); ter Meulen, Die Floating Charge, S. 79, 88 f.

[952] Re Crompton & Co. Ltd. [1914] 1 Ch. 954; Lightman/Moss, The Law of Receivers and Administrators of Companies, Rdn. 22-013, S. 416; ter Meulen, Die Floating Charge, S. 88

[953] Goode, Legal Problems of Credit and Security, Rdn. 4-43, S. 141, Fn. 71; Lightman/Moss, The Law of Receivers and Administrators of Companies, Rdn. 22-020, S. 421

[954] Insolvency Act 2000, s. 1, Sch. 1, paras 13, 42; Goode, Legal Problems of Credit and Security, Rdn. 4-030, S. 135; Lightman/Moss, The Law of Receivers and Administrators of Companies, Rdn. 3-065, S. 56; Rdn. 3-069, S. 58

III. Mit dem Sicherungsfall einhergehender Schutz der Grundlage des Unternehmens

Neben der Möglichkeit des Inhabers einer *floating charge*, zur Durchsetzung seines Sicherungsrechts in diversen Situationen zu schreiten, aus denen die Entwertung des Sicherungsgutes droht, ist zum Erhalt des Unternehmens als wirtschaftlicher Einheit im Zeitraum vom Eintritt des Sicherungsfalles bis zum Abschluss der Verwertung die Bewahrung der Unternehmensaktiva vor beeinträchtigenden Verfügungen des Sicherungsgebers und vor dem Zugriff Dritter erforderlich. Ferner setzt die Verwertung des Unternehmens als wirtschaftlicher Einheit dessen Weiterführung bis zum Abschluss des Verwertungsverfahrens voraus.

1. Erhalt der vermögensrechtlichen Grundlage des Unternehmens

Beeinträchtigungen der vermögensrechtlichen Grundlage des Unternehmens durch Verfügungen des Sicherungsgebers bzw. Vollstreckungsmaßnahmen seitens dessen Gläubiger im Zeitraum der Durchsetzung einer daran bestellten *floating charge* steht die Rechtsfigur der *crystallisation* entgegen. Dabei handelt es sich um die Wandlung der *floating charge* zu einer *fixed charge*.[955]

a. Eintritt der crystallisation

Bestimmte Ereignisse lösen die *crystallisation* von Rechts wegen aus. Daneben steht es auch den Parteien der Sicherungsabrede frei, diesbezüglich Vereinbarungen zu treffen.

aa. Eintritt der crystallisation von Rechts wegen

Die *crystallisation* wird von Rechts wegen durch Ereignisse ausgelöst, welche das Ende des sicherungsgebenden Unternehmens als operativer Wirtschaftseinheit implizieren.[956] Hierbei handelt es sich um die Eröffnung eines Verfahrens der *liquidation*[957] und die Einstellung der Geschäftstätigkeit.[958] Gegen eine

---

[955] vgl. oben: B.IV

[956] Re Crompton & Co. Ltd. [1914] Ch. 954 (964 f.); Goode, Legal Problems of Credit and Security, Rdn. 4-31, S. 135

[957] Re Panama, New Zealand and Australian Royal Mail Co. [1870] 5 Ch.App. 318; Re Crompton & Co. Ltd. [1914] Ch. 954 (964 f.); Goode, Legal Problems of Credit and Security,

crystallisation von Rechts wegen auch infolge gerichtlicher Bestellung eines *administrator* spricht demgegenüber, dass hiermit keineswegs das Ende der Geschäftstätigkeit der sicherungsgebenden Gesellschaft einhergehen muss, da dem *administrator* die primäre Aufgabe zukommt, das Unternehmen weiterzuführen und in den Bereich der Profitabilität zurückzubringen.[959]

Die *crystallisation* wird ferner durch Maßnahmen des Inhabers einer *floating charge* zu deren Durchsetzung ausgelöst. Das gilt insbesondere für die auf den Erhalt des Unternehmens als wirtschaftlicher Einheit abzielende außergerichtliche Bestellung eines *administrator*[960] oder *administrative receiver*[961] und die gerichtliche Bestellung eines *receiver and manager*,[962] gleichfalls aber auch für solche – nicht im Fokus dieser Untersuchung stehenden – Maßnahmen, infolge welcher allein die Zerschlagung des beliehenen Unternehmens erwartet werden kann.[963]

bb. Vertragliche Vorverlegung des Zeitpunkts der crystallisation

In der Zeit zwischen Eintritt eines Umstandes, welcher den Inhaber einer *floating charge* zu deren Durchsetzung berechtigt, und der tatsächlichen Vornahme einer Durchsetzungsmaßnahme behält der Sicherungsgeber grundsätzlich seine Verfügungsbefugnis. Ferner ist das Sicherungsgut Vollstreckungshandlungen Dritter ausgesetzt. Um der insofern verbleibenden Gefährdung des Bestandes des Sicherungsgutes vorzubeugen, veranlasst der Inhaber einer *floating charge* regelmäßig die Aufnahme von Bestimmungen in die Sicherungsabrede, wonach die *crystallisation* eintreten kann, auch ohne dass er Maßnahmen zur Durchset-

---

Rdn. 4-32, S. 136; Gough, Company Charges, S. 135; Wenckstern, RabelsZ 56 (1992), 624 (637)

958 Re Woodroffes (Musical Instruments) Ltd. [1986] 2 All E.R. 908, per Nourse J. (913 f.); Goode, Legal Problems of Credit and Security, Rdn. 4-33, S. 136 f.; Gough, Company Charges, S. 136; Wenckstern, RabelsZ 56 (1992), 624 (637)

959 Goode, Legal Problems of Credit and Security, Rdn. 4-31, S. 135; Lightman/Moss, The Law of Receivers and Administrators of Companies, Rdn. 3-067, S. 57; a.A.: Hofmann, Mortgage und Charge, S. 62

960 Goode, Legal Problems of Credit and Security, Rdn. 4-42, S. 141

961 Goode, Legal Problems of Credit and Security, Rdn. 4-42, S. 141; Gough, Company Charges, S. 136; Wenckstern, RabelsZ 56 (1992), 624 (637, 640)

962 Goode, Legal Problems of Credit and Security, Rdn. 4-43, S. 141 f.; Gough, Company Charges, S. 136; Wenckstern, RabelsZ 56 (1992), 624 (643)

963 Goode, Legal Problems of Credit and Security, Rdn. 4-40 f., S. 140 f.; Rdn. 4-43, S. 141 f.; Gough, Company Charges, S. 136; Wenckstern, RabelsZ 56 (1992), 624 (643)

zung der *floating charge* ergreifen müsste.[964] Nach der sog. – als wirksam anerkannten[965] – halbautomatischen *crystallisation*, soll der Sicherungsnehmer stattdessen die *crystallisation* durch bloße Mitteilung gegenüber dem Sicherungsgeber herbeiführen können.

Auch die *crystallisation* allein aufgrund des Eintritts eines in der Sicherungsabrede spezifizierten Umstandes, mithin eine automatische *crystallisation*,[966] ist häufiger Inhalt von Sicherungsabreden.[967] Bei solchen Umständen handelt es sich insbesondere um den Zahlungsverzug des Sicherungsgebers,[968] Vollstreckungsmaßnahmen Dritter,[969] die *crystallisation* einer anderen vor- oder gleichrangigen *floating charge*[970] oder auch das Überschreiten eines bestimmten Grenzwertes der Verschuldung des Sicherungsgebers.[971]

b. Auswirkung auf Verfügungen des Sicherungsgebers

Durch den Eintritt der *crystallisation* kann jedoch nicht ausgeschlossen werden, dass ein gutgläubiger Verfügungsempfänger, von der kristallisierten *floating charge* unbelastetes Eigentum bzw. ein Sicherungsrecht mit Vorrang vor dieser erwirbt, sofern sich die betreffende Verfügung im Rahmen des Geschäftsganges bewegte, der dem Sicherungsgeber vor *crystallisation* gestattet war.[972] Während mit der *crystallisation* die tatsächliche Verfügungsbefugnis (*actual authority*)

---

[964] Lightman/Moss, The Law of Receivers and Administrators of Companies, Rdn. 3-064, S. 55 f.; Rdn. 3-067, S. 57; Goode, Legal Problems of Credit and Security, Rdn. 4-51, S. 145

[965] Re Woodroffes (Musical Instruments) Ltd. [1986] 2 All E.R. 908; Re Brightlife Ltd. [1987] Ch. 200; Goode, Legal Problems of Credit and Security, Rdn. 4-50, S. 144; Gough, Company Charges, S. 137; Hofmann, Mortgage und Charge, S. 62

[966] Goode, Legal Problems of Credit and Security, Rdn. 4-53, S. 146–148; Gough, Company Charges, S. 137, Fn. 3; Wenckstern, RabelsZ 56 (1992), 624 (637 f.); ter Meulen, Die Floating Charge, S. 81

[967] Re Brightlife Ltd. [1987] Ch. 200; Goode, Legal Problems of Credit and Security, Rdn. 4-53, S. 146; Lightman/Moss, The Law of Receivers and Administrators of Companies, Rdn. 3-062, S. 55; Gough, Company Charges, S. 410

[968] Goode, Legal Problems of Credit and Security, Rdn. 4-44, S. 142; Rdn. 4-51, S. 145; Wenckstern, RabelsZ 56 (1992), 624 (637)

[969] Goode, Legal Problems of Credit and Security, Rdn. 4-51, S. 145; Gough, Company Charges, S. 138; Wenckstern, RabelsZ 56 (1992), 624 (637)

[970] Wenckstern, RabelsZ 56 (1992), 624 (637)

[971] Goode, Legal Problems of Credit and Security, Rdn. 4-51, S. 145

[972] Goode, Legal Problems of Credit and Security, Rdn. 4-07, S. 118; Rdn. 4-29, S. 134 f.; Rdn. 5-50, S. 181 f.; Gough, Company Charges, S. 255; a.A.: ter Meulen, Die Floating Charge, S. 82; für den Fall eines vertraglich vorverlegten Zeitpunktes der *crystallisation*: Goode, Legal Problems of Credit and Security, Rdn. 4-53, S. 146; Rdn. 5-50, S. 182; Hofmann, Mortgage und Charge, S. 62; Gough, Company Charges, S. 255

der Direktoren der sicherungsgebenden Gesellschaft über das Sicherungsgut endet, führen von diesen danach noch getroffene Verfügungen gegenüber Dritten, die vom Eintritt der *crystallisation* keine Kenntnis haben, aufgrund der Rechtsinstitute *apparent authority*[973] bzw. *estoppel*[974] zum Erfolg.

Ein im Zuge des Sicherungsfalles bestellter *administrative receiver* oder *administrator* hat allerdings diverse Maßnahmen zu ergreifen, um Dritte von der *crystallisation* in Kenntnis zu setzen und deren gutgläubigen Erwerb somit auszuschließen. So müssen sämtliche Geschäftsbriefe einen Hinweis auf die Bestellung des *administrative receiver*[975] bzw. *administrator*[976] enthalten. Die bekannten Gläubiger müssen ferner binnen 28 Tagen über die Bestellung des *administrative receiver*[977] bzw. *administrator*[978] informiert werden. Ferner hat die Anzeige der Bestellung des *administrative receiver*[979] bzw. *administrator*[980] binnen sieben Tagen an das zentrale Handels- und Gesellschaftsregister (*Companies House*) zu erfolgen, welches die Eintragung dieses Umstandes in das öffentliche Gesellschaftsbelastungsregister (*companies charges register*) zu veranlassen hat. Die Bestellung eines *administrative receiver*[981] bzw. *administrator*[982] muss schließlich Gegenstand von Pressemitteilungen werden. Da die Bestellung eines *administrative receiver* bzw. *administrator* sehr schnell erfolgen kann,[983] ist die Gefahr eines gutgläubigen Erwerbes infolge von Verfügungen der Direktoren der sicherungsgebenden Gesellschaft als Nichtberechtigter weiter reduziert.

---

973 Goode, Legal Problems of Credit and Security, Rdn. 4-53, S. 146; Rdn. 5-5, S. 158

974 Gough, Company Charges, S. 409

975 Insolvency Act 1986, s. 39; Norton Rose/Proctor, Cross-Border Security, S. 455; Wenckstern, RabelsZ 56 (1992), 624 (641)

976 Insolvency Act 1986, Sch. B 1, para. 45 i.d.F.v. Enterprise Act 2002, s. 248; Davies, Rdn. 12.39–12.41, S. 141

977 Insolvency Act 1986, s. 46; Wenckstern, RabelsZ 56 (1992), 624 (640 f.)

978 Insolvency Act 1986, Sch. B 1, para. 46 (3) (a), (b) i.d.F.v. Enterprise Act 2002, s. 248; Davies, Rdn. 12.44, S. 142

979 Companies Act 1985, s. 409 (1), (3) i.d.F.v. Companies Act 1989, s. 100; Norton Rose/Proctor, Cross-Border Security, S. 455; Wenckstern, RabelsZ 56 (1992), 624 (640 f.)

980 Insolvency Act 1986, Sch. B 1, para. 46 (4), (6) i.d.F.v. Enterprise Act 2002, s. 248; Davies, Rdn. 12.45, S. 144

981 Insolvency Act 1986, s. 46; Norton Rose/Proctor, Cross-Border Security, S. 455; Wenckstern, RabelsZ 56 (1992), 624 (640 f.)

982 Insolvency Act 1986, Schedule B 1, para. 46 (2) (b) i.d.F.v. Enterprise Act 2002, s. 248; Davies, Rdn. 12.44, S. 142

983 Griffiths, Insolvenzrecht in Großbritannien, S. 12; Farrar, Company Law, S. 663; Lange, WM 1990, 701 (702); Davies, Rdn. 4.12, S. 40

c. Auswirkung auf die Einzelzwangsvollstreckung Dritter

Mit Eintritt der *crystallisation*, mithin der Entstehung einer *fixed charge* am Sicherungsgut, ist die Zwangsvollstreckung Dritter in dieses zwingend ausgeschlossen. Anders als der Verfügungsempfänger kann der Vollstreckungsgläubiger nämlich nicht aufgrund guten Glaubens eine Rechtsposition gemäß den Rechtsfiguren *apparent authority* bzw. *estoppel* erwerben.[984] Die Vereinbarung einer automatischen *crystallisation* hat somit für den Schutz des Sicherungsgutes vor dem Vollstreckungszugriff Dritter ungleich größere Bedeutung als für den Schutz vor Verfügungen der Direktoren des Sicherungsgebers als Nichtberechtigter.

d. Vollstreckungsverbot bezüglich nicht von der Unternehmensbeleihung umfasster Vermögensgegenstände

Mit der Bestellung eines außergerichtlichen *administrator*, die zwecks Durchsetzung von *qualifying floating charges* die *administrative receivership* grundsätzlich ersetzt hat, wird kraft Gesetzes ein Moratorium ausgelöst, welches Einzelvollstreckungshandlungen auch in solche dem Unternehmen dienende Aktiva verhindert, die nicht von der Unternehmensbeleihung umfasst sind.[985]

Mit Bestellung des *administrator* wird sogar der Zugriff auf solche im Unternehmen zum Einsatz kommende Vermögensgegenstände aufgeschoben, die sich im Eigentum des Vollstreckungsgläubigers befinden.[986] Demnach wird die Vollstreckung in Fahrnis, welche der Unternehmer aufgrund Mietkaufs (*hire-purchase agreement*) im weiten Sinne besitzt, abgewendet,[987] ebenso wie die Inbesitznahme von dem Unternehmer vermieteten Immobilien durch den Vermieter.[988] Für die Dauer der *administration* aufgeschoben wird ferner die Durchsetzung eines Sicherungsrechts eines Dritten, das an Unternehmensaktiva besteht, sowie die Einzelzwangsvollstreckung in unbelastete Unternehmensak-

---

[984] Robson v. Smith [1891] 3 Ch. 260; Goode, Legal Problems of Credit and Security, Rdn. 5-50, S. 182

[985] Insolvency Act 1986, Sch. B 1, paras 41 (1), (2), 43 (2), 18, 19 i.d.F.v. Enterprise Act 2002, s. 248; Davies, Rdn. 11.17 - 11.25, S. 123–126; Griffiths, Insolvenzrecht in Großbritannien, S. 8 f.; MünchKomm(-Schlegel/Taylor), InsO, Art. 102 EGInsO, Anh. II, England und Wales, Rdn. 26

[986] Davies, Rdn. 11.18, S. 124

[987] Insolvency Act 1986, Sch. B 1, paras 43 (3), 111 (1) i.d.F.v. Enterprise Act 2002, s. 248

[988] Insolvency Act 1986, Sch. B 1, para. 43 (4) i.d.F.v. Enterprise Act 2002, s. 248

tiva.[989] Bereits vor Verfahrensbeginn kann der Inhaber einer *qualifying floating charge* einen bis zu fünf Tage währenden einstweiligen Vollstreckungsaufschub herbeiführen, indem er bei Gericht seine Absicht, einen *administrator* zu bestellen, anzeigt.[990] Durch die Bestellung eines *administrator* kann somit das Unternehmen als wirtschaftliche Einheit einschließlich der nicht vom Sicherungsgut umfassten Vermögensgegenstände für den Zeitraum der Durchsetzung der *floating charge* erhalten werden.[991]

Die Bestellung eines *administrative receiver* zieht einen solchen Vollstreckungsaufschub demgegenüber nicht nach sich.[992] Der Umstand, dass die außergerichtliche Bestellung eines *administrator*, ebenso wie diejenige eines *administrative receiver*, die Beleihung der gesamten oder im Wesentlichen gesamten Unternehmensaktiva zugunsten des Sicherungsnehmers voraussetzt und der Zugriff Dritter auf die im Unternehmen eingesetzten Aktiva insoweit bereits infolge der *crystallisation* verhindert wird, relativiert zwar den Vorteil des mit der *administration* einhergehenden Moratoriums gegenüber der *administrative receivership*, führt jedoch keineswegs zu dessen wirtschaftlicher Bedeutungslosigkeit. Das gilt insbesondere im Hinblick auf den Aufschub der Vollstreckung in Gegenstände, die im beliehenen Unternehmen zum Einsatz kommen, aber im Eigentum Dritter stehen.

e. Ergebnis

Im Rahmen der Durchsetzung einer *floating charge* – und in weitgehendem Ausmaß auch in dessen Vorfeld – ist der Inhaber eines solchen Sicherungsrechts vor Beeinträchtigung seiner Rechtsposition durch Verfügungen des Sicherungsgebers sowie von der Einzelzwangsvollstreckung Dritter geschützt. In Anbetracht des mit der außergerichtlichen Bestellung eines *administrator* einhergehenden allgemeinen Vollstreckungsaufschubs ist der Erhalt der vermögensrechtlichen Grundlage des Unternehmens durch den Enterprise Act 2002 gesteigert worden.

---

[989] Insolvency Act 1986, Sch. B 1, para. 43 (2), (6) i.d.F.v. Enterprise Act 2002, s. 248
[990] Insolvency Act 1986, Sch. B 1, para. 44 (2), (5) i.d.F.v. Enterprise Act 2002, s. 248
[991] Davies, Rdn. 11.2, S. 119 f.
[992] Davies, Rdn. 11.3, S. 120

2. Erhalt der tatsächlichen Beziehungen des Unternehmens nach Eintritt des Sicherungsfalles

Für den Erhalt des beliehenen Unternehmens als wirtschaftlicher Einheit ist neben dem Schutz dessen vermögensrechtlicher Grundlage dessen Weiterführung während der Dauer des Verfahrens zur Durchsetzung des Sicherungsrechts erforderlich.[993]

Der Verbleib der Geschäftsführungsbefugnisse bei den Personen der bisherigen Unternehmensleitung wird als für den Erhalt der tatsächlichen Beziehungen des Unternehmens potentiell abträglich angesehen, da nach englischer Auffassung deren Fehlentscheidungen die primäre Ursache für unternehmerische Krisen sind; die Übernahme der Geschäftsführung durch ein externes Management nach Eintritt des Sicherungsfalles wird somit als erforderlich erachtet.[994]

Dem Bedürfnis nach Erhalt des Unternehmens als produktiver Wirtschaftseinheit nach Eintritt des Sicherungsfalles ist in der englischen Rechtsordnung durch die Möglichkeit der Bestellung eines *administrative receiver*, der zur Geschäftsführung befugt ist, Rechnung getragen worden.[995] Auch der *administrator* – welcher infolge des Enterprise Act 2002 grundsätzlich an die Stelle des *administrative receiver* getreten ist – war durch die Insolvency Acts 1985 und 1986 als ein Verwalter und externer Manager[996] geschaffen worden. Geschäftsführungsaufgaben kommen schließlich dem gerichtlich bestellten *receiver and manager* zu.[997]

a. Administrative receivership

Durch die dem *administrative receiver* zukommende Geschäftsführungsbefugnis wird dem Bedürfnis des Inhabers einer *qualifying floating charge* Rechnung getragen, durch einstweilige Weiterführung des Unternehmens nach Eintritt des Sicherungsfalles Letzteres als lebensfähigen Geschäftsbetrieb bis zur Verwer-

---

993 Lightman/Moss, The Law of Receivers and Administrators of Companies, Rdn. 8-011, S. 178; Rdn. 9-005, S. 185

994 Goode, Principles of Corporate Insolvency Law, S. 274 f.; Griffiths, Insolvenzrecht in Großbritannien, S. 1

995 Insolvency Act 1986, s. 42 (1); Sch. 1 para. 14; Goode, Legal Problems of Credit and Security, Rdn. 4-60, S. 151; Hofmann, Mortgage und Charge, S. 140, 144; Wenckstern, RabelsZ 56 (1992), 624 (641)

996 Goode, Principles of Corporate Insolvency Law, S. 272

997 Lightman/Moss, The Law of Receivers and Administrators of Companies, Rdn. 22-024, S. 422 f.

tung zu erhalten und bei der Verwertung einen höheren Erlös dafür zu erzielen.[998]

Die Befugnisse des *administrative receiver* bestimmen sich nach der Vereinbarung in der Sicherungsabrede. Darüber hinaus stehen ihm weitreichende Befugnisse – einschließlich der Fortführung des beliehenen Unternehmens – kraft gesetzlicher Vermutung zu.[999] Dies impliziert die Verwendung dessen Geschäftsbücher. Wenn diese auch nicht Gegenstand der Unternehmensbeleihung sein können,[1000] so können die Geschäftsbücher somit doch für den Zeitraum bis zur – regelmäßig am Ende der *administrative receivership* stehenden – Verwertung des Unternehmens für dessen Erhalt als produktiver Wirtschaftseinheit eingesetzt werden.

aa. Geschäftsführungsbefugnis

Für den Erhalt der Gewinnchancen des beliehenen Unternehmens sind die Befugnisse des *administrative receiver* in Bezug auf bestehende wie auf neue Vertragsverhältnisse entscheidend.

(1) Erfüllung von Verträgen zwecks Erhalts des Goodwill

Die Geschäftsführungsbefugnis des *administrative receiver* schließt die Erfüllung von vor seiner Bestellung begründeten Verpflichtungen ein, deren Verletzung die Weiterführung des beliehenen Unternehmens und dessen Goodwill u.a. infolge von Schadensersatzforderungen beeinträchtigen könnte.[1001]

In Bezug auf die Erfüllung bzw. Weiterführung bereits vor seiner Bestellung begründeter Verbindlichkeiten wird die Entschlussfreudigkeit des *administra-*

---

[998] Lightman/Moss, The Law of Receivers and Administrators of Companies, Rdn. 1-002 – 1-004, S. 1–3; Rdn. 8-001, S. 174; Griffiths, Insolvenzrecht in Großbritannien, S. 13; Gower, Principles of Modern Company Law, S. 438, Fn. 9; Wenckstern, RabelsZ 56 (1992), 624 (641)

[999] Insolvency Act 1986, s. 42 (1); Sch. 1, para. 14; Wenckstern, RabelsZ 56 (1992), 624 (641)

[1000] vgl. oben: A.I

[1001] Lightman/Moss, The Law of Receivers and Administrators of Companies, Rdn. 8-006 – 8-019, S. 176–181; Goode, Principles of Corporate Insolvency Law, S. 245; Lange, WM 1990, 701 (708); ter Meulen, Die Floating Charge, S. 92

tive receiver nicht durch eine etwaige persönliche Haftung hierfür gemindert.[1002]

Aufgrund gesetzlicher Sonderbestimmung ergibt sich eine persönliche Haftung des *administrative receiver* demgegenüber für die Gegenleistung für die Dienste von Arbeitnehmern, die erbracht wurden, nachdem er für die Weiterführung der betreffenden Arbeitsverhältnisse optiert hat.[1003] Allerdings hat der *administrative receiver* diesbezüglich einen Erstattungsanspruch gegen die sicherungsgebende Gesellschaft.[1004] Der Anspruch des *administrative receiver* auf seine Vergütung und auf Erstattung seiner Auslagen ist aus dem Erlös der *administrative receivership* an erster Rangstelle zu befriedigen.[1005] Aufgrund dessen kann der *administrative receiver* davon ausgehen, dass seine Auslagen für die Weiterbeschäftigung der Mitarbeiter eines überlebensfähigen Unternehmens erfüllt werden werden. Darüber hinaus ist eine Vereinbarung zwischen *administrative receiver* und dem das Verfahren betreibenden *floating charge*-Inhaber über die Erstattung von Kosten und Auslagen für den Fall üblich, dass der Erlös aus dem Verfahren hierfür nicht ausreichend sein sollte.[1006]

Zum Erhalt der tatsächlichen Beziehungen des Unternehmens trägt ferner bei, dass bestimmte Vertragspartner zur Aufrechterhaltung von Dauerschuldverhältnissen auch dann verpflichtet sind, wenn ihre aufgelaufenen Forderungen nicht vom *administrative receiver* beglichen werden: Die Lieferanten von Gas, Elektrizität und Telekommunikationsdiensten können laufende Vertragsbeziehungen mit der sicherungsgebenden Gesellschaft nach Beginn der *administrative receivership* nicht mit der Begründung beenden, dass bereits zuvor fällig gewordene Vertragspflichten unerfüllt geblieben sind.[1007]

[1002] Re Newdigate Collery Ltd. [1912] 1 Ch. 468; Goode, Principles of Corporate Insolvency Law, S. 245

[1003] Insolvency Act 1986, s. 44 (1) (b), (2), (2A), (2B) i.d.F.v. Insolvency Act 1994; hierzu: Lightman/Moss, The Law of Receivers and Administrators of Companies, Rdn. 19-001 ff., S. 361 ff.; Goode, Principles of Corporate Insolvency Law, S. 243 f.

[1004] Insolvency Act 1986, s. 44 (1) (c)

[1005] Re Glyncorrwg Collery Co. Ltd. [1926] 1 Ch. 951; Goode, Principles of Corporate Insolvency Law, S. 256, 263; MünchKomm(-Schlegel/Taylor), InsO, Art. 102 EGInsO, Anh. II, England und Wales, Rdn. 21

[1006] Farrar, Company Law, S. 666

[1007] Insolvency Act 1986, s. 233; Lightman/Moss, The Law of Receivers and Administrators of Companies, Rdn. 9-059, S. 201

(2) Beendigung von Vertragsverhältnissen

Auf der anderen Seite kann der *administrative receiver* auch die Gewinnchancen des Unternehmens durch die Nichterfüllung von Verträgen, sogar durch die Aufgabe ganzer unprofitabler Geschäftsbereiche, erhöhen.[1008] Schätzt der *administrative receiver* den Nutzen, den die Weiterführung eines Dauerschuldverhältnisses für das Unternehmen bedeutet, geringer ein als den Schaden, welcher der sicherungsgebenden Gesellschaft aus einer Ersatzpflicht wegen Vertragsverletzung erwachsen würde, dann steht es ihm frei, von der Erfüllung der betreffenden Verbindlichkeit abzusehen.[1009] Dies ist insbesondere in Bezug auf Forderungen bedeutsam, denen am Verwertungserlös Nachrang gegenüber der *floating charge* zukommt.[1010]

(3) Abschluss neuer Verträge

Als Vertreter der sicherungsgebenden Gesellschaft kann der *administrative receiver* ferner neue Verträge für diese bis zum Zeitpunkt der Eröffnung eines Verfahrens der *liquidation* abschließen.[1011] Für solche Verträge haftet der *administrative receiver* persönlich, es sei denn eine derartige Haftung wird vertraglich ausgeschlossen, so dass allein die sicherungsgebende Gesellschaft verpflichtet wird.[1012] Für Verträge, die er bis zur Eröffnung der *liquidation* für die sicherungsgebende Gesellschaft abschließt und für die er persönlich haftet, hat der *administrative receiver* einen Erstattungsanspruch gegen die sicherungsgebende Gesellschaft.[1013] Insofern gilt Entsprechendes wie für die Weiterführung von Arbeitsverhältnissen.[1014]

[1008] Goode, Principles of Corporate Insolvency Law, S. 246 f.; vgl. auch: Lightman/Moss, The Law of Receivers and Administrators of Companies, Rdn. 8-006, S. 176; Rdn. 8-028, S. 183

[1009] Goode, Principles of Corporate Insolvency Law, S. 246 f.; Lange, WM 1990, 701 (708); vgl. auch: Lightman/Moss, The Law of Receivers and Administrators of Companies, Rdn. 8-006, S. 176; Rdn. 8-028, S. 183

[1010] vgl.: MünchKomm(-Schlegel/Taylor), InsO, Art. 102 EGInsO, Anh. II, England und Wales, Rdn. 14

[1011] Insolvency Act 1986, s. 44 (1); Lightman/Moss, The Law of Receivers and Administrators of Companies, Rdn. 8-002, S. 174; Rdn. 8-005, S. 176; Goode, Principles of Corporate Insolvency Law, S. 244

[1012] Insolvency Act 1986, s. 44 (1) (b); Lightman/Moss, The Law of Receivers and Administrators of Companies, Rdn. 8-005, S. 176

[1013] Insolvency Act 1986, s. 44 (1) (c), (3); Goode, Principles of Corporate Insolvency Law, S. 256

bb. Dauer des Verfahrens

Einen besonderen Vorteil stellt das Rechtsinstitut der *administrative receivership* für den Erhalt der tatsächlichen Beziehungen des beliehenen Unternehmens infolge seiner gerichtlichen Unabhängigkeit und der daraus resultierenden Schnelligkeit dar, mit welcher die Geschäftsführungsbefugnis von den Direktoren der sicherungsgebenden Gesellschaft auf den *administrative receiver* übergeht.[1015] Es gehen auch keine hohen formalen Anforderungen mit der Bestellung eines *administrative receiver* einher.[1016] Diese muss lediglich binnen sieben Tagen gegenüber dem zentralen Handels- und Gesellschaftsregister (*Companies House*) angezeigt und Gegenstand einer Pressemitteilung sowie von Mitteilungen an die Gläubiger werden.[1017]

Die Gefahr, dass leistungstragende Mitarbeiter, Abnehmer etc. ihre vertraglichen Beziehungen mit der sicherungsgebenden Gesellschaft in der Phase der *administrative receivership* von sich aus abbrechen, da sie nicht absehen können, ob ihr Vertragspartner am Ende des Verfahrens noch besteht, kann der *floating charge*-Inhaber gering halten, indem er die Verhandlungen über den Verkauf des beliehenen Unternehmens bereits vor Verfahrenseröffnung weitgehend abschließt, auf deren Grundlage der *administrative receiver* das Unternehmen veräußert, so dass die Verfahrensdauer auf ein Minimum reduziert wird.[1018]

cc. Finanzierung der einstweiligen Unternehmensweiterführung

Trotz des kurzen zeitlichen Rahmens, in dem die *administrative receivership* vollzogen werden kann, sind die mit ihr einhergehenden Kosten für die Weiterführung des Unternehmens erheblich höher als diejenigen für dessen sofortige Zerschlagung.[1019]

1014 vgl. oben: (1)

1015 Lightman/Moss, The Law of Receivers and Administrators of Companies, Rdn. 22-019, S. 418 f.; Farrar, Company Law, S. 663

1016 Griffiths, Insolvenzrecht in Großbritannien, S. 12; Farrar, Company Law, S. 663; Lange, WM 1990, 701 (702)

1017 Insolvency Act 1986, s. 46; Norton Rose/Proctor, Cross-Border Security, S. 455; Wenckstern, RabelsZ 56 (1992), 624 (640 f.)

1018 Lightman/Moss, The Law of Receivers and Administrators of Companies, Rdn. 9-005, S. 185

1019 Lightman/Moss, The Law of Receivers and Administrators of Companies, Rdn. 8-116, S. 179

Nach Eröffnung der *administrative receivership* werden die zur Fortführung des Unternehmens erforderlichen Leistungen in aller Regel nur dann erbracht, wenn die Gegenleistung hierfür in vollem Umfang erfolgt.[1020] Soweit noch keine Mittel aus der fortgeführten Geschäftstätigkeit erwirtschaftet sind, welche dem *administrative receiver* für entsprechende Zahlungen zur Verfügung stehen,[1021] kann er allerdings auf die Aufnahme von Darlehen zurückgreifen. Kraft gesetzlicher Vermutung ist der *administrative receiver* hierzu sowie zur Bestellung von Sicherheiten befugt.[1022] Insbesondere kann der *administrative receiver* den ihm gegen den verfahrensbetreibenden *floating charge*-Inhaber zustehenden Anspruch auf Erstattung der eingegangenen Verbindlichkeiten an den Darlehensgeber zur Sicherung dessen korrespondierenden Anspruchs abtreten.

dd. Ergebnis

Im Rahmen der *administrative receivership* besteht somit die Möglichkeit, das Unternehmen als wirtschaftliche Einheit nach Eintritt des Sicherungsfalls fortzuführen.

b. Verfahren der administration

Auch das Verfahren der *administration* enthält Regelungen zur Weiterführung des Unternehmens im Zeitraum der Durchsetzung der daran bestehenden *floating charge.*

aa. Geschäftsführungsbefugnis

Der *administrator* ist zu allen Handlungen befugt, die für die Führung des Geschäfts und Unternehmens sowie die Verwaltung des Vermögens der Gesellschaft, für welche er bestellt worden ist, notwendig oder zweckdienlich sind.[1023] Ihm kommt die Befugnis zu, das Unternehmen im Hinblick auf dessen Verkauf als lebensfähiger wirtschaftlicher Einheit weiterzuführen.[1024] Die Direktoren einer Kapitalgesellschaft können während der Dauer eines Verfahren der *admi-*

[1020] Goode, Principles of Corporate Insolvency Law, S. 154–156
[1021] vgl.: Insolvency Act 1986, s. 42 (1), Sch. 1, para. 13
[1022] Insolvency Act 1986, s. 42 (1), Sch. 1, para. 3; Wenckstern, RabelsZ 56 (1992), 624 (641); Lange, WM 1990, 701 (708)
[1023] Insolvency Act 1986, Sch. B 1, para. 59 (1) i.d.F.v. Enterprise Act 2002, s. 248
[1024] Goode, Principles of Corporate Insolvency Law, S. 280

nistration ihre Geschäftsführungsbefugnisse nicht ohne Zustimmung des *administrator* ausüben.[1025] Im Wege der Erteilung einer solchen Zustimmung kann der *administrator* durchaus auf die Dienste und Expertise von Direktoren zurückgreifen und insoweit tatsächliche Beziehungen des Unternehmens erhalten.[1026]

(1) Erfüllung von Verträgen zwecks Erhalts des Goodwill

Der *administrator* ist befugt, Zahlungen an Gläubiger zu leisten, wenn er der Auffassung ist, dass hierdurch das Ziel des Verfahrens der *administration* mit Wahrscheinlichkeit erreicht werden kann.[1027] Diese Befugnis des *administrator* schließt die Erfüllung von Verbindlichkeiten aus vor Verfahrensbeginn begründeten Dauerschuldverhältnissen ein, um die künftige Belieferung und damit die weitere profitable Tätigkeit des Unternehmens sicherzustellen.[1028] Dies beinhaltet auch die Erfüllung von Verbindlichkeiten gegenüber Gewerberaumvermietern, Leasinggebern, Mietverkäufern etc., um zu verhindern dass diese zwecks Herausgabe der jeweiligen Mietsache den gerichtlichen Weg beschreiten und so den Vollstreckungsaufschub[1029] überwinden.[1030]

Die Rechtsstellung eines außergerichtlich bestellten *administrator* unterscheidet sich nicht von derjenigen eines gerichtlich bestellten.[1031] Als *officer of the court* geht er keine persönliche Haftung für die Weiterführung von Arbeitsverhältnissen ein; die durch seine Vertragsabschlüsse begründeten Ansprüche sind jedoch mit Vorrang vor seinen eigenen Forderungen auf Vergütung und Erstattung von Auslagen aus dem Verfahrenserlös zu begleichen.[1032] Auch im Verfahren der *administration* dürfen Lieferanten von Gas, Elektrizität und Telekommunikati-

---

[1025] Insolvency Act 1986, Sch. B 1, para. 64; Sch. 1, para. 14 i.d.F.v. Enterprise Act 2002, s. 248
[1026] Davies, Rdn. 12.117, S. 159 f.
[1027] Insolvency Act 1986, Sch. 1, para. 13; Sch. B 1, para. 66 i.d.F.v. Enterprise Act 2002, s. 248
[1028] Davies, Rdn. 11.35, S. 128 f.
[1029] vgl. oben: 1.d
[1030] Davies, Rdn. 11.26 f., S. 126; Rdn. 11.3 f., S. 124; Rdn. 11.38, S. 129
[1031] Insolvency Act 1986, Sch. B 1, para. 5; Davies, Rdn. 9.058, S. 108
[1032] Goode, Principles of Corporate Insolvency Law, S. 281; Lightman/Moss, The Law of Receivers and Administrators of Companies, Rdn. 19-018 ff., S. 367 ff.

onsdiensten ihre weitere Belieferung nicht von der Erfüllung von vor Verfahrensbeginn erbrachten Leistungen abhängig machen.[1033]

(2) Beendigung von Vertragsverhältnissen

Die dem *administrator* zukommenden weitgehenden Befugnisse[1034] schließen auch die Einstellung von Tätigkeitsbereichen des belasteten Unternehmens und die Entscheidung gegen die Weiterführung von vertraglichen Beziehungen ein.

(3) Abschluss neuer Verträge

Um das Ziel der *administration* zu erreichen, ist der *administrator* ferner zu Abschluss und Erfüllung neuer Verträgen befugt.[1035] Für von ihm neu abgeschlossene Verträge haftet der *administrator* zwar nicht persönlich, die hierdurch begründeten Verbindlichkeiten sind jedoch aus dem Verwertungserlös mit Vorrang zu befriedigen, und zwar auch gegenüber den Forderungen des *administrator* auf Vergütung und Erstattung von Auslagen.[1036]

bb. Verfahrensdauer

Aufgrund des Umstandes, dass infolge des Enterprise Act 2002 ein *administrator* nunmehr außergerichtlich bestellt werden kann, bestehen auch im Verfahren der *administration* die aus der *administrative receivership* bekannten Vorzüge geringen Aufwandes und minimaler zeitlicher Verzögerung für die Durchsetzung einer *qualifying floating charge.*[1037]

Die Verkürzung des Verfahrens der *administration* und die Verminderung der mit diesem Verfahren verbundenen Schwierigkeiten gehören zu den mit dem Enterprise Act 2002 verfolgten gesetzgeberischen Zielen.[1038] Dementsprechend ist der *administrator* durch ausdrückliche gesetzliche Regelung verpflichtet,

---

[1033] Insolvency Act 1986, s. 233 (1) (a), (2) (b), (3) i.V.m. Enterprise Act 2002, Sch. 17 para. 1

[1034] Insolvency Act 1986, Sch. B 1, para. 59 (1) i.d.F.v. Enterprise Act 2002, s. 248

[1035] Insolvency Act 1986, Sch. 1, para. 13; Sch. B 1, para. 66 i.d.F.v. Enterprise Act 2002; Davies, Rdn. 11.35, S. 128

[1036] Goode, Principles of Corporate Insolvency Law, S. 281; Lightman/Moss, The Law of Receivers and Administrators of Companies, Rdn. 19-018 ff., S. 367 ff.

[1037] Insolvency Act 1986, Sch. B 1, para. 16 (1) i.d.F.v. Enterprise Act 2002, s. 248; Enterprise Act 2002, Explanatory Notes, para. 619; Davies, Rdn. 2.18, S. 17; Rdn. 4.12, S. 40

[1038] Davies, Rdn. 6.11 – 6.15, S. 69 f.

seine Aufgaben so schnell und effizient wie möglich auszuüben.[1039] Grundsätzlich endet das Verfahren nach einem Jahr.[1040]

Im Vergleich zur *administrative receivership* ist dennoch mit einer längeren Verfahrensdauer selbst bei außergerichtlicher Bestellung eines *administrator* zu rechnen. Denn zum einen hat der *administrator* primär das Ziel der – naturgegeben zeitintensiven – Sanierung der sicherungsgebenden Gesellschaft zu verfolgen.[1041] Zum anderen hat er – im Gegensatz zum *administrative receiver* – grundsätzlich einen Vorschlag über die Maßnahmen zur Verfolgung des jeweiligen Verfahrenszieles auszuarbeiten und der Gläubigerversammlung zur Abstimmung vorzulegen.[1042] Immerhin hat der Gesetzgeber dem *administrator* hierfür eine Höchstfrist von acht Wochen seit Verfahrensbeginn gesetzt; innerhalb von zehn Wochen muss die erste Gläubigerversammlung abgehalten werden oder die schriftliche Zustimmung der Gläubiger[1043] erfolgen.[1044] Davon abgesehen kann der *administrator* jedoch von der Einberufung der Gläubigerversammlung auch Abstand nehmen, und zwar schon dann, wenn er zu der Auffassung gelangt, das Vermögen der sicherungsgebenden Gesellschaft reiche zur Befriedigung von Forderungen ungesicherter Gläubiger – über den für diese reservierten Erlösanteil[1045] hinaus – nicht aus oder im Verfahren der *administration* könne weder das Ziel der Sanierung noch dasjenige eines höheren Erlöses als im Falle der Liquidation erreicht werden.[1046] Als Maßnahme, die Einberufung einer Gläubigerversammlung gegen den Willen des *administrator* zu erwirken, existiert einzig ein gerichtlicher Antrag von Gläubigern, welche zusammen mindestens 10% der Forderungen gegen die verfahrensgegenständliche Gesellschaft halten.[1047]

[1039] Insolvency Act 1986, Sch. B 1, para. 4 i.d.F.v. Enterprise Act 2002, s. 248
[1040] Insolvency Act 1986, Sch. B 1, para. 76 (1) i.d.F.v. Enterprise Act 2002, s. 248
[1041] Insolvency Act 1986, Sch. B 1, para. 3 (1) (a), (3) i.d.F.v. Enterprise Act 2002, s. 248
[1042] Griffiths, Insolvenzrecht in Großbritannien, S. 8
[1043] Insolvency Act 1986, Sch. B 1, para. 58 i.d.F.v. Enterprise Act 2002, s. 248
[1044] Davies, Rdn. 6.29, S. 73
[1045] Insolvency Act 1986, s. 176A (2) (a) i.d.F.v. Enterprise Act 2002, s. 252
[1046] Insolvency Act 1986, Sch. B 1, para. 52 (1) i.d.F.v. Enterprise Act 2002, s. 248; hierzu: Davies, Rdn. 12.69–12.71, S. 147
[1047] Insolvency Act 1986, Sch. B 1, para. 52 (2) i.d.F.v. Enterprise Act 2002, s. 248

cc. Finanzierung der einstweiligen Unternehmensweiterführung[1048]

Vorteilhaft für die Finanzierung der Unternehmensweiterführung im Rahmen der *administration* wirkt sich aus, dass die Verbindlichkeiten aus Verträgen, die vom *administrator* geschlossen wurden, im Zeitpunkt ihrer Fälligkeit aus dem Gesellschaftsvermögen zu begleichen sind.[1049] Das gilt auch für die Erfüllung von Verbindlichkeiten auf Darlehensrückgewähr und Zinszahlung, die der *administrator* eingegangen ist.[1050] Die Aufnahme von Darlehen unter Einschluss der Bestellung von Sicherungsrechten dafür ist von der Befugnis des *administrator* gedeckt.[1051]

dd. Ergebnis

Ebenso wie im Rahmen der *administrative receivership* kann das beliehene Unternehmen als wirtschaftliche Einheit somit in dem Fall fortgeführt werden, dass der Inhaber einer *qualifying floating charge* zur Durchsetzung dieses Sicherungsrechts stattdessen auf das Verfahren der *administration* verwiesen ist.

c. Gerichtliche Bestellung eines receiver and manager

Ein Inhaber einer *floating charge*, zu dessen Gunsten ein Unternehmen mitsamt dessen Goodwill beliehen worden ist, kann zwecks Durchsetzung seines Sicherungsrechts unter Erhalt des beliehenen Unternehmens als wirtschaftlicher Einheit auch zur gerichtlichen Bestellung eines *receiver and manager* schreiten.[1052]

aa. Geschäftsführungsbefugnis

Wird ein *receiver* gleichzeitig zum *manager* eines in Form einer Kapitalgesellschaft geführten Unternehmens gerichtlich bestellt, dann ist er zu dessen Weiterführung befugt, so dass dessen Goodwill erhalten und es als produktive

[1048] zu einem diesbezüglichen Reformvorschlag: Davies, Rdn. 2.25 – 2.30, S. 19–26
[1049] Insolvency Act 1986, Sch. 1, para 14; Sch. B 1, para. 60 i.d.F.v. Enterprise Act 2002, s. 248; Stahmer, Verzinsliches Darlehen in der Insolvenz (2002), S. 143
[1050] Insolvency Act 1986, Sch. 1, para. 14; Sch. B 1, para. 60 i.d.F.v. Enterprise Act 2002, s. 248; Stahmer, Verzinsliches Darlehen in der Insolvenz, S. 180 f.
[1051] Insolvency Act 1986, Sch. 1, para. 2; Sch. B 1, para. 60; Enterprise Act 2002, s. 248; Stahmer, Verzinsliches Darlehen in der Insolvenz, S. 180 f.
[1052] Wenckstern, RabelsZ 56 (1992), 624 (643); ter Meulen, Die Floating Charge, S. 92

Wirtschaftseinheit zu dessen Fortführungswert veräußert werden kann.[1053] Die Geschäftsführungsbefugnisse dessen Direktoren sind für den Zeitraum der gerichtlichen Bestellung eines *administrator and receiver* außer Kraft gesetzt.[1054]

(1) Erfüllung von Verträgen zwecks Erhalts des Goodwill

Die Befugnisse eines gerichtlich bestellten *receiver and manager* bemessen sich nach den Bestimmungen des auf seine Einsetzung lautenden gerichtlichen Beschlusses; diese werden meist umfassend sein.[1055] Seine Befugnis beinhaltet dann auch die Erfüllung vertraglicher Verpflichtungen, wodurch geschäftliche Beziehungen erhalten und somit ein erheblicher Beitrag zum Erhalt der Gewinnchancen des beliehenen Unternehmens geleistet werden kann.[1056] Zur Aufrechterhaltung von vertraglichen Beziehungen, von denen der Erhalt des Goodwill des beliehenen Unternehmens abhängt, ist er nicht nur im Interesse des Sicherungsnehmers, sondern aufgrund seiner Eigenschaft als *officer of the court*[1057] auch im Interesse der sicherungsgebenden Gesellschaft verpflichtet.[1058]

(2) Beendigung von Vertragsverhältnissen

Verträge, aus deren Nichterfüllung für den Goodwill des beliehenen Unternehmens kein Schaden entsteht, braucht der gerichtlich bestellte *receiver and manager* nicht zu erfüllen.[1059] Insoweit kann er die Kosten der unternehmerischen Betätigung senken und die Profitabilität des Unternehmens erhöhen.

[1053] Wenckstern, RabelsZ 56 (1992), 624 (643); ter Meulen, Die Floating Charge, S. 92 f.

[1054] Lightman/Moss, The Law of Receivers and Administrators of Companies, Rdn. 22-006, S. 413; Wenckstern, RabelsZ 56 (1992), 624 (643)

[1055] Lightman/Moss, The Law of Receivers and Administrators of Companies, Rdn. 22-024, S. 422 f.

[1056] Lightman/Moss, The Law of Receivers and Administrators of Companies, Rdn. 8-020, S. 181; ter Meulen, Die Floating Charge, S. 92 f.

[1057] Wenckstern, RabelsZ 56 (1992), 624 (643); Lightman/Moss, The Law of Receivers and Administrators of Companies, Rdn. 22-021, S. 421

[1058] Lightman/Moss, The Law of Receivers and Administrators of Companies, Rdn. 8-020, S. 181; Rdn. 8-025, S. 182

[1059] Re Great Cobar Ltd., [1915] 1 Ch. 682; ter Meulen, Die Floating Charge, S. 93, a.A.: Wenckstern, RabelsZ 56 (1992), 624 (643)

(3) Abschluss neuer Verträge

Im Rahmen seiner Geschäftsführung ist der gerichtlich bestellte *receiver and manager* zum Abschluss neuer Verträge befugt; allerdings haftet er hierfür zunächst persönlich und hat einen Regressanspruch nur dann, wenn der Abschluss eines solchen Vertrages ordnungsgemäßer Geschäftsführung entsprach.[1060] Um diesem Haftungsrisiko vorzubeugen, richtet er vor Vertragsabschluss praktisch immer eine entsprechende Anfrage an das Gericht.[1061] Auch eine Vereinbarung zwischen dem das Verfahren betreibenden Sicherungsnehmer und dem gerichtlich bestellten *receiver and manager* in Bezug auf Vergütung und Erstattung von Auslagen ist möglich.[1062]

bb. Verfahrensdauer

Die gerichtliche Bestellung eines *receiver and manager* ist mit dem Zeitverlust bis zum Ergehen einer entsprechenden Gerichtsentscheidung verbunden, welche grundsätzlich erst nach einem Verhandlungstermin und dem Nachweis aller vom *receiver and manager* geforderten Voraussetzungen erfolgt.[1063] Im Vergleich zu der gerichtlichen Bestellung eines *receiver and manager* sind die formalen Anforderungen an die außergerichtliche Bestellung eines *administrator* bzw. *administrative receiver* bedeutend einfacher und schneller zu erfüllen.[1064] Neben der Einleitung des Verfahrens stellt sich auch dessen Verlauf in aller Regel als langwierig dar, insbesondere infolge der intensiven gerichtliche Kontrolle des gerichtlich bestellten *receiver and manager*.[1065] Aus der langen Verfahrensdauer folgen im Vergleich zu der außergerichtlichen Bestellung eines *administrator* bzw. *administrative receiver* auch erhöhte Kosten.[1066] Das gilt

---

1060 Lightman/Moss, The Law of Receivers and Administrators of Companies, Rdn. 22-029, S. 424; Wenckstern, RabelsZ 56 (1992), 624 (643)

1061 Wenckstern, RabelsZ 56 (1992), 624 (643)

1062 Lightman/Moss, The Law of Receivers and Administrators of Companies, Rdn. 22-030, S. 424

1063 Lightman/Moss, The Law of Receivers and Administrators of Companies, Rdn. 22-019, S. 418

1064 Davies, Rdn. 2.10, S. 13; Rdn. 4.12, S. 40; Lightman/Moss, The Law of Receivers and Administrators of Companies, Rdn. 22-019, S. 418; Farrar, Company Law, S. 663; Lange, WM 1990, 701 (702)

1065 Wenckstern, RabelsZ 56 (1992), 624 (643 f.)

1066 Goode, Legal Problems of Credit and Security, Rdn. 4-43, S. 141, Fn. 71; Lightman/Moss, The Law of Receivers and Administrators of Companies, Rdn. 22-019, S. 418 f.; Gower, Principles of Modern Company Law, S. 436; Farrar, Company Law, S. 663; Wenckstern, RabelsZ 56 (1992), 624 (643, 644); ter Meulen, Die Floating Charge, S. 88

insbesondere unter Berücksichtigung der für dieses Verfahren anfallenden Gerichtsgebühren.[1067]

cc. Finanzierung der Unternehmensfortführung

Sofern zur Weiterführung des beliehenen Unternehmens neue Finanzmittel benötigt werden, kann das Gericht dem *receiver and manager* die Befugnis zur Kreditaufnahme erteilen; eine solche Befugnis kann auch die Bestellung von Sicherungsrechten zugunsten des neuen Kreditgebers umfassen.[1068]

3. Ergebnis

Die englische Rechtsordnung ermöglicht die Unternehmensweiterführung im Zeitraum der Durchsetzung von Sicherungsrechten, die das Unternehmen als Einheit umfassen. Hierfür stehen zuförderst die Verfahren der außergerichtlichen Bestellung eines *administrator* bzw. *administrative receiver* zur Verfügung. Auch wenn im Vergleich dazu die gerichtliche Bestellung eines *receiver and manager* schwerfällig und teuer ist, kann auch mittels dieser das Unternehmen durch Weiterführung als produktive Wirtschaftseinheit erhalten werden.

IV. Einheitliches Verwertungsverfahren

Die Unternehmensbeleihung erfordert im Rahmen der Durchsetzung der Rechte des Sicherungsnehmers neben dem Erhalt des Unternehmens als produktiver Wirtschaftseinheit auch dessen Übertragbarkeit als solche.

1. Verfahren der administrative receivership

Der *administrative receiver* ist befugt, die Unternehmensaktiva einzeln oder das beliehene Unternehmen nach vorübergehender Fortführung als lebensfähigen Geschäftsbetrieb zu verwerten.[1069] Darüber hinaus kommt im Rahmen der

---

[1067] Wenckstern, RabelsZ 56 (1992), 624 (642 f.)
[1068] Lightman/Moss, The Law of Receivers and Administrators of Companies, Rdn. 22-020, S. 421; ter Meulen, Die Floating Charge, S. 93
[1069] Farrar, Company Law, S. 663

administrative receivership aber auch die Sanierung der sicherungsgebenden Gesellschaft in Betracht, die in die Wiederaufnahme der Geschäftsführung durch deren Direktoren mündet.

a. Für die Wahl der jeweiligen Verwertungsart maßgebliche Kriterien

Beim Verfahren der *administrative receivership* handelt es sich nicht – jedenfalls nicht primär – um ein kollektives Verfahren,[1070] sondern um ein Individualvollstreckungsverfahren. Dementsprechend besteht die ursprüngliche und hauptsächliche Aufgabe des *administrative receiver* darin, im Interesse des *floating charge*-Inhabers, der ihn bestellt hat, einen ausreichenden Erlös zu erzielen, um dessen Forderung zu befriedigen.[1071] Im Interesse dieses Sicherungsnehmers hat er folglich seine Wahl zu treffen, das Unternehmen fortzuführen, als wirtschaftliche Einheit zu verwerten oder sofort dessen Liquidation einzuleiten.

Gegenüber der sicherungsgebenden Gesellschaft und anderen Gläubigern als dem das Verfahren betreibenden *floating charge*-Inhaber ist der *administrative receiver* lediglich zur Ausübung seiner Aufgaben nach Treu und Glauben verpflichtet sowie zur Sorgfalt bei den Bemühungen um einen angemessenen Erlös für das Unternehmen[1072] bzw. zur Unterlassung der unnötigen Beeinträchtigung dessen Goodwill.[1073] Sollten sich die Interessen des verfahrensbetreibenden *floating charge*-Inhabers und diejenigen der anderen Gläubiger bzw. der sicherungsgebenden Gesellschaft widersprechen, dann hat der *administrative receiver* die Belange des Erstgenannten stets vorrangig zu berücksichtigen.[1074] Insbesondere trifft den *administrative receiver* nicht die generelle Pflicht zur Rettung des Unternehmens, und er wird vom Gesetzgeber auch nicht mit den

[1070] Davies, Rdn. 2.10, S. 13; MünchKomm(-Schlegel/Taylor), InsO, Art. 102 EGInsO, Anh. II, England und Wales, Rdn. 19; Gower, Principles of Modern Company Law, S. 437; Goode, Principles of Corporate Insolvency Law, S. 278

[1071] Medforth v. Blake [2000] Ch. 86; Gomba Holdings UK Ltd. v. Homan [1986] 3 All E.R. 94 (97), [1986] B.C.L.C. 331 (334); Lightman/Moss, The Law of Receivers and Administrators of Companies, Rdn. 1-014, S. 6; Farrar, Company Law, S. 661, 669; Gower, Principles of Modern Company Law, S. 437

[1072] Davies, Rdn. 2.10, S. 13; Lightman/Moss, The Law of Receivers and Administrators of Companies, Rdn. 8-021, S. 181; Norton Rose/Proctor, Cross-Border Security, S. 456; Gower, Principles of Modern Company Law, S. 438

[1073] Goode, Principles of Corporate Insolvency Law, S. 217; vgl. auch: Lightman/Moss, The Law of Receivers and Administrators of Companies, Rdn. 8-025, S. 182

[1074] Medforth v. Blake [2000] Ch. 86; Lightman/Moss, The Law of Receivers and Administrators of Companies, Rdn. 1-014, S. 7; Wenckstern, RabelsZ 56 (1992), 624 (641)

Mitteln ausgestattet, um auf ein hierfür förderliches Planverfahren (*company voluntary arrangement „CVA"*) oder Vergleichsverfahren (*scheme of arrangement*) hinzuwirken.[1075] Da durch den *administrative receiver* Vertretener nicht der verfahrensbetreibende Sicherungsnehmer, sondern die sicherungsgebende Gesellschaft ist,[1076] besteht auch keine Weisungsbefugnis des Sicherungsnehmers gegenüber dem *administrative receiver*. Andererseits besteht auch kein Weisungsrecht der sicherungsgebenden Gesellschaft, welches Letzterer als der Vertretenen grundsätzlich zustünde.[1077] Derartiges wäre nämlich mit der gesetzlichen Pflicht des *administrative receiver*, einen möglichst vorteilhaften Erlös zugunsten des ihn bestellenden Sicherungsnehmers zu erzielen, unvereinbar.[1078] Das Handeln des *administrative receiver* im Interesse des Sicherungsnehmers wird schließlich auch dadurch gefördert, dass es Letzterem zukommt, einen Insolvenzpraktiker[1079] seiner Wahl für diese Aufgabe zu bestellen.[1080]

b. Endgültige Weiterführung des Unternehmens in bisheriger Trägerschaft

Den Interessen des verfahrensbetreibenden *floating charge*-Inhabers muss keineswegs notwendigerweise die Veräußerung des beliehenen Unternehmens entsprechen. Sofern es dem *administrative receiver* gelingt, die unternehmerische Krise, welche den Sicherungsfall ausgelöst hat, zu überwinden – und es somit im Rahmen der *administrative receivership* zu einer Sanierung kommt[1081] – oder ausreichende Unternehmensaktiva zu veräußern, um die gesicherte Forderung zu begleichen, steht aus der Sicht des verfahrensbetreibenden Sicherungsnehmers dem Verbleib des beliehenen Unternehmens in seiner bisherigen Trägerschaft nichts entgegen. Nach Beendigung der *administrative receivership* kann es somit zur Weiterführung des beliehenen Unternehmens durch die Direktoren der sicherungsgebenden Gesellschaft kommen, deren Befugnisse für die Dauer des Verfahrens durch diejenigen des *administrative receiver* überla-

---

[1075] Enterprise Act 2002, Explanatory Notes, para. 603
[1076] Gower, Principles of Modern Company Law, S. 437
[1077] Farrar, Company Law, S. 668 f.; Goode, Principles of Corporate Insolvency Law, S. 216
[1078] Farrar, Company Law, S. 668
[1079] Insolvency Act 1986, Sch. B 1, para. 6 i.d.F.v. Enterprise Act 2002, s. 248
[1080] Lightman/Moss, The Law of Receivers and Administrators of Companies, Rdn. 1-004, S. 2 f.
[1081] Hofmann, Mortgage und Charge, S. 123, 144; Wenckstern, RabelsZ 56 (1992), 624 (648)

gert worden waren.[1082] Eine solche Unternehmensrettung ist in der Praxis allerdings sehr selten.[1083]

c. Verwertung des Unternehmens als produktiver Wirtschaftseinheit

Häufiger ist zwecks Befriedigung der Forderung des verfahrensbetreibenden *floating charge*-Inhabers die Veräußerung des beliehenen Unternehmens erforderlich. Dabei hat der *administrative receiver* grundsätzlich auf dessen Veräußerung als produktiver Wirtschaftseinheit hinzuwirken, da hierdurch regelmäßig ein erheblich höherer Erlös als im Wege der Zerschlagung zu erzielen ist.[1084]

Eine solche Unternehmensveräußerung kann – mit gerichtlicher Zustimmung – auch Unternehmensaktiva einschließen, die zugunsten eines Dritten mittels *fixed charge* belastet sind, sofern hierdurch ein über den Substanzwert des so belasteten Vermögensgegenstandes hinausgehender Erlös zu erwarten ist.[1085] Der betreffende Einzelsicherungsnehmer hat dann Anspruch auf Wertersatz in Höhe des Marktwertes des Sicherungsgutes;[1086] der darüber hinausgehende Erlös, welcher Ausfluss des Wertes des Unternehmens als produktiver Wirtschaftseinheit ist, kommt somit dem das Verfahren betreibenden Sicherungsnehmer – bzw. den diesem bevorrechtigten Gläubigern – zugute.

Hinsichtlich der Art der Verwertung des Sicherungsgutes sind die Befugnisse des *administrative receiver* weit ausgestattet; so kann er das beliehene Unternehmen im Wege der Versteigerung oder freihändig verwerten.[1087] Auch durch die diesbezügliche Flexibilität kann der Erhalt des beliehenen Unternehmens als wirtschaftlicher Einheit gefördert werden.

d. Verwertung des Unternehmens durch Zerschlagung

Sofern sich das beliehene Unternehmen als am Markt nicht überlebensfähig erweist bzw. ein früherer wirtschaftlicher Erfolg sich als nicht mehr möglich dar-

---

[1082] Farrar, Company Law, S. 667 f.; Gower, Principles of Modern Company Law, S. 438; Wenckstern, RabelsZ 56 (1992), 624 (642)

[1083] Farrar, Company Law, S. 663

[1084] Griffiths, Insolvenzrecht in Großbritannien, S. 4; Hofmann, Mortgage und Charge, S. 144

[1085] Insolvency Act 1986, s. 43; Lightman/Moss, The Law of Receivers and Administrators of Companies, Rdn. 9-074, S. 207; Rdn. 14-007, S. 281

[1086] Insolvency Act 1986, s. 43 (3)

[1087] Insolvency Act 1986, Sch. 1, para. 2

stellt, etwa weil dieser von der Person des Unternehmers oder anderen Personen, die das Unternehmen verlassen haben, abhängig war,[1088] kommt zur Wahrung des Interesses des verfahrensbetreibenden *floating charge*-Inhabers, aber auch der sonstigen Gläubiger, einzig die Zerschlagung des Unternehmens in Betracht.

In bestimmten Konstellationen wird allerdings dem Interesse eines solchen Sicherungsnehmers durch die Zerschlagung des beliehenen Unternehmens in vollem Umfang Rechnung getragen, obwohl dieses als produktive Wirtschaftseinheit weiterhin profitabel wäre und hierfür – auch unter Berücksichtigung der höheren Kosten der *administrative receivership* im Vergleich zur sofortigen Liquidation – ein höherer Verwertungserlös zu erzielen wäre.

aa. Übersicherung

Zu der Situation, dass der Zerschlagungswert des beliehenen Unternehmens zur Erfüllung einer mit *qualifying floating charge* gesicherten Forderung ausreicht, kann es deshalb kommen, weil nach englischem Recht die Übersicherung keinem Verbot unterliegt,[1089] das von der *floating charge* umfasste Sicherungsgut aber die Tendenz hat, im Laufe der Zeit zuzunehmen.[1090] Während der *floating charge*-Inhaber aus der ex ante-Betrachtung in der Befugnis eines von ihm zu bestellenden *administrative receiver*, das Unternehmen als produktive Wirtschaftseinheit zu dessen Fortführungswert zu veräußern, einen Vorteil sehen wird, kann sich ex post, d.h. nach Eintritt des Sicherungsfalles, durchaus herausstellen, dass der Zerschlagungswert des beliehenen Unternehmens zur Befriedigung der gesicherten Forderung ausreichend ist. In einem solchen Fall hat der *administrative receiver* das Interesse des verfahrensbetreibenden *floating charge*-Inhabers an einer schnellen Befriedigung der gesicherten Forderung mit Vorrang vor sonstigen Belangen zu berücksichtigen.[1091] Mit der Pflicht des *administrative receiver* zur vorrangigen Wahrnehmung der Interessen eines bestimmten Sicherungsnehmers geht insoweit seine mangelnde Veranlassung einher, eine wirtschaftlich optimale Lösung zugunsten der anderen Gläubiger zu erzielen.[1092]

[1088] Griffiths, Insolvenzrecht in Großbritannien, S. 13 f.
[1089] Hofmann, Mortgage und Charge, S. 186–188
[1090] Hofmann, Mortgage und Charge, S. 187
[1091] vgl.: Davies, Rdn. 2.10, S. 13
[1092] Davies, Rdn. 4.6 – 4.7, S. 38 f.

bb. Fehldarstellung der wirtschaftlichen Lage des Sicherungsgebers

Ferner droht die Zerschlagung profitabler Unternehmen infolge eines Interessenkonflikts der Person, die der *floating charge*-Inhaber zur Einschätzung der wirtschaftlichen Lage der sicherungsgebenden Gesellschaft bestellt hat. In dieser Funktion tätige Personen haben einen Anreiz, die Geschäftslage des Sicherungsgebers negativ darzustellen, hierdurch den Sicherungsfall auszulösen[1093] und für die sich anschließenden Bestellungen des *administrative receiver* sowie des *liquidator* die Benennung hierfür qualifizierter eigener Mitarbeiters durchzusetzen, um in den Genuss der lukrativen Vergütung für die betreffende Tätigkeit zu gelangen.[1094] So ist dem voreiligen Vorgehen von gewerblichen Kreditgebern aus ihren Sicherungsrechten im Wege der Einleitung von *administrative receivership*-Verfahren die Zerschlagung einer Vielzahl profitabler Unternehmen und der Verlust der damit zusammenhängenden Arbeitsplätze zugeschrieben worden.[1095]

cc. Den Fortführungswert überlagernde Altverbindlichkeiten

Zur Zerschlagung des beliehenen Unternehmens trotz dessen Profitabilität kann es schließlich dann kommen, wenn die Verpflichtungen, die dessen potentieller Erwerber gegenüber Arbeitnehmern zu erfüllenden hätte,[1096] diesen veranlassen, lediglich einen unter dem Zerschlagungswert liegenden Preis zu bieten.[1097] Dann könnte dem verfahrensbetreibenden *floating charge*-Inhaber mittels Zerschlagung des Unternehmens ein höherer Erlös zufließen als im Wege dessen Veräußerung als produktiver Wirtschaftseinheit.

e. Ergebnis

Mittels des Verfahrens der *administrative receivership* wird der Erhalt des beliehenen Unternehmens als produktiver Wirtschaftseinheit – sei es unter neuer oder auch bisheriger Trägerschaft – im Interesse des Inhabers einer *qualifying floating charge* ermöglicht. In den verschiedenen Konstellationen, in denen ein

[1093] vgl. oben: II.1
[1094] Davies, Rdn. 2.16 – 2.18, S. 14–17
[1095] Davies, Rdn. 2.11, S. 13 f.; Norton Rose/Proctor, Cross-Border Security, S. 456; vgl. auch: Wolf, WM 1990, 1941 (1951)
[1096] Transfer of Undertakings (Protection of Employment) Regulations 1981
[1097] Lightman/Moss, The Law of Receivers and Administrators of Companies, Rdn. 9-004, S. 185

solcher Sicherungsnehmer keine Präferenz für den Erhalt des beliehenen Unternehmens gegenüber dessen Vernichtung hat, kann es jedoch im Zuge der *administrative receivership* zu dessen Zerschlagung selbst dann kommen, wenn es überlebensfähig und profitabel geblieben ist.

2. Verfahren der administration

Das Ziel des Verfahrens der *administration* ist schon seit dessen Einführung durch die Insolvency Acts 1985 und 1986 der Erhalt profitabler Unternehmen als wirtschaftlicher Einheiten.[1098] Nunmehr ist der primäre Zweck der *administration* formuliert als die Sanierung des verfahrensgegenständlichen Unternehmens, sofern diese vernünftigerweise praktikabel ist; der zur Verwaltung einer Gesellschaft bestellte *administrator* muss seine Aufgaben grundsätzlich mit dem Ziel verfolgen, diese als produktive Wirtschaftseinheit (*going concern*) zu retten,[1099] mithin auf die Beibehaltung des Unternehmens mit zumindest wesentlichen Teilen dessen Geschäftstätigkeit in den Händen der bisherigen Eigner hinwirken.[1100] Die Bewahrung einer Kapitalgesellschaft als bloße Schale unter Aufopferung deren Geschäftsbetriebes wird demgegenüber nicht vom primären gesetzlichen Ziel dieses Verfahrens erfasst.[1101]

a. Vom administrator wahrzunehmende Interessen

Der *administrator* hat als *officer of the court* seine Tätigkeit im Interesse der Gläubiger der verfahrensgegenständlichen Gesellschaft insgesamt wahrzunehmen.[1102] Das gilt insbesondere bezüglich der Entscheidung, deren Unternehmen weiterzuführen bzw. als produktive Wirtschaftseinheit oder in seinen Einzelteilen zu veräußern.[1103] Für die vom *administrator* zu treffende Entscheidung nicht ausschlaggebend ist somit das Interesse eines übersicherten Inhabers einer

[1098] Lightman/Moss, The Law of Receivers and Administrators of Companies, Rdn. 1-005, S. 3; Griffiths, Insolvenzrecht in Großbritannien, S. 8
[1099] Insolvency Act 1986, Sch. B 1, para. 3 (1) (a), (3) i.d.F.v. Enterprise Act 2002, s. 248; Enterprise Act 2002, Explanatory Notes, para. 608
[1100] Insolvency Act 1986, Sch. B 1, para. 3 (1) (a), (3) i.d.F.v. Enterprise Act 2002, s. 248
[1101] Enterprise Act 2002, Explanatory Notes, paras 608, 610; Davies, Rdn. 7.17, S. 80
[1102] Insolvency Act 1986, Sch. B 1, para. 3 (2) i.d.F.v. Enterprise Act 2002, s. 248; Lightman/Moss, The Law of Receivers and Administrators of Companies, Rdn. 1-014, S. 7
[1103] vgl.: Insolvency Act 1986, Sch. B 1, para. 3 (4) (b) i.d.F.v. Enterprise Act 2002, s. 248

qualifying floating charge an einer schnellen Befriedigung seiner Forderung unter Zerschlagung des beliehenen Unternehmens.[1104]

Die demzufolge seit Einführung der *administration* durch die Insolvency Acts 1985 und 1986 gegenüber der *administrative receivership* verbesserten Rahmenbedingungen für den Erhalt von Unternehmen als wirtschaftliche Einheiten[1105] kamen allerdings selten zum Tragen,[1106] da es der Inhaber einer *qualifying floating charge* stets in der Hand hatte, der gerichtlichen Eröffnung eines Verfahrens der *administration* durch Bestellung eines *administrative receiver* zuvorzukommen.[1107] Durch den Enterprise Act 2002 wurde dieser Problematik durch die grundsätzliche Abschaffung des Verfahrens der *administrative receivership* in großem Ausmaß Rechnung getragen.

Die Interessen der Inhaber von *qualifying floating charges* sollen durch die Ausweitung des Anwendungsbereichs des Verfahrens der *administration* allerdings nicht beeinträchtigt werden.[1108] Diese gesetzgeberische Absicht hat in der Regelung ihren Niederschlag gefunden, dass solche Sicherungsnehmer auch im Rahmen der *administration* eine qualifizierte Person ihres Vertrauens außergerichtlich als externen Manager des beliehenen Unternehmens bestellen können,[1109] ebenso wie dies im Rahmen der *administrative receivership* möglich wäre.[1110]

b. Weiterführung des Unternehmens in bisheriger Trägerschaft

Bei der typischen Situation, in der das Verfahren der *administration* zur Anwendung kommt, handelt es sich um kurzfristige Schwierigkeiten eines an sich profitablen Unternehmens; diese können insbesondere durch zeitlich begrenzte Stundung und Forderungsteilverzicht der ungesicherten Gläubiger überwunden werden.[1111] Ein diesbezüglicher Vorschlag kann Gegenstand eines Planverfahrens (*company voluntary arrangement „CVA“*) oder eines Vergleichsverfahrens

---

[1104] vgl.: Davies, Rdn. 2.10, S. 13

[1105] Davies, Rdn. 4.7, S. 39

[1106] Davies, Rdn. 2.12, S. 14

[1107] Insolvency Act 1986, s. 9 (3); vgl. auch: Insolvency Act 1986, Sch. B 1, paras 17 (b), 25 (c), 39 i.d.F.v. Enterprise Act 2002, s. 248; Davies, Rdn. 4.44, S. 48

[1108] Enterprise Act 2002, Explanatory Notes, para. 604

[1109] Insolvency Act 1986, Sch. B 1, para. 14 i.d.F.v. Enterprise Act 2002, s. 248; Davies, Rdn. 4.12, S. 40

[1110] vgl. oben: 1.a

[1111] Enterprise Act 2002, Explanatory Notes, paras 608, 610

(*scheme of arrangement*) nach Companies Act 1985, s. 425 sein.[1112] Hierbei handelt es sich um Instrumentarien, die schon vor Schöpfung des Verfahrens der *administration* mit dem Ziel eingesetzt wurden, in finanzielle Schwierigkeiten geratene Unternehmen unter Beibehaltung ihrer bisherigen Trägerschaft wieder profitabel zu machen. Allerdings hatten diese Instrumentarien meist erst Erfolg, nachdem mit der *administration* die hierfür notwendigen Rahmenbedingungen geschaffen worden waren.[1113] Ebenso wie die *administrative receivership* bietet somit die *administration* die Möglichkeit, die Krise des mittels *qualifying floating charge* beliehenen Unternehmens unter Beibehaltung dessen Trägerschaft zu überwinden.

c. Veräußerung des Unternehmens als produktiver Wirtschaftseinheit

Erscheint die zuvor beschriebene Unternehmensrettung nicht erreichbar oder liegt sie nicht im Interesse der Gläubiger, dann hat der *administrator* das Ziel einer besseren Befriedigung der Gläubiger insgesamt zu verfolgen, als sie im Wege der sofortigen Zwangsliquidation zu erwarten wäre;[1114] dies kann durch die Veräußerung der Geschäftsbereiche des Unternehmens als wirtschaftlicher Einheiten an einen oder mehrere Käufer[1115] oder auch die Veräußerung einzelner Unternehmensaktiva geschehen.[1116] So kann der *administrator* das Ziel der Veräußerung eines solchen Unternehmens als produktiver Wirtschaftseinheit verfolgen, dessen gegenwärtiger Träger die Mittel für hierfür notwendige Investitionen nicht aus dem Gewinnanteil bestreiten kann, der nach dem Schuldendienst noch verbleibt, welches jedoch durch neue Investitionen wieder profitabel werden könnte.[1117]

Im Rahmen einer solchen Unternehmensveräußerung kann der *administrator* ohne gerichtliche Zustimmung auch über diejenigen Unternehmensaktiva verfügen, die mit einer *floating charge* belastet sind, auch wenn diese zwischenzeitlich im Wege der *crystallisation* zu einer *fixed charge* geworden ist.[1118]

[1112] Insolvency Act 1986, Sch. B 1, para. 49 (3) i.d.F.v. Enterprise Act 2002, s. 248; Enterprise Act 2002, Explanatory Notes, para. 610

[1113] Goode, Principles of Corporate Insolvency Law, S. 267; Griffiths, Insolvenzrecht in Großbritannien, S. 5

[1114] Insolvency Act 1986, Sch. B 1, para. 3 (1) (b), (3) i.d.F.v. Enterprise Act 2002, s. 248

[1115] Enterprise Act 2002, Explanatory Notes, paras 611, 642

[1116] Enterprise Act 2002, Explanatory Notes, para. 611

[1117] Enterprise Act 2002, Explanatory Notes, para. 611

[1118] Insolvency Act 1986, Sch. B 1, para. 71 i.d.F.v. Enterprise Act 2002, s. 248

Verfügungen des *administrator* über mit einer *fixed charge* belastete Unternehmensaktiva, welche nicht erst im Wege der *crystallisation* zu einer solchen geworden ist, sondern schon als *fixed charge* bestellt worden ist, bedürfen demgegenüber der gerichtlichen Zustimmung.[1119] Eine solche gerichtliche Zustimmung wird ein *administrator*, der von dem Inhaber einer *qualifying floating charge* außergerichtlich bestellt wurde, bezüglich des hiervon erfassten Sicherungsgutes allerdings nicht einholen müssen, denn ein solcher Sicherungsnehmer veranlasst ja gerade die Durchsetzung seiner Sicherungsrechte und stimmt damit der Verwertung des Sicherungsgutes zu.[1120]

Auch mit *fixed charges* Dritter beliehene Unternehmensaktiva sowie im Unternehmen eingesetzte Fahrnis, die Gegenstand eines Mietkaufes (*hire-purchase agreement*) im weiten Sinne ist, können vom *administrator* nach gerichtlicher Zustimmung zwecks Erhalts wirtschaftlicher Einheiten[1121] verwertet werden.[1122] Durch seine mittels Gerichtsbeschlusses erhältliche Verfügungsbefugnis über die betreffenden Mietsachen unterscheidet sich der *administrator* vom *administrative receiver*. Dem Mietverkäufer steht der hierfür erzielte Verwertungserlös, ggf. zuzüglich eines Differenzbetrages zu dem Marktwert, zu.[1123] Ebenso wie der *administrative receiver* ist der *administrator* neben der Versteigerung des Sicherungsgutes auch zu dessen freihändiger Verwertung befugt.[1124]

d. Verwertung des Unternehmens durch Zerschlagung

Kann mittels der Aktiva des beliehenen Unternehmens in ihrer gegenwärtigen Zusammensetzung kein Gewinn erwirtschaftet werden und wird sich somit für das Unternehmen als produktive Wirtschaftseinheit kein Käufer finden lassen, dann erscheint der Versuch, eines der beiden zuvor dargestellten Ziele zu erreichen, aussichtslos, so dass nur die Zerschlagung des Unternehmens als Verfah-

---

[1119] Insolvency Act 1986, Sch. B 1, paras 71 (2), 72, 111 (1) i.d.F.v. Enterprise Act 2002, s. 248

[1120] vgl.: Davies, Rdn. 12.133 f., S. 164 f.

[1121] Davies, Rdn. 12.135, S. 165

[1122] Insolvency Act 1986, Sch. B 1, paras 71 (2), 72, 111 (1) i.d.F.v. Enterprise Act 2002, s. 248; Davies, Rdn. 12.135, S. 165; Rdn. 12.139, S. 166; Lange, WM 1990, 701 (705)

[1123] Insolvency Act 1986, Sch. B 1, paras 71 (3), 111 (1) i.d.F.v. Enterprise Act 2002, s. 248; Davies, Rdn. 12.136, S. 165

[1124] Insolvency Act 1986, Sch. 1, para. 2; Sch. B1, para. 60 i.d.F.v. Enterprise Act 2002, s. 248

renszial in Frage kommt.[1125] Ist der verfahrensbetreibende Inhaber einer *qualifying floating charge* an der schnellen Verwertung interessiert, dann steht es ihm somit offen, die Aussichtslosigkeit der Verfolgung der kraft Gesetzes vorrangigen Verfahrensziele vorzubringen.[1126]

Während der Interessenkonflikt von zur Überwachung der wirtschaftlichen Lage des Sicherungsgebers bestellten Personen als Ursache für die Zerschlagung gesunder Unternehmen[1127] bereits im Vorfeld der Insolvenzgesetzgebungsakte von 1985 und 1986 sowie bei der Schaffung des Enterprise Act 2002 herausgestellt wurde, sind die in solchen Funktionen agierenden Personen auch in dem letztgenannten Gesetzgebungsakt nicht als Verwalter der von ihnen zu begutachtenden Unternehmen ausgeschlossen.[1128] Die betreffende Gefahrenquelle für die Zerschlagung profitabler Unternehmen besteht somit im neuen Verfahren der außergerichtlichen Bestellung eines *administrator* gleichermaßen wie im hierdurch grundsätzlich abgelösten Verfahren der *administrative receivership.*

e. Einfluss der Gläubigerversammlung auf die Weiterführung des Unternehmens

Über den Vorschlag des *administrator*, wie die Verfahrensziele der *administration* zu erreichen sind, entscheidet die Gläubigerversammlung mit der – nach der Höhe der Forderungen bemessenen – einfachen Stimmenmehrheit.[1129] In dieser Gläubigerversammlung stimmberechtigt sind nur ungesicherte Gläubiger. Nur teilweise gesicherte Gläubiger sind in Höhe des ungesicherten Forderungsbetrages stimmberechtigt. Die Rechtsposition des Inhabers einer *qualifying floating charge* als Sicherungsnehmer kann somit ohne seine Zustimmung nicht durch einen Vergleich beeinträchtigt werden.[1130]

In Bezug auf teilweise gesicherte wie ungesicherte Gläubiger liegt ein Interessengleichlauf insoweit vor, als bei Veräußerung des Unternehmens als produktiver Wirtschaftseinheit ein hierdurch erzielter, über den Zerschlagungswert

---

[1125] Insolvency Act 1986, Sch. B 1, para. 3 (1) (c), (4) i.d.F.v. Enterprise Act 2002, s. 248; Enterprise Act 2002, Explanatory Notes, para. 612
[1126] Davies, Rdn. 4.12, S. 40
[1127] vgl. oben: 1.d.bb
[1128] Davies, Rdn. 2.9, S. 13; Rdn. 2.16, S. 14–16
[1129] Griffiths, Insolvenzrecht in Großbritannien, S. 11
[1130] Insolvency Act 1986, s. 4 (3), (4); Goode, Principles of Corporate Insolvency Law, S. 273

hinausgehender Erlös beiden zugute kommt.[1131] Auch deshalb ist die Gefahr einer Beeinträchtigung der Interessen des Inhabers einer *qualifying floating charge* durch die Gläubigerversammlung gering. Hinzu kommt, dass der *administrator* unter bestimmten Voraussetzungen von der Einberufung einer Gläubigerversammlung gänzlich absehen kann.[1132]

f. Ergebnis

Ebenso wie im Rahmen der *administrative receivership* wird somit im Verfahren der außergerichtlichen Bestellung eines *administrator* der Erhalt eines überlebensfähigen, mit *qualifying floating charge* beliehenen Unternehmens als produktiver Wirtschaftseinheit ermöglicht.

3. Verfahren der gerichtlichen Bestellung eines receiver and manager

Schließlich kann auch ein gerichtlich bestellter *receiver and manager* das beliehene Unternehmen nach Eintritt des Sicherungsfalles weiterführen und hierfür einen Verwertungserlös in Höhe dessen Fortführungswertes erzielen.[1133] Für jegliche Verfügungen über Unternehmensaktiva zwecks Verwertung bedarf der Verwalter in einem solchen Verfahren allerdings der gerichtlichen Zustimmung.[1134]

Ein gerichtlich bestellter *receiver and manager* ist gleichermaßen zur Wahrnehmung der Interessen des verfahrensbetreibenden Sicherungsnehmers, sonstiger Gläubiger und der sicherungsgebenden Gesellschaft verpflichtet.[1135] Er darf daher die – im Interesse anderer Gläubiger liegende – Tätigkeit des Unternehmens nicht beenden, sondern muss dessen Goodwill erhalten, selbst wenn eine sofortige Zerschlagung den Interessen des verfahrensbetreibenden Sicherungsnehmers entsprechen sollte.[1136]

Mit den Rechtsinstituten der *administrative receivership* und der *administration* bzw. der gerichtlichen Bestellung eines *receiver and manager* eröffnet die eng-

---

[1131] Davies, Rdn. 12.96 – 12.98, S. 154
[1132] Insolvency Act 1986, Sch. B 1, paras 52 (1) i.d.F.v. Enterprise Act 2002, s. 248
[1133] Wenckstern, RabelsZ 56 (1992), 624 (643)
[1134] ter Meulen, Die Floating Charge, S. 93
[1135] Lightman/Moss, The Law of Receivers and Administrators of Companies, Rdn. 22-019, S. 419; Rdn. 8-020, S. 181; Wenckstern, RabelsZ 56 (1992), 624 (643)
[1136] Lightman/Moss, The Law of Receivers and Administrators of Companies, Rdn. 8-020, S. 181

lische Rechtsordnung somit dem Inhaber einer *floating charge*, die, ggf. in Kombination mit *fixed charges*, (im Wesentlichen) das gesamte Vermögen einer Kapitalgesellschaft bzw. deren Goodwill umfasst, die Möglichkeit, einen Verwertungserlös zu erzielen, der den Gewinnchancen des beliehenen Unternehmens Rechnung trägt.

V. Gewährleistung eines über den Zerschlagungswert hinausgehenden Erlöszuflusses an den Sicherungsnehmer

Die Beleihung des Unternehmens – im Unterschied zur Beleihung dessen einzelner Aktiva – setzt voraus, dass der Sicherungsnehmer an dem für das Unternehmen als lebende Einheit erzielten Erlös partizipiert.

In Hinblick auf den Rang am Veräußerungserlös gelten unterschiedliche Vorschriften für mittels *fixed charge* und mittels *floating charge* beliehenes Sicherungsgut,[1137] ungeachtet des Umstandes, dass die englische Rechtsordnung mit *administration, administrative receivership* und gerichtlicher Bestellung eines *receiver and manager* Verfahren zur einheitlichen Durchsetzung dieser Sicherungsrechte kennt, wenn sie zugunsten desselben Gläubigers bestellt wurden. Die Rangstelle die durch die *fixed* respektive *floating charge* am Verwertungserlös vermittelt wird, ist in den Verfahren der *administration, administrative receivership* und gerichtlichen Bestellung eines *receiver and manager* dieselbe.[1138]

1. Durch die floating charge vermittelte Rangstelle am Verwertungserlös

Mit dem Erlös, der für mit *floating charge* belastete Unternehmensaktiva erzielt wird, sind verschiedene Forderungen gegenüber der hiermit gesicherten Forderung vorrangig zu begleichen.

[1137] Goode, Principles of Corporate Insolvency Law, S. 264; Wenckstern, RabelsZ 56 (1992), 624 (648)
[1138] ter Meulen, Die Floating Charge, S. 93 f.

a. Während der einstweiligen Weiterführung eingegangene Verbindlichkeiten

Neben vorrangigen dinglichen Rechten am Sicherungsgut[1139] rangieren die Kosten der Durchsetzung der *floating charge*, die Auslagen des *administrative receiver* einschließlich der von diesem eingegangenen Verbindlichkeiten, für die er persönlich haftet, sowie dessen Vergütung vor sämtlichen anderen Forderungen.[1140] Entsprechend haben die Forderungen des außergerichtlich bestellten *administrator* auf Vergütung und Erstattung von Auslagen Vorrang an dem Verfahrenserlös einer *administration*; noch vor diesen rangieren lediglich die vom *administrator* gegenüber der verfahrensgegenständlichen Gesellschaft neu begründeten Verbindlichkeiten.[1141]

b. Kosten der vor Durchsetzung der floating charge begonnenen Liquidation

Die Eröffnung der *administrative receivership* und diejenige eines Verfahrens zur Abwicklung (*liquidation*) der sicherungsgebenden Gesellschaft schließen sich nicht gegenseitig aus; die Befugnisse eines Verwalters in einem solchen Verfahren (*liquidator*) können für die Dauer der *administrative receivership* jedoch nicht ausgeübt werden.[1142] In Bezug auf die Kosten einer im Zusammenhang mit der *administrative receivership* erfolgten *liquidation* ist zu differenzieren: Im Falle der Eröffnung der *liquidation* vor Bestellung des *administrative receiver* sind die Kosten hierfür vor den aus öffentlichen und sozialen Gründen mit Vorrang versehenen Forderungen zu begleichen, woraus sich mittelbar auch deren Vorrang vor der mit *floating charge* gesicherten Forderung ergibt.[1143] Den Kosten und Aufwendungen einer erst nach Bestellung des *administrative receiver* beschlossenen *liquidation* kommt jedoch Nachrang gegenüber der mit *floating charge* gesicherten Forderung zu.[1144]

1139 Goode, Principles of Corporate Insolvency Law, S. 264

1140 Goode, Principles of Corporate Insolvency Law, S. 259; Re Glyncorrwg Collery Co. Ltd. [1926] 1 Ch. 951; Lange, WM 1990, 701 (708)

1141 Goode, Principles of Corporate Insolvency Law, S. 281; Lightman/Moss, The Law of Receivers and Administrators of Companies, Rdn. 19-018 ff., S. 367 ff.

1142 Goode, Principles of Corporate Insolvency Law, S. 263

1143 Insolvency Act 1986, s. 175; Re Leyland DAF Ltd., Buchler v. Talbot [2002] 1 B.C.L.C. 571; Goode, Legal Problems of Credit and Security, Rdn. 5-67, S. 196; eingehend: Davies, Rdn. 3.29 – 3.37, S. 33–36

1144 Pennington, Company Law, S. 573

c. Aus öffentlichen und sozialen Gründen vorrangige Forderungen

Vorrangig gegenüber der *floating charge* sind weiterhin auch aus öffentlichen und sozialen Gründen bevorrechtigte Forderungen zu befriedigen.[1145]

aa. Hintergrund

Das in der Praxis entwickelte Rechtsinstitut der *floating charge* wirkte sich gegenüber ungesicherten Gläubigern infolge seiner Eigenschaft besonders nachteilig aus, praktisch das gesamte Unternehmensvermögen umfassen zu können.[1146] Dies war Veranlassung für den Gesetzgeber, den durch die *floating charge* an dem Vermögen des Sicherungsgebers vermittelten Rang zurückzusetzen.[1147] Den für das Verfahren der *liquidation* geltenden Vorrang von aus öffentlichen und sozialen Gründen schützenswerten Gläubigern[1148] dehnte der Gesetzgeber auf das Verfahren der *administrative receivership* aus,[1149] um zu verhindern, dass im Zuge der Bestellung einer *floating charge* der Schutz der betreffenden Gläubigergruppen entwertet würde.[1150] Vorrang am Verwertungserlös besteht allerdings nur für solche Forderungen der gesetzlich bestimmten Kategorien, welche vor Beginn des Verfahrens der *administrative receivership* bzw. *liquidation* begründet worden sind.[1151]

In dem Ausmaß, in welchem die mit *floating charge* gesicherte Forderung aufgrund ihres Nachranges gegenüber den vorgenannten Forderungen[1152] nicht beglichen werden kann, steht dem *floating charge*-Inhaber der Zugriff auf unbelastete Aktiva der sicherungsgebenden Gesellschaft offen.[1153] Insoweit kann der Inhaber einer *floating charge* seinen Nachrang auf Kosten der ungesicherten nicht-bevorrechtigten Gläubiger kompensieren. Wirtschaftliche Bedeu-

---

1145 Insolvency Act 1986, ss. 40 (1), (2), 387 (4); Gough, Company Charges, S. 985 f.; Goode, Principles of Corporate Insolvency Law, S. 263 f.; Wenckstern, RabelsZ 56 (1992), 624 (648 f.); ter Meulen, Die Floating Charge, S. 102

1146 Aufgrund der entsprechenden Problematik in Bezug auf *das nantissement du fonds* schloss der französische Gesetzgeber die Beleihung von Waren mittels dieses Sicherungsrechts aus (vgl. oben: Dritter Teil, B.I.2).

1147 Goode, Legal Problems of Credit and Security, Rdn. 4-61, S. 152 f.

1148 Insolvency Act 1986, ss. 175 (1), (2), 386 (1)

1149 Goode, Legal Problems of Credit and Security, Rdn. 5-65, S. 194

1150 Wenckstern, RabelsZ 56 (1992), 624 (648); ter Meulen, Die Floating Charge, S. 102 f.

1151 Goode, Legal Problems of Credit and Security, Rdn. 5-66, S. 195 f.

1152 vgl. Insolvency Act 1986, Sch. 6, paras 8–15A i.d.F.v. Enterprise Act 2002, s. 251 (1)

1153 Insolvency Act 1986, s. 40 (3); Pennington, Company Law, S. 570; Goode, Principles of Corporate Insolvency Law, S. 259

tung kommt dieser Regelung jedoch nur in den selteneren Fällen zu, in denen das Unternehmensvermögen nicht bereits vollständig zugunsten des Inhabers der *floating charge* und ggf. zugunsten Dritter beliehen ist.[1154]

bb. Kreis der bevorrechtigten Forderungen

Der mit der Bevorrechtigung bestimmter Gläubiger aus öffentlichen und sozialen Gründen am Verwertungserlös einhergehende Nachteil für den Inhaber einer *floating charge* wird allerdings dadurch stark abgemildert, dass der Fiskus nicht mehr diesem Kreis angehört.[1155] Die vormalige Bevorrechtigung des Staates gegenüber einer mit *floating charge* gesicherten Forderung betraf insbesondere Lohnsteuer- und Mehrwertsteuerforderungen sowie Sozialversicherungsabgaben für die zurückliegenden zwölf Monate seit Verfahrensbeginn und hatte daher erhebliche wirtschaftliche Bedeutung.[1156] Die Abschaffung des Vorrechts dieser Forderungen kommt auch solchen Sicherungsnehmern zugute, deren *floating charges* bereits vor Inkrafttreten dieser Neuregelung am 15. September 2003 begründet worden waren.[1157]

Als bevorrechtigte Forderungen verbleiben somit Beiträge zum Berufsunfallrenten-Versorgungswerk, Gehaltsforderungen von Arbeitnehmern für die letzten vier Monate, jedoch in Höhe eines Maximalbetrages, und Erhebungen auf Kohleförderung und Stahlproduktion auf der Grundlage des EGKS-Vertrages.[1158]

cc. Reservierung eines Erlösanteils für ungesicherte Gläubiger

Der Enterprise Act 2002 beinhaltet für die Inhaber von *floating charges* in Bezug auf ihre Rangstelle am Verwertungserlös im Gegenzug zu dem vorerwähnten Vorteil der Reduzierung des Kreises der bevorrechtigten Forderungen auch eine nachteilige Regelung. Dabei handelt es sich um die Reservierung eines Anteils am Nettoerlös, welcher im Verfahren zur Durchsetzung einer *floating*

[1154] Pennington, Company Law, S. 570, Fn. 13; Wenckstern, RabelsZ 56 (1992), 624 (649)
[1155] Insolvency Act 1986, Sch. 6 i.d.F.v. Enterprise Act 2002, s. 251 (1); Davies, Rdn. 3-16, S. 30 f.
[1156] Insolvency Act 1986, Sch. 6, paras 1–7; Wenckstern, RabelsZ 56 (1992), 624 (649); Enterprise Act 2002, Explanatory Notes, para. 683
[1157] Davies, Rdn. 3.22, S. 32
[1158] Insolvency Act 1986, Sch. 6, paras 8–15A; Davies, Rdn. 3.16, S. 30 f.; vgl. auch: Wenckstern, RabelsZ 56 (1992), 624 (649)

charge erzielt wird, zugunsten der ungesicherten Gläubiger.[1159] Letzteren soll nach der gesetzgeberischen Intention die Abschaffung der Bevorrechtigung der Forderungen des Fiskus zugute kommen.[1160]

(1) Anwendungsbereich

Diese Regelung kommt für die Verfahren der *administration, administrative receivership* und *liquidation* zur Anwendung, jedoch nicht für solche Verfahren, die durch den Inhaber einer vor dem 15. September 2003 begründeten *floating charge* eingeleitet werden.[1161] Die Anwendung dieser die Rangstelle am Verwertungserlös verschlechternden Regelung auf vor ihrem Inkrafttreten begründete *floating charges* hätte nämlich die Problematik des rückwirkenden staatlichen Eingriffs in bereits begründete Eigentumspositionen mit sich gebracht.[1162] Stattdessen ist infolge des zuvor dargestellten Wegfalls der Bevorrechtigung des Fiskus eine Verbesserung der Rechtsposition der Inhaber von vor dem 15. September 2003 begründeten *floating charges* eingetreten. Das dürfte auch dann gelten, wenn zuvor begründete *floating charges* nach diesem Stichtag zur Sicherung von neu gewährten Darlehen eingesetzt werden.[1163]

(2) Inhaltliche Ausgestaltung

An dem zugunsten des Inhabers einer *floating charge* für das Sicherungsgut erzielten Nettoerlös in Höhe von bis zu £ 10.000 steht den ungesicherten Gläubigern ein Anteil von 50% zu, an einem darüberliegenden Nettoerlös ein Anteil von 20%; der für die ungesicherten Gläubiger aus dem Nettoerlös reservierte Anteil ist jedoch auf maximal £ 600.000 begrenzt.[1164]

Mit der Höhe des erzielten Nettoerlöses steigt somit der dem *floating charge*-Inhaber daran verbleibende Anteil, so dass für diesen auch das Interesse steigt,

---

[1159] Insolvency Act 1986, s. 176A i.d.F.v. Enterprise Act 2002, s. 252; Davies, Rdn. 5.29 – 5.34, S. 59 f.

[1160] Enterprise Act 2002, Explanatory Notes, para. 681; Davies, Rdn. 3.6, S. 28

[1161] Insolvency Act 1986, s. 176A (1) i.d.F.v. Enterprise Act 2002, s. 252 i.V.m. Statutory Instrument 2003 Nr. 2095; Davies, Rdn. 5.28, S. 58

[1162] kritisch: Davies, Rdn. 2.2, S. 11; Rdn. 2.20, S. 18

[1163] Davies, Rdn. 4.27 – 4.28, S. 44; Rdn. 5.28, S. 58

[1164] Insolvency Act 1986, s. 176A (2) i.d.F.v. Enterprise Act 2002, s. 252 i.V.m. Statutory Instrument 2003 Nr. 2097

das beliehene Unternehmen als produktive Wirtschaftseinheit zu verwerten, anstatt es zu zerschlagen.

Die Reservierung eines Erlösanteils für ungesicherte Gläubiger kann jedoch auch völlig entfallen, nämlich dann, wenn der Gesamterlös für das Vermögen der sicherungsgebenden Gesellschaft einen Wert von £ 10.000 nicht erreicht und der *administrator*, *administrative receiver* oder *liquidator* in dem jeweiligen Verfahren zur Auffassung gelangt, die mit einer Erlösverteilung an die ungesicherten Gläubiger einhergehenden Vorteile würden von hiermit verbundenen Nachteilen für die Allgemeinheit der Gläubiger überwogen.[1165] Ferner kann der jeweilige Verwalter gerichtlich ermächtigt werden, von der Zuteilung eines Erlösanteils an die ungesicherten Gläubiger abzusehen, wenn er eine solche für praktisch wirkungslos hält.[1166]

2. Durch die fixed charge vermittelte Rangstelle am Verwertungserlös

Im Unterschied zu mit *floating charge* gesicherten Forderungen gehen mittels *fixed charges* gesicherte Forderungen grundsätzlich sämtlichen ungesicherten Forderungen vor.[1167] Das gilt auch in dem Fall der Bestellung von *fixed charges* in Kombination mit einer *floating charge* an dem gesamten Vermögen einer Gesellschaft in einer *debenture*.[1168] Lediglich Verwaltungs- und Verwertungskosten, und zwar solche, welche speziell auf das mittels *fixed charge* beliehene Sicherungsgut entfallen, sind mit dem hierfür erzielten Verwertungserlös mit Vorrang vor der so gesicherten Forderung zu begleichen.[1169]

Dieser vorteilhafte Rang wird jedoch nicht von einer solchen *fixed charge* vermittelt, die erst im Wege der *crystallisation* zu einer solchen wurde, ursprünglich aber eine *floating charge* war. Die Verteilung des Erlöses für Vermögensgegenstände, die unter Verwendung des Rechtsinstituts der *floating charge* beliehen worden sind, richtet sich nach den für die *floating charge* gel-

---

[1165] Insolvency Act 1986, s. 176A (3) (a) i.d.F.v. Enterprise Act 2002, s. 252

[1166] Insolvency Act 1986, s. 176A (5) (a), (b) i.d.F.v. Enterprise Act 2002, s. 252; Enterprise Act 2002, Explanatory Notes, para. 729

[1167] Hofmann, Mortgage und Charge, S. 149; Wenckstern, RabelsZ 56 (1992), 624 (648)

[1168] Re Lewis Merthyr Consolidated Collieries Ltd. [1929] 1 Ch. 498 (504–507); Goode, Legal Problems of Credit and Security, Rdn. 5-65, S. 194; Gough, Company Charges, S. 994

[1169] Goode, Principles of Corporate Insolvency Law, S. 260

tenden Regeln,[1170] auch wenn eine solche zwischenzeitlich zu einer *fixed charge* geworden ist.[1171]

3. Zuordnung des Verwertungserlöses zu floating bzw. fixed charge

Angesichts der häufig praktizierten Kombination von *fixed* und *floating charges* an dem Vermögen einer Gesellschaft stellt sich die Frage der Zuordnung desjenigen Erlösanteils, welcher den über den Substanzwert des Sicherungsgutes hinausgehenden Fortführungswert betrifft, zu den mit *floating* bzw. mit *fixed charge* beliehenen Aktiva. Eine solche Zuordnung ist im Hinblick auf den zuvor dargestellten unterschiedlichen Rang, den diese Sicherungsrechte vermitteln, höchst bedeutsam.

Der Einsatz des Rechtsinstituts der *floating charge* ist zwingende Voraussetzung für die Verwertung des beliehenen Unternehmens unter Einschluss dessen Goodwill als wirtschaftlicher Einheit, denn die Bestellung eines *administrative receiver* oder *administrator* ist allein dem Inhaber einer *qualifying floating charge* vorbehalten, nicht aber dem lediglich mittels *fixed charges* gesicherten Gläubiger.[1172] Dennoch kann der auf den Goodwill entfallende Verwertungserlösanteil der *fixed charge* zugeordnet werden.[1173] Hierfür spricht, dass das – praktisch nur mittels *floating charge* beleihbare – Umlaufvermögen eines Unternehmens ohnehin ständigem Wechsel unterliegt und daher, im Gegensatz zu dem mit *fixed charges* beleihbaren Anlagevermögen, nicht für den Goodwill eines Unternehmens maßgebend ist. Auf den Erlösbetrag in Höhe der Differenz zwischen Substanzwert der Vermögensgegenstände eines Unternehmens und dessen Fortführungswert können somit die für die *fixed charge* geltenden – für den Sicherungsnehmer erheblich günstigeren – Verteilungsregeln zur Anwendung kommen.

[1170] vgl. oben: 1

[1171] Insolvency Act 1986, ss. 40 (1), 175 (2) (b), 251; Sch. 6, paras 8–15A; Insolvency Act 1986, s. 176A (8) i.d.F.v. Enterprise Act 2002, s. 252; Goode, Legal Problems of Credit and Security, Rdn. 5-65, S. 193 f.; Lightman/Moss, The Law of Receivers and Administrators of Companies, Rdn. 3-069, S. 58; Gough, Company Charges, S. 986; Pennington, Company Law, S. 570 f.

[1172] Insolvency Act 1986, Sch. B 1, para. 14 (3) i.d.F.v. Enterprise Act 2002, s. 248

4. Ergebnis

Wird das Unternehmen als produktive Wirtschaftseinheit verwertet, dann kommt dem Inhaber einer daran bestellten *qualifying floating charge* in ihrer typischen Ausprägung Vorrang an dem Erlösanteil zu, welcher auf dessen Anlagevermögen sowie dessen Goodwill entfällt, und zwar vor allen anderen Forderungen bis auf diejenigen, die Verwaltungs- und Verwertungskosten betreffen. Damit ermöglicht die englische Rechtsordnung nicht nur den Einsatz des Substanzwertes des Anlagevermögens eines Unternehmens, sondern auch dessen Fortführungswertes und damit dessen Gewinnchancen zur gesicherten Kreditgewährung.

Demgegenüber verwehrt es die englische Rechtsordnung, den vollen Substanzwert des Umlaufvermögens zur Kreditsicherung einzusetzen. Vielmehr kann der hierfür erzielte Verwertungserlös einem Sicherungsnehmer nur nach Abzug der Forderungen bestimmter Vorrechtsgläubiger zukommen. Ferner kann der Inhaber eines Sicherungsrechts am Umlaufvermögen im Regelfall nicht verhindern, dass die ungesicherten Gläubiger an einem bestimmten Anteil am Verwertungserlös für das Sicherungsgut vorrangig zu befriedigen sind.

Die mit der Bevorrechtigung ungesicherter Gläubiger an dem Erlös für das Umlaufvermögen einhergehenden Einbußen für den Sicherungsnehmer halten sich jedoch in Grenzen. So ist der Kreis der bevorrechtigten Forderungen um diejenigen des Fiskus reduziert worden. Der für die ungesicherten Gläubiger zu reservierende Erlösanteil kann den zugunsten des Sicherungsnehmers verbleibenden Anteil nicht übersteigen; der betreffende Prozentsatz verringert sich ferner mit zunehmender Höhe des Nettoerlöses. Geht man davon aus, dass im Fall der Verwertung des Unternehmens als produktiver Wirtschaftseinheit auch der Substanzwert des Umlaufvermögens höher veranschlagt wird als im Fall der Zerschlagung des Unternehmens, dann wird ein solcher Mehrerlös mit zunehmender Höhe zu einem größeren Anteil auf den Sicherungsnehmer entfallen. Fällt der Nettoerlös demgegenüber besonders gering aus, dann kann die Zuteilung eines Anteils hiervon an die ungesicherten Gläubiger völlig unterbleiben. Bezüglich vor dem 15. September 2003 begründeter *floating charges* kommt die Reservierung eines Nettoerlösanteils für die ungesicherten Gläubiger generell nicht zur Anwendung.

[1173] Re Lewis Merthyr Consolidated Collieries Ltd. [1929] 1 Ch. 498 (504–507); Gough, Company Charges, 995 f.

Da der Erlös für den Mehrwert des Unternehmens als produktiver Wirtschaftseinheit somit selten durch die Bevorrechtigung ungesicherter Gläubiger an dem auf das Umlaufvermögen entfallenden Erlösanteil aufgezehrt sein wird, hat der Inhaber einer *qualifying floating charge* einen Anreiz, Kredit zu günstigeren Konditionen zu gewähren, als wenn er zwecks Kreditsicherung auf den Einsatz das Substanzwertes der Aktiva eines Unternehmens beschränkt wäre.

D. Schutz des Sicherungsnehmers bei Eröffnung eines Kollektivvollstreckungsverfahrens seitens Dritter

Die Verfahren der außergerichtlichen Bestellung eines *administrator*, der *administrative receivership* und der gerichtlichen Bestellung eines *receiver and manager*, welche die Verwertung des Unternehmens als wirtschaftlicher Einheit und die Partizipation des Inhabers einer *qualifying floating charge* an dem hierfür erzielten Erlös ermöglichen, enthalten zwar selbst neben Elementen der Individualvollstreckung solche des Kollektivvollstreckungsverfahrens.[1174] Jedoch kommt bei Einleitung eines Kollektivvollstreckungsverfahrens in Form der *administration* oder *liquidation* seitens Dritter eine Beeinträchtigung der Rechtsposition eines solchen Sicherungsnehmers in Betracht.

I. Einleitung des Verfahrens der administration seitens Dritter

In Bezug auf die Einleitung der *administration* durch Dritte stellt sich die Rechtsposition des Inhabers einer *qualifying floating charge*, mithin einer *floating charge*, welche, ggf. in Kombination mit sonstigen Sicherungsrechten, (im Wesentlichen) das gesamte Vermögen einer Kapitalgesellschaft umfasst,[1175] unterschiedlich dar, je nachdem, ob er nach wie vor auf das Verfahren der *administrative receivership* zurückgreifen kann oder infolge des Enterprise Act 2002 auf das Verfahren der *administration* verwiesen ist.

[1174] Wenckstern, RabelsZ 56 (1992), 624 (648); Davies, Rdn. 4.12 f., S. 40 f.

[1175] vgl. oben: C.I.1

1. Recht zur Bestellung eines administrative receiver

Sofern der Inhaber einer *qualifying floating charge* zur Bestellung eines *administrative receiver* berechtigt ist, ist seine Rechtsposition vor etwaigen Beeinträchtigungen durch die Eröffnung des Verfahren der *administration* von dritter Seite umfassend geschützt.

So ist nach erfolgter Bestellung eines *administrative receiver* die Einleitung des Verfahrens der *administration* grundsätzlich nicht mehr möglich.[1176] Die Eröffnung der *administration* kann der Inhaber einer *qualifying floating charge* durch vorherige Bestellung eines *administrative receiver* verhindern, denn üblicherweise ist in einer diesbezüglichen Sicherungsabrede die Regelung enthalten, dass auf die Eröffnung des *administration*-Verfahrens gerichtete Maßnahmen Dritter die *crystallisation* der *floating charge* auslösen.[1177] Von einem bei Gericht eingegangenen Antrag auf Bestellung eines *administrator* ist der Inhaber einer *qualifying floating charge* umgehend zu informieren; die beabsichtigte außergerichtliche Bestellung eines solchen ist ihm im Voraus anzuzeigen.[1178]

2. Recht zur außergerichtlichen Bestellung eines administrator

Im Regelfall ist der Inhaber einer *qualifying floating charge* allerdings nicht mehr zur Bestellung eines *administrative receiver* berechtigt,[1179] so dass ihm auch das Mittel fehlt, ein Verfahren der *administration* zu verhindern. Allerdings ist er – ob er zur *administration* zwecks Durchsetzung seines Sicherungsrechts selbst schreitet oder ob ein solches Verfahren durch einen Dritten eingeleitet wird – dadurch geschützt, dass er die Person des *administrator* selbst bestimmen kann und dass in diesem Verfahren seine Interessen in beträchtlichem Ausmaß zu wahren sind.[1180] Vor allem zielt die *administration* auf den Erhalt des Unternehmens als wirtschaftlicher Einheit zwecks dessen Rettung

---

[1176] Insolvency Act 1986, s. 9 (3); Sch. B 1, paras 17 (b), 25 (c), 39 i.d.F.v. Enterprise Act 2002, s. 248; Lightman/Moss, The Law of Receivers and Administrators of Companies, Rdn. 3-067, S. 57

[1177] Lightman/Moss, The Law of Receivers and Administrators of Companies, Rdn. 3-067, S. 57

[1178] Insolvency Act 1986, Sch. B 1, paras 12 (2), 15 (1) (a), 26 (1) i.d.F.v. Enterprise Act 2002

[1179] vgl. oben: C.I.1

[1180] Insolvency Act 1986, Sch. B 1, paras 14, 26 i.d.F.v. Enterprise Act 2002, s. 248; Enterprise Act 2002, Explanatory Notes, para. 622

bzw. Erzielung eines möglichst hohen Verwertungserlöses ab,[1181] so dass es in einem solchen Verfahren kaum zu einem Wertverlust des Sicherungsgutes durch unnötige Zerschlagung des beliehenen Unternehmens kommen wird.

II. Zwangsliquidation

Unter den durch Zahlungsunfähigkeit einer Gesellschaft ausgelösten Abwicklungsverfahren sind das auf Antrag eines Gesellschafters oder Gläubigers einzuleitende gerichtliche Verfahren der Zwangsliquidation (*compulsory winding up*)[1182] und das außergerichtliche Verfahren der *creditors' voluntary winding up*, welches durch außerordentlichen Gesellschafterbeschluss eingeleitet wird,[1183] zu unterscheiden. Das Verfahren der *members' voluntary winding up* setzt demgegenüber die Solvenz der verfahrensgegenständlichen Gesellschaft voraus.[1184]

Ein infolge der Insolvenz eingeleitetes Liquidationsverfahren birgt für den Inhaber einer *qualifying floating charge* die Gefahr des Ausfalls desjenigen Anteils seiner gesicherten Forderung, die er in Hinblick auf den Fortführungswert des beliehenen Unternehmens gewährt hat, denn das englische Liquidationsverfahren ist auf die Zerschlagung von Unternehmen durch Verkauf deren einzelner Vermögensgegenstände ausgerichtet.[1185] Die Verwertung des Unternehmens als lebender wirtschaftlicher Einheit ist in einem *winding up*-Verfahren äußerst selten, wenn auch nicht unmöglich.[1186] So ist der gerichtlich bestellte *liquidator* zwecks möglichst vorteilhafter Verwertung des verfahrensgegenständlichen Gesellschaftsvermögens zur einstweiligen Unternehmensweiterführung befugt; durch gerichtlichen Beschluss kann auch ein außergerichtlich bestellter *liquidator* eine solche Befugnis erlangen.[1187] Der dennoch mit der *liquidation* einher-

---

[1181] vgl. oben: C.IV.2.a

[1182] Griffiths, Insolvenzrecht in Großbritannien, S. 14–16; MünchKomm(-Schlegel/Taylor), InsO, Art. 102 EGInsO, Anh. II, England und Wales, Rdn. 4–6

[1183] Griffiths, Insolvenzrecht in Großbritannien, S. 14, 17; MünchKomm(-Schlegel/Taylor), InsO, Art. 102 EGInsO, Anh. II, England und Wales, Rdn. 4, 9

[1184] MünchKomm(-Schlegel/Taylor), InsO, Art. 102 EGInsO, Anh. II, England und Wales, Rdn. 4, 8

[1185] Griffiths, Insolvenzrecht in Großbritannien, S. 1, 4; MünchKomm(-Schlegel/Taylor), InsO, Art. 102 EGInsO, Anh. II, England und Wales, Rdn. 4 f.

[1186] Griffiths, Insolvenzrecht in Großbritannien, S. 14

[1187] Goode, Legal Principles of Corporate Insolvency Law, S. 154; Insolvency Act 1986, s. 167 (1) (a); Sch. 4, Part 2, para. 5

gehenden Gefahr der Zerschlagung des beliehenen Unternehmens trägt die englische Rechtsordnung dadurch Rechnung, dass die Eröffnung eines solchen Verfahrens zur *crystallisation* führt,[1188] so dass der Inhabers einer *qualifying floating charge* zur Durchsetzung seines Sicherungsrechts berechtigt ist und in diesem Rahmen ein auf den Erhalt des beliehenen Unternehmens ausgerichtetes Verfahren einleiten kann.[1189]

1. Recht zur Bestellung eines administrative receiver

Ungeachtet des Umstandes, dass bereits ein *liquidator* in Bezug auf das beliehene Unternehmen bestellt worden ist, kann der Inhaber einer *qualifying floating charge* zwecks Durchsetzung seines Sicherungsrechts zur Bestellung eines *administrative receiver* schreiten, sofern er vom grundsätzlichen Verbots dieses Rechtsinstituts durch den Enterprise Act 2002 nicht betroffen ist.[1190] Für die Dauer der *administrative receivership* ist der *liquidator* an der Aufnahme seiner Tätigkeit gehindert.[1191]

Umgekehrt werden jedoch auch die Befugnisse des *administrative receiver* infolge des Verfahrens der *liquidation* gemindert: In dem Zeitraum, in dem sich die Verfahren der *administrative receivership* und der *liquidation* überschneiden,[1192] ist der *administrative receiver* in Bezug auf die sicherungsgebende Gesellschaft insoweit nicht vertretungsberechtigt, als er für diese keine neuen Verträge abzuschließen kann.[1193] Mit der Auflösung einer Gesellschaft wird somit die Begründung neuer Verbindlichkeiten für diese als unvereinbar angesehen.

Dieser potentielle Nachteil für den Erhalt des beliehenen Unternehmens als produktiver Wirtschaftseinheit kann jedoch im Wege des sog. *hive-down* durch die Übertragung der zur Unternehmensfortführung notwendigen Vermögensge-

---

[1188] Re Panama, New Zealand and Australian Royal Mail Co. [1870] 5 Ch.App. 318; Re Crompton & Co. Ltd. [1914] Ch. 954 (964 f.); Goode, Legal Problems of Credit and Security, Rdn. 4-32, S. 136; Gough, Company Charges, S. 135; Wenckstern, RabelsZ 56 (1992), 624 (637)

[1189] Wenckstern, RabelsZ 56 (1992), 624 (637)

[1190] vgl. oben: C.I.1

[1191] Goode, Principles of Corporate Insolvency Law, 263 f.

[1192] Ein laufendes Verfahren der *administrative receivership* steht der Eröffnung einer *liquidation* nicht entgegen (Goode, Principles of Corporate Insolvency Law, S. 261).

[1193] Insolvency Act 1986, s. 44 (1); Goode, Principles of Corporate Insolvency Law, S. 261 f.; Griffiths, Insolvenzrecht in Großbritannien, S. 12; Wenckstern, RabelsZ 56 (1992), 624 (645)

genstände auf eine neu gegründete Tochtergesellschaft, überwunden werden,[1194] denn die Vertretungsmacht des *administrative receiver* für Tochtergesellschaften bleibt von einem Verfahren der *liquidation* über die Muttergesellschaft unberührt.[1195]

2. Recht zur außergerichtlichen Bestellung eines administrator

Ist bereits ein Verfahren der *liquidation* eröffnet, dann ist die außergerichtliche Bestellung eines *administrator* ausgeschlossen.[1196] In einem solchen Fall steht es dem Inhaber einer *qualifying floating charge* jedoch frei, die gerichtliche Bestellung eines solchen Verwalters zu beantragen.[1197]

Für die Dauer der *administration* kann ein Verfahren der *liquidation* aufgrund Gesellschafterbeschlusses nicht eingeleitet werden; auch im Wege eines Gerichtsbeschlusses kann ein *liquidation*-Verfahren während des Laufes der *administration* nur in Ausnahmefällen erfolgen.[1198] Insofern kann sich die *administration* im Vergleich zu der *administrative receivership* als günstiger erweisen.

III. Ergebnis

Die Möglichkeit des Inhabers einer *qualifying floating charge*, ein zu seinen Gunsten beliehenes Unternehmen als produktive Wirtschaftseinheit zu erhalten und zu verwerten, wird somit durch von dritter Seite betriebene Kollektivvollstreckungsverfahren in aller Regel nicht beeinträchtigt.

1194 vgl.: Insolvency Act 1986, s. 42 (1); Sch. 1, paras 15 f.
1195 Lightman/Moss, The Law of Receivers and Administrators of Companies, Rdn. 9-059, S. 201
1196 Enterprise Act 2002, Explanatory Notes, para. 618
1197 Insolvency Act 1986, Sch. B 1, para. 35 i.d.F.v. Enterprise Act 2002, s. 248; Enterprise Act 2002, Explanatory Notes, paras 627, 604
1198 Insolvency Act 1986, Sch. B 1, para. 42 (2), (3) i.d.F.v. Enterprise Act 2002, s. 248; Davies, Rdn. 11.17, S. 123

E. Gesamtbewertung der Unternehmensbeleihung nach englischem Recht

I. Gegenwärtige Bedeutung der Unternehmensbeleihung in der englischen Rechtsordnung

Eine Unternehmensbeleihung wird in der englischen Rechtsordnung durch die *floating charge* in Verbindung mit verschiedenen anderen Rechtsinstituten gewährleistet. Dabei handelt es sich insbesondere um diejenigen der *fixed charge* und der *debenture* sowie die Verfahren der *administrative receivership, administration* bzw. gerichtlichen Bestellung eines *receiver and manager.*

Die englische Rechtsordnung bietet die Möglichkeit der Verwertung eines beliehenen überlebensfähigen Unternehmens als produktiver Wirtschaftseinheit zu einem Erlös in Höhe dessen Fortführungswertes,[1199] an welchem der Sicherungsnehmer partizipieren kann. Diesen Umstand werden gewerbliche Kreditgeber bei der gesicherten Darlehensgewährung begünstigend berücksichtigen: Auch wenn der *floating charge*-Inhaber, dessen Sicherungsrechte (im Wesentlichen) das gesamte Vermögen der sicherungsgebenden Gesellschaft umfassen, nach Eintritt des Sicherungsfalles gelegentlich bereits aus dem Zerschlagungswert befriedigt werden kann, wird er im Zeitpunkt der Kreditvergabe die Möglichkeit, künftig den Fortführungswert für das beliehene Unternehmen zu erzielen, als das Risiko des teilweisen Forderungsausfalls mindernden Umstand nicht ungewürdigt lassen können. Selbst bei einer – in England und Wales wirksamen – anfänglichen Übersicherung kann nämlich nicht ausgeschlossen werden, dass im Zeitpunkt des Sicherungsfalles die gesicherte Forderung lediglich mittels eines Verwertungserlöses für das beliehene Unternehmen in Höhe dessen Fortführungswertes beglichen werden kann.[1200] Das gilt insbesondere vor dem Hintergrund, dass eine Unternehmensbeleihung keineswegs stets zur Übersicherung führt, da der Umfang der Unternehmensaktiva nicht zwangsläufig zunimmt, sondern sich während der Laufzeit des Sicherungsverhältnisses durchaus auch verringern kann.[1201]

Das Ausmaß, in dem einem Sicherungsnehmer der Verwertungserlös für das Unternehmen als produktive Wirtschaftseinheit zugute kommt, wird in der

---

[1199] Lightman/Moss, The Law of Receivers and Administrators of Companies, Rdn. 1-002, S. 1 f.; Rdn. 9-003, S. 184

[1200] vgl. oben: C.IV.1.d.aa

Regel nicht durch den Vorrang von ungesicherten Gläubigern an dem auf das Umlaufvermögen entfallenden Erlösanteil überlagert.[1202] Somit ermöglicht die englische Rechtsordnung die gesicherte Kreditgewährung an Unternehmen zu günstigeren Bedingungen, als wenn allein deren einzelne Aktiva – ggf. zu ihrem vollen Substanzwert – beliehen werden könnten.

II. Bedeutung der floating charge im Lichte neuer Kodifikationen

Die Rechtsfigur der *floating charge* hat weltweit insofern an Bedeutung verloren, als in Kanada und Neuseeland Gesetzgebungsakte zur Vereinheitlichung des Systems der Sicherungsrechte geschaffen wurden; eine entsprechende Gesetzesinitiative existiert in Australien, während für England und Wales bereits seit Langem Vorschläge zur umfassenden Neuregelung des Kreditsicherungsrechts bestehen.[1203] Solche Kodifikationsbestrebungen zielen jedoch nicht auf die Einschränkung der Beleihung des Unternehmens als wirtschaftlicher Einheit ab, sondern auf die Vereinfachung der komplexen Dogmatik, welche insbesondere die Unterscheidung von *fixed* und *floating charges* mit sich bringt. Es ist somit nicht davon auszugehen, dass die in der englischen Rechtsordnung eröffnete Möglichkeit der Unternehmensbeleihung der Kreditwirtschaft in absehbarer Zeit verschlossen werden wird.

So haben auch die mit dem Enterprise Act 2002 einhergehenden Neuerungen nicht dazu geführt, dass die Verwendung des Unternehmens als produktiver Wirtschaftseinheit weniger praktikabel würde. Vielmehr sind von der grundsätzlichen Ablösung der *administrative receivership* durch das Verfahren der *administration* die Vorzüge, welche dem Sicherungsnehmer aufgrund der Bestellung einer *floating charge* zukommen, weitgehend erhalten geblieben.[1204] Diese Neuregelung zielt demgegenüber auf den Erhalt des Unternehmens auch im Interesse anderer Personen als des Sicherungsnehmers ab, denn sie wirkt der voreiligen Zerschlagung von mit *floating charge* beliehenen Unternehmen in solchen Fällen entgegen, in denen die hiermit gesicherten Forderungen auch

---

1201 Stief, S. 123
1202 vgl. oben: C.V.4
1203 Goode, Legal Problems of Credit and Security, Rdn. 4-61, S. 152 f.; Rdn. 1-004, S. 3 f.
1204 vgl.: Davies, Rdn. 4.12 f., S. 40 f.

mittels des Substanzwertes der Unternehmensaktiva befriedigt werden könnten.[1205]

F. Auswirkung deutscher Rechtsnormen auf die grenzüberschreitende Unternehmensbeleihung mittels floating charge

Da die englische *floating charge* somit – anders als das französische *nantissement du fonds* – einen Anreiz bieten kann, gegen Beleihung des Unternehmens einen über dessen Zerschlagungswert hinausgehenden Kreditbetrag zu gewähren, und da nach englischem internationalen Privatrecht eine *floating charge* auch fremdem Recht unterliegende Vermögensgegenstände umfassen kann,[1206] wird in Bezug auf dieses Sicherungsrecht die Problematik bedeutsam, ob deutsche Normen, die einer Beleihung in Deutschland befindlicher Unternehmensaktiva mit einem Rechtsinstitut eines anderen Mitgliedstaates entgegenstehen, durch zwingende Erfordernisse des Allgemeininteresses gerechtfertigt sind.[1207]

I. Anwendungsbereich deutscher Normen und solcher des sekundären Gemeinschaftsrechts

Bevor auf die Frage einzugehen ist, inwiefern Kollisionsnormen der deutschen Rechtsordnung der grenzüberschreitenden Bestellung von *floating charges* entgegenstehen, ist der Bereich darzulegen, in dem deutsches Recht angesichts Rechtssetzungsakten der Europäischen Union auf dem Gebiet des internationalen Privatrechts überhaupt zur Anwendung kommt. So sind für die grenzüberschreitende Unternehmensbeleihung bedeutsame Kollisionsnormen in der Europäischen Insolvenzverordnung[1208] enthalten. Die Bestimmungen der Europäischen Insolvenzverordnung haben Vorrang gegenüber mitgliedstaatlichen Regelungen.[1209] Von deutschen Kollisionsnormen, die in ihrem Anwendungsbe-

[1205] vgl. oben: C.IV.2
[1206] British South Africa Co. v. De Beers Consolidated Mines Ltd. [1910] 1 Ch. 354 (387 f.) per Swinfen Eady J.; Pennington, Company Law, S. 591; Gough, Company Charges, S. 633; Wenckstern, RabelsZ 56 (1992), 624 (630 f.)
[1207] vgl. oben: Zweiten Teil, B.IV
[1208] Verordnung (EG) Nr. 1346/2000 des Rates vom 29. 5. 2000, ABl. EG L 160, S. 1
[1209] MünchKomm/Sonnenberger, BGB, IPR, Einl., Rdn. 170

reich durch diesen Akt sekundären Gemeinschaftsrechts verdrängt bzw. überlagert werden, kann folglich keine Grundfreiheitsbeeinträchtigung ausgehen.

1. Anwendungsbereich der Normen der Europäischen Insolvenzverordnung

Die *administration* ist – anders als die von ihr grundsätzlich abgelöste[1210] *administrative receivership* – in Anhang A zur Europäischen Insolvenzverordnung als ein Insolvenzverfahren im Sinne von Art. 2 lit. a EuInsVO aufgeführt. Eine automatische mitgliedstaatsweite Anerkennung erfolgt jedoch nach Art. 16 EuInsVO nur für Insolvenzverfahren im Sinne dieser Verordnung. Da die Durchsetzung einer *floating charge* in der Weise, dass dem Sicherungsnehmer der Erlös in Höhe des Fortführungswertes des beliehenen Unternehmens zugute kommt, durch die Tätigkeit eines *administrative receiver* bzw. *administrator* erst ermöglicht wird,[1211] kommt der Europäischen Insolvenzverordnung für die grenzüberschreitende Beleihung des Unternehmens als wirtschaftlicher Einheit entscheidende Bedeutung zu.

Für die Frage der Beschränkung der grundfreiheitlich geschützten grenzüberschreitenden Bestellung von *floating charges* durch deutsche Kollisionsnormen ist somit zwischen den Konstellationen zu unterscheiden, in denen das Verfahren der *administrative receivership* noch zur Anwendung kommen kann, und dem Regelfall, dass die Sicherungsnehmer zur Durchsetzung der *floating charge* stattdessen auf das Verfahren der *administration* verwiesen sind.

a. Insolvenzrechtliche Qualifikation des Verfahrens der administrative receivership

Gemäß Art. 16 EuInsVO werden Insolvenzverfahren, die in einem EU-Mitgliedstaat eröffnet wurden, in allen anderen automatisch anerkannt, wobei sich die Wirkungen eines anerkannten Verfahrens gemäß Art. 4 EuInsVO grundsätzlich nach dem Recht des Staates der Verfahrenseröffnung richten.

In Anhang A zu dieser Verordnung sind die in Art. 2 lit. a EuInsVO definierten „Insolvenzverfahren“ enumerativ aufgeführt.[1212] Definiert werden „Insolvenz-

---

[1210] vgl. oben: C.I

[1211] vgl. oben: C.IV

[1212] Paulus, EuInsVO, Rdn. 6; MünchKomm/Kindler, BGB, Internationales Wirtschaftsrecht, IntInsR, Rdn. 57, 85; MünchKomm/Reinhart, InsO, Art. 102 EGInsO, Anh. I, Art. 1 EuInsVO, Rdn. 2

verfahren“ in dem Definitionskatalog des Art. 2 EuInsVO als die in Art. 1 Abs. 1 EuInsVO beschriebenen Gesamtverfahren. Nach jenem Art. 1 Abs. 1 gilt die Europäische Insolvenzverordnung „für Gesamtverfahren, welche die Insolvenz des Schuldners voraussetzen und den vollständigen oder teilweisen Vermögensbeschlag gegen den Schuldner sowie die Bestellung eines Verwalters zur Folge haben“. Schon weil das Verfahren der *administrative receivership* in Anhang A nicht aufgeführt ist, kommt die – dem deutschen Recht vorrangige – Europäische Insolvenzverordnung hierauf nicht zur Anwendung.[1213] Hinzu kommt, dass die *administrative receivership* auch kein Gesamtverfahren im Sinne von Art. 1 Abs. 1 EuInsVO darstellt, weil sie der Befriedigung eines einzelnen Gläubigers, nämlich des Inhabers einer *qualifying floating charge*, dient,[1214] was mit dem Begriff des Gesamtverfahrens unvereinbar ist.[1215] Die *administrative receivership* unterliegt somit dem deutschen Kollisionsrecht, welches wiederum am Maßstab des primären Gemeinschaftsrechts zu messen ist.

b. Das Verfahren der administration

Mit der zuvor dargestellten in der Europäischen Insolvenzverordnung gewählten Konstruktion einer Definition des Insolvenzverfahrens und zusätzlich einer abschließenden Aufführung in einem Anhang wird der Zweck verfolgt, bei einer Erweiterung des Anhangs nach Art. 45 EuInsVO[1216] die Aufnahme nur solcher Verfahren zu ermöglichen, welche die Anforderungen der Definition in Art. 1 Abs. 1 EuInsVO erfüllen.[1217] Adressat der Definition in Art. 1 Abs. 1 EuInsVO wäre somit der europäische Gesetzgeber, denn in dessen Zuständigkeit fällt gemäß Art. 45 EuInsVO die Änderung der Anhänge zu dieser Verordnung.[1218] Davon unabhängig soll der Definition in Art. 1 Abs. 1 EuInsVO jedoch auch Wirkung gegenüber den eigentlichen Normadressaten zukommen: Vom Geltungsbereich der Europäischen Insolvenzverordnung erfasste „Insol-

---

1213 vgl.: MünchKomm/Reinhart, InsO, Art. 102 EGInsO, Anh. I, Art. 1 EuInsVO, Rdn. 2
1214 vgl. oben: C.I, C.IV.1.a
1215 Paulus, EuInsVO, Art. 1, Rdn. 8
1216 MünchKomm/Kindler, BGB, Internationales Wirtschaftsrecht, IntInsR, Rdn. 57, 863; Insbesondere im Zuge der EU-Osterweiterung von 2004 wurde eine solche Ergänzung des Anhangs erforderlich.
1217 Paulus, EuInsVO, Rdn. 7; MünchKomm/Kindler, BGB, Internationales Wirtschaftsrecht, IntInsR, Rdn. 57, 85
1218 vgl.: MünchKomm/Kindler, BGB, Internationales Wirtschaftsrecht, IntInsR, Rdn. 57; MünchKomm/Reinhart, InsO, Art. 102 EGInsO, Anh. I, Art. 1 EuInsVO, Rdn. 2

venzverfahren“ sollen nur dann vorliegen, wenn sie in deren Anhang A aufgeführt sind und zusätzlich die Definition des Art. 1 Abs. 1 EuInsVO erfüllen.[1219]

Demgegenüber kann der Inhaber einer *qualifying floating charge* das Verfahren der *administration* auch infolge eines anderen den Sicherungsfall auslösenden Umstandes als der Insolvenz des Sicherungsnehmers einleiten,[1220] so dass insoweit das in Art. 1 Abs. 1 EuInsVO normierte Erfordernis der Insolvenzbedingtheit fehlt.[1221]

Allerdings kommt dem Anhang A auch die Funktion zu, die Rechtsklarheit und Verfahrenseffizienz zu fördern, indem er den mitgliedstaatlichen Richtern die Anwendung der Bestimmungen der Europäischen Insolvenzverordnung auf die dort genannten Verfahren ohne Einzelfallprüfung ermöglicht.[1222] Diese Funktion könnte dann nicht mehr erfüllt werden, wenn bezüglich des Verfahrens der *administration* danach differenziert würde, ob es durch Insolvenz oder sonstige Umstände ausgelöst wurde.[1223] Auf das Verfahren der *administration* über eine mit einer *floating charge* belastete Kapitalgesellschaft kommt die Europäische Insolvenzverordnung somit unabhängig davon zur Anwendung, ob die Eröffnung dieses Verfahrens ihren Grund in der Insolvenz der betroffenen Gesellschaft hatte.[1224]

2. Verbleibender Anwendungsbereich deutscher Normen

Der Anwendungsbereich deutscher Kollisionsnormen auf die *administrative receivership* ist somit durch die Europäische Insolvenzverordnung nicht beschnitten, während das deutsche internationale Privatrecht auf das Verfahren der *administration* nur insoweit zur Anwendung kommt, wie diese Verordnung keine diesbezüglichen Regelungen enthält.

[1219] Paulus, EuInsVO, Art. 1, Rdn. 7; MünchKomm/Kindler, BGB, Internationales Wirtschaftsrecht, IntInsR, Rdn. 85

[1220] vgl. oben: C.I.1.a

[1221] Paulus, EuInsVO, Art. 2, Rdn. 6

[1222] Paulus, EuInsVO, Art. 1, Rdn. 7; Art. 2, Rdn. 5

[1223] Paulus, EuInsVO, Art. 1, Rdn. 7

[1224] Paulus; EuInsVO, Art. 2 Rdn. 5 f.; a.A.: MünchKomm/Kindler, BGB, Internationales Wirtschaftsrecht, IntInsR, Rdn. 85

II. Auswirkungen der Normen der Europäischen Insolvenzverordnung auf die grenzüberschreitende floating charge-Bestellung

Sofern schon die Bestimmungen der Europäischen Insolvenzverordnung der Verwertung von in Deutschland belegenen, mit *qualifying floating charge* belasteten Aktiva eines Unternehmens als wirtschaftliche Einheit mittels *administration* entgegenstehen, könnte eine Unternehmensbeleihung auch nicht durch ein auf Art. 56 EGV gestütztes Verbot deutscher Kollisionsnormen erzielt werden. Die Bestimmungen der Europäischen Insolvenzverordnung sind somit daraufhin zu überprüfen, ob sie die Beleihung von in Deutschland befindlichen Vermögensgegenständen mittels der englischen *floating charge* eröffnen. Von Bedeutung ist dabei – neben den Bestimmungen über das Hauptverfahren – das Parallelinsolvenzverfahren, das gegenständlich auf das in einem Mitgliedstaat belegene Vermögen des Schuldners begrenzt ist.

1. Bestimmungen über das Hauptverfahren

Nach Art. 16 Abs. 1 EuInsVO wird die in einem EU-Mitgliedstaat erfolgte Eröffnung eines Insolvenzverfahrens in allen übrigen Mitgliedstaaten anerkannt; das gilt jedoch nur unter der Voraussetzung, dass die Gerichte des Mitgliedstaates der Verfahrenseröffnung nach Art. 3 EuInsVO auch zuständig sind, mithin, dass der Schuldner in dem Staat der Eröffnung des Insolvenzverfahrens den Mittelpunkt seiner hauptsächlichen Interessen hat. Vereinbaren somit eine englische Bank und eine Kapitalgesellschaft die Beleihung des in Deutschland belegenen Vermögens der Letzteren mittels einer englischen *floating charge*, dann erreichen sie damit im Sicherungsfall nur dann die Verfügungs- und Verwaltungsbefugnis des englischen *administrator* über das betreffende Gesellschaftsvermögen, wenn die Kapitalgesellschaft den Mittelpunkt ihrer hauptsächlichen Interessen in England hat.

Als der Mittelpunkt der hauptsächlichen Interessen im Sinne von Art. 3 Abs. 1 S. 1 EuInsVO soll nach Erwägungsgrund 13 der Europäischen Insolvenzverordnung „der Ort gelten, an dem der Schuldner gewöhnlich der Verwaltung seiner Interessen nachgeht und damit für Dritte feststellbar ist“. Ein diese Kriterien erfüllender Ort wird auch als der effektive Verwaltungssitzes einer Gesellschaft bezeichnet.[1225] Hierunter versteht man nämlich den Ort, an dem die Verwaltung der Gesellschaft tatsächlich geführt wird, und zwar in der Weise, dass die Beschlussfassung der Verwaltungsorgane nach außen erkennbar ist.[1226] Die Beschlussfassung der Organe wird an dem Ort erkennbar, an dem ihre Umsetzung durch nachgeordnete Abteilungen erfolgt.[1227] Nicht entscheidend ist demgegenüber der Sitz von Betriebs- und Produktionsstätten der Gesellschaft.[1228]

Während sich an den Betriebs- und Produktionsstätten typischerweise die Masse der Vermögensgegenstände eines Unternehmens befindet, kann ein in England eröffnetes Verfahren der *administration* in Bezug auf die in Deutschland befindlichen zentralen Unternehmensaktiva einer Gesellschaft somit im Anwendungsbereich der Europäischen Insolvenzverordnung überhaupt nur dann Wirkung haben, wenn diese Gesellschaft den Mittelpunkt ihrer hauptsächlichen Interessen (sprich den effektiven Verwaltungssitz) in England hat. Hat eine Gesellschaft ihren satzungsmäßigen Sitz in England, dann kommt ihr zwar die Bestimmung des Art. 3 Abs. 1 S. 2 EuInsVO zugute, nach der zu vermuten ist, dass sie dort den Mittelpunkt ihrer hauptsächlichen Interessen hat; diese Vermutung ist allerdings widerlegbar.[1229] Die bloße Inkorporation einer Gesellschaft in England garantiert somit keineswegs, dass ein *administration*-Verfahren das in Deutschland belegene Gesellschaftsvermögen erfasst.

In Bezug auf Gesellschaften mit Mittelpunkt ihrer hauptsächlichen Interessen in England wird das Verfahren der *administration* nach Art. 16 EuInsVO anerkannt und entfaltet seine Wirkung gemäß Artt. 17 Abs. 1 S. 1 und 4 EuInsVO grundsätzlich auch in Deutschland. So kommen über Art. 4 Abs. 2 lit. c EuInsVO die englischen Bestimmungen über die Befugnisse des *administrator* zur Anwendung, welche für die Verwertung des Unternehmens als operativer Einheit eine mitentscheidende Rolle spielen.[1230] Der Inhaber eines Unternehmens, dessen Mittelpunkt seiner hauptsächlichen Interessen in Deutschland liegt, könnte demgegenüber selbst in dem Fall, dass das deutsche Kollisionsrecht jegliche Rechtswahl zuließe und somit die Beleihung seines Unterneh-

---

[1225] Eidenmüller, Der Markt für internationale Konzerninsolvenzen: Zuständigkeitskonflikte unter der EuInsVO, NJW 2004, 3455 (3456 f.); Paulus, EuInsVO, Art. 3, Rdn. 27; MünchKomm/Reinhart, InsO, Art. 102 EGInsO, Anh. I, Art. 3 EuInsVO, Rdn. 2

[1226] MünchKomm/Kindler, BGB, Internationales Wirtschaftsrecht, IntGesR, Rdn. 434

[1227] BGHZ 97, 269 (272); MünchKomm/Kindler, BGB, IntGesR, Rdn. 434

[1228] MünchKomm/Kindler, BGB, IntGesR, Rdn. 435

[1229] Paulus, EuInsVO, Art. 3, Rdn. 27; MünchKomm/Reinhart, InsO, Art. 102 EGInsO, Anh. I, Art. 3 EuInsVO, Rdn. 2

[1230] vgl. oben: C.IV

mens mit einer Unternehmenshypothek nach dem Recht eines anderen Mitgliedstaates ermöglichte, nicht verhindern, dass über sein Vermögen nach Artt. 16, 3 Abs. 1, 4 EuInsVO ein im EU-Inland anzuerkennendes Insolvenzverfahren nach deutschem Recht eröffnet wird, welches – wie oben gezeigt[1231] – die Verwertung des beliehenen Unternehmens als wirtschaftlicher Einheit zugunsten eines Sicherungsnehmers nicht gewährleistet.

2. Sonderanknüpfungen

Ferner unterliegt die Anwendung englischen Rechts auf ein Insolvenzverfahren über eine Gesellschaft, die in England den Mittelpunkt ihrer hauptsächlichen Interessen hat, verschiedenen Einschränkungen. So wird mit Art. 18 Abs. 3 EuInsVO als Sonderkollisionsnorm die lex rei sitae für die Art und Weise der Verwertung von Massegegenständen bestimmt.[1232] Die Verwertung von in Deutschland belegenen Vermögensgegenständen könnte ein *administrator* mithin nur nach deutschem Recht vornehmen. Zusätzlich zu dem Erfordernis des Mittepunkts der hauptsächlichen Interessen wirkt sich somit auch die lex rei sitae als Sonderanknüpfungen hinderlich für die grenzüberschreitende Unternehmensbeleihung mittels *floating charge* aus.

3. Bestimmungen über Parallelverfahren

Darüber hinaus steht ein in England eröffnetes *administration*-Verfahren der Eröffnung eines Sekundärinsolvenzverfahrens über die in Deutschland belegenen Vermögensgegenstände nach Art. 3 Abs. 3 EuInsVO nicht entgegen; entsprechend könnten diese Vermögensgegenstände auch von einem in Deutschland eröffneten Partikularinsolvenzverfahren nach Art. 3 Abs. 4 EuInsVO erfasst werden. Auf derartige Parallelinsolvenzverfahren, die auf das in Deutschland belegene Vermögen des Schuldners begrenzt sind, kommen nach Artt. 28, 4 EuInsVO grundsätzlich deutsche Sachvorschriften zur Anwendung,[1233] was der einheitlichen Verwertung des Schuldnerunternehmens als Einheit durch den *administrator* zuwiderläuft. Da im Falle der Bestellung der englischen *floating charge* an einem deutschen Unternehmen typischerweise

---

[1231] vgl. oben: Zweiter Teil, A.II.4.b.aa

[1232] MünchKomm/Reinhart, InsO, Art. 102 EGInsO, Anh. I, Art. 4 EuInsVO, Rdn. 5; Art. 18, Rdn. 4; MünchKomm/Kindler, BGB, IntInsR, Rdn. 219, 469, 474

[1233] vgl. oben: Zweiter Teil, A.II.4.b.bb

sämtliche bzw. die entscheidenden Unternehmensaktiva in Deutschland belegen sind, ist die Wirkung solcher Parallelverfahren in der hier untersuchten Konstellation gravierend.

Zwar ist gemäß Art. 3 Abs. 2 S. 1 EuInsVO Voraussetzung für die Eröffnung solcher Parallelverfahren das Vorhandensein einer Niederlassung des Schuldners im Mitgliedstaat der Eröffnung des betreffenden Parallelverfahrens, wobei eine Niederlassung in Art. 2 lit. h EuInsVO definiert wird als „jede[r] Tätigkeitsort, an dem der Schuldner einer wirtschaftlichen Aktivität von nicht vorübergehender Art nachgeht, die den Einsatz von Personal und Vermögenswerten voraussetzt". Dieser Begriff ist jedoch weit auszulegen.[1234] Die an ihn gestellten Anforderungen werden in der hier interessierenden Konstellation der Beleihung der in Deutschland belegenen Aktiva ebendort tätiger Unternehmen mittels der englischen *floating charge* praktisch immer erfüllt sein. In der hier untersuchten Konstellation fehlt einem *administrator*, der in einem in England eröffneten Hauptverfahren bestellt wurde, mithin der direkte Zugriff auf in Deutschland belegene Unternehmensaktiva, sofern nur gemäß Artt. 28, 4 EuInsVO i.V.m. §§ 13 Abs. 1, 14 Abs. 1 InsO auf Antrag jeglichen Gläubigers, der ein rechtliches Interesse an der Eröffnung des Insolvenzverfahrens hat, in Deutschland ein Parallelinsolvenzverfahren eröffnet wird.

4. Ergebnis

Die auf das Verfahren der *administration* zur Anwendung kommenden Kollisionsnormen der Europäischen Insolvenzverordnung gewährleisten somit nicht die Verwertung von in Deutschland belegenen Unternehmensaktiva als wirtschaftliche Einheit. Ebenso stehen die Bestimmungen dieser Verordnung der Verwertung eines solchen Unternehmens als operativer Einheit entgegen, dessen Aktiva sich in verschiedenen Mitgliedstaaten befinden.[1235]

Im Anwendungsbereich der Europäischen Insolvenzverordnung könnte somit selbst durch Überwindung deutscher Kollisionsnormen, die sich – wie die in Art. 43–46 EGBGB kodifizierte lex rei sitae – auf die Kapitalverkehrsfreiheit grundsätzlich beschränkend auswirken,[1236] die grenzüberschreitende Unternehmensbeleihung mittels *floating charge* nicht erreicht werden, da die Wirkung

---

[1234] MünchKomm/Reinhart, InsO, Art. 102 EGInsO, Anh. I, Art. 2 EuInsVO, Rdn. 5; MünchKomm/Kindler, BGB, Internationales Wirtschaftsrecht, IntInsR, Rdn. 106, 171

[1235] Liersch, Sicherungsrechte im internationalen Insolvenzrecht (2001), S. 51 ff.

des deutschen Kollisionsrecht durch diejenige des vorrangigen sekundären Gemeinschaftsrechts überlagert wird.

III. Auswirkungen deutscher Kollisions- und Sachnormen auf die grenzüberschreitende floating charge-Bestellung

Auf das Verfahren der *administrative receivership* ist die Europäische Insolvenzverordnung nicht anwendbar.[1237] In Bezug auf dieses Verfahren wird das deutsche Kollisionsrecht in seinem Anwendungsbereich somit nicht durch sekundäres Gemeinschaftsrecht verdrängt.

Aber auch Regelungen in Bezug auf absolute Rechte an Vermögensgegenständen sind in der Europäischen Insolvenzverordnung nur in Form von Sonderbestimmungen enthalten, wie Art. 4 Abs. 2 lit. i sowie Artt. 5 und 7 EuInsVO. Mitgliedstaatliche Kollisionsnormen kommen somit grundsätzlich von der Europäischen Insolvenzverordnung unberührt auf das Sicherungsrechtsinstitut der *floating charge* zur Anwendung.

1. Behandlung der administrative receivership in der deutschen Rechtsordnung

a. Qualifikation der administrative receivership

Zwecks Ermittlung der beschränkenden Wirkungen des deutschen Rechts auf das Verfahren der *administrative receivership* sind zunächst die hierauf zur Anwendung kommenden Kollisionsnormen festzustellen.

aa. Insolvenzrechtliche Qualifikation

Falls man die *administrative receivership* – anders als das im Rahmen der Europäischen Insolvenzverordnung geschieht – innerhalb des deutschen Kollisionsrechts als Insolvenzverfahren qualifizierte, wäre dieses Verfahren unter den Voraussetzungen des § 343 InsO in Deutschland anzuerkennen.

In diesem Fall würden sich zwar Befugnisse des *administrative receiver* in Bezug auf in Deutschland belegene Vermögensgegenstände ergeben. Die einheit-

---

[1236] vgl. oben: Zweiter Teil, A.II
[1237] vgl. oben: aa

liche Verwertung des mittels *qualifying floating charge* belasteten Unternehmens als operativer Einheit wäre hierdurch jedoch nicht gewährleistet, denn nach § 354 InsO könnte – von der Bestellung des *administrative receiver* unberührt – ein Partikularinsolvenzverfahren über das in Deutschland belegene Betriebsvermögen dieses Unternehmens eröffnet werden. Ein deutscher Insolvenzverwalter und nicht der *administrative receiver* wäre dann mit der Verwaltung und ggf. Verwertung des in Deutschland belegenen Sicherungsgutes betraut.[1238]

Das deutsche Insolvenzkollisionsrecht wirkt sich auf die grenzüberschreitende *floating charge*-Bestellung jedoch schon deshalb nicht beschränkend aus, weil es in Bezug auf die *administrative receivership* gar nicht zur Anwendung kommt. Die *administrative receivership* wird nämlich nach deutschem Recht genauso wenig wie nach der Europäischen Insolvenzverordnung insolvenzrechtlich qualifiziert. Die Qualifikation eines Verfahrens ist nach der Zielsetzung des § 1 InsO vorzunehmen, welcher an das Insolvenzverfahren die wesentliche Anforderung stellt, der gemeinschaftlichen Gläubigerbefriedigung zu dienen.[1239] Da das Verfahren der *administrative receivership* aber auf die möglichst weitgehende Befriedigung nur der mittels *floating charge* gesicherten Gläubiger abzielt, stellt es kein Insolvenzverfahren dar.[1240]

bb. Gesellschaftsrechtliche Qualifikation

Statt einer insolvenzrechtlichen bietet sich eine gesellschaftsrechtliche Qualifikation der *administrative receivership* an: Bei dem *administrative receiver* handelt es sich um eine Person, die von einem bestimmten Sicherungsnehmer zwecks Wahrung dessen Interessen zur Weiterführung der Geschäfte der sicherungsgebenden Kapitalgesellschaft eingesetzt wird.[1241] Dem *administrative receiver* kommt im Sicherungsfall die umfassende Befugnis zum Handeln für die sicherungsgebende Kapitalgesellschaft und zu deren Vertretung zu; die Geschäftsführungs-[1242] und Vertretungsbefugnisse[1243] der organschaftlich zur Unternehmensleitung bestellten Direktoren einer englischen Kapitalgesellschaft

---

[1238] vgl. hierzu: Wenckstern, RabelsZ 56 (1992), 624 (651 ff.)
[1239] Braun/Liersch, InsO, § 343, Rdn. 3
[1240] vgl. oben: C.I, C.IV.1.a
[1241] vgl. oben: C.IV.1.a
[1242] vgl. oben: C.III.2.a
[1243] vgl. oben: C.III.1.b

werden für die Dauer eines Verfahrens der *administrative receivership* überlagert.[1244]

Die Vertretung einer Gesellschaft, ebenso wie die Befugnis zur Führung deren Geschäfte als ein Umstand deren innerer Verfassung, richten sich nach dem Personalstatut der betreffenden Gesellschaft (Gesellschaftsstatut).[1245] Die Wirkung, die der *administrative receivership* in Bezug auf eine Gesellschaft zukommt, bemisst sich somit nach deren Gesellschaftsstatut.

b. Inhalt des deutschen Gesellschaftskollisionsrechts

Angesichts der Rechtsprechung des EuGH zur Niederlassungsfreiheit nach Artt. 43, 48 EGV[1246] hat sich eine Änderung der deutschen Rechtspraxis vollzogen.[1247] So kommt das Recht des effektiven Verwaltungssitzes (Sitztheorie) in Bezug auf in anderen Mitgliedstaaten inkorporierte Gesellschaften grundsätzlich nicht mehr als deren Gesellschaftsstatut zur Anwendung; vielmehr ist zur Beurteilung der betreffenden gesellschaftsrechtlichen Verhältnisse das Recht am Ort der Gründung und des Satzungssitzes maßgeblich (Gründungstheorie), sofern dieser nicht in rechtsmissbräuchlicher Weise festgelegt wurde.[1248]

c. Beschränkende Wirkung des deutschen Gesellschaftsrechts

Für die Wirkung der Eröffnung des Verfahrens der *administrative receivership* in Deutschland ist somit danach zu differenzieren, wo die Kapitalgesellschaft, über die es eröffnet worden ist, gegründet wurde und ihren Satzungssitz hat. Während Gesellschaften, die in England gegründet wurden und dort ihren satzungsmäßigen Sitz haben, aufgrund ihres englischen Gesellschaftsstatuts nach der Gründungstheorie den Wirkungen des englischen Gesellschaftsrechts und damit auch der *administrative receivership* unterliegen, kommt für in Deutschland inkorporierte Gesellschaften deutsches Recht zur Anwendung, so dass sich

---

[1244] vgl. oben: C.IV.1.b; Wenckstern, RabelsZ 56 (1992), 624 (642)

[1245] MünchKomm/Kindler, BGB, Internationales Wirtschaftsrecht, IntGesR, Rdn. 557, 564 m.w.N.

[1246] EuGH, 9. 3. 1999, *Centros*, Slg. 1999, I-1459; 5. 11. 2002, *Überseering*, Slg. 2002, I-9919; 30. 9. 2003, *Inspire Art*, Slg. I-10155; MünchKomm/Kindler, BGB, Internationales Wirtschaftsrecht, IntGesR, Rdn. 96 ff.

[1247] BGH, NJW 2003, 1461; BayObLG, GmbHR 2003, 717

[1248] MünchKomm/Kindler, BGB, Internationales Wirtschaftsrecht, IntGesR, Rdn. 7, 341, 355 ff.

die Frage der Wirkung der *administrative receivership* auf Letztere nach deutschem Gesellschaftssachrecht bemisst.

Das Zusammenspiel von deutschem Gesellschaftskollisions- und Gesellschaftssachrecht wirkt sich mithin dann als Beschränkung für die Beleihung in Deutschland inkorporierter Gesellschaften mittels *floating charge* aus, wenn das deutsche Gesellschaftssachrecht den Wirkungen entgegensteht, welche die *administrative receivership* nach englischem Recht entfaltet.

Unter den Bestimmungen des deutschen Gesellschaftssachrechts, die der Bestellung eines *administrative receiver* entgegenstehen, kommen insbesondere zwingende Zuweisungen von Geschäftsführung und Vertretung an Gesellschaftsorgane in Betracht.

aa. Aktienrecht

Die Verfassung der Aktiengesellschaft ist weitgehend durch zwingendes Recht ausgestaltet.[1249] Nach § 23 Abs. 5 AktG können selbst durch die Satzung einer Aktiengesellschaft vom Aktiengesetz abweichende Regelungen nur in den gesetzlich aufgeführten Fällen getroffen werden. So ist die Unternehmensleitung nach § 76 AktG dem Vorstand[1250] und dessen Bestellung, Abberufung (§ 84 AktG) und Überwachung (§ 111 Abs. 1 AktG) dem Aufsichtsrat zwingend zugewiesen.[1251] Würde für eine deutsche Aktiengesellschaft ein *administrative receiver* bestellt, dann könnte der Aufsichtsrat insbesondere die Unternehmensleitung nicht mehr überwachen.

Ferner ist der Kernbereich der in § 77 AktG geregelten Geschäftsführung im Rahmen der Unternehmensleitung gemäß § 76 AktG zwingend dem Vorstand zugewiesen.[1252] Mit den Kernfunktionen der dem Vorstand als Gesellschaftsorgan zukommenden Unternehmensleitung können folglich keine gesellschaftsexternen Personen betraut werden.[1253] Der Vorstand einer deutschen Aktiengesellschaft kann sich somit anlässlich einer gesicherten Kreditaufnahme selbst mit Zustimmung des Aufsichtsrates nicht zugunsten eines Kreditgebers seiner

1249 MünchKomm(-Hefermehl/Semler), AktG, vor § 76, Rdn. 1
1250 MünchKomm(-Hefermehl/Semler), AktG, § 76, Rdn. 18
1251 K. Schmidt, Gesellschaftsrecht, § 26, III.1.c; § 28, III.1.a
1252 MünchKomm(-Hefermehl/Semler), AktG, § 76, Rdn. 17
1253 MünchKomm(-Hefermehl/Semler), AktG, § 76, Rdn. 18 m.w.N.

Geschäftsführungsbefugnisse begeben und sie für den Sicherungsfall auf einen – gesellschaftsexternen – *administrative receiver* übertragen.

Mithin ist das deutsche Aktienrecht unvereinbar mit der Bestellung eines *administrative receiver* in Bezug auf eine Aktiengesellschaft.

bb. GmbH-Recht

Auch das Recht der Gesellschaften mit beschränkter Haftung enthält zwingende Regelungen, welche der Bestellung eines *administrative receiver* entgegenstehen.

(1) Zwingende Befugnisse der Gesellschaftsorgane

Die organschaftliche Vertretungsmacht einer GmbH obliegt deren Geschäftsführern aufgrund der zwingenden Vorschrift des § 35 Abs. 1 GmbHG; diese Vertretungsmacht ist unbeschränkt und kann – wie in § 37 Abs. 2 GmbHG klargestellt ist – auch nicht rechtsgeschäftlich, selbst durch Gesellschaftsvertrag oder Gesellschafterbeschluss nicht beschränkt werden.[1254] Eine Kreditaufnahme unter Einräumung eines Rechts zur Bestellung eines *administrative receiver* an den Sicherungsnehmer kann somit für eine GmbH nicht bewerkstelligt werden.

Auch Geschäftsführungsbefugnisse in Bezug auf eine GmbH stehen nicht zur freien Disposition. Die Geschäftsführung im Sinne der Entscheidung über die Art und Weise der Verfolgung des Gesellschaftszwecks, einschließlich der Unternehmensleitung, des Einsatzes und der Koordinierung der Ressourcen der Gesellschaft,[1255] obliegt den Geschäftsführern einer GmbH.[1256] Als Alternative hierzu können die Gesellschafter jedoch auch Geschäftsführungsbefugnisse an sich ziehen oder durch den Gesellschaftsvertrag anderen Organen zuweisen.[1257] Die Geschäftsführung einer GmbH ist mithin deren Organen vorbehalten und kann nicht an Gesellschaftsexterne, wie einen *administrative receiver*, übertragen werden.

[1254] Baumbach/Hueck(-Zöllner/Noack), GmbHG, § 35, Rdn. 3; Lutter/Hommelhoff, GmbHG, § 35, Rdn. 1–3; K. Schmidt, Gesellschaftsrecht, § 36, II.3.c

[1255] K. Schmidt, Gesellschaftsrecht, § 36, II.1.a; Baumbach/Hueck (-Zöllner/Noack), GmbHG, § 35, Rdn. 29

[1256] Baumbach/Hueck (-Zöllner/Noack), GmbHG, § 35, Rdn. 4, 28

[1257] Baumbach/Hueck (-Zöllner/Noack), GmbHG, § 35, Rdn. 4, 32; § 37, Rdn. 6, 18; Baumbach/Hueck(-Zöllner), GmbHG, § 46, Rdn. 92

(2) Wirtschaftliches Äquivalent zur Bestellung eines administrative receiver

Als einen Akteur mit Befugnissen, die denen des *administrative receiver* wirtschaftlich äquivalent sind, kommt ein vom Sicherungsnehmer im Sicherungsfall zu bestellender Geschäftsführer in Betracht. Ob gesellschaftsexternen Personen das Recht zur Bestellung eines Geschäftsführers einer GmbH eingeräumt werden kann, ist allerdings umstritten. So wird teilweise ein Recht zur Bestellung oder Entsendung von Geschäftsführern durch Nichtgesellschafter unter Berufung auf die Selbstbestimmung der Gesellschafter selbst dann abgelehnt, wenn ein solches Recht in der Satzung vorgesehen ist.[1258]

Nach anderer Auffassung soll ein Entsendungsrecht eines Gesellschaftsexternen, etwa eines Kreditgebers, unter der Voraussetzung einer diesbezüglichen Bestimmung im Gesellschaftsvertrag der GmbH eröffnet sein; auch nach dieser Auffassung muss jedoch eine Einflussnahme der Gesellschafter auf die zum Geschäftsführer ernannte Person, zumindest im Wege deren Abberufung aus wichtigem Grund nach § 38 GmbHG möglich bleiben.[1259]

Ein solcher Dritter kann jedoch nur zum Gesellschaftsorgan einer GmbH werden, wenn ihm die Geschäftsführungsbefugnis an dieser auf gesellschaftsvertraglicher Grundlage verliehen wird, er somit in die Organisationsverfassung der Gesellschaft eingebunden wird und zudem den Gesellschaftern eine ausreichend starke Rechtsposition verbleibt, um sein Verhalten zu beeinflussen.[1260] Nur ein den Interessen der Gesellschaft Verpflichteter, nicht jedoch ein zur Wahrnehmung der Interessen einzelner Gläubiger Bestellter, kann somit mit Geschäftsführungsaufgaben für eine GmbH betraut werden.

Folglich könnte ein auf die vorgenannte Weise entsandter Geschäftsführer den Interessen des Sicherungsnehmers jedenfalls insofern nicht in wirtschaftlich äquivalenter Weise zu einem *administrative receiver* dienen, als er nach § 46 Nr. 6 GmbHG der Prüfung und Überwachung durch andere Organe der Gesellschaft unterliegt. Diese Befugnis zur Prüfung und Überwachung der Tätigkeit des Geschäftsführers kann selbst durch Regelungen auf gesellschaftsvertraglicher Ebene nicht beseitigt werden.[1261]

[1258] Baumbach/Hueck(-Zöllner), GmbHG, § 46, Rdn. 33 f., 97
[1259] Baumbach/Hueck(-Hueck/Fastrich), GmbHG, § 6, Rdn. 20
[1260] Lutter/Hommelhoff, GmbHG, § 37, Rdn. 12–15
[1261] Baumbach/Hueck(-Zöllner), GmbHG, § 46, Rdn. 6, 51

(3) Ergebnis

Ein für eine GmbH abgeschlossener Sicherungsvertrag, welcher dem gesicherten Kreditgeber für den Sicherungsfall die Bestellung eines *administrative receiver* bzw. eines mit der Wahrung seiner Interessen betrauten Geschäftsführers einräumt, ist nach dem zwingenden Recht der Gesellschaften mit beschränkter Haftung unwirksam.

d. Rechtfertigung des deutschen Gesellschaftsrechts

Die Durchsetzung der zuvor dargestellten unabdingbaren gesellschaftsrechtlichen Bestimmungen auch gegenüber den Rechtsinstituten über Geschäftsführung und Vertretung anderer EU-Mitgliedstaaten könnte durch zwingende Erfordernisse des Allgemeininteresses gerechtfertigt sein.

Als Güter, die durch die vorgenannten Regelungen der deutschen Rechtsordnung geschützt sind, kommen das Selbstbestimmungsrecht der Gläubiger und die Wahrung der Interessen der Gesellschaft sowie die Rechtssicherheit und der Rechtsverkehr in Betracht.

aa. Aktienrecht

Die Wahrnehmung der Überwachungsaufgaben durch den Aufsichtsrat dient dem Schutz der Gesellschaft – unter Einschluss deren Arbeitnehmer – und der Aktionäre.[1262] Auch die übergeordnete Pflicht des Vorstandes besteht darin, die Interessen der Gesellschaft zu wahren.[1263] Der Schutz der Gesellschafter, der Arbeitnehmer und sonstiger Personen, die ein Interesse an der Gesellschaft haben, ist als zwingendes Erfordernis des Allgemeininteresses zu werten.

Die vorgenannten deutschen Sachnormen verhindern somit insbesondere die Zerschlagung überlebensfähiger Unternehmen aufgrund einer Fehldarstellung deren wirtschaftlicher Situation, welche die Bestellung eines *administrative receiver* mit sich bringen kann,[1264] und wahren somit die Interessen der Aktionäre und der Gesellschaft unter Einschluss deren Arbeitnehmer, Lieferanten und Abnehmer.

[1262] MünchKomm(-Hefermehl/Semler), AktG, vor § 76, Rdn. 24; § 111, Rdn. 6
[1263] K. Schmidt, Gesellschaftsrecht, § 28, II.4; § 26, II.3
[1264] vgl. oben: C.IV.1.d.bb

Es ist nicht ersichtlich, wie der deutsche Gesetzgeber diesen Interessen auf andere Weise als durch die vorgenannten aktienrechtlichen Bestimmungen Rechnung tragen und gleichzeitig Raum für die Anwendung der *administrative receivership* lassen könnte. Die betreffenden Bestimmungen des deutschen Rechts sind somit erforderlich, um das von ihnen verfolgte Schutzziel zu erreichen.[1265]

bb. GmbH-Recht

Hinter den Regelungen des GmbH-Rechts über die Bestellung der Mitglieder der Leitungsorgane steht die Wahrung der Selbstbestimmung der Gesellschafter.[1266] Durch das hinsichtlich der Prüfungs- und Überwachungsfunktionen der Gesellschaftsorgane zwingende GmbH-Organisationsrecht soll die Herrschaft der Anteilseigner über die Geschäftstätigkeit der Gesellschaft gewährleistet werden.[1267] Auch beim Recht auf wirtschaftliche Selbstbestimmung handelt es sich um ein zwingendes Erfordernis im Allgemeininteresse.

Mit der – keiner abweichenden Regelung zugänglichen – Zuweisung von Vertretungsmacht und Geschäftsführungsbefugnissen an den bzw. die GmbH-Geschäftsführer verfolgt die deutsche Rechtsordnung außerdem den Schutz des Rechtsverkehrs. Wegen der Weisungsgebundenheit der Geschäftsführer gegenüber der Gesellschafterversammlung[1268] wären nämlich alle in Abweichungen von solchen Weisungen vorgenommenen Rechtsgeschäfte der Geschäftsführer nach § 177 BGB schwebend unwirksam.[1269] Der ein zwingendes Erfordernis des Allgemeininteresses darstellende Schutz des Rechtsverkehrs[1270] hat in Bezug auf die GmbH erhebliche grenzüberschreitende Dimensionen.[1271]

Auch die der *administrative receivership* entgegenstehenden Normen des Rechts der Gesellschaften mit beschränkter Haftung sind somit durch zwingende Erfordernisse gerechtfertigt.

[1265] zum Merkmal der Erforderlichkeit vgl. oben: Zweiter Teil, B.II.2

[1266] Baumbach/Hueck(-Zöllner), GmbHG, § 46, Rdn. 97

[1267] K. Schmidt, Gesellschaftsrecht, § 36, I.2.a

[1268] K. Schmidt, Gesellschaftsrecht, § 36, I.2.a; Baumbach/Hueck(-Zöllner/Noack), GmbHG, § 35, Rdn. 32; § 37, Rdn. 19 ff.

[1269] K. Schmidt, Gesellschaftsrecht, § 36, II.3.c

[1270] Wolf, WM 1990, 1941 (1945; 1951)

[1271] Lutter/Hommelhoff, GmbHG, § 35, Rdn. 3; Einl., Rdn. 26–29

cc. Ergebnis

Indem das deutsche Kollisionsrecht in Bezug auf die Vertretung und Geschäftsführung von Kapitalgesellschaften und deren Überwachung auf deren Gründungsort verweist und somit die *administrative receivership* in Bezug auf in Deutschland inkorporierte Kapitalgesellschaften an unabdingbaren Bestimmungen des Gesellschaftssachrechts scheitern lässt, ist es durch zwingende Erfordernisse des Allgemeininteresses gerechtfertigt.

e. Anforderungen des englischen Rechts an die grenzüberschreitende Wirkung von floating charge und administrative receivership

Beschränkungen können von deutschem Recht in Bezug auf die hier untersuchte Kreditsicherung mittels *floating charge* allerdings von vornherein nur insoweit ausgehen, wie die grenzüberschreitende Wirkung dieser Kreditsicherheit überhaupt nach englischem Recht eröffnet ist.

Nach englischem Recht ist jedoch Voraussetzung für die grenzüberschreitende Wirkung der *floating charge* an dem Vermögen einer Kapitalgesellschaft, dass Letztere in Großbritannien inkorporiert ist. Der Anwendung der *administrative receivership* auf in England inkorporierte Kapitalgesellschaften zur Durchsetzung der *floating charge* steht die deutsche Rechtsordnung nicht entgegen.[1272] Die zuvor dargestellten deutschen Normen stellen sich somit nicht als Beschränkungen des Kapitalverkehrs dar.

Allerdings kann einer *floating charge* nach englischem Recht auch in Bezug auf eine außerhalb Großbritanniens gegründete Kapitalgesellschaft dingliche Wirkung zukommen, sofern diese in Großbritannien eine Niederlassung (*established place of business*) hat.[1273] Die Wirkung der *floating charge* ist dann jedoch auf die in Großbritannien belegenen Bestandteile des Unternehmensvermögens beschränkt.[1274] Die in Deutschland belegenen Vermögenswerte einer ebendort inkorporierten Kapitalgesellschaft mit Niederlassung in England werden somit nach geltendem englischem Recht von den Wirkungen einer *floating charge* nicht umfasst. Auch in Bezug auf außerhalb Großbritanniens, insbeson-

---

[1272] vgl. oben: c

[1273] Companies Act 1985, s. 409 (1) i.V.m. Companies Act 1985, s. 395 i.d.F.v. Companies Act 1989, s. 93; Goode, Legal Problems of Credit and Security, Rdn. 2-21, s. 77 f.; Gough, Company Charges, S. 635; Ferran, Company Law and Corporate Finance, S. 543

[1273] Companies Act 1985, s. 409 (1); Gough, Company Charges, S. 635

[1274] Companies Act 1985, s. 409 (1); Gough, Company Charges, S. 635

dere in Deutschland, inkorporierte Gesellschaften folgt aus den zuvor dargestellten deutschen gesellschaftsrechtlichen Regelungen im Endeffekt somit keine Beeinträchtigung der Wirkung des geltenden englischen Rechts.

Der Umstand, dass deutsches Gesellschaftskollisionsrecht in Verbindung mit zwingendem deutschen Gesellschaftssachrecht der Bestellung eines *administrative receiver* an einer deutschem Recht unterliegenden Kapitalgesellschaft entgegensteht, führt somit zu keiner Beschränkung von grenzüberschreitenden Unternehmensbeleihungen, die von der englischen Rechtsordnung eröffnet wären.

2. Behandlung des Rechtsinstituts der floating charge in der deutschen Rechtsordnung

Demgegenüber können sich deutsche Kollisionsnormen sehr wohl dadurch grundfreiheitsbeschränkend auswirken, dass sie für die Beurteilung dinglicher Rechte an in Deutschland belegenen, mittels *floating charge* belasteten Vermögensgegenständen einer in Großbritannien inkorporierten Kapitalgesellschaft ein anderes Sachrecht als das englische zur Anwendung berufen.

a. Beschränkende Wirkung des deutschen Rechts

Die beschränkende Wirkung, die von deutschen Kollisionsnormen in Bezug auf die *floating charge*-Bestellung ausgehen kann, ist auf die Situationen eingegrenzt worden, in denen das Verfahren der *administrative receivership* zur Durchsetzung dieser Kreditsicherheit nach wie vor zur Anwendung kommt.[1275] Das Verfahren der *administrative receivership* scheint insbesondere in dem Fall künftig noch eingeleitet werden zu können, in dem die Aktiva eines (ggf. in Deutschland tätigen) Unternehmens in eine nach englischem Recht gegründete und vor dem 15. September 2003 mit einer *floating charge* belastete Kapitalgesellschaft eingebracht werden.[1276] Die *administrative receivership* findet ferner auch künftig noch auf verschiedene Kategorien von Gesellschaften mit kapitalmarktrechtlichem Bezug Anwendung.[1277]

[1275] vgl. oben: II
[1276] vgl. oben: C.I.1.b
[1277] vgl. oben: C.I

In den vorgenannten Konstellationen können sich die in Artt. 43–46 EGBGB kodifizierte *lex rei sitae* (Situs-Regel) sowie das deutsche Forderungskollisionsrecht und das deutsche internationale Immaterialgüterrecht für die der Kapitalverkehrsfreiheit nach Art. 56 EGV unterfallende grenzüberschreitende Unternehmensbeleihung beschränkend auswirken.[1278] Das gilt für das Forderungskollisionsrecht und das internationale Immaterialgüterrecht jedoch nur, sofern man der umstrittenen Auffassung folgt, dass eine parteiautonome Rechtswahl auf dem betreffenden Rechtsgebiet ausgeschlossen ist.[1279]

b. Rechtfertigung der Situs-Regel

Angesichts der Bedeutung, die körperlichen Gegenständen als Bestandteilen von Unternehmen immer noch zukommt, hängt der Erfolg der grenzüberschreitenden Unternehmensbeleihung mittels *floating charge* davon ab, dass das Sacheigentum von diesem Sicherungsrecht umfasst wird. Als die deutschen, auf körperliche Vermögensgegenstände anzuwendenden Kollisionsnormen sind die eine sachenrechtliche Rechtswahl ausschließenden Artt. 43–46 EGBGB somit auf ihre Rechtfertigung durch zwingende Erfordernisse des Allgemeininteresses zu untersuchen.

In Bezug auf die grenzüberschreitende *floating charge*-Bestellung kommt es somit auf die bislang noch unentschieden gelassene[1280] Frage an, ob die Schutzgüter, denen durch die lex rei sitae Rechung getragen wird, zwingende Erfordernisse des Allgemeininteresses darstellen.

aa. Typenzwang

Der Typenzwang steht zwar der privatautonomen Schaffung von Rechtsinstituten mit Wirkung erga omnes entgegen; das bedeutet jedoch nicht, dass gestützt auf diesen Sachenrechtsgrundsatz einer Rechtswahl zugunsten von Rechtsinstituten eines anderen EU-Mitgliedstaates jegliche Wirkung in Deutschland versagt werden könnte.[1281] Vielmehr kann die rechtliche und wirtschaftliche Entwicklung, die von der europäischen Integration ausgeht, auch im deutschen Sachenrecht Berücksichtigung finden. Auch allgemein führt der Typenzwang

---

[1278] vgl. oben: Zweiter Teil, B.IV.1
[1279] vgl. oben: Zweiter Teil, B.IV.1.b, c
[1280] vgl. oben: Zweiter Teil, B.V
[1281] Wolf, Sachenrecht, § 2, I, Rdn. 22; ders., WM 1990, 1941 (1950)

nicht dazu, dass das deutsche Sachenrecht gegenüber neuen Entwicklungen verschlossen wäre und sich wandelnden wirtschaftlichen Bedürfnissen auf keine Weise Rechnung tragen könnte. Vielmehr kommt den gesetzlich nicht geregelten Rechtsinstituten des Anwartschaftsrechts, des Treuhandeigentums und auch des Sicherungseigentums[1282] kraft Richterrechts dingliche Wirkung zu.[1283]

bb. Spezialitätsgrundsatz

Auch der deutsche Spezialitätsgrundsatz steht einer Anerkennung der dinglichen Wirkung von Unternehmenshypotheken anderer Mitgliedstaaten nicht entgegen, da durch solche Unternehmenshypotheken die gesonderte Verfügbarkeit über die einzelnen im Unternehmen eingesetzten Vermögensgegenstände nicht verhindert wird.[1284]

cc. Bestimmtheitsgrundsatz

Ferner kommt eine Rechtfertigung der lex rei sitae durch den Bestimmtheitsgrundsatz in Betracht. Der Bestimmtheitsgrundsatz trägt dem Schutz des Rechtsverkehrs an der Erkennbarkeit der dinglichen Zuordnung von Vermögensgegenständen Rechnung, indem er die Wirkung eines Rechtsgeschäfts gegenüber Dritten an die Voraussetzung knüpft, dass anhand der auf die Verfügung gerichteten Rechtshandlung der Verfügungsgegenstand ermittelt werden kann, ohne dass Nachforschungen über die diesbezüglichen Rechtsverhältnisse erforderlich wären.[1285]

Die Bestellung einer *floating charge* ist demgegenüber an dem gesamten Vermögen einer Gesellschaft möglich, auch wenn dieses nicht weiter beschrieben wird.[1286] Will ein Rechtsteilnehmer wissen, welche Vermögensgegenstände mit einer *floating charge* belastet sind, dann genügt ihm nicht allein die Kenntnis des Inhalts des dinglichen Bestellungsakts dieses Sicherungsrechts; vielmehr muss er außerhalb dieses Verfügungsgeschäfts ermitteln, welche Vermögensgegenständen sich im Eigentum des Sicherungsgebers befinden.[1287] Allerdings

---

[1282] Staudinger/Wiegand, BGB, Anh. zu §§ 929 ff., Rdn. 7
[1283] Wolf, Sachenrecht, § 2, I, Rdn. 22; ders., WM 1990, 1941 (1950)
[1284] Wolf, WM 1990, 1941 (1950)
[1285] vgl. oben: Zweiter Teil, A.I.1.e.bb
[1286] vgl. oben: A.III.1
[1287] a.A.: Wenckstern, RabelsZ 56 (1992), 624 (663)

kann ein Dritter, der keine Kenntnis davon hat, dass ein konkreter Gegenstand von der *floating charge* umfasst wird, durch die Vorschriften über den gutgläubigen Erwerb geschützt werden. Der Bestimmtheitsgrundsatz erscheint somit nicht erforderlich, um die lex rei sitae zu rechtfertigen.

dd. Verbot der Übersicherung

Mit dem Verbot der anfänglichen Übersicherung trägt die deutsche Rechtsordnung zwingenden Erfordernissen des Allgemeininteresses, nämlich dem Schutz des Rechtsverkehrs vor Täuschung und dem Schutz ungesicherter Gläubiger, Rechnung.[1288] Die Bestellung einer *floating charge* stellt für ungesicherte Gläubiger eine erhebliche Bedrohung dar, da dieses Sicherungsrecht, insbesondere im hier relevanten Verfahren der *administrative receivership*, zur unnötigen Unternehmenszerschlagung im Interesse des übersicherten *floating charge*-Inhabers führen kann.[1289] Die Nichtanerkennung der Wirkung der *floating charge* in Bezug auf in Deutschland belegene Unternehmensaktiva ist somit geeignet, um zwingenden Erfordernissen des Allgemeininteresses Rechung zu tragen. Allerdings erscheint die lex rei sitae, durch die eine sachenrechtliche Rechtswahl ausgeschlossen ist, nicht erforderlich, um diesen Schutz zu gewährleisten.

Als gleich effektive, aber den grenzüberschreitenden Kapitalverkehr weniger beeinträchtigende Alternative kommt die Anwendung des Art. 6 EGBGB in Betracht. Danach ist eine Rechtsnorm eines anderen Staates nicht anzuwenden, wenn eine solche Anwendung zu einem Ergebnis führt, das mit wesentlichen Grundsätzen des deutschen Rechts offensichtlich unvereinbar ist. Sofern man das Verbot der Übersicherung als einen wesentlichen Grundsatz der deutschen Rechtsordnung im Sinne dieser Norm ansieht, blieben nur solche *floating charges* in Deutschland ohne Wirkung, mit denen tatsächlich eine Übersicherung einhergeht, während die Rechtswahl zugunsten anderer *floating charges* eröffnet wäre, aus denen (untypischerweise) keinerlei Übersicherung folgt und die daher nicht zu Täuschung oder unnötiger Benachteiligung der Gläubiger führen.

[1288] vgl. oben: Zweiter Teil, A.I.1.e.cc; Zweiter Teil, B.III.2.d

ee. Rechtssicherheit und Rechtsklarheit auf internationaler Ebene

Die sachenrechtliche Anknüpfung an den Belegenheitsort einer Sache dient der Rechtssicherheit und Rechtsklarheit, da die lex rei sitae universale Verbreitung in den verschiedenen Rechtsordnungen gefunden hat.[1290] Anwendung findet die lex rei sitae auch im sekundären Gemeinschaftsrecht, beispielsweise in Art. 18 Abs. 3 EuInsVO. Nach Artt. 5 und 7 EuInsVO bleiben am Belegenheitsort einer Sache bestehende dingliche Rechte von den Bestimmungen dieser Verordnung unberührt; ein Mehr an Rechtsklarheit hätte die Europäische Insolvenzverordnung dann erhalten, wenn sie statt der negativen Formulierung die lex rei sitae normiert hätte.[1291] Neben der Rechtsklarheit in Form der einfachen Ermittelbarkeit des am Lageort einer Sache geltende Rechts und des internationale Entscheidungseinklangs, hat die lex rei sitae auch den Vorzug der einfachen Durchsetzbarkeit.[1292]

Die lex rei sitae kann sich somit als eine Grundlage für Kodifikationen auf dem Gebiet des sekundären Gemeinschaftsrechts herauskristallisieren. Dass die Rechtsvereinheitlichung durch Rechtssetzung auf Gemeinschaftsebene im Vergleich zur Aufhebung von grundfreiheitsbeschränkenden mitgliedstaatlichen Normen eine höhere Stufe des Binnenmarktes darstellt,[1293] wirkt sich mithin auch in Bezug auf die lex rei sitae aus.

Durch das Ergebnis der Rechtfertigung der lex rei sitae im Kontext der Unternehmensbeleihung wird ferner ein Wertungswiderspruch vermieden. Bei Bewertung der lex rei sitae als ungerechtfertigte Beschränkungen der Kapitalverkehrsfreiheit ermöglichte man nämlich die Durchsetzung einer *floating charge* über in Deutschland belegene Sachen mittels des Verfahrens der *administrative receivership*, während eine Durchsetzung über das Verfahren der *administration* bereits an den Bestimmungen der EuInsVO scheiterte.[1294] Der britische Gesetzgeber hat demgegenüber dic *administrative receivership* wegen verschiedener negativer Auswirkungen dieses Rechtsinstituts auf Ausnahmetatbestände beschränkt.[1295] Letztere würden im Falle des Verbots der Anwendung der Artt. 43–46 EGBGB eine unerwartete Erweiterung erfahren. So könnten

[1289] vgl. oben: C.IV.1.d.aa
[1290] MünchKomm/Wendehorst, BGB, IPR, Art. 43 EGBGB, Rdn. 7 m.w.N.
[1291] vgl.: Paulus, EuInsVO, Art. 5, Rdn. 2
[1292] MünchKomm/Wendehorst, BGB, IPR, Art. 43 EGBGB, Rdn. 7 m.w.N.
[1293] vgl. oben: Zweiter Teil, B.IV.1.b
[1294] vgl. oben: Zweiter Teil, A.II.4.b.bb
[1295] vgl. oben: C.IV.2

möglicherweise die Aktiva eines deutschen Unternehmens in eine vor dem 15. September 2003 gegründete und mit *floating charge* belastete Vorratsgesellschaft eingebracht werden,[1296] nur um dieses Sicherungsrecht mittels der – grundsätzlich abgeschafften – *administrative receivership* auch in Bezug auf in Deutschland belegene Vermögensgegenstände durchzusetzen.

Da die Verwertung eines in Deutschland befindlichen Unternehmens durch einen *administrator* nach harmonisiertem Gemeinschaftsrecht scheitert, wäre aber das Ergebnis befremdlich, dass dieses Resultat im Rahmen des nicht harmonisierten Gemeinschaftsrechts durch die vom britischen Reformgesetzgeber grundsätzlich abgelöste Rechtsfigur der *administrative receivership* möglich sein sollte.

IV. Ergebnis

Der Ausschluss der sachenrechtlichen Rechtswahl durch die in Artt. 43–46 EGBGB kodifizierte lex rei sitae ist somit durch die zwingenden Erfordernisse der Rechtssicherheit und Rechtsklarheit auf internationaler, einschließlich gemeinschaftsrechtlicher Ebene gerechtfertigt.

Selbst wenn vor dem Hintergrund der Kapitalverkehrsfreiheit die Streitfragen des deutschen Kollisionsrechts in Bezug auf Verfügungen über Forderungen und Immaterialgüter[1297] zugunsten einer Rechtswahl entschieden wird, steht die – durch zwingende Erfordernisse des Allgemeininteresses gerechtfertigte – unabdingbare Anknüpfung an den Belegenheitsort von Sacheigentum somit der grenzüberschreitenden Bestellung von *floating charges* entgegen.

[1296] vgl. oben: C.I.1.b

[1297] vgl. oben: Zweiter Teil, A.II.2, 3

Fünfter Teil:

Die Unternehmensbeleihung in der schwedischen Rechtsordnung

Es bleibt zu untersuchen, ob die Unternehmenshypothek der schwedischen Rechtsordnung (*företagsinteckning*) die Beleihung des Unternehmens als lebender wirtschaftlicher Einheit ermöglicht und demzufolge Kreditgebern Veranlassung zur Einräumung von im Vergleich zur Verwendung von Einzelsicherungsrechten günstigeren Konditionen bietet.

Die *företagsinteckning* wurde mittels des am 4. Juni 2003 beschlossenen und zum 1. Januar 2004 in Kraft getretenen Gesetzes über die *företagsinteckning*[1298] eingeführt. Dieses Rechtsinstitut löste die *företagshypotek* ab, welche ebenfalls in einem eigenen Gesetz geregelt war.[1299] Die *företagshypotek* hatte ihrerseits im Jahre 1984 ein „*företagsinteckning*" genanntes Rechtsinstitut ersetzt.[1300] Die schwedische Unternehmenshypothek hat somit ihren alten Namen wiedererhalten. Die Unternehmenshypothek in Form der *företagshypotek* ist nach einer Übergangsphase im Jahr 2004, in der jenes Rechtsinstitut noch für bestimmte nicht abgeschlossene Tatbestände zur Anwendung kam,[1301] nunmehr obsolet. Seit 2005 kann die Unternehmensbeleihung nur noch mittels *företagsinteckningar*, also Unternehmenshypotheken neuen Rechts, erfolgen; zuvor begründete *företagshypotek* wurden in *företagsinteckningar* umgewandelt.[1302] Obwohl der gesetzestechnische Weg der Aufhebung und Ersetzung des Gesetzes über die *företagshypotek* gewählt wurde, entspricht das neue Gesetz in weiten Teilen demjenigen über die *företagshypotek*.[1303] Es bestehen jedoch auch gewichtige Unterschiede im Vergleich zur alten Rechtslage, die sich vor allem als Vereinfachungen darstellen.[1304]

1298 Lag om företagsinteckning, SFS 2003:528 (abgekürzt: FIL)

1299 Lag om företagshypotek, SFS 1984:649 (abgekürzt: FHL)

1300 Wenckstern, Hypotheken auf Unternehmen – Neue Gesetze in Schweden und Finnland, RabelsZ 52 (1988), 663 (666 f.)

1301 vgl. Übergangsbestimmungen (*övergångsbestämmelser*) am Ende des FIL

1302 Ziffer 3 Satz 2 der Übergangsbestimmungen (*övergångsbestämmelser*) am Ende des FIL

1303 Regeringens proposition 2002/03:49 Nya förmånsrättsregler (Regierungsentwurf „Neue Vorzugsrechtsregeln" mit Motiven vom 2. Februar 2003; abgekürzt: Prop. 2002/03:49), Abschnitt 8.2, S. 99

1304 vgl.: Prop. 2002/03:49, Abschnitt 8.2, S. 97

Das Gesetz über die *företagsinteckning* wurde als Teil eines umfassenden Gesetzespaketes erlassen, dessen Schwerpunkt die Reform des Vorzugsrechtsgesetzes[1305] bildete.[1306] Mit dieser Gesetzesreform wurden als übergreifende Ziele die Förderung der Sanierung überlebensfähiger Unternehmen nach dem Gesetz über die Unternehmensrekonstruktion (*företagsrekonstruktion*),[1307] die Verbesserung des Lohnschutzes der Arbeitnehmer im Insolvenzverfahren[1308] sowie die Erhöhung der Konkursquote für nicht-bevorrechtigte Forderungen verfolgt.[1309]

Es herrscht die Auffassung, dass die durch die *företagshypotek* dem Sicherungsnehmer ehemals vermittelte starke Rechtsposition der Hauptgrund für das häufige Scheitern von Verfahren der Unternehmensrekonstruktion und stattdessen erfolgender Konkursverfahren war; insofern wird die Neuregelung der Unternehmenshypothek als das eigentliche Kernstück dieser Reformgesetzgebung angesehen.[1310] Insbesondere mittels Schwächung der Rechtsposition des Unternehmenshypothekars soll nunmehr die Interessengemeinschaft der Unternehmensgläubiger gefördert, bei der Kreditvergabe Veranlassung für eine verstärkte Orientierung an Ertragsaussichten kreditnehmender Unternehmen geschaffen und auf schnellere Einleitung von Insolvenzverfahren hingewirkt werden.[1311]

Für die Gesetzesauslegung kommt in der schwedischen Rechtsordnung den Gesetzesmaterialien – insbesondere der Stellungnahme des federführenden Ministers eines Regierungsentwurfs – die primäre Bedeutung zu;[1312] diese nehmen in vielerlei Hinsicht die Funktion von Gesetzeskommentaren ein.[1313] Für die Interpretation der Gesetzgebung um die Neuregelung der Vorzugsrechte sind die diesbezüglichen Vorarbeiten somit von zentralem Interesse.

1305 Förmånsrättslag, SFS 1970:979 (abgekürzt: FRL)

1306 Prop. 2002/03:49, Abschnitt 13, S. 60–63

1307 Lag om företagsrekonstruktion, SFS 1996:764 (abgekürzt: LFR)

1308 Prop. 2002/03:49, S. 1; Lagutskottets betänkande 2002/03:LU17 Nya förmånsrättsregler (Bericht des Gesetzgebungsausschusses zum Gesetzesentwurf „Neue Vorzugsrechtsregeln" vom 20. Mai 2003; abgekürzt: Bet. LU 2002/03:17), Gliederungspunkt: Nya förmånsrättsregler – Sammanfattning

1309 Prop. 2002/03:49, S. 1

1310 Prop. 2002/03:49, Abschnitt 8.2, S. 94

1311 Prop. 2002/03:49, S. 1; Abschnitt 8.2, S. 93 f.

1312 Norton Rose/Kärde, Cross-Border Security (2000), Sweden, S. 391; Wenckstern, RabelsZ 52 (1988), 663 (667)

1313 Norton Rose/Kärde, Cross-Border Security, S. 391

A. Für die Bestellung einer företagsinteckning qualifizierte Unternehmen

I. Rechtsform des Sicherungsgebers

Die Bestellung einer *företagsinteckning* steht natürlichen und juristischen Personen gleichermaßen offen.[1314] Hinsichtlich der Rechtsform, in welcher ein Unternehmen betrieben wird, bestehen somit nach schwedischem Recht keine Beschränkungen für dessen Beleihung.

II. Bedeutung der Eigenschaft des Sicherungsgebers als Gewerbetreibender

Wie bereits die *företagshypotek*[1315] kann die *företagsinteckning* gemäß Kap. 1 §§ 1, 2 Abs. 1 FIL zur Beleihung des Vermögens eines Gewerbetreibenden (*näringsidkare*) eingesetzt werden. Darüber hinaus spricht jedoch nichts dagegen, dass auch ein Nichtgewerbetreibender nach Kap. 1 § 1 FIL eine *företagsinteckning* an seinem Vermögen bestellt.[1316] Allein der Umstand, dass über das Vermögen einer Person bereits das Konkursverfahren eröffnet ist, steht nach Kap. 1 § 5 FIL der Bestellung einer *företagsinteckning* daran zwingend entgegen.

Dennoch kommt der Frage, ob es sich bei der Person, die eine *företagsinteckning* bewilligt, um einen Gewerbetreibenden handelt, entscheidende Bedeutung zu, denn nur bei Erfüllung dieses Merkmals kann die Eintragung einer *företagsinteckning* eine gegenüber Dritten wirkende Rechtsposition des Eintragungsbegünstigten, nämlich ein Vorzugsrecht an dem Vermögen des Eintragungsbewilligenden, begründen.[1317] Die Eintragung einer *företagsinteckning* an dem Vermögen einer Person, die sich weder im Zeitpunkt der Eintragung noch später als Gewerbetreibender herausstellt, vermittelt demgegenüber kein Recht daran.[1318] Fälle, in denen der Kreditgeber annimmt, der Kreditnehmer habe den

---

1314 Prop. 2002/03:49, Abschnitt 8.2, S. 93; zur entsprechenden früheren Rechtslage: Wenckstern, RabelsZ 52 (1988), 663 (667)

1315 vgl.: Kap. 1 § 2 FHL

1316 Prop. 2002/03:49, Abschnitt 8.2, S. 98

1317 Kap. 1 § 2 Abs. 1 FIL i.V.m. § 11 FRL

1318 Prop. 2002/03:49, Abschnitt 8.2, S. 98

Status eines Unternehmers, werden allerdings für die Praxis als kaum relevant angesehen, da an den Begriff des Gewerbetreibenden niedrige Anforderungen gestellt werden, wenn dieser Begriff auch nicht ganz eindeutig ist.[1319] Auch Freiberuflern erscheint die Bestellung einer *företagsinteckning* nicht verwehrt, denn auch bei diesen handelt es sich um Personen, die „gewerbsmäßig eine Tätigkeit wirtschaftlicher Art betreiben", mithin um Gewerbetreibende im Sinne der Vorarbeiten zum Gesetz über die *företagshypotek*,[1320] welches in dieser Hinsicht durch das Gesetz über die *företagsinteckning* keine Neuerung erfahren hat.

III. Sicherungsbestellung in Bezug auf erst geplante Gewerbebetriebe

Aus dem Umstand, dass auch Nichtgewerbetreibende die Eintragung einer *företagsinteckning* vornehmen können, folgt, dass das schwedische Recht die antizipierte Beleihung eines geplanten, jedoch noch nicht begonnenen Unternehmens eröffnet.[1321] Eine diesbezügliche ausdrückliche Bestimmung[1322] wurde daher vom Reformgesetzgeber als verzichtbar angesehen.[1323] Die schwedische Unternehmenshypothek kann somit nach wie vor zwecks Finanzierung von Unternehmensgründungen Verwendung finden.[1324]

IV. Bedeutung der Nationalität des Sicherungsgebers

Da unter der Geltung des Gesetzes über die *företagshypotek* Ausländern die Eintragung einer Unternehmenshypothek in Bezug auf ihr Vermögen offen stand,[1325] ist davon auszugehen, dass auch nach neuem Recht die fremde Staatsangehörigkeit einer natürlichen Person bzw. die Inkorporation einer juristischen Personen außerhalb Schwedens der Registereintragung einer *företagsinteckning* an deren Vermögen nicht entgegensteht.

1319 Prop. 2002/03:49, Abschnitt 8.2, S. 98

1320 vgl.: Wenckstern, RabelsZ 52 (1988), 663 (667); Dahlgren/Rune, Företagshypotek m.m. (1996), S. 21

1321 Prop. 2002/03:49, Abschnitt 8.2, S. 98

1322 vgl. zum früheren Recht: Kap. 1 § 4 Abs. 3 FHL

1323 Prop. 2002/03:49, Abschnitt 8.2, S. 98

1324 vgl.: Wenckstern, RabelsZ 52 (1988), 663 (668); Dahlgren/Rune, Företagshypotek, S. 30 f.

1325 Wenckstern, RabelsZ 52 (1988), 663 (667)

B. Vermögensrechtliche und tatsächliche Grundlage

Ebenso wenig wie eine Begrenzung der Verwendbarkeit der *företagsinteckning* auf bestimmte Kategorien von Unternehmen bestehen Restriktionen in Bezug auf das von dieser Unternehmenshypothek erfasste Sicherungsgut.

I. Von der företagsinteckning umfasste Vermögensgegenstände

Von der *företagshypotek* wurden lediglich dem Sicherungsgeber gehörende Vermögensgegenstände bestimmter Kategorien umfasst, welche dieser für unternehmerische Tätigkeit einsetzte;[1326] ferner konnte in einigen Fällen das von der *företagshypotek* umfasste Sicherungsgut auf bestimmte Unternehmen oder Betriebe des Sicherungsgebers begrenzt werden.[1327] Demgegenüber ist mit der *företagsinteckning* gemäß Kap. 1 § 1 FIL zwingend das gesamte Vermögen des Sicherungsgebers belastet.[1328]

1. Einschluss sämtlicher Unternehmen und Betriebe des Sicherungsgebers

Mangels jeglicher gesetzlichen Begrenzung des Umfangs der Beleihung des schuldnerischen Vermögens mit der *företagsinteckning* nach Kap. 1 § 1 FIL erfasst die Unternehmensbeleihung sämtliche – ggf. örtlich verteilten – Betriebe des Sicherungsgebers.[1329] Die Gefahr der Entwertung des Sicherungsrechts durch Verlagerung von Betriebsstätten oder deren Aktiva wird insoweit vermieden.[1330] Ausnahmen von diesem Grundsatz existieren nach der Neuregelung der schwedischen Unternehmenshypothek nicht mehr. Für die nach vormaligem Recht bestehende Option der Begrenzung der Unternehmensbeleihung auf bestimmte Gewerbezweige bzw. auf einzelne Wasserkraft-Elektrizitätswerke und Bergwerksbetriebe[1331] fehlt es laut in den Vorarbeiten zum Gesetz über die *företagsinteckning* geäußerter Auffassung an einem praktischen Bedürfnis.[1332]

1326 Kap. 2 § 1 FHL
1327 Kap. 3 § 1 Abs. 2 FHL
1328 Prop. 2002/03:49, Abschnitt 8.2, S. 93
1329 zur entsprechenden früheren Rechtslage: Dahlgren/Rune, Företagshypotek, S. 68 f.
1330 Wenckstern, RabelsZ 52 (1988), 663 (674)
1331 Kap. 3 § 1 Abs. 2 FHL; hierzu: Wenckstern, RabelsZ 52 (1988), 663 (674)
1332 Prop. 2002/03:49, Abschnitt 8.2, S. 99

Da die *företagsinteckning* zwingend das gesamte Vermögen des Sicherungsgebers umfasst, kann Letzterer den Umfang der Beleihung auch nicht auf einzelne Tochtergesellschaften beschränken; dies galt bereits gemäß der vorhergehenden Rechtslage.[1333] Das Ergebnis der Beleihung nur bestimmter innerhalb eines Konzerns gehaltener Gesellschaften kann allerdings im Wege der Bestellung von *företagsinteckningar* durch die Organe der jeweiligen Tochtergesellschaften bewerkstelligt werden.[1334]

2. Einschluss von dem Privatgebrauch dienenden Aktiva

Während mittels der *företagshypotek*, ebenso wie mittels des *nantissement du fonds*,[1335] nur solche Vermögensgegenstände des Sicherungsgebers umfasst werden konnten, die dieser im Rahmen seiner unternehmerischen Tätigkeit – bzw. im Rahmen eines einzeln beliehenen Betriebes[1336] – einsetzte,[1337] schließt die *företagsinteckning* auch dessen Privatgebrauch dienende Aktiva ein.[1338] Die im Einzelfall schwierige Frage der Abgrenzung zwischen Betriebs- und Privatvermögen[1339] von Einzelkaufleuten stellt sich unter Geltung des neuen Rechts somit nicht mehr. Auch die Gefahr der Entwertung der Unternehmenshypothek durch Überführung von Aktiva in Privatgebrauch oder in nicht hiermit belastete Unternehmen bzw. Betriebe des Sicherungsgebers[1340] besteht nach neuem Recht somit nicht mehr.

3. Kategorien der beleihbaren Aktiva

Nach Kap. 1 § 1 FIL werden sämtliche Kategorien von dem Sicherungsgeber gehörenden Vermögensgegenständen von der *företagsinteckning* umfasst.[1341] Dieses Ergebnis wird regelmäßig auch mittels der englischen *floating charge* erzielt.[1342] Demgegenüber stimmte die *företagshypotek* mit dem *nantissement*

1333 Wenckstern, RabelsZ 52 (1988), 663 (674); Dahlgren/Rune, Företagshypotek, S. 69
1334 Wenckstern, RabelsZ 52 (1988), 663 (674)
1335 vgl. oben: Dritter Teil, B.I.1
1336 Dahlgren/Rune, Företagshypotek, S. 36
1337 Kap. 2 § 1 Abs. 1 FHL; Dahlgren/Rune, Företagshypotek, S. 34, 36; Wenckstern, RabelsZ 52 (1988), 663 (673, 674); Prop. 2002/03:49, Abschnitt 8.1, S. 91
1338 Kap. 1 § 1 FIL; Prop. 2002/03:49, Abschnitt 8.2, S. 93
1339 Wenckstern, RabelsZ 52 (1988), 663 (674)
1340 vgl.: Wenckstern, RabelsZ 52 (1988), 663 (685)
1341 Prop. 2002/03:49, S. 93
1342 vgl. oben: Vierter Teil, A.I

du fonds insofern überein, als sie bestimmte Kategorien von Vermögensgegenständen, die vom Sicherungsgeber für den Gewerbebetrieb eingesetzt wurden, nicht umfassen konnte.[1343] Insbesondere war das Immobiliarvermögen auch nach schwedischem Recht nicht in die Unternehmensbeleihung einbeziehbar.[1344] Jedoch befanden sich auch andere Vermögensgegenstände, für welche das schwedische Recht eine Beleihung mittels speziellen Registerpfandrechts eröffnete, außerhalb des Haftungsverbandes der Unternehmenshypothek.[1345] So vermied der schwedische Gesetzgeber Konkurrenz unter den verschiedenen registerpflichtigen Sicherungsrechten, wobei der *företagshypotek* eine Auffangfunktion zukam.[1346] Auch diverse besonders leicht umlauffähige und beleihbare Vermögensgegenstände waren von der Beleihung mittels Unternehmenshypothek ausgenommen.[1347] Schließlich waren solche Vermögensgegenstände nicht von der *företagshypotek* umfasst, welche weder gepfändet werden noch in die Konkursmasse fallen konnten.[1348]

a. Mit anderweitigem Registerpfandrecht bzw. Grundpfandrecht beleihbare Aktiva

Der Umstand, dass nunmehr mittels eines anderen Registerpfandrechts als der Unternehmenshypothek beleihbare Aktiva sowie Immobilien, für welche die Möglichkeit der Beleihung mittels Grundpfandrechts (*inteckning*)[1349] besteht, vom Haftungsverband der Unternehmenshypothek umfasst werden, verschafft dem Unternehmenshypothekar jedoch wirtschaftlich betrachtet keinerlei Vorteil.

Die Thematik der Konkurrenz anderer registerpflichtiger Sicherungsrechte mit der Unternehmenshypothek, welcher der schwedischen Gesetzgeber vormals durch Begrenzung des Umfangs der Unternehmenshypothek ausgewichen ist, löst er nunmehr nämlich stets zulasten der Unternehmenshypothek.[1350] Ein Unternehmenshypothekar, welcher in Hinblick auf Immobiliarvermögen bzw. in Hinblick auf mittels speziellen Registerpfandrechts beleihbares sonstiges Ver-

1343 Kap. 2 § 1 FHL; vgl. oben: Dritter Teil, B
1344 Kap. 2 § 1 Abs. 1 FHL; Dahlgren/Rune, Företagshypotek, S. 33 f.
1345 Kap. 2 § 1 Abs. 2 Nr. 2 FHL; Wenckstern, RabelsZ 52 (1988), 663 (676)
1346 Wenckstern, RabelsZ 52 (1988), 663 (669)
1347 Kap. 2 § 1 Abs. 2 Nr. 1 FHL; Wenckstern, RabelsZ 52 (1988), 663 (675)
1348 Kap. 2 § 1 Abs. 2 Nr. 3 FHL; Wenckstern, RabelsZ 52 (1988), 663 (676)
1349 Kap. 6 Jordabalk (Grundstücksgesetzbuch, abgekürzt: JB), SFS 1970:994
1350 §§ 11, 4 Nr. 3, 6, 7 FRL

mögen Kredit gewähren will, wird sich somit hieran zusätzlich ein Grund- bzw. besonderes Registerpfandrecht bestellen lassen müssen, um die ihn beeinträchtigende Beleihung dieser Vermögensgegenstände zugunsten eines Dritten zu verhindern.

Die Frage, welche Vermögenswerte von der Grundpfandhaftung umfasst sind bzw. mit speziellen Registerpfandrechten beliehen werden können, ist somit wirtschaftlich betrachtet nach der Gesetzesreform ebenso bedeutsam wie zuvor.

aa. Umfang der Grundpfandhaftung

Mit dem Grundpfandrecht beleihbar ist das Grundstück.[1351] Grundstücksbestandteile im Sinne des schwedischen Rechts (*tillbehör*)[1352] sind Zubehör sowie mit dem Grundstück verbundene ehemals bewegliche Sachen[1353] unter der Voraussetzung, dass die betreffenden Sachen dem Grundeigentümer gehören; einen Eigentumserwerb durch Verbindung mit einem Grundstück kennt das schwedische Recht allerdings nicht.[1354]

Auf einem Grundstück eingesetzte Maschinen und andere Ausrüstung (*industritillbehör*) kann der Eigentümer demgegenüber in Mobiliarvermögen verwandeln, indem er eine ins Grundbuch einzutragende diesbezügliche Erklärung abgibt.[1355] Dies hat zur Folge, dass die betreffenden Vermögensgegenstände von einem später bestellten Grundpfandrecht nicht umfasst werden, wohl aber von einer *företagsinteckning*. Unter Berücksichtigung der Frage, ob Maschinen und andere Ausrüstungsgegenstände eine engere wirtschaftliche Einheit mit seinem Grundstück oder seinem sonstigen Vermögen bilden, kann der Grundeigentümer somit gegen eine Beleihung dieser Aktiva mittels Grundpfandrechts optieren. Fahrzeuge, Geschäftsmobiliar und Handwerkszeug sind demgegenüber stets Mobilien und nie Grundstücksbestandteile;[1356] sie werden daher in keinem Fall von dem Grundpfandrecht, allerdings – sofern sie dem Sicherungsgeber gehören – von der *företagsinteckning* umfasst.

Auch vom Mieter oder Pächter auf dem vermieteten oder verpachteten Grundstück errichtete Gebäude stellen nach schwedischem Recht grundsätzlich keine

[1351] Kap. 6 § 1 JB
[1352] eingehend: Wenckstern, RabelsZ 52 (1988), 663 (669, Fn. 34)
[1353] Kap. 2 §§ 1–3 JB; im Einzelnen: Wenckstern, RabelsZ 52 (1988), 663 (669–672)
[1354] vgl.: Kap. 2 § 4 Abs. 1 Satz 1 JB; Wenckstern, RabelsZ 52 (1988), 663 (671 f.)
[1355] Kap. 2 § 3 Satz 1 und 2 JB; Wenckstern, RabelsZ 52 (1988), 663 (671)
[1356] Kap. 2 § 3 Satz 3 JB

Grundstücksbestandteile dar.[1357] In Bezug auf Gebäude auf fremdem Grund behält die schwedische Unternehmenshypothek somit ebenfalls ihre wirtschaftliche Bedeutung, sofern die vertraglichen Rechte des gewerblichen Mieters oder Pächters übertragbar sind.[1358] In diesem Fall kommt nämlich einem Erwerber des Sicherungsgutes im Rahmen der Verwertung die Berechtigung zur Nutzung dieser auf fremdem Grund befindlichen Gebäude zu.[1359] Auch bei Fehlen einer vertraglichen Berechtigung zur Abtretung der Mieterrechte kann im Rahmen des Konkursverfahrens das Unternehmen zusammen mit den Rechten aus gewerblichem Mietvertrag übertragen werden.[1360]

bb. Mit besonderen Registerpfandrechten beleihbare Vermögensgegenstände

Bei den Vermögensgegenständen, die mit – der *företagsinteckning* stets im Rang vorgehenden – Registerpfandrechten belastet werden können, handelt es sich um Erbbaurechte,[1361] Wasserfallrechte,[1362] Schiffe und Schiffsbauwerke[1363] sowie Luftfahrzeuge einschließlich deren Reserveteillager.[1364] Der Umstand, dass sich der Haftungsverband der Unternehmenshypothek nach neuem Recht auf mittels Registerpfandrechts gesondert beleihbare Vermögensgegenstände erstreckt, führt somit zu keiner wirtschaftlich bedeutsamen Erweiterung des Umfangs dieses Globalsicherungsrechts. Für Pfandrechte an Patentrechten[1365] ist demgegenüber kein derartiger Vorrang vor der *företagsinteckning* normiert,[1366] so dass diesem Globalsicherungsrecht in Bezug auf vom Sicherungsgeber innegehabte Patente wirtschaftliche Bedeutung zukommt.

1357 Kap. 2 § 4 Abs. 1 Satz 1 JB; Wenckstern, RabelsZ 52 (1988), 663 (671 f.)

1358 Wenckstern, RabelsZ 52 (1988), 663 (672)

1359 vgl. zum früheren Recht: Wenckstern, RabelsZ 52 (1988), 663 (673)

1360 vgl.: MünchKomm/Csatho, InsO, Art. 102 EGInsO, Anh. II, Schweden, Rdn. 32

1361 Kap. 13 § 1 Abs. 2, Kap. 22 § 15 JB i.V.m. §§ 11, 7 Nr. 3 FRL

1362 Kap. 13 § 1 Abs. 2, Kap. 22 § 15 JB, § 12 Lag om införande av nya jordabalken (Einführungsgestz zum neuen Grundstücksgesetzbuch), SFS 1970:995 i.V.m. §§ 11, 7 Nr. 3 FRL

1363 Kap. 3 §§ 1–35 Sjölag (Seegesetz), SFS 1994:1009 i.V.m. §§ 11, 4 Nr. 3 Var. 1 und 2 FRL

1364 Lag om inskrivning av rätt till luftfartyg (Gesetz über die Registrierung von Rechten an Luftfahrzeugen), SFS 1955:227 i.V.m. §§ 11, 4 Nr. 3 Var. 3 FRL

1365 §§ 94–104 Patentlag (Patentgesetz), SFS 1967:837

b. Besonders leicht umlauffähige Vermögensgegenstände

Dass nunmehr auch die besonders leicht umlauffähigen und beleihbaren Vermögensgegenstände – Barmittel, Bankguthaben, verbriefte Gesellschaftsanteile, für den gewöhnlichen Umlauf bestimmte Schuldverschreibungen und Aktienfondsanteile[1367] – von der schwedischen Unternehmenshypothek umfasst werden, bedeutet demgegenüber eine wirtschaftlich bedeutsame Erweiterung des möglichen Sicherungsgutes.[1368] Mit dieser Neuregelung bezweckt der Gesetzgeber den Schutz des Unternehmenshypothekars vor Aushöhlung dessen Sicherungsrechts,[1369] welche vormals häufig in der Weise erfolgte, dass der Sicherungsgeber der Belastung mittels *företagshypotek* unterfallende Aktiva kurz vor Eröffnung des Konkursverfahrens in Barmittel, Kontoguthaben oder dergleichen umwandelte.[1370]

Die betreffende wirtschaftliche Bedeutung der Neuregelung erfährt eine Relativierung jedoch in dem Ausmaß, wie Wertpapiere, Kontoguthaben etc. auf praktikable Weise mittels Einzelpfandrechts beliehen oder Gegenstand eines Zurückbehaltungsrechts werden können. Solche Rechte Dritter sind nämlich, ebenso wie die zuvor thematisierten Einzelregisterpfandrechte, gegenüber der *företagsinteckning* stets vorrangig.[1371]

c. Weder pfändbare noch in die Konkursmasse fallende Vermögensgegenstände

Dass die schwedische Unternehmenshypothek nunmehr auch weder pfändbare noch in die Konkursmasse fallende Vermögensgegenstände, wie das Urheberrecht,[1372] umfasst, erscheint wirtschaftlich bedeutungslos, denn die Unternehmenshypothek verleiht eine Berechtigung allein an einem solchen Verwertungs-

---

1366 vgl. zum unveränderten früheren Recht: Wenckstern, RabelsZ 52 (1988), 663 (676, Fn. 62)

1367 Kap. 2 § 1 Abs. 2 Nr. 1 FHL; Wenckstern, RabelsZ 52 (1988), 663 (675)

1368 vgl.: Månsson/Norling, Ny lagstiftning om förmånsrätt och företagshypotek – Hur bankernas kreditgivning till företag påverkas (2004), Nr. 4.2.1.1, S. 32

1369 Prop. 2002/03:49, Abschnitt 8.1, S. 91

1370 Prop. 2002/03:49, S. 91; Bogdan(-Håstad), Swedish Law in the New Millennium (2000), S. 426

1371 §§ 11, 4 Nr. 2 FRL; Wenckstern, RabelsZ 52 (1988), 663 (675)

1372 vgl.: § 42 Lag om upphovsrätt till litterära och konstnärlinga verk (Gesetz über das Urheberrecht an literarischen und künstlerischen Werken), SFS 1960:729; Dahlgren/Rune, Företagshypotek, S. 45

erlös, der im Rahmen des Konkursverfahrens erzielt worden ist,[1373] mithin nur in Bezug auf in die Konkursmasse fallende Aktiva des Sicherungsgebers.

Vermögenswerte, die nach schwedischem Recht zwar nicht der Pfändung unterliegen, jedoch in die Konkursmasse fallen, waren bereits nach früherem Recht von der Unternehmenshypothek umfasst.[1374] Hierzu gehören Marken[1375] und die Firma, sofern sie nicht den Familiennamen des Unternehmers enthält.[1376] Wirtschaftliche Bedeutung kommt ferner dem Einschluss von Forderungen einer Aktiengesellschaft auf ausstehende Einlagen in den Haftungsverband der Unternehmenshypothek zu, da auch solche Forderungen Teil der Konkursmasse werden können,[1377] wenn sie auch nicht der Pfändung unterliegen.[1378]

4. Belegenheit der Unternehmensaktiva

Während aus Kap. 3 § 1 FHL gefolgert wurde, dass nur in Schweden belegene Gewerbebetriebe mit der *företagshypotek* beliehen werden konnten,[1379] und unklar blieb, ob außerhalb Schwedens befindliche, aber für einen innerhalb Schwedens belegenen Betrieb eingesetzte Aktiva der Unternehmenshypothek unterlagen,[1380] spricht das Fehlen eines Hinweises auf eine geographische Beschränkung des Sicherungsgutes im Gesetz über die *företagsinteckning* für die Einbeziehung von ausländischem Recht unterliegenden Vermögensgegenständen des Sicherungsgebers in die Unternehmensbeleihung.

5. Ergebnis

Von der schwedischen Unternehmenshypothek neuen Rechts wird das Vermögen des Sicherungsgebers ausnahmslos umfasst. In wirtschaftlicher Hinsicht geht hiermit allerdings eine relativ geringe Erweiterung des Sicherungsgutes gegenüber der vormaligen Rechtslage einher; demgegenüber hat die Gesetzes-

---

[1373] §§ 2, 11 FRL
[1374] vgl.: Wenckstern, RabelsZ 52 (1988), 663 (676)
[1375] §§ 2, 34 Abs. 5 Varumärkeslag (Warenzeichengesetz), SFS 1960:644
[1376] § 14 Firmalag (Firmengesetz), SFS 1974:156
[1377] Dahlgren/Rune, Företagshypotek, S. 45
[1378] Kap. 2 § 10 Abs. 2 Aktiebolagslag (Aktiengesellschaftsgesetz), SFS 1975:1385
[1379] Wenckstern, RabelsZ 52 (1988), 663 (674 f. Fn. 58)
[1380] Wenckstern, RabelsZ 52 (1988), 674 f.

reform – gemäß einer ihrer Zielsetzungen[1381] – zu einer starken Vereinfachung der Rechtslage und zum Wegfall von Abgrenzungsproblemen geführt.

II. Von der företagsinteckning umfasste tatsächliche Beziehungen

Da mit der *företagsinteckning* sämtliche Unternehmensaktiva – wie überhaupt alle Vermögensgegenstände des Sicherungsgebers – belastet werden, werden hiervon faktisch auch die Beziehungen der Unternehmensaktiva zueinander sowie nicht verrechtlichte Beziehungen zu Dritten umfasst.[1382] Bei einer Veräußerung des beliehenen Unternehmens als wirtschaftlicher Einheit unterliegt somit auch der auf den Geschäftswert bzw. Goodwill entfallende Kaufpreisanteil oder sonstige Gegenwert der Haftung der Unternehmenshypothek. Entsprechendes galt bereits nach dem Gesetz über die *företagshypotek*;[1383] schon damals gehörte der Goodwill zu den mittels Unternehmenshypothek beliehenen „Vermögenswerten".[1384]

III. Anforderung an die Bestellung der företagsinteckning

Dass die *företagsinteckning*, wie zuvor dargestellt, das Vermögen des Sicherungsgebers vollständig umfasst, hat Auswirkungen auch in Bezug auf die Bestellung dieses Sicherungsrechts.

1. Bezeichnung des Sicherungsgutes

Da zwingend das gesamte Vermögen des Sicherungsgebers von der *företagsinteckning* umfasst ist, stellt sich die Bezeichnung des Sicherungsgutes als für die Parteien unproblematisch dar. Zur Identifizierung des beliehenen Vermögens dient eine Personennummer bzw. – bei juristischen Personen – eine Organisationsnummer.[1385] Die zur Unternehmensbeleihung notwendige Bezeichnung des Sicherungsgutes ist somit auf ein Minimum reduziert.

1381 Prop. 2002/03:49, Abschnitt 8.2, S. 97–99

1382 vgl. oben: Erster Teil, C.II.1

1383 Dahlgren/Rune, Företagshypotek, S. 47; Månsson/Norling, Ny lagstiftning om förmånsrätt och företagshypotek, Nr. 3.3.2.1, S. 24

1384 Wenckstern, RabelsZ 52 (1988), 676; Dahlgren/Rune, Företagshypotek, S. 41

1385 Kap. 2 § 10 Abs. 3 FIL; vgl.: Wenckstern, RabelsZ 52 (1988), 663 (673 f.)

Auch die zusätzliche Beleihung von zum Unternehmen gehörenden Immobilien mittels Grundpfandrechts sowie verschiedenen anderen Vermögensgegenständen mittels Registerpfandrechts, woran der Unternehmenshypothekar aufgrund des Vorrangs dieser Einzelsicherungsrechte gegenüber der *företagsinteckning* ein Interesse haben wird,[1386] wirft hinsichtlich der Identifizierbarkeit des Sicherungsgutes keine Schwierigkeiten auf. Solche Vermögensgegenstände pflegen nämlich nur in überschaubarer Anzahl im Vermögen eines Unternehmensträgers vorzukommen und nicht ständig zu wechseln.

2. Bestellungsakte

Zur Belastung des Vermögens des Sicherungsgebers mit der *företagsinteckning* ist neben dem Vorhandensein einer zu sichernden Forderung,[1387] welche sich übrigens nicht gegen den Sicherungsgeber richten muss,[1388] die Übergabe eines auf den Betrag der Belastung lautenden Unternehmenshypothekenbriefes (*företagsinteckningsbrev*) durch den Sicherungsgeber an den Sicherungsnehmer vorgeschrieben.[1389] Dieser für die Unternehmensbeleihung gesetzlich geforderte Unternehmenshypothekenbrief wird dem Sicherungsgeber erteilt, nachdem er die Belastung seines Vermögens zur Eintragung in das EDV-gestützte öffentliche Unternehmenshypothekenregister (*företagsinteckningsregister*) angemeldet hat.[1390] Dieses Register wird für ganz Schweden zentral durch das *Bolagsverk* als die zuständige Registerbehörde geführt.[1391]

3. Ergebnis

Da die *företagsinteckning* am gesamten Vermögen des Sicherungsgebers durch einen einzigen Bestellungsakt begründet werden kann, wird dem Sicherungsnehmer zum einen der mit der Bestellung von Einzelsicherungsrechten einhergehende Aufwand, zum anderen auch derjenige der Ermittlung der einzelnen Unternehmensaktiva erspart.[1392]

[1386] vgl. oben: I.3.a
[1387] Kap. 1 § 2 Abs. 1 FIL
[1388] vgl.: Wenckstern, RabelsZ 52 (1988), 663 (678, 679)
[1389] Kap. 1 § 2 FIL
[1390] Kap. 2 §§ 1, 10, 12 FIL
[1391] Kap. 2 § 2 FIL i.V.m. § 1 Förordning om företagsinteckning (Verordnung über die Unternehmenshypothek), SFS 2003:552
[1392] vgl.: Wenckstern, RabelsZ 52 (1988), 663, (665)

C. Erhalt der vermögensrechtlichen und tatsächlichen Grundlage des beliehenen Unternehmens bis zum Eintritt des Sicherungsfalles

Dass die vermögensrechtliche Grundlage der *företagsinteckning* durch die nachträgliche Bestellung von Grundpfandrechten und speziellen Registerpfandrechten ausgehöhlt werden kann, ist bereits dargestellt worden.[1393] Im Folgenden ist die Frage des Erhalts des Unternehmens als wirtschaftlicher Einheit vom Zeitpunkt der Sicherheitsbestellung bis zum Eintritt des Sicherungsfalles umfassend zu behandeln.

I. Gewährleistung der Verwendung des Sicherungsgutes durch den Sicherungsgeber im Rahmen dessen wirtschaftlicher Betätigung

Ebenso wie durch die Rechtsinstitute des *nantissement du fonds* und der *floating charge* wird durch die *företagsinteckning* der Notwendigkeit der Verwendbarkeit des Sicherungsgutes durch den Sicherungsgeber zur Fortführung seiner wirtschaftlichen Tätigkeit Rechnung getragen.

1. Verbleib von Besitz an Sicherungsgut beim Sicherungsgeber

Dem Umstand, dass der Unternehmer auf den unmittelbaren Besitz an von der Unternehmenshypothek umfassten körperlichen Vermögensgegenständen angewiesen ist, um einen Ertrag zu erwirtschaften und den gewährten Kredit hiermit zurückzuzahlen, trägt die *företagsinteckning* als besitzloses Sicherungsrecht Rechnung.[1394]

2. Von der Unternehmensbeleihung unbeeinträchtigte Verfügungsbefugnis des Sicherungsgebers

Mit der Bestellung einer *företagsinteckning* geht keinerlei Verfügungsbeschränkung des Sicherungsgebers einher; die *företagsinteckning* beeinträchtigt die Befugnis des Sicherungsgebers nicht, Bestandteile des Sicherungsgutes zu veräußern und somit von der Beleihung mit der Unternehmenshypothek unbe-

[1393] vgl. oben: B.I.3.a
[1394] Bogdan(-Håstad), Swedish Law in the New Millennium, S. 425

einträchtigt seine wirtschaftliche Betätigung auszuüben.[1395] Auch in mittelbarer Weise wirkt sich die *företagsinteckning* auf die Möglichkeit des Sicherungsgebers, über die Unternehmensaktiva zu verfügen, nicht hinderlich aus: An veräußerten Aktiva besteht nach dem Gesetz über die *företagsinteckning* keinerlei Verfolgungsrecht des Unternehmenshypothekars;[1396] Verfügungen des Sicherungsgebers hierüber sind somit stets „lastenfrei". Ferner sind Zurückbehaltungsrechte, die infolge der Tätigkeit des Sicherungsgebers entstehen, ebenso wie das Faustpfandrecht (*handpanträtt*) – welches nach schwedischem Recht das Forderungspfandrecht einschließt[1397] –, der *företagsinteckning* gegenüber vorrangig.[1398]

II. Erstreckung der Beleihung auf künftige Unternehmensaktiva

Im Gegenzug zu der zuvor dargestellten nachteiligen Veränderung des Bestandes des Sicherungsgutes durch Verfügungen des Sicherungsgebers wirkt sich der Vermögenserwerb des Sicherungsgebers für den Unternehmenshypothekar vorteilhaft aus. Jegliche nach Bestellung der Unternehmenshypothek vom Sicherungsgeber erworbenen oder von ihm hergestellten Aktiva werden von diesem Sicherungsrecht umfasst, ohne dass weitere Bestellungsakte erforderlich wären.[1399] Dies hat besondere Bedeutung für den ständigem Wechsel unterliegenden Warenbestand des Unternehmens,[1400] der häufig dessen wertvollsten Vermögensgegenstand darstellt.[1401]

III. Schutz des Unternehmenshypothekars vor beeinträchtigendem Verhalten des Sicherungsgebers

Bereits oben wurde dargestellt, dass der Inhaber einer *företagsinteckning* vor interbetrieblichen Verlagerungen des Sicherungsgutes und vor dessen Überführung in den Privatgebrauch des Sicherungsgebers geschützt ist, da dieses Siche-

[1395] Wenckstern, RabelsZ 52 (1988), 663 (673, 687)
[1396] vgl.: Prop. 2002/03:49, Abschnitt 8.2, S. 98
[1397] Wenckstern, RabelsZ 52 (1988), 663 (688)
[1398] §§ 11, 4 Nr. 1 FRL
[1399] vgl.: Wenckstern, RabelsZ 52 (1988), 663 (673)
[1400] Bogdan(-Håstad), Swedish Law in the New Millennium, S. 425
[1401] Månsson/Norling, Ny lagstiftning om förmånsrätt och företagshypotek, Nr. 3.3.2, S. 23

rungsrecht zwingend das gesamte Vermögen einer Person umfasst.[1402] Aus anderweitigem nachträglichen Verhalten des Sicherungsgebers können sich jedoch Gefahren für den Erhalt des Sicherungsgutes ergeben.

1. Veräußerung

So verliert der Unternehmenshypothekar im Falle der Veräußerung von Sicherungsgut durch den Sicherungsgeber seine dingliche Rechtsposition daran vollständig.

a. Übertragung des gesamten Unternehmens

Im Gegenzug zur Veräußerung des gesamten Unternehmens erlangt der Unternehmenshypothekar jedoch eine dingliche Rechtsposition an der Forderung auf den Unternehmenskaufpreis bzw. die in das Vermögen des Sicherungsgebers gelangten Zahlungsmittel, denn unter der Geltung des Gesetzes über die *företagsinteckning* ist das gesamte Vermögen des Sicherungsgebers von der Unternehmenshypothek umfasst, auch wenn dieses keinen Gewerbebetrieb mehr beinhaltet.[1403]

Zusätzlich zu dieser dinglichen Surrogation hat der Inhaber einer *företagsinteckning* keinerlei Rechtsposition in Bezug auf das veräußerte Unternehmen. Das ihm früher diesbezüglich zustehende zeitlich begrenzte Folgerecht[1404] ist durch die Reform der schwedischen Unternehmenshypothek abgeschafft worden.[1405] Durch dieses Folgerecht war den für den Unternehmenshypothekar bestehenden Risiken begegnet worden, dass der Kaufpreis, der anstatt des beliehenen Unternehmens zum Sicherungsgut wurde, hinter dem Wert des Unternehmens zurückblieb.[1406] Auf eine solche Regelung wird aus Vereinfachungsgründen im Gesetz über die *företagsinteckning* verzichtet; in den Vorarbeiten zu diesem Gesetz wird die für den Unternehmenshypothekar bestehende Möglichkeit, solche Veräußerungen insolvenzrechtlich anzufechten, die

---

1402 vgl. oben: B.I.2

1403 Prop. 2002/03:49, Abschnitt 8.2, S. 98

1404 Kap. 2 §§ 2, 3 FHL; Bogdan(-Håstad), Swedish Law in the New Millennium, S. 425 f.; Wenckstern, RabelsZ 52 (1988), 663 (676)

1405 Prop. 2002/03:49, Abschnitt 8.2, S. 98

1406 Wenckstern, RabelsZ 52 (1988), 663 (677)

zu unter Marktwert liegenden Preisen erfolgt sind,[1407] als ausreichender Schutz angesehen.[1408]

b. Übertragung einzelner Aktiva

Ebenso wie im Fall der Übertragung des gesamten Unternehmens erlischt die *företagsinteckning* auch an einzelnen Bestandteilen des Unternehmensvermögens mit deren Veräußerung. Auf diese Weise scheiden nicht nur Bestandteile des Umlaufvermögens aus dem Haftungsverband der *företagsinteckning* aus, wodurch dem Interesse an einer von der Beleihung ungehinderten Unternehmensfortführung Rechnung getragen wird;[1409] vielmehr kann der Sicherungsgeber auch über sämtliche Bestandteile des Anlagevermögens lastenfrei verfügen.[1410] Das gilt unabhängig davon, ob er im Zuge solcher Übertragungen Vermögensgegenstände erwirbt und hierdurch die Abgänge aus dem Sicherungsgut ausgleicht, und ohne Rücksicht darauf, ob solche Verfügungen im ordnungsgemäßen Geschäftsgang erfolgten.[1411]

2. Beleihung

Im Gegensatz zum Fall der Veräußerung von Sicherungsgut kann dem Unternehmenshypothekar bei nachträglicher Beleihung des Sicherungsgutes zugunsten eines Dritten eine dingliche Rechtsposition daran verbleiben.

a. Beleihung des gesamten Vermögens

Eine Beeinträchtigung der Rechtsposition des Inhabers einer *företagsinteckning* durch Bestellung eines weiteren derartigen Sicherungsrechts bleibt insofern aus, als derjenigen *företagsinteckning*, für welche der Antrag auf Eintragung in das Unternehmenshypothekenregister früher bei der Registerbehörde eingeht, Vorrang zukommt.[1412] An demselben Tage beantragte Unternehmenshypotheken haben jedoch grundsätzlich Gleichrang.[1413]

[1407] Kap. 4 § 5 Konkurslag (Konkursgesetz, abgekürzt: KL), SFS 1987:672
[1408] Prop. 2002/03:49, Abschnitt 8.2, S. 98
[1409] vgl. oben: I.2
[1410] vgl.: Wenckstern, RabelsZ 52 (1988), 663 (685)
[1411] vgl.: Wenckstern, RabelsZ 52 (1988), 663 (685)
[1412] Kap. 1 § 4 Satz 1 FIL
[1413] Kap. 1 § 4 Satz 2 FIL

b. Bestellung von Einzelsicherungsrechten

Mittels verschiedener Einzelsicherungsrechte kann der Unternehmenshypothekar demgegenüber diverse Bestandteile des Sicherungsgutes mit Vorrang gegenüber einer früher bestellten *företagsinteckning* belasten.

Während die *företagshypotek* ein besonderes Vorzugsrecht vermittelte,[1414] geht mit der *företagsinteckning* lediglich ein allgemeines Vorzugsrecht einher.[1415] Ein besonderes Vorzugsrecht besteht auch in Bezug auf eine Forderung, welche durch Grundpfandrecht,[1416] Registerpfandrecht am Erbbaurecht[1417] bzw. Wasserfallrecht,[1418] Schiffshypothek,[1419] Registerpfandrecht an einem Luftfahrzeug[1420] oder Faust- bzw. Forderungspfandrecht gesichert ist.[1421]

Im Gegensatz zu einem besonderen Vorzugsrecht, das eine dingliche Belastung nur bestimmter Vermögenswerte des Schuldners darstellt, umfasst das allgemeine Vorzugsrecht zwar dessen gesamtes Vermögen; es bringt aber den Nachteil mit sich, dass es lediglich im Konkursverfahren Wirkung entfaltet, während das besondere Vorzugsrecht auch im Rahmen der Vollstreckung außerhalb des Konkursverfahrens eine Rangstelle am Verwertungserlös verleiht.[1422] Ein weiterer Nachteil des allgemeinen Vorzugsrechts besteht darin, dass ihm sämtliche mit besonderem Vorzugsrecht versehene Forderungen an dem im Konkursverfahren erzielten Erlös im Rang vorgehen.[1423]

aa. Wirkung im Konkursverfahren

Bei der Verwertung eines Vermögensgegenstandes, welcher neben der *företagsinteckning* auch mit einem Einzelsicherungsrecht einer der vorgenannten Kategorien zugunsten eines Dritten belastet ist, ist der Unternehmenshypothekar somit lediglich nachrangig aus dem Verwertungserlös zu befriedigen. Die ding-

[1414] Wenckstern, RabelsZ 52 (1988), 663 (687 f.); Bogdan(-Håstad), Swedish Law in the New Millennium, S. 426
[1415] § 11 FRL
[1416] Kap. 6 JB i.V.m. § 6 Nr. 2 FRL
[1417] Kap. 13 § 1 Abs. 2, Kap. 22 § 15 JB i.V.m. § 7 Nr. 3 FRL
[1418] Kap. 13 § 1 Abs. 2, Kap. 22 § 15 JB, § 12 Lag om införande av nya jordabalken, SFS 1970:995 i.V.m. § 7 Nr. 3 FRL
[1419] Kap. 3 Sjölag, SFS 1994:1009 i.V.m. § 4 Nr. 3 Var. 1 und 2 FRL
[1420] Lag om inskrivning av rätt till luftfartyg, SFS 1955:227 i.V.m. § 4 Nr. 3 Var. 3 FRL
[1421] § 4 Nr. 2 Var. 1 FRL; hierzu: Norton Rose/Kärde, Cross-Border Security, S. 397 f.
[1422] § 2 FRL
[1423] § 15 Satz 1 FRL

liche Rechtsposition in Bezug auf den im Konkursverfahren erzielten Erlös, welche durch die *företagsinteckning* vermittelt wird, geht zwar infolge Bestellung von Einzelsicherungsrechten nicht unter; allerdings erweist sie sich als wertlos, soweit die betreffenden Einzelsicherungsrechte für Forderungen gewährt wurden, welche den Wert des jeweiligen Sicherungsgutes übersteigen.

bb. Wirkung außerhalb des Konkursverfahrens

Der Inhaber eines der vorerwähnten Einzelsicherungsrechte kann aufgrund seines besonderen Vorzugsrechts das Sicherungsgut grundsätzlich auch außerhalb des Konkursverfahrens verwerten, was dem Unternehmenshypothekar verwehrt ist. Im Fall einer solchen Verwertung partizipiert der Inhaber einer *företagsinteckning* aufgrund seines nur allgemeinen Vorzugrechts von vornherein nicht an dem Erlös.

cc. Auswirkungen in Bezug auf die verschiedenen Kategorien von Unternehmensaktiva

Die *företagsinteckning* vermittelt somit keine wirtschaftlich bedeutsame Rechtsposition in Bezug auf in einem Unternehmen vorhandene Grundstücke, Erbbaurechte, Wasserfallrechte, Schiffe, Schiffsbaurechte und Luftfahrzeuge. Auch in Bezug auf Kundenforderungen verleiht die *företagsinteckning* keinen Schutz gegen nachträgliche Aushöhlung des Sicherungsgutes, denn Forderungsgesamtheiten mit wechselndem Bestand können mittels des häufig praktizierten Factoring verpfändet oder gar abgetreten werden,[1424] und auch dem Pfandrecht an Forderungen kommt Vorrang gegenüber der *företagsinteckning* zu.[1425]

Keine große Gefahr der Aushöhlung der *företagsinteckning* soll allerdings von deren Nachrang gegenüber Einzelsicherungsrechten an Fahrnis ausgehen. An der Bestellung von Besitzpfandrechten an beweglichen Unternehmensaktiva ist der Sicherungsgeber nämlich in der Praxis dadurch gehindert, dass er diese für den Weiterbetrieb des Unternehmens benötigt.[1426]

1424 Wenckstern, RabelsZ 52 (1988), 663 (685, 688); Dahlgren/Rune, Företagshypotek, S. 39 f.; § 4 Nr. 2 Var. 1 FRL

1425 § 4 Nr. 2 Var. 1 FRL

1426 Wenckstern, RabelsZ 52 (1988), 663 (688)

Der Gefahr, dass Firma oder Marken im Wege nachträglicher Beleihung zugunsten Dritter aus dem Haftungsverband der *företagsinteckning* ausscheiden, dürfte bereits mangels gesonderter Verpfändbarkeit dieser Vermögensgegenstände vorgebeugt sein. Da Firma und Warenzeichen nämlich nicht Objekt der Einzelzwangsvollstreckung werden können,[1427] erscheint der Ausschluss deren gesonderter Verpfändung folgerichtig. Selbst wenn die Bestellung eines gesonderten Sicherungsrechts an diesen Vermögensgegenständen möglich wäre, würde sie – in Ermangelung eines besonderen Vorzugsrechts nach dem Vorzugsrechtsgesetz – keinen Vorrang vor der *företagsinteckning* vermitteln.

c. Sicherungsübereignung und Eigentumsvorbehalt

Da der Sicherungsgeber die Bestandteile seines Vermögens unbeeinträchtigt von der vorhergehenden Bestellung einer *företagsinteckning* lastenfrei veräußern kann,[1428] scheidet Fahrnis auch infolge ihrer Sicherungsübereignung aus dem Haftungsverband der Unternehmenshypothek aus. Die Sonderregelung, wonach bewegliche Sachen trotz Sicherungsübereignung von der Unternehmenshypothek umfasst bleiben,[1429] ist im Rahmen der Reformgesetzgebung aufgehoben worden.[1430] Die Gefahr der Entwertung der Unternehmenshypothek durch die Verwendung dieses Rechtsinstituts ist dennoch gering, da von der Sicherungsübereignung in der schwedischen Praxis wegen des hierfür geltenden komplizierten Bestellungsverfahrens[1431] in aller Regel Abstand genommen wird.[1432]

Auch von Seiten des Rechtsinstituts des Eigentumsvorbehalts droht dem unternehmenshypothekarisch belasteten Sicherungsgut keine nachträgliche Ausdünnung, denn nach schwedischem Recht ist die Vereinbarung eines Eigentumsvorbehalts an solchen Sachen unwirksam, die vor Zahlung des Kaufpreises zu verbrauchen, zu verarbeiten oder weiterzuverkaufen sind.[1433] Das schwedische

---

[1427] vgl. oben: B.I.2.c
[1428] vgl. oben: I.2
[1429] Kap. 2 § 4 Abs. 2 FHL i.V.m. § 3a Lag om handel med lösören, som köparen låter i säljarens vård kvarbliva (Gesetz über den Handel mit beweglichen Sachen, die der Käufer im Besitz des Verkäufers zurücklässt), SFS 1845:50; hierzu: Wenckstern, RabelsZ 52 (1988), 663 (689)
[1430] Prop. 2002/03:49, Abschnitt 8.2, S. 99
[1431] Lag om handel med lösören, som köparen låter i säljarens vård kvarbliva, SFS 1845:50; Bogdan(-Håstad), Swedish Law in the New Millennium, S. 425
[1432] Wenckstern, RabelsZ 52 (1988), 663 (689)
[1433] Wenckstern, RabelsZ 52 (1988), 663 (689)

Recht eröffnet somit nicht die Möglichkeit, im Wege der Verlängerungsformen des Eigentumsvorbehalts über das Umlaufvermögen eines Unternehmens im Voraus zu verfügen.

Für die Beleihung des Warenlagers eines Unternehmens besteht folglich in der Praxis meist keine Alternative zur Unternehmenshypothek.[1434] Das besondere Bedürfnis nach dessen Beleihung wird allein durch das Rechtsinstitut der *företagsinteckning* erfüllt.[1435]

3. Ergebnis

Anders als gegenüber einer zeitlich nachfolgenden weiteren *företagsinteckning* vermittelt die schwedische Unternehmenshypothek gegenüber den meisten Einzelsicherungsrechten somit keinen Befriedigungsvorrang. Vielmehr kann der Sicherungsgeber anderweitige Sicherungsrechte an Bestandteilen des Sicherungsgutes mit Vorrang vor der *företagsinteckning* bestellen oder diese lastenfrei veräußern. Demgegenüber ist die *företagsinteckning* in Bezug auf das bewegliche Unternehmensvermögen und Immaterialgüterrechte von großer wirtschaftlicher Bedeutung, insbesondere weil sie in der schwedischen Rechtsordnung den einzigen praktikablen Weg zur besitzlosen Beleihung von Sachgesamtheiten mit wechselndem Bestand darstellt.

Die dauerhafte Beleihung des Verbundwertes von solchen Unternehmen, deren Anlagevermögen bedeutende mit Grundpfandrecht oder besonderem Registerpfandrecht beleihbare Vermögensgegenstände enthält, wird aus den vorgenannten Gründen mit der *företagsinteckning* allein kaum zu bewerkstelligen sein. Es kommt jedoch eine Kombination der *företagsinteckning* mit den betreffenden Einzelsicherungsrechten in Betracht, in ähnlicher Weise, wie dies in der englischen Rechtsordnung mittels *floating charge* und *fixed charges* praktiziert wird.

IV. Schutz des Unternehmenshypothekars vor Einzelzwangsvollstreckung Dritter

Eine Wertminderung des Sicherungsgutes droht dem Unternehmenshypothekar auch infolge der Einzelzwangsvollstreckung Dritter in Vermögenswerte des

---

[1434] vgl.: Bogdan(-Håstad), Swedish Law in the New Millennium, S. 425; Prop. 2002/03:49, Abschnitt 8.2, S. 96

[1435] Månsson/Norling, Ny lagstiftning om förmånsrätt och företagshypotek, Nr. 3.3.2, S. 23

Sicherungsgebers. Etwas anderes gilt nur in dem Fall der Übersicherung des Unternehmenshypothekars, welche unter Geltung des Gesetzes über die *företagshypotek* durchaus praxisrelevant war.[1436]

1. Möglichkeit der Abwendung der Einzelzwangsvollstreckung

Ebenso wenig wie Verfügungen über Bestandteile des Sicherungsgutes kann der Unternehmenshypothekar deren Pfändung verhindern.[1437] Er kann lediglich auf eine Aussetzung der noch nicht abgeschlossenen Einzelzwangsvollstreckung hinwirken, wenn auf seinen Antrag das Konkurs-[1438] bzw. Unternehmensrekonstruktionsverfahren[1439] eröffnet wird. Davor, dass das Unternehmen als produktive Wirtschaftseinheit durch Pfändungen beeinträchtigt wird und ggf. dessen Goodwill verloren geht, bietet die schwedische Rechtsordnung ferner insoweit einen gewissen Schutz, als sich Pfändungen vorrangig auf diejenigen Unternehmensaktiva beziehen müssen, die für den Weiterbetrieb des Unternehmens am wenigsten benötigt werden.[1440]

2. Verteilung des Verwertungserlöses

Aufgrund der Pfändung entsteht ein besonderes Vorzugsrecht des Vollstreckungsgläubigers, welches dem allgemeinen – mithin nur im Konkursverfahren wirkenden[1441] – Vorzugsrecht des Unternehmenshypothekars an dem Verwertungserlös vorgeht.[1442] Die Rechtsposition des Unternehmenshypothekars ist demnach durch Pfändung in entsprechender Weise wie durch Bestellung von Einzelsicherungsrechten verwundbar.

1436 Wenckstern, RabelsZ 52 (1988), 663 (692 f.)

1437 vgl.: Wenckstern, RabelsZ 52 (1988), 663 (692)

1438 Kap. 1 § 2 Abs. 1 i.V.m. Kap. 3 § 8 KL

1439 Kap. 3 § 1 i.V.m. Kap. 2 § 17 Abs. 1 LFR

1440 Kap. 4 § 3 Abs. 2 Utsökningsbalk (Zwangsvollstreckungsgesetzbuch, abgekürzt: UB), SFS 1981:774; Prop. 2002/03:49, Nr. 8.2, S. 97

1441 § 2 FRL

1442 §§ 8, 11 FRL; Gemäß früherer Rechtslage kam demgegenüber dem besonderen Vorzugsrecht des Unternehmenshypothekars grundsätzlich der Vorrang gegenüber dem Pfändungspfandgläubiger an dem Verwertungserlös zu, gleich ob dieser in der Einzelzwangsvollstreckung oder im Konkursverfahren erzielten wurde (Wenckstern, RabelsZ 52 (1988), 663 (692 f.)).

3. Ergebnis

Die der Pfändung nachfolgende Einzelzwangsvollstreckung kann nicht nur die wirtschaftliche Einheit des mittels *företagsinteckning* beliehenen Unternehmens zerstören; vielmehr wird infolge der Einzelzwangsvollstreckung auch der Substanzwert des Sicherungsgutes zulasten des Unternehmenshypothekars gemindert, denn dieser partizipiert nicht an dem außerhalb des Konkursverfahrens erzielten Verwertungserlös.[1443]

D. Durchsetzung der Unternehmenshypothek

I. Zur Verwertung berechtigende Umstände

Erste Voraussetzung für das Gelingen der Verwertung des Unternehmens als produktiver Wirtschaftseinheit ist die vorzeitige Fälligkeit der gesicherten Forderung in Fällen, in denen dessen Gewinnchancen zu schwinden drohen. Den Parteien einer Sicherungsvereinbarung steht es frei, festzulegen, unter welchen Umständen die mit der Unternehmenshypothek gesicherte Forderung vorzeitig fällig wird.[1444] Bei den vereinbarten Umständen wird es sich oft um solche handeln, die nach früherem Recht den gesetzlichen Regelfall der vorzeitigen Fälligkeit der gesicherten Forderung bildeten,[1445] vor allem die Veräußerung des gesamten Unternehmens, die Veräußerung bedeutender Bestandteile des Sicherungsgutes – etwa die Übertragung oder Beleihung der Kundenforderungen an einen Factor oder die ersatzlose Veräußerung des Betriebsinventars[1446] – sowie die wesentliche Wertminderung des Sicherungsgutes infolge Vernachlässigung der Unternehmensführung oder infolge Betriebsstillegung.[1447] Wann entsprechende zu einer vorzeitigen Fälligkeit führende Umstände eingetreten sind, kann der Sicherungsnehmer über vertraglich vereinbarte Informations- und Auskunftsrechte in Erfahrung bringen.[1448]

[1443] §§ 11, 2 FRL
[1444] Wenckstern, RabelsZ 52 (1988), 663 (685)
[1445] Kap. 2 § 7 FHL
[1446] vgl.: Wenckstern, RabelsZ 52 (1988), 663 (685)
[1447] vgl.: Wenckstern, RabelsZ 52 (1988), 663 (685)
[1448] Wenckstern, RabelsZ 52 (1988), 663 (686); vgl. auch: Prop. 2002/03:49, Nr. 8.2, S. 93 f.; Månsson/Norling, Ny lagstiftning om förmånsrätt och företagshypotek, Nr. 3.2.3.1., S. 20

II. Pfändung

Im Rahmen der Verwertung außerhalb des Konkursverfahrens muss der Unternehmenshypothekar nach Eintritt der Fälligkeit seiner Forderung das ihm bestellte Sicherungsgut pfänden.[1449] Um eine solche Pfändung zu bewerkstelligen, ist der Unternehmenshypothekar wiederum auf einen Vollstreckungstitel angewiesen.[1450] Zum beschleunigten Erwirken eines solchen kann er auf den Urkundsprozess zurückgreifen.[1451]

Bei der Pfändung des ihm bestellten Sicherungsgutes muss der Unternehmenshypothekar einen auch im schwedischen Recht geltenden Spezialitätsgrundsatz beachten, denn Gegenstand der Pfändung können lediglich einzelne Vermögensgegenstände wie Grundstücke, bewegliche Sachen und Forderungen sein, nicht jedoch das Unternehmen.[1452] Bei Letzterem handelt es sich in der schwedischen Rechtsordnung ebenso wenig wie in der deutschen[1453] um ein einheitliches Verfügungsobjekt; vielmehr muss der Unternehmenshypothekar die Bestandteile des Sicherungsgutes durch Einzelakte pfänden. Der Vorteil, den die *företagsinteckning* dem Sicherungsnehmer dadurch bringt, dass mit ihr das Vermögen des Sicherungsgebers uno actu beliehen werden kann,[1454] ist insoweit stark relativiert.

Das Erfordernis von Pfändungen, um die *företagsinteckning* außerhalb des Konkursverfahrens durchzusetzen, wirkt sich auch deshalb problematisch aus, weil bestimmte von der *företagsinteckning* umfasste und im Konkursverfahren verwertbare Unternehmensaktiva, insbesondere Marken sowie ggf. die Firma und Forderungen von Aktiengesellschaft auf ausstehende Einlagen, gar nicht pfändbar sind.[1455] Diese Aktiva können folglich auch nicht Gegenstand einer Verwertung des beliehenen Unternehmens außerhalb des Konkursverfahrens sein. Warenzeichenrechte und Firma sind jedoch für den Erhalt der Gewinnchancen eines Unternehmens von erheblicher Bedeutung.

Obwohl sich das Erfordernis der Pfändung somit für den Erhalt des Unternehmens als Einheit hinderlich auswirkt, ist diese für die Durchsetzung der *före-*

1449 Wenckstern, RabelsZ 52 (1988), 686
1450 Kap. 3 § 1 UB; Wenckstern, RabelsZ 52 (1988), 663 (686)
1451 Wenckstern, RabelsZ 52 (1988), 663 (686)
1452 vgl.: Kap. 4 UB
1453 vgl. oben: Erster Teil, A
1454 vgl. oben: B.III.3
1455 vgl. oben: B.I.3.c

tagsinteckning außerhalb des Konkursverfahrens praktisch unverzichtbar. Durch die Pfändung entsteht nämlich erst ein besonderes Vorzugsrecht zugunsten des Unternehmenshypothekars,[1456] während Letzterem aufgrund der *företagsinteckning* allein mit ihrem bloß allgemeinen Vorzugsrecht keinerlei Rangstelle an dem außerhalb des Konkursverfahrens erzielten Erlös vermitteln würde.[1457]

III. Fortbestand der Unternehmenstätigkeit nach Eintritt des Sicherungsfalles

Problematisch für den Fortbestand der Unternehmenstätigkeit nach Eintritt des Sicherungsfalles wirkt sich ferner aus, dass die schwedische Rechtsordnung keine Handhabe zur Weiterführung des Unternehmens im Rahmen der Durchsetzung der *företagsinteckning* außerhalb des Insolvenzverfahrens bietet. Auch im Wege von Parteiabreden erscheint eine solche Weiterführung der Unternehmenstätigkeit kaum zu bewerkstelligen. So ist die zur Durchsetzung der *företagsinteckning* unerlässliche Pfändung von Unternehmensaktiva unvereinbar mit deren weiterer Verwendung durch den Sicherungsgeber zwecks Fortführung seines Unternehmens. Ob stattdessen ein vom Unternehmenshypothekar bestimmter Dritter – ebenso wie ein auf der Grundlage einer englischen *debenture* eingesetzter *administrator* bzw. *administrative receiver*[1458] – die Führung des beliehenen Unternehmens übernehmen könnte, erscheint in Hinblick auf gesetzliche Regelungen der Vertretung von Gesellschaften fraglich.

IV. Übertragbarkeit der vermögensrechtlichen und tatsächlichen Grundlagen des Unternehmens im Rahmen der Verwertung des Sicherungsgutes

Sollte trotz der zuvor dargestellten erheblichen Schwierigkeiten der Unternehmensweiterführung im Rahmen der Durchsetzung der *företagsinteckning* außerhalb des Insolvenzverfahrens das Unternehmen als produktive Wirtschaftseinheit bis zur Verwertung erhalten bleiben können, dann ergibt sich schließlich die Problematik dessen Übergangs als eine solche auf den Erwerber, denn Vor-

---

1456 § 8 FRL
1457 §§ 11, 2 Abs. 1 FRL
1458 vgl. oben: Vierter Teil, C.I

schriften zur einheitlichen Übertragung der entscheidenden Kategorien von Unternehmensaktiva zu demselben Zeitpunkt auf denselben Erwerber enthält die schwedische Rechtsordnung nicht.

Zwar erscheint die freihändige Verwertung von Sicherungsgut aufgrund einer betreffenden Vereinbarung zwischen Sicherungsgeber und Unternehmenshypothekar grundsätzlich möglich. Etwas anderes gilt jedoch dann, wenn das Sicherungsgut Kategorien von Vermögensgegenständen enthält, für welche Verwertungsvorschriften zwingenden Rechts existieren, wie das etwa bei Grundstücken der Fall sein dürfte.[1459] In dieser Hinsicht gehen mit dem schwedischen Recht dieselben Schwierigkeiten für die Unternehmensbeleihung einher, die auch im deutschen Recht bestehen.[1460]

V. Gewährleistung eines dem Ertragswert entsprechenden Erlöszuflusses an den Unternehmenshypothekar

Da die Verwertung der Vermögensgegenstände eines Unternehmens unter Beibehaltung dessen Gewinnchancen außerhalb des Insolvenzverfahrens somit nicht zu bewerkstelligen erscheint, kann hierbei auch kaum ein Erlös erzielt werden, der dessen Wert als produktiver Wirtschaftseinheit repräsentierte. Die Frage nach dem Zufluss eines solchen Erlöses an den Unternehmenshypothekar erübrigt sich folglich.

VI. Ergebnis

Obwohl somit im Rahmen der Verwertung des Sicherungsgutes außerhalb des schwedischen Konkursverfahrens lediglich der Zerschlagungswert – und dieser nicht einmal für sämtliche Unternehmensaktiva – erzielbar ist, kann sich eine solche Verwertung für den Unternehmenshypothekar vorteilhafter auswirken als die Verwertung innerhalb des Konkursverfahrens. Das allgemeine Vorzugsrecht des Unternehmenshypothekars besteht nämlich nach § 11 FRL nur in Bezug auf einen Anteil von 55% des Verwertungserlöses, der nach Begleichung der gemäß §§ 4, 4a, 6–8, 10 und 10a FRL bevorrechtigten Forderungen verbleibt. Demgegenüber erlangt der Unternehmenshypothekar außerhalb des

[1459] ohne Begründung: Wenckstern, RabelsZ 52 (1988), 663 (686 Fn. 129)
[1460] vgl. oben: Zweiter Teil, A.I.2

Konkursverfahrens infolge der Pfändung von Sicherungsgut gemäß § 8 FRL ein besonderes Vorzugsrecht an 100% des nach Befriedigung der bevorrechtigten Forderungen verbleibenden Erlöses. Ferner ist die höhere Rangstelle des aufgrund Pfändung entstehenden besonderen Vorzugsrechts im Vergleich zu dem mit der *företagsinteckning* einhergehenden, nur allgemeinen Vorzugsrecht zu berücksichtigten.[1461] Die gesamte Thematik der Einzelzwangsvollstreckung durch den Unternehmenshypothekar hat jedoch geringe praktische Bedeutung, weil es im Rahmen dieses langwierigen Verfahrens regelmäßig zu Zahlungsschwierigkeiten bzw. zur Zahlungsunfähigkeit des Sicherungsgebers und infolgedessen zu einem Insolvenzverfahren über dessen Vermögen kommen wird.[1462]

E. Rechtsposition des Unternehmenshypothekars bei Insolvenz des Sicherungsgebers

Die zuvor dargestellten rechtlichen Schwierigkeiten, den Fortführungswert des mittels *företagsinteckning* beliehenen Unternehmens außerhalb des Konkursverfahrens zu erzielen, werden von dem Umstand überlagert, dass Maßnahmen zur Durchsetzung der Unternehmenshypothek regelmäßig die Zahlungsunfähigkeit des Sicherungsgebers nach sich ziehen. Die Insolvenz des Schuldners im Sinne dessen nicht nur vorübergehender Unfähigkeit, seine Verbindlichkeiten zu begleichen, ist jedoch Grund für die Eröffnung des Konkursverfahrens.[1463] Für die Eröffnung des Verfahrens der Unternehmensrekonstruktion sind bereits Zahlungsschwierigkeiten des Schuldners genügend.[1464] Für den Sicherungsnehmer muss es daher bei der Entscheidung über eine durch *företagsinteckning* gesicherte Kreditvergabe zuförderst auf die Rechtsposition ankommen, die ihm dieses Rechtsinstitut im jeweiligen Insolvenzverfahren vermittelt.

Das gilt auch unter dem Aspekt, dass das schwedische Insolvenzrecht auf den Erhalt des Unternehmens als wirtschaftlicher Einheit abzielt und somit den Inte-

[1461] vgl.: §§ 9 Abs. 1, 15 FRL
[1462] Wenckstern, RabelsZ 52 (1988), 663 (686 f.)
[1463] Kap. 1 § 2 Abs. 2 KL
[1464] Kap. 1 § 1 LFR

ressen des Unternehmenshypothekars entsprechen kann.[1465] So hat das schwedische Recht schon vor Einführung des Unternehmensrekonstruktionsverfahrens durch das Gesetz vom 13. 6. 1996,[1466] welches die Sanierung überlebensfähiger Unternehmen zum Ziel hat,[1467] die Verwertung des Unternehmens als produktiver Wirtschaftseinheit ermöglicht.[1468] Mit der Neuregelung der Unternehmenshypothek durch das Gesetz über die *företagsinteckning* vom 17. 7. 2003 bezweckte der Gesetzgeber, Kreditgebern einen Anreiz zu verschaffen, im Vorfeld von unternehmerischen Krisen früher und entschiedener einzuschreiten und hierdurch die Erfolgsaussichten von Unternehmenssanierungen zu erhöhen.[1469]

I. Erhalt des Unternehmens als wirtschaftlicher Einheit

Die Beleihbarkeit des Unternehmens als wirtschaftlicher Einheit hängt somit von der Möglichkeit ab, dieses im Rahmen des schwedischen Insolvenzrechts zu erhalten.

1. Konkursverfahren

Ein die Gewinnchancen des Unternehmens berücksichtigender Erlös ist nur im Fall der Veräußerung des Unternehmens als produktiver Wirtschaftseinheit erzielbar, nicht aber bei dessen Zerschlagung im Rahmen der sofortigen Liquidation. Dementsprechend ist der Konkursverwalter dann zur zeitweiligen Weiterführung des schuldnerischen Unternehmens verpflichtet, statt dessen Bestandteile so schnell wie möglich zu veräußern,[1470] wenn dadurch voraussichtlich – unter Berücksichtigung der hierfür entstehenden höheren Konkurskosten und Masseforderungen – ein höherer Nettoerlös erzielt werden wird als bei sofortiger Liquidation.[1471]

[1465] vgl.: Månsson/Norling, Ny lagstiftning om förmånsrätt och företagshypotek, Nr. 3.5.2.2, S. 27

[1466] Vom Anwendungsbereich dieses Gesetzes sind Verfahrens über diverse Finanzdienstleister und Unternehmen der öffentlichen Hand ausgenommen (Kap. 1 § 3 LFR).

[1467] vgl.: Kap. 1 § 2 Abs. 1 LFR

[1468] vgl.: Wenckstern, RabelsZ 52 (1988), 663 (693, 699)

[1469] Prop. 2002/03:49 Nr. 8.2, S. 94

[1470] vgl.: Prop. 2002/03:49, Abschnitt 7.3, S. 85

[1471] Kap. 8 §§ 1 f., Kap. 7 § 8 Abs. 1 KL; Prop. 2002/03:49, Abschnitt 7.3, S. 84 f.; Wenckstern, RabelsZ 52 (1988), 663 (696 f.)

Durch die zeitweilige Weiterführung des Unternehmens können die Aussichten auf dessen Verkauf als lebender Einheit erhöht bzw. ein solcher erst ermöglicht werden, da der Konkursverwalter in diesem Zeitraum den Markt erforschen, einen für die Veräußerung des Unternehmens günstigen Zeitpunkt abwarten und währenddessen die tatsächlichen Beziehungen des Unternehmens – etwa zu Lieferanten und Abnehmern – pflegen und erhalten kann.[1472] Dementsprechend hat die Unternehmensveräußerung nach fortgesetzter Unternehmensführung im Vergleich zur sofortigen Betriebseinstellung oftmals eine höhere Quote für die Konkursgläubiger zur Folge.[1473]

a. Erhalt der vermögensrechtlichen Grundlage

Der Erhalt der vermögensrechtlichen Grundlage des Unternehmens wird dadurch gefördert, dass nach Konkurseröffnung zur Konkursmasse gehörende Gegenstände nicht gepfändet werden können und die Verwertung von bereits zuvor gepfändeten Gegenständen durch den Konkursverwalter aufgeschoben werden kann.[1474]

b. Erhalt der tatsächlichen Beziehungen

Die Verfügungsbefugnis und die Befugnis zur Begründung von Verbindlichkeiten gegenüber der Konkursmasse steht ab dem Beschluss der Eröffnung des Konkursverfahrens zwar nicht mehr dem Schuldner zu;[1475] die Weiterführung des Schuldnerunternehmens wird jedoch dadurch ermöglicht, dass die entsprechenden Befugnisse auf den Konkursverwalter übergehen,[1476] Letzterer zum Zugriff auf Geschäftsbücher berechtigt ist und der Schuldner ihm Auskünfte schuldet.[1477]

Im Konkursverfahren können auch dadurch für den Wert des Unternehmens bedeutende Geschäftsbeziehungen erhalten bleiben, dass es dem Konkursver-

---

1472 vgl.: Wenckstern, RabelsZ 52 (1988), 663 (699)

1473 vgl.: Prop. 2002/03:49, Abschnitt 7.3, S. 85

1474 Kap. 3 §§ 7 f. KL; MünchKomm/Csatho, InsO, Art. 102 EGInsO, Anh. II, Schweden, Rdn. 15 f.

1475 Kap. 3 § 1 KL; MünchKomm/Csatho, InsO, Art. 102 EGInsO, Anh. II, Schweden, Rdn. 13, 17

1476 Kap. 8 §§ 1 f. KL; MünchKomm/Csatho, InsO, Art. 102 EGInsO, Anh. II, Schweden, Rdn. 18 f.

walter offen steht, die Erfüllung von vor Verfahrensbeginn begründeten laufenden Verträgen unter Erbringung der Gegenleistung zu verlangen.[1478] Verkäufer und Abkäufer sind nicht zur Beendigung ihrer Verträge mit dem Schuldner anlässlich der Konkurseröffnung berechtigt.[1479] Auch die mit dem Schuldner geschlossenen Abzahlungskauf- und Finanzierungsleasingverträge können von der anderen Partei nicht anlässlich der Eröffnung des Konkursverfahrens beendet werden; der Konkursverwalter kann ferner die insolvenzbedingte Kündigung des Vermieters über vom Schuldner genutzten Gewerberaum verhindern.[1480]

Jedoch hat der Konkursverwalter keine Handhabe, die Fortsetzung von Arbeitsverhältnissen sicherzustellen.[1481] Auf der anderen Seite werden Arbeitsverhältnisse aber mit Eröffnung des Konkursverfahrens auch nicht automatisch beendet.[1482] Günstig für die zeitweilige Unternehmensweiterführung wirkt sich immerhin aus, dass der Konkursverwalter die tatsächliche Fortsetzung der Arbeitstätigkeit während der Kündigungsfrist verlangen kann.[1483]

c. Finanzierung der einstweiligen Unternehmensweiterführung

Die Frage der Finanzierung stellt sich verschärft vor dem Hintergrund, dass das Unternehmen in der Krise ja in Finanzengpässe geraten ist.

aa. Kosten der Unternehmensweiterführung als Masseschulden

Dritten wird ein Anreiz zur Finanzierung der einstweiligen Weiterführung des Unternehmens insoweit gegeben, als durch den Konkursverwalter eingegangene Verbindlichkeiten als Masseschulden vorrangig zu befriedigen sind.[1484]

1477 Kap. 7 § 12 KL; MünchKomm/Csatho, InsO, Art. 102 EGInsO, Anh. II, Schweden, Rdn. 18

1478 MünchKomm/Csatho, InsO, Art. 102 EGInsO, Anh. II, Schweden, Rdn. 31 f.

1479 § 63 Köplag (Kaufgesetz), SFS 1990:931; MünchKomm/Csatho, InsO, Art. 102 EGInsO, Anh. II, Schweden, Rdn. 31

1480 MünchKomm/Csatho, InsO, Art. 102 EGInsO, Anh. II, Schweden, Rdn. 32

1481 MünchKomm/Csatho, InsO, Art. 102 EGInsO, Anh. II, Schweden, Rdn. 32

1482 Prop. 2002/03:49, Abschnitt 7.1, S. 78

1483 vgl.: Prop. 2002/03:49, Abschnitt 7.1, S. 78

1484 Kap. 11 Satz 1 KL; MünchKomm/Csatho, InsO, Art. 102 EGInsO, Anh. II, Schweden, Rdn. 22

bb. Insbesondere: Lohnforderungen

Forderungen auf Arbeitsentgelt belasten die Konkursmasse nur dann, wenn es sich hierbei um die Gegenleistung für im insolvent gewordenen Unternehmen geleistete Arbeit handelt, die später als einen Monat nach Eröffnung des Konkursverfahrens erbracht wurde.[1485] Sonstige Forderungen auf Arbeitsentgelt sind demgegenüber Konkursforderungen; für diese besteht in großem Umfang ein Vorzugsrecht[1486] sowie eine staatliche Lohngarantie.[1487]

Das Vorzugsrecht besteht in Bezug auf vor dem Konkursbeschluss und einen Monat danach begründete Entgeltforderungen der Arbeitnehmer; es bezieht sich grundsätzlich nur auf Forderungen für Arbeit, die im Zeitraum von drei Monaten vor dem Antrag auf Eröffnung des Insolvenzverfahrens oder nach diesem Antrag geleistet worden ist.[1488] Auch das für den Zeitraum von Kündigungsfristen geschuldete Entgelt wird von dem Vorzugsrecht erfasst.[1489] Die staatliche Lohngarantie ist auf einen Maximalzeitraum von acht Monaten und einen Maximalbetrag des Vierfachen des Preisbasisbetrages (*prisbasbelopp*) pro Arbeitnehmer begrenzt.[1490] Unter Zugrundelegung des Preisbasisbetrages für 2006 liegt die Maximalhöhe der Lohngarantie somit bei 158.800 schwedischen Kronen, auf der Basis desjenigen für 2007 bei 161.200 schwedischen Kronen. Die staatliche Garantie ist somit ausreichend hoch, um zu gewährleisten, dass die mit Vorzugsrecht umfassten Arbeitnehmerforderungen in aller Regel erfüllt werden.[1491]

Über die staatliche Lohngarantie können somit die bereits vor Beginn des Konkursverfahrens begründeten Arbeitnehmerforderungen meist vollständig beglichen werden, während die Konkursmasse lediglich mit den Forderungen für im Konkursverfahren geleistete Arbeit belastet wird. Eine noch weitergehende finanzielle Entlastung der Konkursmasse erfolgt dadurch, dass zu den staatlich garantierten Konkursforderungen auch Entgeltforderungen für solche Arbeitsleistung gehören, die im ersten Monat nach Eröffnung des Konkursverfahrens

[1485] Kap. 5 § 18 KL; vgl.: Prop. 2002/03:49, Abschnitt 7.3, S. 83
[1486] § 12 FRL
[1487] § 7 Abs. 1 Lönegarantilag (Lohngarantiegesetz), SFS 1992:497
[1488] § 12 Abs. 1 Satz 2 und 3 FRL
[1489] § 7a Lönegarantilag, SFS 1992:497; Prop. 2002/03:49, Abschnitt 7.1, S. 77
[1490] § 9 Abs. 2, Abs. 1 Lönegarantilag, SFS 1992:497 i.V.m. Kap. 1 § 6 Lag om allmän försäkring (Gesetz über allgemeine Versicherung), SFS 1962:381
[1491] Prop. 2002/03:49, Abschnitt 7.4, S. 86 f.

tatsächlich erbracht wurde.[1492] Die Entscheidung des Konkursverwalters, ein möglicherweise überlebensfähiges Unternehmen einstweilig weiterzuführen, wird ihm infolgedessen erheblich erleichtert.[1493] So steht ihm ein Zeitraum von bis zu einem Monat zur Verfügung, um zu einer Einschätzung zu gelangen, ob die Veräußerung des Unternehmens als produktiver Wirtschaftseinheit oder die sofortige Zerschlagung für die Konkursgläubiger günstiger ist. Währenddessen begründet die Weiterbeschäftigung von Arbeitnehmern keine Masseverbindlichkeiten, für welche ein Deckungsbetrag zu erwirtschaften wäre. Die ansonsten drohende Entscheidung des Konkursverwalters, aus kurzfristigen Kostenerwägungen laufende Vertragsverhältnisse mit Arbeitnehmern schnellstmöglich zu beenden, womit die Zerschlagung des Unternehmens eingeleitet wäre, wird somit nicht präjudiziert.[1494]

cc. Vergleichsschluss

Die Weiterführung des Unternehmens kann im Rahmen des Konkursverfahrens auch dadurch finanziert werden, dass die Gläubiger im Wege eines Vergleichs auf einen Teil ihrer Forderungen verzichten;[1495] unter den Voraussetzungen des Kap. 12 KL kann ein Zwangsvergleich (*offentligt ackord*) erfolgen.

2. Verfahren der Unternehmensrekonstruktion

Voraussetzung für die Eröffnung des Verfahrens der Unternehmensrekonstruktion sind Zahlungsschwierigkeiten des Schuldners; solche liegen vor, wenn anzunehmen ist, dass der Schuldner seine fälligen Schulden nicht bezahlen kann oder dass ein solches Unvermögen alsbald eintreten wird.[1496]

a. Erhalt der vermögensrechtlichen Grundlage

Der Erhalt des Unternehmens als wirtschaftlicher Einheit wird durch das grundsätzliche Verbot von Vollstreckungsmaßnahmen während des Verfahrens der

[1492] vgl.: Prop. 2002/03:49, Abschnitt 7.3, S. 84
[1493] Kap. 5 § 18 KL; vgl.: Prop. 2002/03:49, Abschnitt 7.3, S. 83
[1494] Prop. 2002/03:49, Abschnitt 7.3, S. 85
[1495] vgl.: Norling/Månsson, Nr. 3.2.3.3., S. 20
[1496] Kap. 1 § 1, Kap. 2 § 6 LFR

Unternehmensrekonstruktion gefördert,[1497] wenn auch von diesem Verbot u.a. die Vollstreckung aus Forderungen, für welche ein Faust- bzw. Forderungspfandrecht oder Zurückbehaltungsrecht besteht, ausgenommen ist.[1498] Schutz des Unternehmensvermögens während der Dauer der Unternehmensrekonstruktion besteht ferner vor Beeinträchtigungen durch Arrest (*kvarstad*) bzw. durch Zahlungssicherung für Steuern, Zölle und Abgaben (*betalningssäkring*).[1499]

b. Erhalt der tatsächlichen Beziehungen

Im Verfahren der Unternehmensrekonstruktion bleibt der Schuldner zur Unternehmensführung berechtigt, allerdings unter der Aufsicht eines Unternehmensrekonstrukteurs (*företagsrekonstruktör*), welcher zur Analyse der Ursachen der unternehmerischen Krise, zur Beratung des Schuldners und zur Vertretung der Interessen der Gläubiger verpflichtet ist.[1500] Den Schuldner trifft zwar die Pflicht, vor Erfüllung alter und Begründung neuer Verbindlichkeiten sowie vor Verfügungen über Vermögensbestandteile, die für sein Unternehmen von wesentlicher Bedeutung sind, die Einwilligung des Unternehmensrekonstrukteurs einzuholen; die Wirksamkeit derartiger Rechtshandlungen bleibt vom Fehlen einer solchen Einwilligung allerdings unberührt.[1501] Im Verfahren der Unternehmensrekonstruktion können Dauerschuldverhältnisse – mit Ausnahme von Arbeitsverträgen – auch dann nicht durch den Vertragspartner des Schuldners gekündigt werden, wenn dem Schuldner eine grundsätzlich hierzu berechtigende Vertragsverletzung zur Last gefallen ist.[1502] Insofern können noch weitgehender als im Konkursverfahren Beziehungen zu Vertragspartnern enthalten werden.[1503]

c. Finanzierung der Unternehmensweiterführung

Auch im Verfahren der Unternehmensrekonstruktion besteht eine staatliche Garantie für die Forderungen auf Arbeitsentgelt, und zwar in dem Umfang, wel-

---

1497 Kap. 2 § 17 Abs. 1 Satz 1 LFR; MünchKomm/Csatho, InsO, Art. 102 EGInsO, Anh. II, Schweden, Rdn. 4, 43

1498 Kap. 2 § 17 Abs. 1 Satz 2 LFR

1499 Kap. 2 § 17 Abs. 2 LFR

1500 Kap. 1 § 2, Kap. 2 § 12 LFR; MünchKomm/Csatho, InsO, Art. 102 EGInsO, Anh. II, Schweden, Rdn. 42, 44

1501 Kap. 2 § 15 LFR

1502 Kap. 2 § 20 LFR

chen eine solche Garantie im Fall der Eröffnung des Konkursverfahrens gehabt hätte.[1504] Mittels der diesbezüglichen Gleichbehandlung von Konkursverfahren und Unternehmensrekonstruktionsverfahren beabsichtigt der Gesetzgeber zu vermeiden, dass in der unternehmerischen Krise dem Konkursverfahren allein wegen des ursprünglich nur in dessen Rahmen erhältlichen staatlichen Lohnschutzes der Vorzug vor der Unternehmensrekonstruktion gegeben wird.[1505] Bei der Untersuchung, ob der vollständige oder teilweise Weiterbetrieb des Unternehmens erfolgen kann, hat der Unternehmensrekonstrukteur zwecks dessen Finanzierung vor allem den Abschluss eines Vergleichs nach Kap. 3 LFR und eine daraus folgende Verringerung der vom Schuldner zu begleichenden Verbindlichkeiten in Erwägung zu ziehen.[1506]

3. Ergebnis

Das schwedische Insolvenzrecht bietet die Möglichkeit des Erhalts des Unternehmens als wirtschaftlicher Einheit und somit der durch dieses vermittelten Gewinnchancen.

II. Gewährleistung eines über den Zerschlagungswert hinausgehenden Erlöszuflusses an den Unternehmenshypothekar

Ein Anreiz zur Gewährung von Kredit zu günstigeren Bedingungen als durch die Bestellung von Einzelsicherungsrechten, besteht für den Unternehmenshypothekar nur dann, wenn er an dem nach Abschluss des Insolvenzverfahrens erzielten Gegenwert für das Unternehmen als lebende wirtschaftliche Einheit teilhaben kann.

1. Konkursverfahren

Es ist zuvor gezeigt worden, dass im Konkursverfahren das Unternehmen als produktive Wirtschaftseinheit verkauft und dementsprechend – im Interesse der Konkursgläubiger – ein dessen Gewinnchancen Rechnung tragender Erlös er-

---

[1503] MünchKomm/Csatho, InsO, Art. 102 EGInsO, Anh. II, Schweden, Rdn. 44
[1504] § 7 Abs. 2 Lönegarantilag, SFS 1992:497
[1505] Prop. 2002/03:49, Abschnitt 7.5, S. 89 f.
[1506] Kap. 1 § 2 Abs. 1 Satz 1 LFR

zielt werden kann. Entscheidend ist somit die Frage, ob der Unternehmenshypothekar an diesem Mehrwert partizipieren kann.

a. Rangstelle

Ein für das Unternehmen als wirtschaftliche Einheit erzielter höherer Erlös kommt dem Unternehmenshypothekar zugute, denn seine Rangstelle am Verwertungserlös ist in den Fällen der Zerschlagung des Unternehmens bzw. dessen Verwertung als produktiver Wirtschaftseinheit dieselbe.

aa. Vorrangige Forderungen

Gegenüber der mit *företagsinteckning* gesicherten Forderung vorrangig sind die Konkurskosten[1507] sowie die Masseschulden[1508] zu begleichen. Auch den mit besonderem Vorzugsrecht in Bezug auf einzelne Vermögensgegenstände versehenen Forderungen kommt Vorrang vor der mit *företagsinteckning* gesicherten Forderung zu, da die *företagsinteckning* lediglich ein allgemeines Vorzugsrecht vermittelt.[1509] Besondere Vorzugsrechte werden demgegenüber vor allem durch diverse Einzelsicherungsrechte,[1510] durch das Pfändungspfandrecht,[1511] durch Zurückbehaltungsrechte (insbesondere des Verkäufers, Verwahrers, Frachtführers, Hoteliers und Handwerkers bzgl. des jeweiligen Vertragsgegenstandes),[1512] durch gesetzliche Pfandrechte (des Schiffsgläubigers am Schiff,[1513] des Kommissionärs am Kommissionsgut[1514] sowie des Registerpfandgläubigers betreffend Finanzinstrumente[1515] bzw. Elektrizitätszertifikate für erneuerbare Energie[1516]), durch das Registerrecht zur Sicherung eines Vergütungsvorschus-

[1507] Kap. 11 § 1, Kap. 14 § 2 Abs. 1 KL

[1508] Kap. 11 § 1 KL

[1509] § 15 FRL

[1510] vgl. oben: C.III.2.b

[1511] § 8 FRL

[1512] § 4 Nr. 2 FRL; Wenckstern, RabelsZ 52 (1988), 663 (691)

[1513] § 4 Nr. 1 Var. 1 FRL i.V.m. Kap. 3 §§ 36–52 Sjölag, SFS 1994:1009

[1514] §§ 6, 31, 32, 36 Lag om kommission (Gesetz über Kommission), SFS 1914:45 i.V.m. §§ 4 Nr. 2, 9 Abs. 1 FRL; Wenckstern, RabelsZ 52 (1988), 663 (690)

[1515] § 4 Nr. 2 FRL i.V.m. Kap. 6 § 7 Lag om kontoföring av finansiella instrument (Gesetz über die Kontoführung von Finanzinstrumenten), SFS 1998:1479

[1516] § 4 Nr. 2 FRL i.V.m. Kap. 3 § 7 Lag om elcertifikat (Gesetz über das Elektrizitätszertifikat), SFS 2003:113

ses für die Herstellung eines Bootes am Bootsbauwerk[1517] und durch ein Sicherungsrecht der Versicherungsnehmer an bestimmten Aktiva des Versicherers[1518] vermittelt.

Auch einige Forderungen, für welche lediglich ein allgemeines Vorzugsrecht besteht, sind gegenüber der *företagsinteckning* vorrangig. Dabei handelt es sich vor allem um Regressforderungen betreffend die Kosten, für die ein Gläubiger aufgekommen ist, um den Schuldner in Konkurs zu versetzen, das Honorar und die Aufwendungen des Unternehmensrekonstrukteurs, die Kosten für besondere Schutzmaßnahmen, die mit Zustimmung des Unternehmensrekonstrukteurs getroffen worden sind, sowie bestimmte Buchführungs- und Buchprüfungskosten.[1519]

Wenngleich somit diverse Forderungen eine der *företagsinteckning* vorrangige Rechtsposition am Veräußerungserlös verleihen, betreffen doch viele von diesen sehr spezielle Konstellationen und Vermögensgegenstände.

bb. Nachrangige Forderungen

Der *företagsinteckning* kommt der Vorrang vor sämtlichen Arbeitnehmerforderungen zu, auch soweit diese mit allgemeinem Vorzugsrecht ausgestattet sind.[1520] In dem Maße, wie der Staat für solche Forderungen Garantieleistungen gemäß der oben dargestellten umfangreichen Lohngarantie erbringt,[1521] gehen sie – mitsamt den dafür geltenden Vorzugsrechten – auf diesen über.[1522] Der Umstand, dass die unternehmenshypothekarisch gesicherte Forderung vor den betreffenden Arbeitnehmerforderungen zu befriedigen ist, hat mithin erhebliche wirtschaftliche Bedeutung.

Die *företagsinteckning* ist ferner gegenüber sämtlichen Forderungen vorrangig, für welche kein Vorzugsrecht besteht.[1523] Dass Steuer- und Abgabenforderungen gegenüber der mittels *företagsinteckning* gesicherten Forderung nachrangig

---

1517 § 4 Nr. 4 FRL i.V.m. Lag om registrering av båtbyggnadsförskott (Gesetz über die Registrierung von Bootsbauwerksvorschüssen), SFS 1975:605

1518 § 4a FRL i.V.m. Kap. 7 § 11a Försäkringsrörelselag (Versicherungsgewerbegesetz), SFS 1982:713; Kap. 5 § 11 Lag om utländska försäkringsgivares verksamhet i Sverige (Gesetz über in Schweden befindliche Betriebe ausländischer Versicherer), SFS 1998:223

1519 §§ 10, 10a FRL

1520 §§ 15, 11, 12–13 FRL

1521 vgl. oben: I.1.c.bb

1522 vgl.: § 3 FRL; Wenckstern, RabelsZ 52 (1988), 663 (695)

1523 vgl.: § 18 FRL; Wenckstern, RabelsZ 52 (1988), 663 (695)

sind, folgt nach der Reformgesetzgebung somit daraus, dass das Vorzugsrecht für jene Forderungen des Fiskus abgeschafft wurde;[1524] im Ergebnis dasselbe galt jedoch bereits gemäß der vorhergehenden Rechtslage.[1525] Aufgrund des potentiellen Umfangs solcher Steuer- und Abgabenforderungen ist auch der ihnen gegenüber bestehende Vorrang, den die *företagsinteckning* vermittelt, von großer praktischer Relevanz.[1526]

Als Folge der Gesetzesreform haben unternehmenshypothekarisch gesicherte Forderungen Vorrang auch vor Miet- und Pachtzinsforderungen. Zuvor waren aus dem Verwertungserlös die Mietzinsforderungen für die drei zurückliegenden Monate bzw. die Pachtzinsforderungen für das zurückliegende Jahr vor der mittels *företagshypotek* gesicherten Forderung zu befriedigen.[1527] Infolgedessen konnte der dem Unternehmenshypothekar zufließende Erlös nicht unbedeutend verringert werden.[1528]

Die *företagsinteckning* vermittelt somit eine bedeutende Rangstelle am Verwertungserlös vor verschiedenen potentiell sehr umfangreichen Forderungen.

b. Prozentuale Begrenzung des Erlöszuflusses

Allerdings besteht der oben beschriebene Vorrang der mit *företagsinteckning* gesicherten Forderung nur unter Einschränkungen, nämlich lediglich in Bezug auf einen Anteil von 55% des Verwertungserlöses, der verbleibt, nachdem diejenigen Gläubiger, denen ein Vorzugsrecht gemäß §§ 4, 4a, 6–8, 10 und 10a FRL zukommt, befriedigt worden sind.[1529]

c. Auswirkung der einstweiligen Unternehmensweiterführung im Vergleich zur sofortigen Liquidation

Der Umstand, dass bei einstweiliger Weiterführung des Unternehmens die mit *företagsinteckning* gesicherte Forderung – im Gegensatz zur sofortigen Liquidation – erst nach Ablauf einer gewissen Zeit befriedigt werden kann, muss sich für den Unternehmenshypothekar nicht nachteilig auswirken, denn von dessen

[1524] Prop. 2002/03:49, Abschnitt 6, S. 70 ff.
[1525] Wenckstern, RabelsZ 52 (1988), 663 (695)
[1526] Prop. 2002/03:49, S. 91
[1527] §§ 5, 9 Abs. 1 FRL a.F.; Wenckstern, RabelsZ 52 (1988), 663 (690)
[1528] Wenckstern, RabelsZ 52 (1988), 663 (690)
[1529] Kap. 1 § 11 FRL

Vorzugsrecht sind auch die vereinbarten Zinsforderungen in dem Umfang umfasst, den sie bis zur Aufstellung des Verteilungsvorschlages durch den Konkursverwalter bzw. bis zur vorschussweisen Leistung auf die gesicherte Forderung erreicht haben.[1530]

Auch infolge der Begründung von Masseverbindlichkeiten im Zeitraum der einstweiligen Fortführung des Unternehmens muss keineswegs eine Minderung des zu verteilenden Vermögens – und insofern keine Schlechterstellung des Unternehmenshypothekars im Vergleich zur sofortigen Verwertung – einhergehen. Da die *företagsinteckning* auf den gesamten Aktiva des Sicherungsgebers lastet, werden nämlich auch die während des Konkursverfahrens erworbenen bzw. hergestellten Sachen in das Sicherungsgut einbezogen.[1531] Insoweit hat die Gesetzesreform zu einer Erweiterung des Umfangs der Unternehmenshypothek geführt.[1532] Nach vorhergehender Rechtlage wurden demgegenüber im Konkursverfahren erfolgte Wertschöpfungen von der Unternehmenshypothek dann nicht umfasst, wenn sie auf die Leistung des insolventen Unternehmers oder dessen Mitarbeiter zurückzuführen, mithin nicht Ausfluss des Substanzwertes des Sicherungsgutes, waren.[1533]

d. Mögliche Beeinträchtigung der Berechtigung am Erlös infolge Vergleichschlusses

Die Rechtsposition des Unternehmenshypothekars, die diesem nach den vorhergehenden Ausführungen zukommt, könnte beeinträchtigt werden, sofern das schwedische Recht eine hiervon zu dessen Lasten abweichende Erlösverteilung gegen dessen Willen im Rahmen eines Vergleichschlusses eröffnete.

Tatsächlich verleiht das schwedische Recht nach Kap. 12 KL auch Vergleichsvorschlägen Verbindlichkeit, welche nicht einstimmig, sondern lediglich mit qualifizierter Mehrheit der abstimmenden Gläubiger sowie des von diesen vertretenden Gesamtforderungsbetrages angenommen werden.[1534] Nur solche For-

---

1530 § 2 Abs. 2 FRL i.V.m. Kap. 5 § 11 Abs. 1 KL

1531 Prop. 2002/03:49, S. 91

1532 Prop. 2002/03:49, Nr. 8.2, S. 97

1533 Högsta Domstolen (Schwedisches Oberstes Gericht), Urt. v. 29. 12. 1982, NJA I 1982, 900; Wenckstern, RabelsZ 52 (1988), 663 (698)

1534 Bei der betreffenden qualifizierten Mehrheit handelt es sich um drei Fünftel, sofern die vorgeschlagene Begleichung 50% oder mehr der angemeldeten Forderungen beträgt; bei einem niedrigeren Prozentsatz des zu begleichenden Forderungsbetrages erhöht sie sich auf drei Viertel (Kap. 12 § 15 KL).

derungen können jedoch durch einen derartigen Zwangsvergleich herabgesetzt oder bezüglich der Modalitäten ihrer Erfüllung geregelt werden, die ihren Inhabern das Recht auf Teilnahme an den Vergleichsverhandlungen und zur Abstimmung über einen Zwangsvergleichsvorschlag vermitteln.[1535] Das ist in Bezug auf die mit *företagsinteckning* gesicherte Forderung lediglich für den Betrag der Fall, der nicht mittels des Anteils am Verwertungserlös beglichen werden kann, auf den sich deren Vorzugsrecht auswirkt.[1536] Dementsprechend entfaltet ein Zwangsvergleich gegenüber dem Unternehmenshypothekar auch nur in Bezug auf den nicht gedeckten Teil seiner Forderung Wirkung.[1537]

Der mit Vorzugsrecht versehene und durch den Erlösanteil am Sicherungsgut gedeckte Teil der Forderung des Unternehmenshypothekars bleibt somit von einem Zwangsvergleich unberührt und kann hierdurch nicht herabgesetzt werden.[1538] Der Unternehmenshypothekar kann somit in seiner Eigenschaft als Sicherungsnehmer durch einen Vergleich nicht ohne seine Zustimmung beeinträchtigt werden.

2. Weiterführung des Unternehmens im Rahmen der Unternehmensrekonstruktion

Das Verfahren der Unternehmensrekonstruktion zielt auf die Beseitigung der Zahlungsschwierigkeiten des Unternehmens ab,[1539] so dass Letzteres in bisheriger Trägerschaft profitabel fortgeführt werden kann.[1540]

Ein gerichtlich eingesetzter Unternehmensrekonstrukteur hat die Aufgabe, zu untersuchen, ob das schuldnerische Unternehmen ganz oder teilweise fortgeführt werden kann; im Rahmen der Maßnahmen, um eine solche Fortführung zu gewährleisten, hat er insbesondere die Voraussetzungen für einen Zwangsvergleich zu prüfen.[1541] Der Unternehmensrekonstrukteur hat nach Beratung mit dem Schuldner einen Plan aufzustellen, wie das Ziel der Unternehmensrekonstruktion erreicht werden kann.[1542] Die Dauer des Verfahrens der Unterneh-

1535 Kap. 12 § 5 Abs. 1 Satz 1, § 11, § 21 Abs. 1 KL
1536 Kap. 12 § 11 Abs. 2 Satz 2 KL
1537 Kap. 12 Abs. 3 KL
1538 vgl.: Kap. 12 § 11 Abs. 1 Satz 2 KL
1539 MünchKomm/Csatho, InsO, Art. 102 EGInsO, Anh. II, Schweden, Rdn. 46
1540 MünchKomm/Csatho, InsO, Art. 102 EGInsO, Anh. II, Schweden, Rdn. 4
1541 Kap. 1 § 2 Abs. 1 Satz 1, Kap. 3 § 1 LFR
1542 Kap. 2 § 12 LFR

mensrekonstruktion ist grundsätzlich auf drei Monate beschränkt.[1543] Erscheint die Unternehmensrekonstruktion nicht mehr realisierbar – beispielsweise, weil der im Rahmen eines Zwangsvergleichsvorschlages vorgelegte Unternehmensrekonstruktionsplan nicht die erforderliche qualifizierte Mehrheit[1544] findet –, dann kann dieses Verfahren auf Antrag des Schuldners oder eines Gläubigers ggf. auch früher beendet werden.[1545] Es endet u.a. auch, sobald über das Vermögen des Schuldners das Konkursverfahren eröffnet wird. Ein laufendes Verfahren der Unternehmensrekonstruktion steht somit der Eröffnung des Konkursverfahrens über das Vermögen des Sicherungsgebers – und in dessen Rahmen der Veräußerung des Unternehmens als produktiver Wirtschaftseinheit – nicht entgegen.

Das Vorzugsrecht des Unternehmenshypothekars in Bezug auf den Verwertungserlös wird durch das Unternehmensrekonstruktionsverfahren nicht beeinträchtigt. Das gilt auch dann, wenn jenes Verfahren mit dem Abschluss eines Zwangsvergleichs endet, da im Rahmen eines solchen – ebenso wie innerhalb eines im Konkursverfahren abgeschlossenen Zwangsvergleichs – lediglich die Rechtsposition des Unternehmenshypothekars als nicht bevorrechtigten Gläubigers betroffen wird.[1546] Während das Konkursverfahren die Möglichkeit der Veräußerung des Unternehmens als lebender wirtschaftlicher Einheit bietet, bestehen innerhalb des Verfahrens der Unternehmensrekonstruktion verbesserte Aussichten der Rettung des Unternehmens in bisheriger Trägerschaft; die Verwertung des Schuldnerunternehmens kann in letzterem Verfahren insbesondere im Wege eines frühzeitigen Vergleichsschlusses abgewendet werden.

Für den Erhalt des Unternehmens und dessen Gewinnchancen stellt sich das Verfahren der Unternehmensrekonstruktion gegenüber dem Konkursverfahren insofern als günstiger dar, als die Voraussetzungen für die Verfahrenseröffnung geringer sind. Das Verfahren der Unternehmensrekonstruktion kann somit zu einem Zeitpunkt eingeleitet werden, in dem die unternehmerische Krise noch nicht weit fortgeschritten ist und es zu deren Behebung im Rahmen eines Vergleichs weniger an Zugeständnissen bedarf. Da die Unternehmensrekonstruktion die Möglichkeit bietet, den weiteren Wertverlust eines in die Krise geratenen Unternehmens zu verhindern, kann sie sich nicht nur für den Schuldner,

[1543] Kap. 4 § 7 Abs. 1 Nr. 1, § 8 LFR
[1544] Kap. 3 §§ 3 f. LFR (Hier gelten dieselben Mehrheitserfordernisse wie im Konkursverfahren; vgl. dazu oben: 1.d.)
[1545] Kap. 4 § 7 Abs. 1 Nr. 4 LFR
[1546] Kap. 3 § 2 Abs. 1, §§ 3, 8 Abs. 1, 3 LFR

sondern auch für die Gläubiger günstig auswirken.[1547] Ferner verbleibt die Entscheidung über Belange der Geschäftstätigkeit im Verfahren der Unternehmensrekonstruktion grundsätzlich in den Händen der bisherigen Unternehmensführung, wohingegen die Geschäftsführung im Konkursverfahren dem Konkursverwalter obliegt. Insoweit kann die Unternehmerpersönlichkeit im Verfahren der Unternehmensrekonstruktion erhalten bleiben und dadurch auch der Erhalt der durch das Unternehmen vermittelten Gewinnchancen in einem stärkeren Ausmaß als im Konkursverfahren gefördert werden. Auch infolge der Einschränkung der Kündigungsmöglichkeit von Vertragspartnern des Schuldners nach Eröffnung des Verfahrens der Unternehmensrekonstruktion[1548] können noch weitgehender als im Konkursverfahren die für die Gewinnchancen des Unternehmens bedeutsamen Beziehungen zu Vertragspartnern enthalten werden.[1549]

Das Verfahren der Unternehmensrekonstruktion ist somit durchaus geeignet, das Schuldnerunternehmen als lebende wirtschaftliche Einheit zu erhalten. Dabei bestehen typischerweise in solchen Fällen bessere Erfolgsaussichten als im Konkursverfahren, in denen die Krise nach einer Minderung von Verbindlichkeiten durch die bisherige Unternehmensleitung überwindbar erscheint.

3. Vom Unternehmenshypothekar zu treffende Wahl zwischen Einleitung des Konkurs- oder Unternehmensrekonstruktionsverfahrens

Sowohl in Bezug auf das Verfahren der Unternehmensrekonstruktion[1550] als auch auf das Konkursverfahren[1551] gehört der Inhaber einer mit *företagsinteckning* gesicherten Forderung zum Kreis der Antragsberechtigten. Da Eröffnungsvoraussetzung für das Verfahren der Unternehmensrekonstruktion die Annahme ist, dass der Schuldner seine fälligen Verbindlichkeiten alsbald nicht mehr erfüllen können wird,[1552] während für die Einleitung des Konkursverfahrens die nicht nur vorübergehende Zahlungsunfähigkeit bereits eingetreten sein muss,[1553] werden im Verlaufe der Entstehung einer unternehmerischen Krise

[1547] Månsson/Norling, Ny lagstiftning om förmånsrätt och företagshypotek, Nr. 3.5.2.2, S. 27
[1548] Kap. 2 § 20 LFR
[1549] MünchKomm/Csatho, InsO, Art. 102 EGInsO, Anh. II, Schweden, Rdn. 44
[1550] Kap. 2 § 1 Abs. 1 Satz 1 LFR
[1551] Kap. 2 § 4 KL
[1552] Kap. 1 § 1, Kap. 2 § 6 LFR
[1553] Kap. 1 § 2 Abs. 2 KL

zunächst die Voraussetzungen für die Eröffnung des Verfahrens der Unternehmensrekonstruktion vorliegen.

Zahlungsschwierigkeiten eines Kreditnehmers werden dessen Bank kaum verborgen bleiben. Schon vor der umfassenden Gesetzesreform um das Vorzugsrechtsgesetz haben Banken ihre unternehmerischen Kunden in jeder Phase des Kreditverhältnisses einer Überwachung unterzogen[1554] – und zwar unabhängig davon, ob und in welchem Maße Sicherheiten bestellt waren[1555] und wie hoch das Risiko der Nichterfüllung der Darlehensverbindlichkeiten im Rahmen eines Kreditratings eingeschätzt wurde.[1556] Bezüglich eines unternehmenshypothekarisch gesicherten Kredits kann eine Bank somit, gestützt auf umfassende Informationen, eine Wahl zugunsten des Verfahrens der Unternehmensrekonstruktion treffen, in welchem in aller Regel ein Vergleichsschluss angestrebt wird; sie kann jedoch auch bei Eintritt der Zahlungsunfähigkeit ihres Kunden das Konkursverfahren einleiten, welches die Möglichkeit der Veräußerung des Schuldnerunternehmens als lebender wirtschaftlicher Einheit bietet. Tatsächlich war es vor der Gesetzesreform trotz verbreiteter Kreditüberwachung in erster Linie die Initiative des Schuldners und nicht die der Banken, von welcher das Gelingen einer Unternehmensrekonstruktion abhing.[1557]

Demgegenüber zielt die Reformgesetzgebung mittels Schwächung der Rechtsposition des Unternehmenshypothekars darauf ab, Letzteren zur Wahl der Unternehmensrekonstruktion zu veranlassen. So besteht das allgemeine Vorzugsrecht des Unternehmenshypothekars nach § 11 FRL nur noch in Bezug auf einen Anteil von 55% des Verwertungserlöses, der nach Begleichung der gemäß §§ 4, 4a, 6–8, 10 und 10a FRL bevorrechtigten Forderungen verbleibt. In den Vorarbeiten zum Gesetz über die *företagsinteckning* wird prognostiziert, dass infolge dieser Begrenzung des mit Vorzugsrecht versehenen Forderungsanteils unternehmenshypothekarisch gesicherte Forderungen im Konkursverfahren durchschnittlich nur noch zu etwas über 33%,[1558] anstatt wie bisher zu etwa 45%, beglichen werden können.[1559]

1554 Månsson/Norling, Ny lagstiftning om förmånsrätt och företagshypotek, Nr. 3.2.3, S. 20
1555 Månsson/Norling, Ny lagstiftning om förmånsrätt och företagshypotek, S. 23 f.
1556 Månsson/Norling, Ny lagstiftning om förmånsrätt och företagshypotek, Nr. 3.2.3, S. 20
1557 MünchKomm/Csatho, InsO, Art. 102 EGInsO, Anh. II, Schweden, Rdn. 45
1558 Der Regierungsentwurf sah vor, dass die Hälfte des Erlösbetrages, der nach Befriedigung der in § 11 FRL genannten bevorrechtigten Forderungen verbleibt, auf den Unternehmenshypothekar entfällt; auf dieser Grundlage wurde von einer künftigen Deckung unternehmenshypothekarisch gesicherter Forderungen zu 33% ausgegangen (Prop. 2002/03:49, Abschnitt

Durch diese Minderung der Bedeutung von Sicherungsrechten für die Kreditgewährung und infolgedessen die Schwächung der Rechtsposition von Geldkreditgebern im Konkursverfahren sollen diese dazu veranlasst werden, jenes Verfahren zu meiden, stattdessen die Kreditüberwachung zu intensivieren sowie das Verfahren der Unternehmensrekonstruktion in einem so frühen Stadium der Krise einzuleiten, dass diese überwunden werden kann.[1560] Dies impliziert auch die Notwendigkeit weitergehender Zugeständnissen bezüglich des ungesicherten Teils der Darlehensforderungen im Rahmen der Vergleichsverhandlungen.

4. Folgen der Verminderung der Bedeutung des Konkursverfahrens

Der schwedischen Unternehmenshypothek kommt ihre Funktion als Sicherungsrecht nur im Konkursverfahren zu, denn nur in diesem Verfahren kann es zu einer Verwertung des Unternehmens kommen, an welcher der Unternehmenshypothekar in seiner Eigenschaft als Sicherungsnehmer partizipiert.[1561] Mit der aus der Reformgesetzgebung folgenden Verminderung des dem Unternehmenshypothekar zustehenden Anteils am Verwertungserlös geht somit auch eine Einbuße der Bedeutung des Rechtsinstituts der Unternehmenshypothek überhaupt einher.

a. Praktische Bedeutung der Unternehmenshypothek nach früherem Recht

Die *företagshypotek* hatte in der Praxis vor allem als Sicherungsmittel für gewerbliche Geldkreditgeber Bedeutung;[1562] aber auch die unternehmenshypothekarische Sicherung der Forderungen von Warenkreditgebern kam in Betracht.[1563] Vorwiegend Banken und Sparkassen griffen auf die *företagshypotek*

8.2, S. 95). Der Gesetzgebungsausschuss schlug demgegenüber vor, dem Unternehmenshypothekar mit 55% immerhin noch mehr als die Hälfte des verbleibenden Erlöses zu belassen, um der öffentlichen Besorgnis um künftige Kreditvergaben an keine und mittelgroße Unternehmen Tribut zu zollen (Bet. LU 2002/03:17, Gliederungspunkt: Utskottets överväganden – Nya förmånsrättsregler – Utskottets förslag i korthet – Ställningstagande).

[1559] Prop. 2002/03:49, Abschnitt 8.2, S. 95; vgl. auch: Wenckstern, RabelsZ 52 (1988), 663 (700)

[1560] Prop. 2002/03:49 Nr. 8.2, S. 94

[1561] vgl. oben: C.III.2.b

[1562] Månsson/Norling, Ny lagstiftning om förmånsrätt och företagshypotek, S. 2; Bogdan (-Håstad), Swedish Law in the New Millennium, S. 426; Wenckstern, RabelsZ 52 (1988), 663 (700 f.)

[1563] Wenckstern, RabelsZ 52 (1988), 663 (700 f.)

zurück.[1564] Die *företagshypotek* fand Verwendung zur Sicherung von Betriebsmittelkrediten, mithin kurzfristigen, einschließlich revolvierenden Krediten.[1565] Nach dem mit dem Gesetz über die *företagshypotek* verfolgten Ziel sollte dieses Rechtsinstitut der Kreditgewährung insbesondere an kleine und mittelgroße Unternehmen dienen.[1566] An Unternehmen dieser Größenordnung der verarbeitenden Industrie und des Handels wurde die *företagshypotek* meist auch bestellt.[1567] Sie bot sich insbesondere als Sicherungsmittel für solche Gewerbetreibenden an, welche über kein Grundvermögen verfügten.[1568]

b. Bedeutungsverlust der Unternehmenshypothek

Die Gewinnchancen eines Unternehmens können nicht nur im Wege der Unternehmensrekonstruktion – mithin der Weiterführung des Unternehmens in seiner bisherigen Trägerschaft, die durch einen Vergleich ermöglicht wird, – sondern auch im Wege des Konkursverfahrens erhalten werden, in welchem die Veräußerung des Unternehmens als produktiver Wirtschaftseinheit eine Option ist.

Der Unternehmenshypothekar hat somit nicht nur dann einen Anreiz, sich für die Einleitung des Konkursverfahrens zu entscheiden, wenn er das sicherungsgebende Unternehmen nicht mehr als überlebensfähig erachtet, sondern auch dann, wenn er dessen Sanierung im Wege dessen Übergangs auf einen neuen Unternehmensträger als aussichtsreicher ansieht als im Wege dessen Weiterführung unter bisheriger Trägerschaft. Zwar kann die Unternehmerpersönlichkeit – welche insbesondere für die Gewinnchancen kleinerer und mittlerer Unternehmen oft erhebliche Bedeutung hat[1569] – meist nur im Wege der Weiterführung des Unternehmens in seiner bisherigen Trägerschaft erhalten werden. In Bezug auf Unternehmen, für deren Sanierungschancen die bisherige Geschäftsführung nicht entscheidend oder gar hinderlich ist, kann sich deren Übertragung als produktiver Wirtschaftseinheiten im Konkursverfahrens jedoch durchaus effektiver und kostengünstiger darstellen. Vor allem in Bezug auf ungesicherte Forderungen bzw. Teilforderungen kann sich das Verfahren der Unternehmensrekonstruktion auch dadurch nachteilig auswirken, dass auf Zugeständnisse der

---

[1564] Wenckstern, RabelsZ 52 (1988), 663 (668)
[1565] Wenckstern, RabelsZ 52 (1988), 663 (700)
[1566] Wenckstern, RabelsZ 52 (1988), 663 (696)
[1567] vgl.: Prop. 2002/03:49, Abschnitt 8.2, S. 94
[1568] Bogdan(-Håstad), Swedish Law in the New Millennium, S. 425; vgl. auch: Prop. 2002/03:49, Abschnitt 13, S. 114
[1569] vgl. oben: Dritter Teil, B.II.2.a.bb

Gläubiger in einem Vergleich nicht selten das Konkursverfahren folgt, wodurch sich weitere Einbußen für diese ergeben.[1570]

Durch die Reduzierung des dem Unternehmenshypothekar zustehenden Erlösanteils gemäß § 11 FRL beschneidet der Reformgesetzgeber den Parteien von Kreditverträgen somit die Möglichkeit der Kreditsicherung für den Fall, dass eine Veräußerung des Unternehmens als produktiver Wirtschaftseinheit erfolgversprechender ist als ein Versuch dessen Sanierung in bisheriger Trägerschaft. Insofern nimmt er diversen an sich kreditwürdigen Unternehmen die Aussicht auf eine Darlehensgewährung. Der Reformgesetzgeber hat durch die Minderung des wirtschaftlichen Nutzens, den die Unternehmenshypothek vermittelt, somit die Weiterführung des Unternehmens unter bisheriger Trägerschaft auf Kosten der Option der Verwertung durch Unternehmensübertragung gefördert.

Dabei erscheint die vom Reformgesetzgeber ins Werk gesetzte Schwächung der Rechtsposition des Unternehmenshypothekars nicht als erforderlich, um gesunde Unternehmen vor der Zerschlagung durch übersicherte Kreditgeber zu bewahren und insoweit eine Zweckentfremdung der Unternehmenshypothek zu einem Instrument der Vernichtung von Unternehmen zu verhindern.[1571] Zwar kam es unter der vorhergehenden Rechtslage zu Situationen, in welchen das gesamte von der Unternehmenshypothek umfasste Sicherungsgut zur Begleichung der gesicherten Forderung nicht erforderlich war,[1572] insbesondere infolge nachträglichen Anwachsens des Vermögens des Sicherungsgebers.[1573] Allerdings konnten schon unter Geltung des früheren Rechts unternehmenshypothekarisch gesicherte Darlehen im Konkursverfahren durchschnittlich lediglich zu einem Anteil von etwa 45% befriedigt werden.[1574] Die in den Gesetzesmaterialien als besonders stark beschriebene Rechtsposition des Inhabers einer *företagshypotek*[1575] brachte somit keine Gefahr der Übersicherung in einem bedrohlichen Ausmaß mit sich.

1570 vgl.: Prop. 2002/03:49, Abschnitt 7.5, S. 89

1571 vgl. zu dieser Problematik oben: Vierter Teil, C.IV.1.d.bb, 2.d

1572 Wenckstern, RabelsZ 52 (1988), 663 (692)

1573 vgl.: Månsson/Norling, Ny lagstiftning om förmånsrätt och företagshypotek, Nr. 3.3.2.3, S. 24 f.

1574 Prop. 2002/03:49, Abschnitt 8.2, S. 95

1575 Prop. 2002/03:49, Abschnitt 8.2, S. 94

c. Alternative Finanzierungsmöglichkeiten

Mit der Schwächung der Rechtsposition des Unternehmenshypothekars geht eine Minderung der Gewerbetreibenden zur Verfügung stehenden Kreditsicherungsmöglichkeiten einher. Infolgedessen wurde die Befürchtung verschlechterter Kreditaussichten für kleinere Unternehmen als Resultat der Gesetzesreform verbreitet artikuliert.[1576] Der Reformgesetzgeber stellt sich allerdings auf den Standpunkt, hiermit auf die Einhaltung der bankrechtlichen Pflicht zur primären Berücksichtigung der langfristigen Geschäftsaussichten des Kreditnehmers [1577] hinzuwirken.[1578]

Nach schwedischem Bankrecht ist die Bedeutung, die einer Unternehmenshypothek und auch jeder anderen Kreditsicherheit zukommt, insoweit sekundär, als Banken Kredit allein aufgrund der positiven Prognose der Erfüllung der Darlehensverbindlichkeiten durch den Kreditnehmer gewähren dürfen.[1579] Das Vorhandensein von ausreichenden Sicherheiten kann ein als hoch eingeschätztes Risiko, dass Darlehensverbindlichkeiten nicht ordnungsgemäß erfüllt werden, nicht kompensieren.[1580] Von der Bestellung angemessener Kreditsicherheiten kann eine Bank andererseits auch absehen, wenn sie solche nicht als notwendig betrachtet oder sonst ein besonderer Grund vorliegt.[1581] Allerdings gewähren Banken Unternehmen für die Bestellung von Kreditsicherheiten aufgrund der damit einhergehenden Verringerung des Risikos einer unzutreffenden Darlehensrückzahlungsprognose einen niedrigeren Zinssatz.[1582] Der durch die Bestellung einer Unternehmenshypothek ermöglichte Zinsrabatt kann somit dazu führen, dass ein Kreditnehmer mit den Erträgen aus seinem Unternehmen die – insoweit verminderten – Zinsbelastung voraussichtlich erwirtschaften kann und infolgedessen die vorgenannten bankrechtlichen Voraussetzungen erfüllt, um in den Genuss eines Darlehens zu gelangen. Der nach dem schwedischen Bankgewerbegesetz zulässige Einsatz der Unternehmenshypothek zur Deckung des Finanzierungsbedarfs von Unternehmen kann somit infolge der Gesetzesreform nur noch in einem der Schwächung der

---

[1576] Prop. 2002/03:49, Abschnitt 13, S. 114
[1577] Kap. 2 § 13 Bankrörelselag (Bankgewerbegesetz), SFS 1987:617
[1578] Prop. 2002/03:49, Nr. 8.2, S. 94
[1579] Kap. 2 § 13 Bankrörelselag, SFS 1987:617
[1580] Månsson/Norling, Ny lagstiftning om förmånsrätt och företagshypotek, Nr. 3.2.1, S. 19; Nr. 3.2.4.1, S. 21
[1581] Kap. 2 § 13 Satz 3 Bankrörelselag, SFS 1987:617
[1582] Månsson/Norling, Ny lagstiftning om förmånsrätt och företagshypotek, Nr. 3.2.2, S. 16 f.; Nr. 3.2.4, S. 21

Rechtsposition des Unternehmenshypothekars entsprechend geringeren Maße erfolgen.

Diese Reduzierung der Finanzierungsmöglichkeiten insbesondere kleiner und mittelgroßer Unternehmen sieht der Reformgesetzgeber allerdings aufgrund der Entwicklung neuer Finanzierungsinstrumente als Alternativen zur Bestellung von Kreditsicherheiten sowie aufgrund der verbleibenden – wenn auch geminderten – Bedeutung der Unternehmensbeleihung[1583] als nicht bedrohlich an.[1584]

d. Bedeutung der durch ein Unternehmen vermittelten Gewinnchancen im Rahmen von ungesicherten Darlehen

Da der Unternehmenshypothekar infolge der Reduzierung des auf seine Rangstelle entfallenden Erlösanteils auf 55% gemäß § 11 FRL seine Darlehensforderungen nur noch in erheblich beschränktem Ausmaß sichern kann, hat er größere Veranlassung, Kredite nach dem Kriterium der Fähigkeit des Schuldners, Zins- und Tilgungsverbindlichkeiten zu erfüllen, zu vergeben.[1585] Ebenso wie ungesicherte Kreditgeber, insbesondere Warenkreditgeber,[1586] die zur Kreditgewährung vor allem durch das Vertrauen auf die Tüchtigkeit der Person des Unternehmers, mithin durch die Wahrscheinlichkeit dessen wirtschaftlichen Erfolgs – und letztlich durch die Wahrscheinlichkeit der Kreditrückzahlung – motiviert sind,[1587] sind infolge der Gesetzesreform auch gesicherte Kreditgeber auf ein solches Vertrauen in verstärktem Ausmaß angewiesen.[1588] Während infolge der Reformgesetzgebung die Gewinnchancen eines kreditnehmenden Unternehmens für die Frage des Risikos, das mit der Zahlungseinstellung einhergeht, an Bedeutung verlieren, erhalten sie somit für die Beurteilung des Risikos, ob es überhaupt zu einer solchen Zahlungseinstellung kommen wird, erhöhte Bedeutung.

[1583] Prop. 2002/03:49, Abschnitt 8.2, S. 95
[1584] Prop. 2002/03:49, Abschnitt 8.2, S. 94 f.
[1585] Prop. 2002/03:49, Nr. 8.2, S. 93
[1586] vgl. oben: C.III.2.c
[1587] Wenckstern, RabelsZ 52 (1988), 663 (695 f.)
[1588] Prop. 2002/03:49, Abschnitt 8.2, S. 93 f.

F. Gesamtbetrachtung der Bedeutung der företagsinteckning für die Unternehmensbeleihung

I. Interne Bedeutung

Wird das Unternehmen im Konkursverfahren als wirtschaftliche Einheit verwertet, anstatt in diesem Verfahren zerschlagen zu werden, dann kommt der infolgedessen erzielte Mehrerlös auch dem Unternehmenshypothekar aufgrund dessen allgemeinen Vorzugsrechts zugute.[1589]

Auch den hohen Wert, der einzelnen Vermögensgegenständen des beliehenen Unternehmens zukommt, kann der Unternehmenshypothekar zur Kreditsicherung einsetzen, indem er sich zusätzlich Einzelsicherungsrechte, insbesondere Grundpfandrechte, bestellen lässt, welche ein besonderes Vorzugsrecht gewähren und ihn damit am Erlös in Höhe von (im Wesentlichen) dem vollen Substanzwert des betreffenden Sicherungsgutes berechtigen.[1590]

In Bezug auf einige Vermögensgegenstände ist jedoch in der schwedischen Rechtsordnung die Bestellung von Einzelsicherungsrechten nicht möglich bzw. nicht praktikabel. Dazu gehört das Warenlager eines Unternehmens, welches regelmäßig unter den Unternehmensaktiva die wertvollste Komponente ausmacht. Ein Geldkreditgeber kann dieses somit praktisch nur mit der *företagsinteckning* belasten.[1591]

Die *företagsinteckning* kann aber gemäß § 11 FRL keinen über 55% hinausgehenden Anteil am Verwertungserlös vermitteln. 45% des Substanzwertes des Warenlagers und der anderen nicht zusätzlich mit Einzelsicherungsrechten beleihbaren Unternehmensaktiva sind somit der Verwendung zwecks Kreditsicherung nicht zugänglich. Davon, dass dieser immense Anteil an vorenthaltener Sicherungsmöglichkeit durch einen im Konkursverfahren erzielten Erlös in Höhe des Fortführungswertes des Schuldnerunternehmens kompensiert werden kann, wird jedoch ein Kreditgeber in aller Regel nicht ausgehen können. Ein Kreditgeber wird somit lediglich im Rahmen der Gewährung eines Kreditbetrages, welcher den Substanzwert des beliehenen Unternehmens nicht erreicht, die

[1589] vgl. oben: E.III.1.a
[1590] vgl. oben: B.I.3.a; C.III.2.b
[1591] vgl. oben: C.II, III.2.b.cc, c

Option, das Unternehmen im Konkursverfahren als Einheit zu verwerten, berücksichtigen können.[1592]

Tritt der Sicherungsfall demgegenüber losgelöst von der Eröffnung eines Konkursverfahrens ein, dann besteht in der schwedischen Rechtsordnung für den Unternehmenshypothekar keine Handhabe, das Unternehmen als wirtschaftliche Einheit zu verwerten.[1593]

Die schwedische Rechtsordnung bietet somit jedenfalls in den allermeisten Konstellationen keinen Anreiz, den Wert eines Unternehmens als produktiver Wirtschaftseinheit, der über dessen Zerschlagungswert hinausgeht, zur Kreditgewährung zu günstigeren Konditionen einzusetzen, als sie die Beleihung der einzelnen Unternehmensaktiva ermöglicht.

II. Grenzüberschreitende Bedeutung

Wenn die *företagsinteckning* als ein Rechtsinstitut, auf dessen Bedeutungsminderung im inländischen Wirtschaftsverkehr der schwedische Gesetzgeber gezielt hingewirkt hat, im Ausland Verbreitung fände, wäre dies Grund für einiges Erstaunen. So bestehen im Gegenteil für denkbare Konstellationen, in denen die *företagsinteckning* zwecks Beleihung des Fortführungswertes von in Deutschland befindlichen Unternehmen zum Einsatz kommen könnte, zusätzliche Schwierigkeiten.

Selbst wenn nach schwedischem Kollisionsrecht auch im Ausland belegene Vermögensgegenstände von der *företagsinteckning* umfasst werden könnten,[1594] ist zu beachten, dass dieses Sicherungsrecht lediglich im Rahmen des Konkursverfahrens durchsetzbar ist. Gemäß Artt. 27, 3 Abs. 2, 2 lit. a, Anhang A EuInsVO steht jedoch selbst die Eröffnung eines Konkursverfahrens in Schweden einem Partikularinsolvenzverfahren über eine in Deutschland befindliche produktive Wirtschaftseinheit nicht entgegen, wobei für die Wirkung der *företagsinteckning* nach Artt. 28, 4 Abs. 2 lit. i EuInsVO deutsches Recht zur Anwendung käme.[1595] Dabei wäre unerheblich, ob die *företagsinteckning* als dingliches Recht oder – wegen ihrer auf das Insolvenzverfahren beschränkten Wirkung – lediglich als insolvenzrechtliche Verteilungsregel qualifiziert würde.

[1592] zur Rechtslage in England: Vierter Teil, E.I
[1593] vgl. oben: D
[1594] vgl. oben: B.I.3

Die *företagsinteckning* würde demzufolge in Bezug auf deutschem Recht unterliegende Vermögensgegenstände keine Wirkung entfalten.

[1595] vgl. oben: Zweiter Teil, A.II.4.b

Sechster Teil:

Gesamtbewertung

Wenn auch das Konzept der Unternehmensbeleihung nicht unproblematisch ist, so kann der Wert, den das Unternehmen als produktive Wirtschaftseinheit hat, doch als Beleihungsobjekt Verwendung finden.

Unter den hier untersuchten drei Rechtsordnungen, welche in Bezug auf ihre Unternehmenshypotheken Vorbildfunktion in den von ihnen beeinflussten Rechtskreisen haben, kann lediglich die englische *floating charge* der Kreditwirtschaft einen Anreiz bieten, in Hinblick auf den Fortführungswert des Unternehmens günstigere Konditionen zu gewähren, als es der Einsatz des Substanzwertes der Unternehmensaktiva zur Kreditsicherung zulässt. Während in der französischen Rechtsordnung das *nantissement du fonds* gegenüber Einzelsicherungsrechten schlechter gestellt ist und ihm im Insolvenzverfahren eine besonders schwache Stellung zukommt, ist auch der schwedische Gesetzgeber – ausgehend von der These der Ursächlichkeit von Kreditsicherung für Unternehmenszusammenbrüche – interveniert, um das Rechtsinstitut der Unternehmenshypothek in seiner Wirksamkeit zu mindern.

Die verschiedenen Kollisionsnormen der deutschen Rechtsordnung sind am Maßstab des Gemeinschaftsrechts auf ihre Eigenschaft als verbotene Grundfreiheitsbeschränkungen zu überprüfen. Die Frage, ob sie im Rahmen der Bestellung einer fremden Unternehmenshypothek an einem in Deutschland belegenen Unternehmen zur Anwendung kommen dürfen, wird – entsprechend den vorhergehenden Ausführungen – allein in Bezug auf die englische *floating charge* relevant.

Die Relevanz dieser Frage wird jedoch in erheblichem Ausmaß durch die vorrangig zur Anwendung kommende Europäische Insolvenzverordnung überlagert. Die Anwendung der letztgenannten Verordnung auf das Verfahren der *administration* steht einer einheitlichen Verwertung von in Deutschland belegenen, mittels *floating charge* belasteten Unternehmensaktiva entgegen. Vom deutschen Recht ausgehende Beschränkungen der grenzüberschreitenden Unternehmensbeleihung können sich somit nur auf die Ausnahmefälle auswirken, in denen der britische Gesetzgeber die *administrative receivership* zur Durchsetzung von *floating charges* noch zulässt. Da die Situs-Regel und verschiedene deutsche Sachnormen, die der Beleihung des Unternehmens mittels *floating charge* und dessen Verwertung im Verfahren der *administrative receivership* entgegenstehen, aber erforderlich sind, um zwingende Erfordernisse des Allgemeininteresses zu erreichen, stellen sie gerechtfertigte Beschränkungen des Kapitalverkehrs dar.

Aufgrund der Rechtfertigung deutscher Sachnormen, die einer Unternehmensbeleihung entgegenstehen, durch zwingende Erfordernisse des Allgemeininteresses ist den Parteien einer grenzüberschreitenden Sicherungsbestellung bzw. Kreditgewährung im Geltungsbereich deutschen Rechts auch die Schöpfung einer Rechtsfigur verwehrt, durch welche der Einsatz des Unternehmens als produktiver Wirtschaftseinheit in weitergehendem Maße möglich wäre als nach den diesbezüglich nicht idealtypischen Unternehmenshypotheken der mitgliedstaatlichen Rechtsordnungen.

Literaturverzeichnis

ALTHAMMER, WERNER (BEGR.) / STÖBELE, PAUL, / KLAKA, RAINER, Markengesetz, 6. Aufl., Köln/ Berlin/ Bonn/ München

BAIRD, DOUGLAS G. / JACKSON, THOMAS H. / ADLER, BARRY E., Cases, Problems, and Materials on Bankruptcy, 3rd edition, New York, New York, 2001

BAUMBACH, ADOLF (BEGR.) / HOPT KLAUS, J. / MERKT, HANNO, Handelsgesetzbuch, 32. Aufl., München, 2006

BAUMBACH, ADOLF (BEGR.) / HUECK, ALFRED, Gesetz betreffend die Gesellschaften mit beschränkter Haftung, 18. Aufl., München, 2006

BAUR, JÜRGEN / STÜRNER, ROLF, Lehrbuch des Sachenrechts, 17. Aufl., München, 1999

BAR, CHRISTIAN VON, Internationales Privatrecht, Band 2 : Besonderer Teil, München 1991

BASEDOW, JÜRGEN, Der kollisionsrechtliche Gehalt der Produktfreiheiten im europäischen Binnenmarkt: favor offerentis, RabelsZ 59 (1995), 1–55

BEISEL, WILHELM / KLUMPP, HANS-HERMANN / BEISEL, DANIEL / THEYSON-WADLE, JUTTA, Der Unternehmenskauf, 4. Aufl., München, 2003

BODENSTEIN, FRIEDEL / EBERTH, ROLF, Kreditsicherung im Geschäftsverkehr mit dem Ausland, Band I: Frankreich, Köln, 1977

BOGDAN, MICHAEL (HRSG.), Swedish Law in the New Millennium, Stockholm, 2000

BRAUN, EBERHARD (HRSG.), Insolvenzordnung (InsO) ; Kommentar, 2. Aufl., München, 2004

BRECHER, FRITZ, Das Unternehmen als Rechtsgegenstand, Bonn, 1953

BUTH, ANDREA K. / HERMANNS, MICHAEL (HRSG.), Restrukturierung, Sanierung, Insolvenz, 2. Aufl., München, 2004

CABRILLAC, MICHEL / MOULY, CHRISTIAN, Droit des Sûretés, 6e édition, Paris, 2002

CALLIESS, CHRISTIAN / RUFFERT, MATTHIAS, Kommentar des Vertrages über die Europäische Union und des Vertrages zur Gründung der Europäischen Gemeinschaft – EUV/ EGV –, 2. Aufl., Neuwied/ Kriftel, 2002

CAMPANA, MARIE-JEANNE, La situation des créanciers garantis, in : Les innovations de la loi sur le redressement judiciaire des entreprises, numéro spécial de la Rev.trim.dr.com., Tome 2, Paris, 1987, 27–43

CASTRO, RAYMOND, Fonds de Commerce – Vente et Gérance Libre, Paris, 1967

DAHLGREN, ROLF / RUNE, CHRISTER, Företagshypotek m.m., Upplaga 2:1, Stockholm, 1996

DAMMANN, REINHARD, Das neue französische Insolvenzrecht, ZIP 1996, 300–304

DERS. / UNDRITZ, SVEN-HOLGER, Die Reform des französichen Insolvenzrechts im Vergleich zur InsO, NZI 2005, 198–205

DAVIES, STEPHEN, Insolvency and the Enterprise Act 2002, Bristol, 2003

DEPRÉ, PETER / BECK, SIEGFRIED, Praxis der Insolvenzordnung : ein Handbuch für die Beteiligten und ihre Berater, München, 2003

DERLEDER, PETER / KNOPS, KAI-OLIVER / BAMBERGER, HEINZ GEORG (Hrsg.), Handbuch zum deutschen und europäischen Bankrecht, Berlin/ Heidelberg, 2004

DORNDORF, EBERHARD, Kreditsicherungsrecht und Wirtschaftsordnung : zur materiell- und konkursrechtlichen Dogmatik der Mobiliarsicherungsrechte, Heidelberg, 1986

DRASCH, WOLFGANG, Das Herkunftslandprinzip im internationalen Privatrecht : Auswirkungen des europäischen Binnenmarktes auf Vertrags- und Wettbewerbsstatut, Baden-Baden, 1997

DROBNIG, ULRICH, Eigentumsvorbehalte bei Importlieferungen nach Deutschland, RabelsZ 32 (1968), 450–472

DERS., Die Sicherungsrechte im deutschen Konkursverfahren, RabelsZ 44 (1980), 784–806

EIDENMÜLLER, HORST, Der Markt für internationale Konzerninsolvenzen : Zuständigkeitskonflikte unter der EuInsVO, NJW 2004, 3455–3459

FARGEAUD, PHILIPPE, Le gage sans dépossession comme instrument de crédit et le marché commun, Paris, 1963

FARRAR, JOHN H. / HANNIGAN, BRENDA / FUREY, NIGEL E. / WYLIE, PHILIP, Farrar's Company Law, 4th edition, London u.a., 1998

FERID, MURAD / SONNENBERGER, HANS-JÜRGEN, Das Französische Zivilrecht, Band 2 : Schuldrecht: Die einzelnen Schuldverhältnisse, Sachenrecht, 2. Aufl., Heidelberg, 1986

FERRAN, EILÍS, Company Law and Corporate Finance, Oxford, 1999

DIES., Floating Charges – The Nature of the Security, C.L.J., 1988, 213–237

FLOCH, PAUL LE, Le Fonds de commerce, Paris, 1986

Frankfurter Kommentar zur Insolvenzordnung (HRSG.: WIMMER, KLAUS), Neuwied/ Kriftel, 1999

FREITAG, ROBERT, Mitgliedstaatliche Beschränkungen des Kapitalverkehrs und Europäisches Gemeinschaftsrecht, EWS 1997, 186–195

FRENZ, WALTER, Handbuch Europarecht, Band 1 : Europäische Grundfreiheiten, Berlin/ Heidelberg, 2004

GDANSKI, MARTIN, France, in : Norton Rose / Colliver, Douglas / Proctor, Charles (Hrsg.), Cross-Border Security, London, 2000

GEBAUER, MARTIN / WIEDMANN, THOMAS (HRSG.), Zivilrecht unter europäischem Einfluss : Die richtlinienkonforme Auslegung des BGB und anderer Gesetze – Erläuterung der wichtigsten EG-Verordnungen, Stuttgart/ München/ Hannover/ Berlin/ Weimar/ Dresden, 2005

GIERKE, JULIUS VON, Das Handelsunternehmen, ZHR 111 (1948), 1–17

GOODE, ROY M., Principles of Corporate Insolvency Law, 2nd edition, London, 1997

DERS., Legal Problems of Credit and Security, 3rd edition, London, 2003

GOTTWALD, PETER (HRSG.), Insolvenzrechtshandbuch, 1. Aufl., München, 1990

GOUGH, WILLIAM JAMES, Company Charges, 2nd edition, London u.a., 1996

GOWER, L.C.B. / PRENTICE, D.D. / PETTET, B.G., Gower's Principles of Modern Company Law, 5th edition, London, 1992

GRABITZ, EBERHARD / HILF, MEINHARD (HRSG.), Das Recht der Europäischen Union, München, Loseblatt, 26. Ergänzungslieferung, 2005

GRAVENHORST, WULF, Mobiliarsicherheiten für Darlehens- und Warenkredite in sechs Ländern der Europäischen Gemeinschaften, Frankfurt am Main, 1972

GRIFFITHS, DAVID (EDWARDS GELDARD SOLICITORS), Insolvenzrecht in Großbritannien, www.geldards.de/german/veroffen/veroffen.asp

GROEBEN, HANS VON DER / SCHWARZE, JÜRGEN (HRSG.), Kommentar zum Vertrag über die Europäische Union und zur Gründung der Europäischen Gemeinschaft, Band 1, Art. 1–53 EUV; Art. 1–80 EGV, 6. Aufl., Baden-Baden, 2003

GUYON, YVES, Droit des Affaires, Tome 1 : Droit commercial général et Sociétés, 12e édition, Paris, 2003

GUYENOT, JEAN, Le Fonds de Commerce, Paris, 1969

HAARMEYER, HANS / WUTZKE, WOLFGANG / FÖRSTER, KARSTEN, Handbuch zur Insolvenzordnung, InsO/EGInsO, 2. Aufl., München, 1998

HÄSEMEYER, LUDWIG, Insolvenzrecht, 3. Aufl., Köln/ Berlin/ Bonn/ München, 2003

Heidelberger Kommentar zur Insolvenzordnung (EICKMANN, DIETER / FLESSNER, AXEL / IRSCHLINGER, FRIEDRICH / KIRCHHOF, HANS-PETER / KREFT, GERHART / LANDFERMANN, HANS-GEORG), 3. Aufl., Heidelberg, 2003

HESS, HARALD (HRSG.), Kommentar zur Konkursordnung, 6. Aufl., Neuwied/ Kriftel, 1998

HOFMANN, CARSTEN, Mortgage und Charge : Gestaltungsmöglichkeiten im englischen Kreditsicherungsrecht, Berlin, 2002

HOMMELHOFF, PETER, Der Unternehmenskauf als Gegenstand der Rechtsgestaltung, ZHR 150 (1986), 254–278

HUBMANN, HEINRICH, Das Recht am Unternehmen, ZHR 117 (1955), 41–81

HÜBNER, ULRICH, Internationalprivatrechtliche Probleme der Anerkennung und Substitution bei globalen Sicherungsrechten an Unternehmen, in : Festschrift für Klemens Pleyer (1986), 41–57

ISAY, R., Das Recht am Unternehmen, Berlin, 1910

JUNGMICHEL, TIM, Basel II und die möglichen Folgen, WM 2003, 1201–1209

KÄRDE, BENGT, Sweden, in : Norton Rose / Colliver, Douglas / Proctor, Charles (Hrsg.), Cross-Border Security, London, 2000, 391–412

KIENINGER, EVA-MARIA, Mobiliarsicherheiten im Europäischen Binnenmarkt : zum Einfluß der Warenverkehrsfreiheit auf das nationale und internationale Sachenrecht der Mitgliedstaaten, Baden-Baden, 1996

DIES., Das Statut der Forderungsabtretung im Verhältnis zu Dritten, RabelsZ 62 (1998), 678–711

DIES., Wettbewerb der Privatrechtsordnungen im Europäischen Binnenmarkt, Tübingen, 2002

KIMMS, FRANK, Die Kapitalverkehrsfreiheit im Recht der europäischen Union, Frankfurt am Main/ Berlin, 1996

KOCH, VICTORIA, Der Fonds de commerce : Bestandteile, Verkauf und Verpfändung unter besonderer Berücksichtigung seiner Entstehungsgeschichte, Frankfurt am Main/ Berlin/ Bern/ New York/ Paris/ Wien, 1996

KROPHOLLER, JAN, Internationales Privatrecht, 3.Aufl., Tübingen, 1997

KÜMPEL, SIEGFRIED, Bank- und Kapitalmarktrecht, 3. Aufl., Köln, 2004

KUNZLER, GERTRUD, Das Nantissement du Fonds de Commerce, Frankfurt am Main/ Berlin, 1960

LACHER, JÖRG, Der Verkauf von Handelsgeschäft und fonds de commerce : Vergleichende Darstellung des deutschen und französischen Rechts, Köln, 1968

LANGE, PAUL, Kreditsicherheiten in der Unternehmenssanierung nach englischem Recht, WM 1990, 701–710

LARENZ, KARL (BEGR.) / WOLF, MANFRED, Allgemeiner Teil des Bürgerlichen Gesetzbuches, 9. Aufl., München, 2004

LENZ, CARL OTTO / BORCHARDT, KLAUS-DIETER, Kommentar zu dem Vertrag über die Europäische Union und dem Vertrag zur Gründung der Europäischen Gemeinschaft, jeweils in der durch den Vertrag von Nizza geänderten Fassung, 3. Aufl., Köln/ Basel/ Genf/ München/ Wien, 2003

LIERSCH, OLIVER, Sicherungsrechte im internationalen Insolvenzrecht : unter besonderer Berücksichtigung der Vereinbarkeit von Art. 5 und 7 EG-Verordnung über Insolvenzverfahren (EuInsVO) mit dem deutschen Insolvenzrecht, Frankfurt am Main u.a., 2001

LIGHTMAN, GAVIN / MOSS, GABRIEL, The Law of Receivers and Administrators of Companies, London, 2000

LOOSCHELDERS, DIRK, Internationales Privatrecht, Art. 3–46 EGBGB, Berlin, 2004

LUTTER, MARCUS / HOMMELHOFF, PETER, GmbH-Gesetz ; Kommentar, 16. Aufl., Köln, 2004

MÅNSSON, LENA-MARIE / NORLING, SARA, Ny lagstiftning om förmånsrätt och företagshypotek – Hur bankernas kreditgivning till företag påverkas, Göteborg, Department of Business Administration, 2004,
www. handels.gu.se/epc/archive/00003362/01/03-04-25 (pdf)

MAROTZKE, WOLFGANG, Die dinglichen Sicherheiten im neuen Insolvenzrecht, ZZP 109 (1996), 429–471

MARTIN, JEAN-FRANÇOIS, Premières impressions de la pratique sur la loi nouvelle, in : Frison-Roche, Marie-Anne, Le nouveau droit des défaillances d'entreprises, Paris, 1995, 39–55

DERS., Le redressement judiciaire de l'entreprise, in : Les innovations de la loi sur le redressement judiciaire des entreprises, numéro spécial de la Rev.trim.dr.com., Tome 1, Paris, 1986, 132–149

MESTRE, JACQUES / PANCRAZI, MARIE-EVE, Droit commercial : Droit interne et aspects de droit international, 26e édition, Paris, 2003

MEULEN, EDZARD TER, Die Floating Charge : ein Sicherungsrecht am Vermögen einer englischen Company, Frankfurt am Main/ Berlin, 1969

Münchener Kommentar zum Aktiengesetz (HRSG.: KROPFF, BRUNO / SEMLER, JOHANNES), Band 3 : §§ 76–117 AktG, MitbestG, § 76 BetrVG 1952, 2. Aufl., München 2004

Münchener Kommentar zum Bürgerlichen Gesetzbuch (HRSG.: REBMANN, KURT / SÄCKER, FRANZ JÜRGEN / RIXECKER, ROLAND), 4. Aufl., München:
- Schuldrecht, Allgemeiner Teil : §§ 241–432, 2003
- Schuldrecht, Besonderer Teil II : §§ 611–704 [u.a.], 2005
- Sachenrecht : §§ 854–1296, 2004
- Internationales Privatrecht : EGBGB (Art. 1–46), 2006
- Internationales Wirtschaftsrecht; EGBGB (Art. 50–245), 2006

Münchener Kommentar zum Handelsgesetzbuch (HRSG.: SCHMIDT, KARSTEN), Band 1 : 1. Buch. Handelsstand : §§ 1–104, München, 1996

Münchener Kommentar zur Insolvenzordnung (HRSG.: KIRCHHOF, HANS-PETER / LWOWSKI, HANS-JÜRGEN / STÜRNER, ROLF), München
- Band 1 : Einleitung, §§ 1–102, Insolvenzrechtliche Vergütungsverordnung, 2001
- Band 2 : §§ 102–269, 2002
- Band 3 : §§ 270–335, Internationales Insolvenzrecht, Insolvenzsteuerrecht, 2003

MUGDAN, BENNO, (HRSG.), Die gesamten Materialien zum Bürgerlichen Gesetzbuch für das Deutsche Reich, Berlin, 1899

NICOLAYSEN, GERT, Europarecht II : das Wirtschaftsrecht im Binnenmarkt, Baden-Baden, 1996

OBERMÜLLER, MANFRED, Insolvenzrecht in der Bankpraxis, 6. Aufl., Köln, 2002

OHLER, CHRISTOPH, Die Kapitalverkehrsfreiheit und ihre Schranken, WM 1996, 1801–1808

OPPERMANN, BERND H. / WILMOWSKY, PETER VON, Integration im Europäischen Zivil- und Wirtschaftsrecht, Baden-Baden, 1999

OPPIKOFER, HANS, Das Unternehmen in geschichtlicher, vergleichender und rechtspolitischer Betrachtung, Tübingen, 1927

PALANDT, OTTO (BEGR.), Bürgerliches Gesetzbuch, 65. Aufl., München, 2006

PAILLUSSEAU, JEAN / CAUSSAIN, JEAN-JACQUES / LAZARSKI, HENRY / PEYRAMAURE, PHILIPPE, La Cession d'Entreprise, 3e édition, Paris, 1993

PAULUS, CHRISTOPH G., Europäische Insolvenzverordnung ; Kommentar, Frankfurt am Main, 2006

PENNINGTON, ROBERT R., Company Law, 7th edition, London/ Dublin/ Edinburgh, 1995

PEYRAMAURE, PHILIPPE / SARDET, PIERRE, L'entreprise en difficulté : Prévention, Restructuration, Redressement, 4e édition, Paris, 2006

PISKO, OSKAR, Das Unternehmen als Gegenstand des Rechtsverkehrs, Wien, 1907

PROCTOR, CHARLES, England, in : Norton Rose / Colliver, Douglas / Proctor, Charles (Hrsg.), Cross-Border Security, London, 2000

PROUVOST, C., Le fonds de commerce instrument de crédit, in : Thibierge, C. (Rapporteur général), Le Statut Juridique du Fonds de Commerce : Présentation faite au 60e Congrès des Notaires de France, 28. – 30. 5. 1962, Paris, 1962

REINHARD, YVES / CHAZAL, JEAN-PASCAL, Droit commercial, 6e édition, Paris, 2001

REITHMANN, CHRISTOPH / MARTINY, DIETER, Internationales Vertragsrecht : Das internationale Privatrecht der Schuldverträge, 5. Aufl., Köln, 1996

REYGROBELLET, ARNAUD, Fonds de Commerce, Paris, 2005

RIPERT, GEORGES / ROBLOT, RENE (BEGR.), Traité de Droit Commercial, VOGEL, LOUIS, Tome 1, Volume 1 : Commerçants, Tribunaux de commerce, Fonds de commerce, Propriété industrielle, Concurrence (droit communautaire et français), 18e édition, Paris, 2001

ROTH, WULF-HENNING, Der Einfluss des Europäischen Gemeinschaftsrechts auf das Internationale Privatrecht, RabelsZ 55 (1991), 623–673

SACK, ROLF, Staatliche Regelungen sogenannter „Verkaufsmodalitäten" und Art. 30 EG-Vertrag, EWS 1994, 37–47

SCHÖLERMANN, HINRICH / SCHMID-BURGK, KLAUS, Flugzeuge als Kreditsicherheit, WM 1990, 1137–1148

SCHMIDT, KARSTEN, Gesellschaftsrecht, 4. Aufl., Köln/ Berlin/ Bonn/ München, 2002

DERS., Handelsrecht, 5. Aufl., Köln/ Berlin/ Bonn/ München, 1999

SCHMIDT-SZALEWSKI, JOANNA / PIERRE, JEAN-LUC, Droit de la propriété industrielle, Paris, 3e édition, Paris, 2003

SCHULTE, RAINER (HRSG.), Patentgesetz mit Europäischem Patentübereinkommen, Köln/ Berlin/ München, 2005

SCHWARTZ, IVO E., Perspektiven der Angleichung des Privatrechts in der Europäischen Gemeinschaft, ZEuP 1994, 559–584

SERRICK, ROLF, Eigentumsvorbehalt und Sicherungsübereignung : Neue Rechtsentwicklungen, 2. Aufl., Heidelberg, 1993

SEIF, ULRIKE, Rezension: „Peter von Wilmowsky, Europäisches Kreditsicherungsrecht“, RabelsZ 62 (1998), 528–532

SOERGEL , HS. TH. (BEGR.) / SIEBERT, W. U.A. (HRSG.), Bürgerliches Gesetzbuch mit Einführungsgesetz und Nebengesetzen, Band 16 : Sachenrecht : §§ 1018–1296, 13. Aufl., Stuttgart, 2001

SONNENBERGER, HANS-JÜRGEN / DAMMANN, REINHARD, Französisches Handels- und Wirtschaftsrecht, 2. Aufl., Heidelberg, 1991

STAHMER, KERSTIN, Verzinsliches Darlehen in der Insolvenz : eine rechtsvergleichende Darstellung des deutschen, französischen und englischen Rechts, Hamburg, 2002

STAUDINGER, JULIUS VON (BEGR.), Kommentar zum Bürgerlichen Gesetzbuch mit Einführungsgesetz und Nebengesetzen, Berlin:

- Allgemeiner Teil : §§ 90–133, 2004
- Recht der Schuldverhältnisse : §§ 397–432, 2005
- Sachenrecht : §§ 925–984, Anhang zu §§ 929 ff., 2004
- Sachenrecht : §§ 1204–1296, §§ 1–84 SchiffsRG, 2002
- EGBGB, IPR : Einleitung zu Art. 27–37 EGBGB [u.a.], 2002
- EGBGB, IPR : Internationales Sachenrecht, 1996

STEINDORFF, ERNST, Unvollkommener Binnenmarkt, ZHR 158 (1994), 149–169

STIEF, ALBERT, Die Verpfändbarkeit des Unternehmens im deutschen, französischen und englischen Recht, Breslau, 1940

STREINZ, RUDOLF (HRSG.), EUV/EGV : Vertrag über die Europäische Union und Vertrag zur Gründung der Europäischen Gemeinschaft, München, 2003

STRICKER, GERHARD (HRSG.), Urheberrecht, 2. Aufl., München, 1999

TROMMER VOLF, JESPER / PARLEV, METTE, Floating company charges – New Possibilities in Denmark, Eurofenix –The Journal of INSOL Europe, Summer 2006, 8–9, www.insol-europe.org/Insol_International/p8-9_06_Sum_EN_Eurofenix.pdf

TRUNK, ALEXANDER, Internationales Insolvenzrecht : Systematische Darstellung des deutschen Rechts mit rechtsvergleichenden Bezügen, Tübingen, 1998

VEDER, PAUL MICHAEL, Cross-Border Insolvency Proceedings and Security Rights : A comparison of Dutch and German law, the EC Insolvency Regulation and the UNCITRAL Model Law on Cross-Border Insolvency, Utrecht, 2004

WENCKSTERN, MANFRED, Hypotheken auf Unternehmen : Neue Gesetze in Schweden und Finnland, RabelsZ 52 (1988), 663–750

DERS., Die englische Floating Charge im deutschen Internationalen Privatrecht, RabelsZ 56 (1992), 624–695

WIELAND, K., Handelsrecht, München/ Leipzig, 1921

WILMOWSKY, PETER VON, Europäisches Kreditsicherungsrecht : Sachenrecht und Insolvenzrecht unter dem EG-Vertrag, Tübingen, 1996

WOLF, MANFRED, Privates Bankvertragsrecht im EG-Binnenmarkt : Auswirkungen der II. EG-Bankrechts-Richtlinie auf privatrechtliche Bankgeschäfte, WM 1990, 1941–1952

DERS., Sachenrecht, 21. Aufl., München, 2005

ZIERAU, BRITTA, Die Stellung der Gläubiger im französischen Sanierungsverfahren : im Hinblick auf die Entwicklung des deutschen Insolvenzrechts, Heidelberg, 1991

Studien zum europäischen Privat- und Prozeßrecht

Herausgegeben von Prof. Dr. Manfred Wolf

Band 1 Axel Pajunk: Die Bedeutung und Reichweite der Kapitalverkehrs- und Dienstleistungsfreiheit des EG-Vertrages. Die gegenseitige Anerkennung von Privatrechtsinstituten am Beispiel der englischen Mobiliarkreditsicherheiten. 1999.

Band 2 Kerstin Pudor: Die Wirkungsweise verbraucherschützender Widerrufsrechte. Zur Wirksamkeit des Verbrauchervertrages bei bestehendem Widerrufsrecht nach den §§ 1 HWiG, 7 VerbrKrG und 5 TzWrG. 2000.

Band 3 Michael Brück: Das Vorabentscheidungsverfahren vor dem Europäischen Gerichtshof als Bestandteil des deutschen Zivilprozesses. Rechtsschutzhemmendes Integrationsproblem oder kohärente Rechtsschutzerweiterung. 2001.

Band 4 Christine Steven: Immobiliarsicherheiten im englischen und deutschen Recht. Eine rechtsvergleichende Untersuchung unter besonderer Berücksichtigung der Insolvenz des Sicherheitengebers. 2002.

Band 5 Jochen Kaiser: Schutzrechtsfremde Wettbewerbsverbote in immaterialgüterrechtlichen Lizenzverträgen. 2002.

Band 6 Nikolaj Fischer: Das allgemeine verbraucherschützende Widerrufsrecht gemäß § 355 BGB. Ein Beitrag zur Dogmatik der Wirkungsweise von Widerrufsrechten im Privatrecht. 2003.

Band 7 Markus Dinnes: Softwareentwicklung im Vertragsverhältnis. Die Zuordnung von Nutzungsrechten bei fehlender vertraglicher Vereinbarung. 2003.

Band 8 Jan Roth: Interessenwiderstreit im Insolvenzeröffnungsverfahren. Eine Untersuchung des Insolvenzeröffnungsverfahrens unter verfahrens- und verfassungsrechtlichen Gesichtspunkten. 2004.

Band 9 Cengiz Kulaksiz: Die Teilklage im deutschen und türkischen Zivilprozessrecht. 2004.

Band 10 Franc Zimmermann: Mobiliar- und Unternehmenshypotheken in Europa. Auswirkungen der Grundfreiheiten des EG-Vertrages auf das nationale Sachrecht. 2005.

Band 11 Erik Hintz: Die Unternehmensbeleihung im europäischen Binnenmarkt. Die grenzüberschreitende Bestellung von Unternehmenshypotheken nach französischem, englischem und schwedischem Recht im Kontext der Kapitalverkehrsfreiheit. 2007.

www.peterlang.de

Kolibri 360 GmbH
Ferdinand-Jühlke-Straße 7
99095 Erfurt, Deutschland
produktsicherheit@kolibri360.de

Druck:
CPI Druckdienstleistungen GmbH
im Auftrag der
Kolibri 360 GmbH
Ferdinand-Jühlke-Str. 7
99095 Erfurt